जवाहरलाल नेहरू
का
राजनीतिक चिंतन

जवाहरलाल नेहरू का राजनीतिक चिंतन

डॉ॰ जटाधारी

अर्जुन पब्लिशिंग हाउस

जवाहरलाल नेहरू का राजनीतिक चिंतन

प्रथम सस्करण : 2016

ISBN 978-81-8330-285-2

प्रकाशक :

अर्जुन पब्लिशिंग हाऊस
4831/24, गोविन्द लेन
अंसारी रोड, दरियागंज
नई दिल्ली–110002
फोन : 011.23272541, Mob. 9212555567
e-mail : arjunbooks2001@gmail.com

प्रिन्टर्स :

रोशन आफसेट प्रिंटर्स
दिल्ली – 53

समर्पण

श्री बाँके बिहारी जी का श्याम सलिला यमुना नदीतमा के पावन
पुलिन पर वृन्दावन धाम में प्रकटीकरण अगहन पंचमी
को सद्विवाह पंचमी महामहोत्सव
के शुभ अवसर पर–
श्री सीताराम जी के शरणागत
अनुज स्व० बालदेव सिंह जी
एवं जिनकी प्रज्ञा सत्य में प्रतिष्ठित है
और
अध्यात्म के मूर्तिमान स्वरूप पितामह
एवं
संस्कृति पुरुष पूज्य पिताश्री स्व० देवनारायण सिंह
और
संयम एवं मर्यादा के प्रतिमूर्ति
'नन्दपिता' श्री कुमार सिन्हाजी
को सादर व सभक्ति

'नटु'

आभार

सर्वप्रथम मैं अपने हृदयस्थ एवं वंदनीय गुरुदेव डॉ० इन्द्रदेव नारायण सिन्हा, पूर्व अध्यक्ष दर्शनशास्त्र विभाग, पटना विश्वविद्यालय, जिनकी अध्ययन परायणता, विद्वता एवं स्नेहशीलता ने मुझे आकर्षित किया और जिनके निर्देशन में अपनी शोध-प्रज्ञा को तृप्त कर सका, के श्री चरणों में अपनी कृतज्ञता निवेदित करता हूँ। उनकी धर्मपत्नी श्रीमती सिन्हा ने अपनी सहज स्नेहशीलता एवं आतिथ्येता से जो मुझे उपकृत किया है उसे आजीवन भुलाया नहीं जा सकता।

इस शोध-प्रबन्ध के लेखन के क्रम में अनेक विद्वानों के ग्रन्थों से सहायता मिली है और अनेक गुरुजनों एवं सुहृदयजनों के साथ विचारों का आदान-प्रदान हुआ है। उन सब के प्रति आभार व्यक्त करता हूँ।

गाँधी विचार के अधिकारी ज्ञाता एवं 'अध्यात्म व विज्ञान' के विशेषज्ञ डॉ० रामजी सिंह का, जिनका सामिप्य गाँधी-नेहरू-दर्शन के नूतन स्पन्दन का अवसर प्रदान करता है- के प्रति हार्दिक कृतज्ञता ज्ञापित करता हूँ।

अध्यात्म व तुलसी साहित्य के ज्ञानबृद्ध व वयोबृद्ध पटना विश्वविद्यालय के हिन्दी विभाग के पूर्व प्राचार्य डॉ० रामतण्क्या शर्मा जी की समीपता से आध्यात्मिक साहित्य के सारगर्भित मर्म को समझने व जानने का सौभाग्य मिलता रहता है—के प्रति एहसानमंदी व्यक्त कर अपने को कृतार्थ मानता हूँ।

दिल्ली विश्वविद्यालय के पूर्व प्राचार्य एवं राजनीतिशास्त्र के मूर्द्धन्य विद्वान डॉ० महेन्द्रप्रसाद सिंह जी की प्रेरणा, उत्साहवर्द्धक प्रोत्साहन एवं आशीष ने मुझे अध्ययन व लेखन की ओर गतिशील बनाया—के प्रति कृतज्ञता ज्ञापित करने में विशेष सुख की अनुभूति हो रही है।

विज्ञान की शुष्कता से मुक्ति दिलाकर दर्शन का मार्ग चढ़ाने वाले प्रो० डॉ० पद्मदेव नारायण शर्मा एवं डॉ० अशोक कुमार वर्मा जी का चरणवंदन करता हूँ। श्री रजनीश कुमार, सचिव, गाँधी समाधि, राजघाट, नई दिल्ली एवं अर्जुन पब्लिशिंग हाऊस, नई दिल्ली के श्री अमित वर्मा जी के प्रति भी कृतज्ञता व्यक्त करता हूँ जिन्होंने इस शोध-प्रबन्ध के प्रकाशन को मूर्तरूप दिया। उनके प्रति हार्दिक आभार प्रकट करना अपना धर्म समझता हूँ।

अन्त में 'आशीर्वादम्' सुख-सुविधा को नमन करता हूँ एवं सदस्यों के मांगलिक जीवन की कामना करता हूँ।

डॉ० जटाधारी

प्राक्कथन

पंडित नेहरू भारतीय राजनीति के शायद सर्वाधिक बहुचर्चित व्यक्ति रहे हैं, इसीलिए उनके यदि प्रशंसकों की संख्या भी अपार है तो उनके आलोचक भी कम नहीं। लेकिन सबसे दुखान्त यह है कि पंडित नेहरू को गाँधी के विपरीत दिखाने की एक असंयत चेष्टा भी होती है। महात्मा गाँधी के राजनीतिक उत्तराधिकारी के रूप में नेहरू को समझने के लिए हमें कुछ दूर दृष्टि भी अपनानी होगी। गाँधी के लिए जो अहिंसा धर्म था, पंडित नेहरू के लिए वही विश्व-शांति और सैनिक गुटों से अलग रहने की अन्तर्राष्ट्रीय राजनीति थी। गाँधी के लिए जो दरिद्रनारायण और ग्रामोद्योग से ग्रामोत्थान का चिंतन था वही पंडित नेहरू के लिए पंचवर्षीय योजना की संरचना थी। गाँधी जिस प्रकार धर्म समन्वय और धर्म समभाव को मानते थे पंडित नेहरू ने उसी को धर्म-निरपेक्ष के रूप में रखने की कोशिश की। गाँधी के लिए जो अन्योदय था वही नेहरू जी के लिए समाजवाद था।

मुझे लगता है पंडित नेहरू के विचारों का उनकी मृत्यु के इतने दिनों के बाद पुनर्मूल्यांकन होना चाहिए। इस पुस्तक में लेखक महोदय ने नेहरू के राजनीतिक चिंतन को यदि उपरोक्त दिशा में बढ़ाया है तो उनका प्रत्यन स्तुत्य है।

शुभकामनाओं के साथ।

डॉ० रामजी सिंह

प्रस्तावना

जिस प्रकार वोलसेविक क्रांति को मार्क्स और एंजिल्स का दिशा-दर्शन मिला और लेनिन के रूप में निर्माण और नेतृत्व का लाभ मिला, उसी प्रकार भारतीय स्वतन्त्र आन्दोलन में गाँधी के विचारों को प्रकाश व प्रेरणा मिली तथा पंडित जवाहरलाल नेहरू का नये भारत के निर्माण के लिए योजना और संरचना के लिए नेतृत्व मिला। गाँधी जी स्वतंत्रता प्राप्ति के बाद पार्थिव शरीर से हमारे बीच नहीं रह सके लेकिन बापू के मरने के बाद कई अंशों में नेहरू ने गाँधी की विरासत को कायम रखने की कोशिश की। भारत विभाजन के आस-पास भारत जिस प्रकार साम्प्रदायिक विद्वेष और हिंसा के गहुअर में फंस गया था और कश्मीर का युद्ध चल पड़ा था, यदि पंडित नेहरू का नेतृत्व नहीं मिलता तो भारत या जो पाकिस्तान के साथ गृह युद्ध में पड़ जाता या साम्प्रदायिक आग में जलकर खाक हो जाता। जिस प्रकार गाँधी ने राजनीति में अहिंसा का समावेश किया उसी प्रकार पंडित नेहरू ने राजनीति में लोकतन्त्र का स्थान दिया जो आज भी कायम है। यही नहीं आर्थिक लोकतन्त्र के लिए भी पंडित नेहरू ने लोकतान्त्रिक समाजवाद और योजनाबद्ध विकास को गति दी। शायद भारत प्रथम लोकतान्त्रिक देश है जहाँ साम्यवादी देशों की तरह योजना आधारित अर्थ रचना को स्थान दिगा गया। जिस प्रकार दुर्भाग्य से साम्प्रदायिक आधार पर देश का विभाजन हो गया। यदि पंडित नेहरू का नेतृत्व नहीं होता तो भारत आज आस-पास के इस्लामिक मुल्कों की तरह धार्मिक राष्ट्रवाद के ज्वर से पीड़ित रहता। इससे भी बड़ी बात तो यह है कि भारत में नये युग के निर्माण के लिए पंडित नेहरू ने औद्योगिक और वैज्ञानिक विकास को गति दी जिसके कारण भारत आज महाशक्ति के रूप में उभर रहा है। लेकिन पंडित नेहरू का वैज्ञानिक चिंतन भारतीय संस्कृति के सनातन मूल्यों से अलग नहीं रह सका। पंडित नेहरू यह समझते थे कि विज्ञान व अध्यात्म का समन्वय ही बीसवीं और उनके आगे की

शताब्दियों के लिए महामंगल का मार्ग है। भारतीय संस्कृति की सामासिकता को गाँधी के बाद पंडित नेहरू ने जितनी गहराई से समझा शायद बहुत कम लोग समझ पाये होंगे।

विश्व शांति और अन्तर्राष्ट्रीय शांतिपूर्ण संबंधों के लिए नेहरू की निष्ठा, आधुनिक इतिहास का स्वर्णिम पृष्ठ है। उन्होंने विश्वशांति के लिए विश्व के दोनों सैनिक गुटों से अलग रहने की जो कल्पना की थी आज विश्व की शांति उसी से सर्वाधिक सुरक्षित है। वरना दूसरे विश्वयुद्ध के बाद कई युद्ध हो गये रहते। आज तो गुट-निरपेक्षता विश्व का राजधर्म हो गया है और लगभग 100 से अधिक राष्ट्र गुट-निरपेक्ष देशों के संगठन के साथ जुड़ गये हैं। इस प्रकार नेहरू इतिहास में महापुरुष के रूप में याद किये जायेंगे। भारत जैसे लगभग निरक्षर राष्ट्र को शिक्षा के उच्च शिखर पर लाने का श्रेय इसी महापुरुष को है। उसी प्रकार सामाजिक क्षेत्र में जीर्ण-शीर्ण जाति व्यवस्था, नारियों के प्रति अपमान व्यवस्था और पिछड़ी जातियों के लिए अन्याय में आज जो न्यूनता देखने के मिल रही है उसका श्रेय इसी महामानव को देना होगा।

यह ठीक है कि काश्मीर और चीन के मामले में हम नेहरू के विचारों को व्यावहारिक नहीं मानते लेकिन, नेहरूजी की नियत पर हम संदेह नहीं कर सकते। यही नैष्ठिक आस्था नेहरू के व्यक्तित्व का सौन्दर्य है। प्रियदर्शी अशोक के बाद शांति का कपोत हाथ से उड़ाते हुए द्वितीय अशोक के रूप में याद करना अनुचित नहीं होगा। नेहरू का राजधर्म का आधार नैतिकता थी और इस दृष्टि से हम उन्हें गाँधी के राजनीतिक उत्तराधिकारी के रूप में सही रूप से देख सकते हैं।

जटाधारी

विषय-सूची

1

भूमिका

"सच्चे अन्वेषक वे हैं जिनकी खोज कभी समाप्त नहीं होती। अपने जीवन की समाप्ति पर भी मनुष्य अन्वेषण में रत रहता है, लेकिन उसकी प्राप्ति बड़ा दूरस्थ ध्येय है।"

यह जितना सत्य है, उतना ही सत्य तथ्य यह है कि, महापुरुष का जीवन और उसका विचार असीम होता है। उससे निरन्तर नवीनता झरती है उसके जीवन की गहराई में जितनी डुबकी लगाई जाए उससे उतनी नवीनता प्रकट होगी। अर्थात् वह निरन्तर शोध का विषय होता है। पंडित जवाहरलाल नेहरू उन्हीं महापुरुषों की पंक्ति में है।

प्रस्तुत शोध-प्रबंध "जवाहरलाल नेहरू के सामाजिक एवं राजनीतिक विचारों का समीक्षात्मक अध्ययन" दर्शनशास्त्र की दो शाखाओं–समाज दर्शन एवं राजनीतिक दर्शन से सम्बद्ध है। दर्शन मानव ज्ञान का मूल स्रोत है। दर्शन की व्यापकता का निरूपण रहना संभव नहीं है। मानव समाज की उत्पत्ति और विस्तार के प्रत्येक आयाम दर्शनशास्त्र की परिधि के अन्तर्गत आते हैं। प्रत्येक वह विषय या समस्या जिस पर दार्शनिक दृष्टिकोण से विचार किया जाता है, वह दर्शन का विषय या दर्शन की समस्या बन जाती है। किसी भी ज्ञान की गवेषणा को दर्शन की संज्ञा दी जा सकती है। आज का समाज विशेष रूप से भारतीय समाज जितना समस्याग्रस्त है उतना समस्याग्रस्त पहले कभी नहीं था। सामाजिक और राजनीतिक समस्याएं इतनी अन्तर्ग्रस्त एवं अन्तर्सम्बद्ध हैं कि इन्हें एक-दूसरे से पृथक कर देना संभव नहीं है। राजनीतिक समस्याओं का निदान समाज की समस्याओं के निदान के बिना

और सामाजिक समस्याओं का निदान राजनीतिक समस्याओं के निदान के बिना संभव नहीं है। ऐसे समय में क्रियात्मक चिन्तकों के विचारों के अध्ययन की उपादेयता बढ़ जाती है। क्रियात्मक चिन्तक से हमारा तात्पर्य उन चिन्तकों से है जो अपने चिन्तन को कार्यरूप देते हैं। दूसरे शब्दों में, सामाजिक और राजनीतिक समस्याओं के समाधान की इच्छा और संकल्प से जिस चिन्तन का उद्भव होता है उसे क्रियात्मक चिन्तन कहा जा सकता है। या फिर सामाजिक तथा राजनीतिक कार्यों के सम्पादन तथा समस्याओं के समाधान के क्रम में जो विचार उद्भूत होते हैं उसे क्रियात्मक चिन्तन कहा जा सकता है। इसके विपरीत चिन्तकों का दूसरा वर्ग आदर्शवादियों का कहा जाता है। आदर्शवादी आदर्श की स्थापना करता है, वह चिन्तन के लिए चिन्तन करता है। वह यह नहीं सोचता है कि उसके विचारों को अमली जामा पहनाया जा सकता है या नहीं। पंडित जवाहरलाल नेहरू का नाम दार्शनिक दृष्टिकोण से क्रियात्मक चिन्तक की श्रेणी में रखा जा सकता है। इनके विचार उपयोगितापरक हैं, जब भारत और विश्व के दूसरे भागों में जातिवाद, सम्प्रदायवाद, क्षेत्रवाद, उग्रराष्ट्रवाद का फन फैल रहा है तो उसकी विकरालता को शमन करने में जवाहरलाल के विचार उपयोगी हो सकते हैं। क्रियात्मक विचारों में महात्मा गाँधी के बाद जवाहरलाल का नाम आदर के साथ लिया जा सकता है। जवाहरलाल का जन्म विलासिता से लबालब आनन्दभवन में हुआ था। परन्तु उन्होंने विलासिता के जीवन का परित्याग कर संघर्ष का जीवन स्वीकार किया। उनका दार्शनिक मन निजी स्वार्थ की परिधि से बाहर निकल जनकल्याण में व्याप्त हो गया था। जन्म से राजसी जवाहरलाल विचार और कर्म से जनकल्याणकारी एवं विश्वशांति का अग्रदूत बन गए। उसके सामाजिक एवं राजनीतिक विचारों की गवेषणा तथा उसे सामाजिक एवं राजनीतिक जीवन में उतारने की आवश्यकता है।

पंडित नेहरू के चिन्तन के दार्शनिक आधार

पंडित जवाहरलाल नेहरू अज्ञेयवादी थे। वे बुद्धिवादी तथा यथार्थवादी भी थे। इसलिए उन्हें किसी विकल्पातीत सत्ता में विश्वास नहीं था और न वे उच्च सत्ता की रहस्यात्मक अनुभूति के विचार को हो हृदयंगम कर सकते थे। उन पर रसल महोदय के संदेहवाद का प्रभाव था। महात्मा गाँधी जैसे धार्मिक तथा पैगम्बर तुल्य व्यक्ति के निकट सम्पर्क में रहने पर भी पंडित नेहरू संशयवादी ही बने रहे। यह सत्य है कि पंडित नेहरू कट्टर अथवा उग्रनास्तिक अथवा भौतिकवादी नहीं थे। किन्तु वे अध्यात्मवादी भी नहीं थे।[1] उन्होंने तत्वशास्त्र और ज्ञानशास्त्र (ज्ञान भीमांसा) की सूक्ष्म तथा जटिल समस्याओं पर विवाद में उलझने से इनकार किया। फिर भी उनमें कुछ अस्पष्ट आध्यात्मिक इच्छा विद्यमान थी, किन्तु उन्हें किसी आदि आध्यात्मिक

सत्ता के अस्तित्व में विश्वास नहीं था। वे निश्चयात्मक रूप से द्रव्य (पदार्थ), गति अथवा बल को ही एकमात्र सत मानने के लिए भी तैयार नहीं थे। पंडित नेहरू कांट सम्प्रदाय के नहीं बल्कि स्पेंसर सम्प्रदाय के संशयवादी थे। वे यह नहीं कहते थे कि स्वलक्षण वस्तुओं का एक ऐसा तात्विक जगत है जिसे मनुष्य की बुद्धि कभी जान ही नहीं सकती। उनकी धारणा केवल यह थी कि इस ठोस इन्द्रियगम्य प्रपंच जगत से परे और किसी सत्ता की कल्पना नहीं की जा सकती। उन्होंने लिखा, "जब मैं इस जगत को देखता हूँ तो मुझे प्रायः रहस्यों तथा अज्ञात गहराइयों का आभास होता है। वह रहस्यमय चीज क्या है, यह मैं नहीं जानता। मैं उसे ईश्वर नहीं कहता, क्योंकि ईश्वर का बहुत कुछ अर्थ ऐसा है जिसमें मेरा विश्वास नहीं है। मैं अपने को इस योग्य नहीं पाता कि किसी देवता अथवा मानव अर्थ में किसी अज्ञात उच्चगत शक्ति की कल्पना कर सकूँ। मुझे सगुण ईश्वर का विचार बहुत अजीब लगता है। वैदिक दृष्टि से मैं एकत्ववाद के सिद्धान्त को कुछ हद तक समझ सकता हूँ और मुझे वेदान्त के अद्वैत दर्शन ने आकृष्ट किया है। किन्तु साथ ही साथ वेदान्त तथा उसी प्रकार के अन्य दर्शनों के अनन्त के संबंध में अस्पष्ट तथा अमूर्त चिन्तन से मैं भयभीत हो उठता हूँ। प्रकृति की विविधता तथा परिपूर्णता मुझे स्पन्दित कर देती है और आत्मा का सामंजस्य उत्पन्न करती है। मैं पुराने भारतीय अथवा यूनानी और सर्वेश्वरवादी वातावरण में सुखी होने की कल्पना कर सकता हूँ। किन्तु उसके साथ ईश्वर अथवा देवताओं की जो धारणा सम्बद्ध थी वह मुझे प्रिय नहीं लगती।"[2] पंडित नेहरू उन आधुनिक भौतिकीय अनुसंधानों से परिचित थे जिनका संबंध आईस्टाइन और प्लांक हाइजनवर्ग के नामों के साथ है। वे यह भी स्वीकार करने को तैयार थे कि उन्नीसवीं शताब्दी के मार्क्सवादी अर्थ में भौतिकवाद पुराना पड़ गया है। वे आध्यात्मिक शब्द का भी प्रयोग करते हैं, किन्तु उनकी भाषा में वह शब्द 'नैतिक' अथवा मानसिक शब्द का पर्यायवाची है।[3]

पंडित नेहरू का प्रारम्भिक जीवन दर्शन आनन्दवादी था। अपने प्रभाव्यकाल में वे पेटर और ऑस्कार वाइल्ड की रचनाओं से प्रभावित हुए थे।[4] (पंडित नेहरू ने बर्ट्रेण्ड रसल तथा बर्नार्ड शॉ की रचनाएँ भी पढ़ी थीं) किन्तु उनका जीवन दर्शन केवल बौद्धिक स्वाध्याय अथवा तत्त्वशास्त्रीय तर्क-वितर्क से निर्मित नहीं हुआ था। उन्होंने मुख्यतः अपने अनुभवों के संबंध में मनन करके अपने विचारों का निर्माण किया था। जीवन तथा उसमें निहित अगणित सुअवसरों के विषय में उनका दृष्टिकोण आशावादी था। प्राचीन यूनानियों की भाँति वे भी विश्वास करते थे कि मनुष्य में निहित क्षमताओं तथा शक्तियों का समुचित तथा सामंजस्यपूर्ण विकास होना चाहिए। पश्चिम के फौस्टतुल्य मानव की भाँति वे भी साहस तथा जोखिम के कामों में आनन्दित तथा पुलकित हो उठते थे। यद्यपि उन्होंने वेदान्तियों बौद्धों की आत्मोत्सर्ग

और इन्द्रिय-निग्रह की आचारनीति को स्वीकार नहीं किया, किन्तु वे आत्म-परितुष्टि के पूँजीवादी आदर्श को भी मानने के लिए तैयार नहीं थे। वे सामाजिक आदर्शवादी थे, और उनके मन में साधारण मनुष्य की भावनाओं के प्रति लोकतांत्रिक सहानुभूति थी।

इतिहास दर्शन

पंडित नेहरू ने अपनी पुस्तक 'विश्व इतिहास की झलक' में इतिहासवादी समाजशास्त्र की पुनः रचना करने का प्रयत्न किया है। उनकी पुस्तक केवल घटनाओं और तथ्यों का विवरण मात्र नहीं है। मार्क्सवादियों की भाँति पंडित नेहरू भी उन परिस्थितियों का विश्लेषण करते हैं जिनमें सामाजिक तथा राजनीतिक घटनाएँ घटती हैं। उदाहरण स्वरूप नेपोलियन के संबंध में वे लिखते हैं, "संभव है कि यदि नेपोलियन किसी अन्य तथा अधिक शान्तिमय युग में उत्पन्न हुआ होता तो वह एक विख्यात सेनानायक से अधिक कुछ नहीं बन पाता और प्रायः लोगों का ध्यान आकृष्ट किये बिना ही चल बसता। किन्तु क्रान्ति तथा परिवर्तनों ने उसे आगे बढ़ने का अवसर दिया और उसने उसका भरपूर लाभ उठाया।"[5] इस प्रकार पंडित नेहरू इस सिद्धान्त को नहीं मानते कि इतिहास सार्वभौम ऐतिहासिक व्यक्तियों की आत्मकथा है, वे ऐतिहासिक विकास में वस्तुगत शक्तियों को प्राथमिकता देते हैं। किन्तु जब वे ऐतिहासिक स्थिति के ठोस तत्वों का विश्लेषण करने लगते हैं तो आर्थिक तत्व को ही प्रधानता देते हैं। पंडित नेहरू ने कार्डिन, मोन्तेस्क्यू और बकल की भाँति इतिहास में जलवायु तथा परिवेश का विवेचन नहीं किया है।

किन्तु इसके वावजूद कि पंडित नेहरू ने इतिहास में वस्तुगत शक्तियों की भूमिका को प्रधानता दी, वे शुद्ध भौतिकवादी अर्थ में वस्तुवादी नहीं थे। उन्होंने यह भी माना कि इतिहास में महापुरुषों की भी महत्वपूर्ण भूमिका हुआ करती है। उन्होंने महात्मा गाँधी की सृजनात्मक भूमिका को स्वीकार किया। उन्होंने निरन्तर इस बात पर जोर दिया कि महात्मा गाँधी के आकर्षण व्यक्तित्व के कारण भारत में महत्वपूर्ण सामाजिक और राजनीतिक परिवर्तन हो चुके थे, जो लगभग एक क्रान्ति के सदृश थे। रूसी क्रान्ति के संबंध में भी उनके इसी प्रकार के विचार थे। यद्यपि उन्होंने स्वीकार किया कि उस महान् विप्लव के मूल में गहरी राजनीतिक तथा सामाजिक शक्तियाँ थीं, किन्तु उन्होंने यह भी माना कि होतव्यता का निर्माण करने वाले व्यक्तियों की भी सृजनात्मक भूमिका हुआ करती है। उनका स्पष्ट कथन था कि एक व्यक्ति करोड़ों लोगों के जीवन को परिवर्तित कर सकता है। उनके विचार में लेनिन की रूसी क्रान्ति के चमत्कार तथा क्रान्ति के बाद के रूपान्तर का श्रेय था।[6]

पंडित नेहरू मानव जीवन के विभिन्न पहलुओं पर एक छाप अंकित की है। हमारे जीवन का कोई ऐसा अंश नहीं है जिसे उन्होंने प्रभावित नहीं किया हो। व्यक्ति के समान राष्ट्र भी आकस्मिक रूप से तीव्रगामी होते हैं, अपने साधनों को सक्रिय रूप देते हैं और अपना भविष्य तय करते हैं। भारत को वर्तमान शदी ऐसे ही छिन्न-भिन्नकारी परिवर्तनों की अवधि रही है। इस अवधि में कुछ युगान्तरकारी पुरुष पैदा हुए। प्रथम युगान्तरकारी पुरुषों में महात्मा गाँधी, दूसरे पंडित नेहरू। स्वाधीनता संग्रामकाल में ये हमारे संविधान में निहित है, उन निहित सिद्धान्तों में पंडित नेहरू के विचारों का खासा प्रभाव है। पंडित नेहरू ने केवल सिद्धान्तों के निर्माण में ही योगदान नहीं किया, बल्कि उन्हें व्यावहारिक स्वरूप प्रदान करने में। सच तो यह है कि यदि पंडित नेहरू जैसा सामाजिक और मानवतावादी चिन्तक कार्यपालक नहीं होता तो हमारे सभी सिद्धान्त ध्वस्त हो गए होते। बहुत-से काम करने में परन्तु पंडित नेहरू ने उन सबको लोकतंत्रीय संस्थाओं के ढाँचे में ही पूरा करने की चेष्टा की। द्वितीय विश्वयुद्ध के बाद भारत की तरह अनेक देशों ने स्वतन्त्रता प्राप्त की थी परन्तु उनमें से बहुतों को निरंकुश और अधिकारवादी शासन के अधीन ही रहना नसीब हुआ। लोकतंत्रीय शासन के अनेक भेद होते हैं–

संचालित, निर्यंत्रित, बुनियादि, और लोकप्रिय।

हमने लोकतांत्रिक शासन को अपनाया यानि कानूनी और प्रतिनिधित्वपूर्ण संस्थाओं का शासन। पंडित नेहरू ने संविधान सभा, अस्थायी संसद, और संसद में प्रमुख सदस्य के रूप में काम किया था। कहना तो अच्छा यह होगा कि उन्होंने उनके मार्गदर्शक नक्षत्र के रूप में काम किया। उन्होंने संसद को लोकतंत्रीय कार्य पद्धति और स्वतंत्रता का मंदिर बनाया। ऐसा करने की उन्होंने चेष्टा की और बहुत अंशों में उन्हें सफलता भी मिली। उनकी सफलता के पीछे उनका विशाल व्यक्तित्व था, जो मानव की पीड़ा से सदैव द्रवित होता रहता था। सच्चा महापुरुष दीपक के समान होता है, जो दूसरों को प्रकाश देता है पर स्वयं विनाश को प्राप्त होता है। स्वतंत्रता संग्राम की सैनिक की हैसियत से आधुनिक, वैज्ञानिक, असाम्प्रदायिक और समाजवादी राष्ट्र निर्माता की हैसियत से उन्होंने हमें एक जीवन उद्देश्य दिया। उनकी दृष्टि दूरगामी थी और विश्व का एक दूरस्थ स्वप्न उनके सम्मुख था। उन्हें अपने देश और ऊँची नियति का भरोसा था। जीवन-भर उन्हें मानवता के लिए गहरा स्नेह रहा। यद्यपि उनकी शिक्षा पाश्चातत्य ढंग से हुई थी लेकिन उनकी आत्मा की गहराई में उन्हें इस देश से भावनात्मक लगाव था, भावना जिसका स्थान कोई दूसरी भावना नहीं ले सकती थी।

किसी ने पंडित नेहरू के बारे में कहा था कि वह मशीही टाल्स्टाय के अनुगामी एक प्रत्यक्षवादी लेनिन है, परन्तु उनके विषय में यह गलत वयानी है, कभी-कभी वह अपने आपको मूर्तिपूजक भी कहते थे, इससे यह स्पष्ट है कि वह प्रचलित मतमतान्तरों और कर्मकाण्ड के विरोधी थे। परन्तु मूलतः अपनी अन्तराआत्मा से धार्मिक पुरुष थे। उनका विश्वास तर्कजन्य ईश्वर में था, ऐसे धर्म में जो तर्क सम्मत हो। डॉ० राधाकृष्णन के शब्दों में महान बौद्धिक प्रवृत्ति के लोगों में शंकाएँ, विभेद और विरोध रहता है, बुद्धिवादी तार्किक व्यक्ति को आध्यात्मिक व्यक्ति में विकसित होना पड़ता है। मानव की हैसियत से यदि किसी को अपनी नियति को सफलता से पूरा करना है तो प्रत्येक व्यक्ति के लिए यह कार्य निर्धारित है। उपनिषद् में यह वर्णन विज्ञान और दर्शनशास्त्र का सार तत्व है। डॉ० राधाकृष्णन के ये शब्द उनके उस भाषण का एक अंश है जो उन्होंने राष्ट्रपति भवन में, उस सभा में दिया था, जो पंडित नेहरू को श्री अरविन्द का चित्र भेंट करने के लिए आयोजित की गयी थी। राधाकृष्णन के इन शब्दों को सुनकर उन्होंने कहा था कि "इसके अतिरिक्त और है ही क्या? हमें विकसित होना है और अपनी चेतना का विस्तार करना है, ताकि वह समस्त मानवों को अंगीकार कर सके। अपनी चेतना का विकास ही मानव का धर्म है।" भारतीय आध्यात्मिक परम्पराओं में ही उनकी संश्यालुता की जड़ें थीं। उनका सत्य और प्रेम में अटल विश्वास था। विश्वास था अभय और अहिंसा में।

उनका व्यक्तित्व बड़ा शक्तिशाली चुनौती देने और स्वीकार करने वाला था। वह विभिन्न मन:स्थितियों के व्यक्ति थे परन्तु उनका चरित्र मूलतः गहरी मानवता का था।

इतिहास उसी की वन्दना करता है, जो समाज के लिए जीता है, उसके लिए त्याग करता है। अनादिकाल से इस देश में त्याग की वृत्ति को अपनाया गया है। वे महापुरुष जिनकी हम प्रतिष्ठा और पूजा करते हैं वे राजा, महाराजा नहीं हैं, न ही बड़े उद्योगपति हैं, न ही सैनिक वीर हैं वरन् कठोरवादी साधु हैं, जो जीवन की साधारण आवश्यकताओं की भी अवहेलना कर देते हैं। विश्व में यदि आज कुछ सूचिता, कुछ मान-मर्यादा शेष हैं, यदि सत्य के लिए कुछ आदर हैं और यदि हम ऐसे लोगों के प्रति सम्मान प्रदर्शित करते हैं तो इसका कारण यह है कि जो कुछ कार्य इस देश में हुआ है, ऐसे ही बड़े त्यागियों द्वारा सम्पन्न हुआ है। महात्मा गाँधी के नेतृत्व में पंडित नेहरू ने घोर संघर्ष किया और कठोर परिश्रम किया। पंडित नेहरू को महात्मा गाँधी के मार्ग में अटूट आस्था थी। वह समझते थे कि महात्मा गाँधी का त्याग मार्ग साम्राज्यों को हिला सकता है और अत्याचारों को प्रकम्पित

कर सकता है तथा उससे स्वतन्त्रता प्राप्त करा सकता है। जब एक बार उसकी प्राप्ति हो जाएगी तो स्वतन्त्रता प्राप्ति ही अंतिम कार्य नहीं होगा। उन्होंने देश को देखा, वह तो समृद्ध है लेकिन उसके लोग गरीब हैं। यहाँ करोड़ों लोग भूखे क्यों मर रहे हैं? यहाँ के लोग इतने दयनीय क्यों हैं? उन्होंने अनुभव किया कि मेरे लिए यह आवश्यक है कि मैं उनके जीवन स्तर को ऊँचा करूँ। यदि स्वतंत्रता का कोई मूल्य है तो वह व्यक्ति के लिए वास्तविक स्वतन्त्रता होनी चाहिए। यानि राजनीतिक समानता के अतिरिक्त वह सामाजिक भी होनी चाहिए। उनके मत से विज्ञान एक तरीका था, जिससे हम अपने देश की काया पलट कर सकते हैं। इसलिए उन्होंने विज्ञान पर बल दिया। उनके सामने जो समस्या आयी, उसको उन्होंने वैज्ञानिक ढंग से देखा। उनके अनुसार विज्ञान कोई सिद्धि मात्र नहीं है, यह कोई वाह्यय उपकरण भी नहीं है। वैज्ञानिक भावना कोई मस्तिष्क का वैज्ञानिक स्वभाव उत्पन्न करना है। देश इतने दीर्घकाल तक कष्ट क्यों भुगतता रहे? इसका कारण वैज्ञानिक अवरोध है जो मनुष्यों के मष्तिष्क में हुआ करते हैं। हम जात-विरादरीजन, राग-द्वेष और पक्षपात धार्मिक कठमुल्लेपन और कितनी ही सामाजिक असमानताओं के शिकार हैं। हमने अपने लोगों को सब प्रकार की दर्दनाक स्थितियों में जकड़ दिया है इस सब के लिए हमको बुरी तरह से भुगतान करना पड़ा है और हमें इन बातों से पिण्ड छुड़ाना है तो हमें सामाजिक संबंधों और मानसिक प्रवृत्तियों में वैज्ञानिक भावना अपनानी होगी। इसलिए पंडित नेहरू ने कहा था कि मैं विज्ञान में विश्वास करता हूँ। विज्ञान केवल सत्य का अन्वेषण ही नहीं है, वह आदमी की भलाई भी करता है। अत: उन्होंने विज्ञान एवं टेक्नोलॉजी पर इतना बल दिया।

पंडित नेहरू ने विचारों की प्रासंगिकता उस क्षण हमें परिलक्षित होती है, जब हम विभिन्न क्षेत्रों में व्याप्त संकटपूर्ण स्थितियों पर ध्यान देते हैं। देश में जो राजनीतिक मतभेदों का ज्वार-भाटा उठा हुआ है, वह हमारे सार्वजनिक जीवन को विकृत कर रहा है। हम राष्ट्र को बनाने की अपेक्षा अपने आपको बनाने के लिए अधिक सचेष्ट हैं। यदि अयोग्यता, कुप्रबन्ध और बेईमानी जैसी त्रुटियों को जड़ों से उखाड़ फेंकना है तो अपने आस-पास के वातावरण को ही नहीं बल्कि स्वयं अपने आपके निर्माण के लिए भी मस्तिष्क की वैज्ञानिक वृत्ति को अपनाना होगा। इसलिए पंडित नेहरू ने विज्ञान एवं आध्यात्मिकता को अपनाने पर बल दिया, आध्यात्मिकता अर्थात् जीवन में एक और आयाम की स्थिति जो पार्थिव से परे है। जवाहरलाल नेहरू भारत के लोगों से ऐसा करने की अपेक्षा रखते थे। यदि विश्व के शेष भागों का निरीक्षण किया जाए तो भारत के लोगों को बहुत पिछड़ा हुआ देखा जाता है और यदि भारत के लोग पिछड़े हुए हैं तो उसका कारण यह है कि भारत के लोगों

ने सामाजिक विकलांगताओं को अपने ऊपर लाद लिया है। विश्व के उन्नत और बड़े देश विरादरी और मतमतान्तरों की चर्चा नहीं करते। वे अपने को एक राष्ट्र का समझते हैं, चाहे तो वे स्वयं को जापानी और चाहे तो चीनी समझते हैं। वे इस बात की पूछताछ नहीं करते कि किसी का मजहब क्या है? महात्मा गाँधी का भी 'ईश्वर अल्ला तेरे नाम' हमें बताता है कि परमात्मा को किसी नाम से पुकारा जाए उसमें कोई फर्क नहीं आयेगा। महात्मा गाँधी के इस सिद्धान्त को कार्यान्वित करने का पंडित नेहरू ने भरसक प्रयत्न किया और उनकी स्पष्ट मान्यता थी कि हम मानसिक रुकावटों और बन्धनों से सचेत रहें, जो हमारी उन्नति के मार्ग में बाधक हैं।

पंडित नेहरू के विचारों की प्रासंगिकता का दूसरा आयाम है, विश्वबन्धुत्व भावना की जाग्रति। आज की दुनिया में एक मनुष्य को दूसरे मनुष्य से, एक राष्ट्र को दूसरे राष्ट्र से जोड़ने के प्रयत्न किये जा रहे हैं। एक नये विश्व की रचना हो रही है। ऐसे विश्व की जिसके विषय में सौ साल पहले हमारे पूरखे अपरिचित थे। आज हम देख रहे हैं, विभिन्न राष्ट्र एक-दूसरे के निकट आ रहे हैं और विभिन्न स्थानों में साथ-साथ काम कर रहे हैं। पंडित नेहरू ने अंतर्राष्ट्रीय राजनीति में जिस पथ को प्रशस्त किया था उसके अनुगामियों की संख्या सहज ही बढ़ती जा रही है। पंडित नेहरू ने गुट-निरपेक्षता के सिद्धान्त का निरूपण किया था, गुटों से अलग रहने की नीति निश्चयसूचक है, सकारात्मक है और वह नीति राग-द्वेष जनहित पूर्वाग्रहों के छिन्न-भिन्न करने वाली है। लोगों को एक-दूसरे के निकट लाने और समझने में सहायक सिद्ध हो रही है।

पंडित जवाहरलाल नेहरू एक जन्मजात देशभक्त थे। वे अपनी युवावस्था के प्रारम्भ में ही राजनीतिक गतिविधियों की ओर जो सम्पूर्ण देश में महात्मा गाँधी के नेतृत्व में चल रही थी आकर्षित हो गये। उनको यद्यपि महात्मा गाँधी से कई विषयों पर विरोधाभास तथा मतभेद थे, परन्तु फिर भी उन्होंने महात्मा गाँधी के कठोर अनुशासन ध्येय के प्रति समर्पण तथा कार्य के प्रति निष्ठा से प्रभावित होकर, उनका नेतृत्व स्वीकार कर लिया। उनकी व्यक्तिगत ईमानदारी सेवा की भावना तथा त्याग ने जिसके आधार पर उन्होंने राष्ट्र की संकट के क्षणों में सेवा की। उनमें अद्भुत नैतिक शक्ति तथा राजनीतिक क्षमता की अभिवृद्धि थी। उन्होंने जनता का आर्थिक उत्थान करने के लिए अथक प्रयास किया, परिवर्तन के लिए पृष्ठभूमि तैयार करने के लिए साहित्य तथा शैक्षणिक गतिविधियों को शुरू किया। सामाजिक उन्नति के हित में जाति तथा लिंग पर आधारित परम्परागत प्रतिबन्धों को हटाया। उन्नति ही उनके जीवन का मूलमंत्र था। उन्होंने एक प्रगतिशील तथा

विवेकयुक्त सामाजिक व्यवस्था के लिए संघर्ष किया। उन्होंने अंतर्राष्ट्रीय संबंधों के क्षेत्र में एक चतुर नाविक के रूप में राष्ट्ररूपी जहाज को चट्टानों तथा तूफानों से बचाकर एक नयी दिशा दी। उन्होंने एक ऐसी विदेश नीति का प्रारम्भ किया जो देश की परम्पराओं के अनुकूल थी। परन्तु उन्होंने कभी भी स्वयं को ऐसी विदेश नीति का सृजनकर्त्ता नहीं माना एवं न ही इस संबंध में किसी भी प्रकार के श्रेय का दावा किया। उन्होंने अपने नेतृत्व का किसी भी प्रकार का दावा न करते हुए राष्ट्र को विश्व के नवोदित राष्ट्रों का प्रतिनिधि बनाया। उनके द्वारा सृजित नीति अनिवार्यतः राष्ट्र के हित में थी। उनके द्वारा सृजित विदेश नीति का ढाँचा विचारणीय था तथा उसे बुद्धिमत्तापूर्वक लागू किया गया था। उनके द्वारा सृजित विदेश नीति का महत्व न केवल उनके जीवनकाल में बल्कि आज भी कम नहीं हुआ है। वे विश्वस्तर के राजनीतिज्ञ थे। महात्मा गाँधी ने उन्हें "उच्च आत्मा वाला व्यक्ति" तथा चर्चिल ने उन्हें "एशिया का प्रकाश" बताया है।

पंडित जवाहरलाल नेहरू के स्वर्ग सिधारे एक लम्बा अर्सा हो गया है। एक ऐसी दूरी, जो उनके सम्पूर्ण जीवन मार्ग को बड़ी स्पष्टता से देखना और उनके विविध कार्यकलाप के महत्व तथा परिणामों का वस्तुगत रूप से मूल्यांकन करना संभव बनाती है। बीते वर्ष तूफानी ऐतिहासिक घटनाओं के वर्ष थे। उन्होंने कई राजनेताओं और पार्टी कार्यकर्त्ताओं को नहीं बख्शा, जो राजनीतिक मंच को छोड़ते ही तेजी से बड़े नेताओं के प्रभामंडल से हाथ धो बैठे। किन्तु पंडित नेहरू के साथ ऐसा नहीं हुआ। भारत के एक असाधारण नेता के रूप में, राष्ट्रीय मुक्ति एवं सामाजिक प्रगति के विचार के, 20वीं सदी के उत्तरार्द्ध में एशिया तथा अफ्रीका के जनगण की प्रेरक शक्ति गन गया है, एक बढ़िया प्रवक्ता के रूप में उनकी छवि अपरिवर्तित बनी रही है।

इस महान व्यक्ति में रुचि जरा भी कम नहीं हुई है। कुछ हद तक वह पंडित नेहरू के व्यक्तित्व के आकर्षण के कारण है, जो न केवल उनसे मिलने वाले लोगों, बल्कि उन व्यक्तियों को भी अपनी ओर खींच लेता था जिन्होंने उनकी समृद्ध साहित्य विरासत को आत्मसात किया हो। उनके बारे में बहुसंख्य संस्मरणों एवं विद्वतापूर्ण कृतियों का अध्ययन किया हो। लेकिन पंडित नेहरू की ओर अनुसंधानकर्त्ताओं और पाठकों के अन्यूनीकृत ध्यान का मुख्य कारण यह है कि एक विचारक के नाते उन्होंने मानव जाति का आज भी उद्विग्न करने वाली महत्वपूर्ण समस्याओं पर गौर किया।

अत्यन्त महत्वपूर्ण एतिहासिक घटनाओं को अलग-अलग व्यक्तियों के कार्यकलाप के परिणामों के रूप में पेश करना भोला-भालापन होगा, लेकिन तो भी वे हमारे

मन और स्मृति में ऐसे कतिपय नामों से यों ही नहीं जुड़ जातीं, जो उनके प्रतीक होते हैं। मिसाल के लिए स्वतंत्रता के लिए भारत का बहुवर्षीय संघर्ष, जिसने अनेकानेक प्रख्यात और अज्ञात वीर दिये और विभिन्न राजनीतिक प्रवृत्तियों के जाज्वल्यमान् कार्यकर्त्ता पैदा किये, मुख्यतः मोहनदास करमचन्द गाँधी के नाम से जुड़ा हुआ है जबकि स्वतंत्र भारत की स्थापना पंडित नेहरू के नाम से। किसी भी अन्य व्यक्ति के मुकाबले में एक बड़ी सीमा तक वह देश की राजनीतिक प्रणाली और विदेश नीति के निर्माता थे। इसलिए देश के पहले प्रधानमंत्री की प्रतिष्ठा को नष्ट करके लाभ उठाने के भारत विभिन्न राजनीतिक कार्यकर्त्ताओं के कोई भी प्रयास यहाँ कुछ बदल नहीं सकते।

परन्तु पंडित नेहरू सिर्फ भारत के ही नहीं थे। वह सभी विकासमान देशों की सामाजिक, आर्थिक, राजनीतिक समस्याओं के अध्ययन की एक मुख्य हस्ती हैं। उन्होंने न केवल अपनी नीति में अफ्रेशियाई देशों के लिए कुछ विशिष्ट प्रवृत्तियों को साकार किया, वरन् उनकी घरेलू और विदेश नीति के मार्ग के गठन पर भी सीधे प्रभाव डाला।

पंडित नेहरू सम्पूर्ण मानव जाति के हैं। वह आधुनिक अन्तर्राष्ट्रीय संबंधों के एक निर्माता थे, जिनमें नव-स्वतन्त्र देशों के जनगण अधिकाधिक सक्रिय हिस्सा ले रहे हैं। वह गुट-निरपेक्षता और तनाव-शैथिल्य की नीति के निर्माता में से एक थे। औपनिवेशक निद्रा से जगे, साम्राज्यवादी उत्पीड़न के विरुद्ध विद्रोह करने वाले जनगण के एक प्रवक्ता के रूप में पंडित नेहरू यूरोप तथा अमेरिका के जनगण के मुकाबले रखने, उन्हें अलग-थलग करने, जातीय कलह, विगत के लिए प्रतिशोध लेने की स्पृहा से कोसों दूर थे। वह मानव जाति की आम नियति में, पूर्व और पश्चिम के बीच मेलजोल में विश्वास करते थे। अंततोगत्वा वामपंथी राष्ट्रीय सुधारवादी की स्थितियों पर बने रहते हुए पंडित नेहरू राष्ट्रीयतावादी संकीर्णता, उद्दण्डता और क्षेत्रीयता से पूरा-पूरा बचे। उन्होंने समानाधिकारपूर्ण अन्तर्राष्ट्रीय सहयोग के लिए पूरे मन से प्रयास किया। पंडित नेहरू ने उत्पीड़ित जनगण के साम्राज्यवाद विरोधी राष्ट्रीयतावाद के आधार पर शक्तिशाली अन्तर्राष्ट्रीयतावाद का एक सर्वोत्तम नमूना दिया, यद्यपि वह इस मेल के सम्पूर्ण अन्तर्विरोधी स्वरूप को जानते थे।

पंडित नेहरू ने राजनीतिक विकास का एक संजटिल मार्ग तय किया। उनके सक्रिय सामाजिक-राजनीतिक कार्यकलाप इस सदी के दूसरे दशक में आरम्भ हुए। उन्होंने ब्रिटेन में कई साल बिताये, जहाँ उन्होंने विश्वविद्यालय की शिक्षा पायी। वहाँ उन्होंने बुर्जुआ उदारवादी विचार आत्मसात किये, जिनके भागीदार उनके पिता और राष्ट्रीय मुक्ति संघर्ष के एक प्रमुख नेता पंडित मोतीलाल नेहरू भी थे। लेकिन एक

बड़े जिज्ञासु व्यक्ति के नाते तथा नूतन की ओर अपने खिंचाव के कारण उनमें समाजवादी आन्दोलन के प्रति भी सहानुभूति विकसित हुई, जिसे तब वह केवल फेबियन सोसाइटी के अनुभव से ही जानते थे। प्रथम विश्वयुद्ध के अन्त में भारत में मुक्ति संघर्ष जीवंत बनने लगा। पंडित नेहरू भारतीय राष्ट्रीय कांग्रेस के कार्यकलाप में हिस्सा लेने लगे और कार्य की नयी विधियों तथा ऐसे लोगों की तलाश करने लगे जिन पर वह भरोसा कर सकें। महात्मा गाँधी ने, जो अभी भारत में अपनी राजनीतिक कार्रवाइयाँ आरम्भ ही कर रहे थे, उनकी कल्पना को मुग्ध कर लिया। पंडित नेहरू महात्मा गाँधी के साहस और कर्मठता, जनता से उनकी अपील, ब्रिटिश उपनिवेशवाद का प्रतिरोध करने की उनकी विधियों और भारतीय राष्ट्रीय कांग्रेस को एक राजनीतिक क्लब से एक संघर्षशील जन-संगठन में बदलने की उनकी आकांक्षा से भी प्रभावित थे। पंडित नेहरू महात्मा गाँधी के अहिंसात्मक पर निर्विवाद रूप से साम्राज्यवाद विरोधी और ब्रिटेन विरोधी आन्दोलन के एक उत्कट अनुयायी बन गये। उन्होंने पहले अखिल भारत आन्दोलन (सत्याग्रह) के वर्षों में तूफानी काईवाइयों में पूरी तरह खुलकर भाग लिया और स्वयं महात्मा गाँधी तथा आन्दोलन के असंख्य सहभागियों के साथ शीघ्र विजय में विश्वास किया। इससे उनकी निराशा तब और भी बढ़ गयी, जब सन् 1922 ई० में महात्मा गाँधी ने सफलता न मिलने पर अपने प्रतिवाद आन्दोलन को बन्द कर दिया और राष्ट्रीय आन्दोलन में गत्यावरोध पैदा हो गया। गाँधीवादी सिद्धान्तों में जनता का विश्वास काफी जाता रहा। भारतीय राष्ट्रीय कांग्रेस की एकता को बनाये रखने की कोशिश करते हुए पंडित नेहरू ने 1920 के दशक में मुक्ति आन्दोलन की अवस्था से गहन असंतोष महसूस किया और संकट से निकलने के रास्ते की खोज में जुट गये।

उनकी यह खोज उन्हें यूरोप लायी, जहाँ वे ब्रेसेल्स में हुई उत्पीड़ित जातियों की कांग्रेस में भारतीय राष्ट्रीय कांग्रेस के एक प्रतिनिधि के रूप में आमंत्रित थे।[7] इस कांग्रेस तथा उसमें स्थापित साम्राज्यवाद विरोधी लीग के कार्य में पंडित नेहरू की सहभागिता और सोवियत संघ की उनकी संक्षिप्त यात्रा[8] उनके राजनीतिक क्रम-विकास की अत्यन्त महत्वपूर्ण कड़ियाँ बनीं। मास्को में वह यूरोप, एशिया एवं अफ्रीका के क्रान्तिकारी और राष्ट्रीय मुक्ति आन्दोलन के प्रतिनिधियों से मिले। उन्होंने उनके हितों की एकता में, उनके बीच सहयोग की आवश्यकता में विश्वास किया। वहीं पर वह क्रान्तिकारी, वैज्ञानिक समाजवाद से, जो फेबियन समाजवाद से मूलतः भिन्न था, जुड़ गये और वहाँ उन्होंने देखा कि समाजवाद सिर्फ सिद्धान्त होना बन्द हो गया है और वह अमली जामा पहनने लगा है।

वैज्ञानिक समाजवाद से पंडित नेहरू के परिचय ने उनके विश्व दृष्टिकोण और राजनीतिक कार्यकलाप पर बड़ा प्रभाव डाला। मार्क्स एवं लेनिन के विचारों ने उनके मन में पुराने उदारवादी, सामाजिक-सुधारवादी और गाँधीवादी विचारों को पीछे हटा दिया। लेकिन पंडित नेहरू पर मार्क्सवाद-लेनिनवाद का प्रभाव कभी भी पूरा नहीं था और वह भौतिकवादी दार्शनिक नहीं बने। सत्ता और चेतना के उच्चतम दार्शनिक प्रश्नों, संज्ञान के सिद्धान्त, मानव व्यक्तित्व के आत्मिक और नैतिक विकास संबंधी विचारों में वह प्रत्ययवाद तथा अज्ञेयवाद के मिश्रण, हिन्दूवादी धार्मिक नैतिक परम्पराओं तथा यूरोपीय बुद्धिवादी संदेहवाद से प्रभावित थे। परन्तु सामाजिक-राजनीति विचारों के प्रश्नों में वैज्ञानिक समाजवाद का प्रभाव जबर्दस्त और फलप्रद था। कुल मिलाकर पंडित नेहरू ने उत्पादन की विभिन्न विधियों, जनसाधारण की भूमिका, समाज की सामाजिक विरचना, वर्ग अन्तर्विरोधों और वर्ग संघर्ष के साथ इतिहास की मार्क्सवादी आर्थिक व्याख्या को स्वीकार किया। उन्होंने इतिहास को निम्नतर से उच्चतर सामाजिक आर्थिक प्रणालियों की ओर एक नियमित गति के रूप में देखा। उन्होंने समझा कि समाजवाद की विजय अनिवार्य है। उन्होंने पूँजीवाद को एक ऐसी विरचना के रूप में देखा, जिसके भाग्य में मौत बंधी है और साम्राज्यवादी शोषण की विधियों सहित उनकी आर्थिक, सामाजिक एवं राजनीतिक प्रणालियों के उत्पीड़नकारी स्वरूप को प्रकट किया, सम्पूर्ण विश्व की क्रान्तिकारी शक्तियों, खासतौर से दुनिया के पहले समाजवादी राज्य के प्रति बड़ी हमदर्दी दिखाई।

राजनीतिक क्षेत्र में मार्क्सवाद-लेनिनवाद ने पंडित नेहरू के राजनीतिक दर्शन को इस अर्थ में प्रभावित किया कि उन्होंने राष्ट्रीयतावादी आन्दोलन की सीमाओं को स्वीकार किया, उसे मेहनतकशों की आवश्यकताओं की ओर लक्षित किया और मूल सामाजिक कायाकल्प के लिए जमीन तैयार की। पंडित नेहरू ने बड़े साहस के साथ अपने को वैज्ञानिक समाजवाद का पक्षधर घोषित किया और समाजवाद को मुक्ति आन्दोलन के अन्तिम उद्देश्य के रूप में पेश किया। उन्होंने भारतीय राष्ट्रीय कांग्रेस के कार्यकलाप में किसानों और मजदूरों की भागीदारी को व्यापक बनाने, उन्हें कांग्रेस के अवलम्ब में बदलने, उनकी सामाजिक और आर्थिक माँगों की पूर्ति के लिए संघर्ष फैलाने की कोशिश की। इसके साथ ही, जब भारतीय राष्ट्रीय कांग्रेस के अधिकांश सदस्य (सन् 1922 ई०) में स्वराज्य आन्दोलन की पराजय से हतोत्साहित होकर डोमिनियन की स्थिति मानने को तैयार थे, पंडित नेहरू ने भारत की पूर्ण स्वतंत्रता का दृढ़तापूर्वक समर्थन किया।

पंडित नेहरू ने अंतर्राष्ट्रीय एकजुटता, उपनिवेशवाद के विरुद्ध संघर्षरत जनगण, पूँजीवादी देशों में मजदूर और जनवादी आन्दोलनों, साम्राज्यवाद के अटल विरोधी

एवं उत्पीड़ित जनगण के एक विश्वसनीय मित्र के रूप में सोवियत संघ के साथ सहयोग के विचारों की रक्षा की।

1920 के दशक के अन्त में पंडित नेहरू जिस राजनीतिक मंच से बोलने लगे, उसने उन्हें भारतीय राष्ट्रीय कांग्रेस के वामपक्ष का, जो तेजी से शक्तिशाली बन रहा था, नेता बना दिया। क्रान्तिकारी और समाजवादी प्रवृत्तियाँ 1930 के दशक के मध्य तक बढ़ती रहीं। उस काल में पंडित नेहरू ने उस कार्यक्रम को निरूपित और प्रचारित किया, जिसने कई अर्थों में 1960 के दशक में राष्ट्रीय लोकतंत्र के आविर्भाव की भविष्यवाणी की और कुछ अर्थों में तो उसने अधिक विकसित रूप भी लिये।

लेकिन पंडित नेहरू की स्थिति अत्यन्त विरोधात्मक थी। उन्हें समान विचार वालों का संगठित राजनीतिक समर्थन प्राप्त नहीं था और उन्होंने भारतीय राष्ट्रीय कांग्रेस के दायरे में काम किया, जो कि एक मुख्यतः बुर्जुआ संगठन थी। भारतीय राष्ट्रीय कांग्रेस पर महात्मा गाँधी का एकच्छत्र वर्चस्व था और उन्होंने भारतीय राष्ट्रीय कांग्रेस के दक्षिण पंथी तथा रूढ़िवादी तत्वों का अपनी स्थिति की रक्षा के लिए उनके संघर्ष में, क्रान्तिकारी नौजवानों के आक्रमणों और दावों का अंत करने में उनके प्रयास में कई मौकों पर समर्थन किया। यहाँ पंडित नेहरू ने दोहरी भूमिका अदा की। एक ओर वह वामपक्ष के नेता थे और, दूसरी ओर एक ऐसा व्यक्ति जिसे महात्मा गाँधी का विश्वास एवं स्नेह प्राप्त था जिसने वह सर्वथा व्यक्तिगत संबंधों से जुड़े हुए थे, जिन्हें कोई भी राजनीतिक मतभेद भंग नहीं कर सकता था। एक ऐसा व्यक्ति, जो कांग्रेस के दक्षिण पंथी नेताओं के साथ सम्पर्क रखे हुए था। महात्मा गाँधी के लिए पंडित नेहरू न केवल वामपंथी शक्तियों के एक प्रमुख प्रवक्ता, बल्कि कांग्रेस के एक ऐसे सर्वमान्य नेता भी थे, जो उसे आमूल परिवर्तनवाद को, जिसके प्रतिनिधियों ने अपने कार्यकलाप और प्रभाव फैलाने तथा कभी कभी भारतीय राष्ट्रीय कांग्रेस पर कब्जा तक करने का प्रयास किया, उसके दायरे के भीतर रखने में समर्थ थे। पंटित नेहरू ने भी भारतीय राष्ट्रीय कांग्रेस की एकता बनाये रखने की कोशिश की, लेकिन वह भारत में महात्मा गाँधी के बिना उनकी इच्छा के विपरीत राजनीतिक आन्दोलन की कल्पना तक नहीं कर सकते थे। परन्तु एकता के लिए आवाज उठाते हुए पंडित नेहरू ने क्रान्तिकारी और समाजवादी भावना में महात्मा गाँधी तथा भारतीय राष्ट्रीय कांग्रेस की रूढ़िवादी बहुसंख्या पर प्रभाव डालने की आशा की। भारतीय राष्ट्रीय कांग्रेस की एकता का आह्वान करने में महात्मा गाँधी और पंडित नेहरू दोनों ही सही थे, क्योंकि उसमें फूट साम्राज्यवाद विरोधी ताकतों के लिए घातक होती। परन्तु पंडित नेहरू अपने

विचारों से कांग्रेस को प्रतिबद्ध नहीं कर सके। उन्होंने अपने को महात्मा गाँधी के दबाव में आ जाने दिया, उन्होंने उनके अचूक विवेक में विश्वास किया तथा दक्षिण पंथी शक्तियों को क्रान्तिकारी स्वरूप की घोषणाओं के प्रभाव को नाकाम करने दिया। दक्षिण पंथी ताकतों ने भारतीय राष्ट्रीय कांग्रेस में फूट डालने के लिए जमकर लड़ाई चलाते हुए वामपक्ष के आक्रमण पर जबावी कार्रवाई की (त्रिपुरी अधिवेशन) पंडित नेहरू ने महसूस किया कि दक्षिणपंथी शक्तियों की अनम्यता को दृष्टि में रखते हुए अपनी स्थिति पर डटे रहने से राष्ट्रीय एकता को क्षति पहुँच सकती है और समझौते को तरजीह दी। 1930 के दशक के अन्त में उनकी समाजवादी एवं क्रान्तिकारी प्रवृत्तियाँ कमजोर पड़ने लगीं।

स्वतन्त्रता प्राप्ति के बाद, जब पंडित नेहरू ने भारत सरकार का नेतृत्व किया, यह प्रक्रिया विशिष्ट रूप से देखने में आयी। उनके सामाजिक-राजनीतिक विचार पुनः बदले। मार्क्सवादी-लेनिनवादी प्रभाव पृष्ठभूमि में चला गया और व्यावहारिक प्रश्नों के प्रायः पूर्णरूपेण गायब हो गया। यह प्रभाव सिर्फ सामाजिक-ऐतिहासिक प्रक्रिया के मोटे तौर पर व अमूर्त मूल्यांकनों में ही महसूस किया गया। गाँधीवाद से संश्लेषित उदारवादी और सामाजिक सुधारवादी विचारों ने उनमें प्रधानता प्राप्त कर ली। यह महात्मा गाँधी के उस कथन की याद दिलाती है कि उनकी (महात्मा गाँधी की) मृत्यु के बाद पंडित नेहरू उनकी (महात्मा गाँधी) की भाषा बोलेंगे।

जब पंडित नेहरू प्रधानमंत्री बने, तो "समाजवाद" शब्द उनके राजनीतिक शब्द-कोश से गायब हो गया और जब छठे दशक के मध्य में समाजवादी नारा राजनीतिक मंच पर पुनः उभरा, तो उसे बिल्कुल ही भिन्न ढंग से क्रान्तिकारी या राष्ट्रीय-लोकतंत्रवादी नहीं, अपितु सुधारवादी भावना में समझा जाने लगा। पंडित नेहरू ने एक प्रगतिशील, साम्राज्यवाद विरोधी विकासमान राज्य की घरेलू नीति का कार्यक्रम निरूपित किया। लेकिन यह कार्यक्रम राष्ट्रीय सुधारवाद के ढाँचे में सीमित रहा और राष्ट्रीय बुर्जुआ वर्ग की प्रभुत्वशील आर्थिक और राजनीतिक स्थितियों के लिए कोई खतरा नहीं पेश किया।

पंडित नेहरू पर सुसंगत न होने का, अपने विचार में मुकर जाने का आरोप लगाना आसान है। सैद्धान्तिक रूप से वह इस आलोचना के पात्र हैं, लेकिन वह विश्वसनीय नहीं होगी, अगर भारत के अर्वाचीन इतिहास में उनकी उस भूमिका को ध्यान में न रखा जाये, तो वस्तुगत कारकों से, जिनकी शक्ति के प्रति पंडित नेहरू बड़े सचेत थे, प्रेरित और सीमित थी।

पंडित जवाहरलाल नेहरू ने अपने राजनीतिक दर्शन के संबंध में स्वयं कहा है कि उनके विचार भारतीय राष्ट्रीय कांग्रेस के अधिकांश सदस्यों के राजनीतिक विचारों

से काफी आगे बढ़े हुए थे। एक आत्मगत समाजवादी बुर्जुआ राजनीतिक संगठन के शीर्ष पर खड़ा था। एक क्रान्तिकारी के लिए सिद्धान्त तथा व्यवहार की एकता एक मुख्य कसौटी है। राजकीय कार्य यंत्र के शीर्ष पर खड़े होते हुए भी, वे अपने विचारों एवं दृष्टिकोणों को अमली जामा नहीं पहना सके।

साहित्य में, वैज्ञानिक साहित्य तक में कल्पना की जा सकती है। वह उतने हानिकर परिणामों को जन्म नहीं देती, जितने कि राजनीतिज्ञों की कल्पना। तब क्या हुआ होता, पंडित नेहरू अपने विचारों में अधिक अडिगता दिखाते और महात्मा गाँधी तथा भारतीय राष्ट्रीय कांग्रेस के दक्षिणपंथी हलकों के साथ समझौता नहीं किया होता? तब वे न केवल अपनी राजनीतिक छवि के अर्थ में, अपितु भारतीय इतिहास में अपने स्थान के अर्थ में भी पंडित नेहरू नहीं होते। उन्होंने महात्मा गाँधी के संकल्प तथा कांग्रेस के रूढ़िवादी पक्ष के प्रभाव को तोड़ा होता और उस पर अपनी राजनीतिक लाइनें थोंपने में समर्थ नहीं होते और यदि वे भारतीय राष्ट्रीय कांग्रेस के मुकाबले में एक विरोधी राजनीतिक संगठन स्थापित कर सके होते, तो इससे साम्राज्यवाद विरोधी मोर्चा कमजोर होता, जिसका ब्रिटिश उपनिवेशवादी अवश्य ही फायदा उठाते।

पंडित नेहरू स्वतंत्रता प्राप्ति से पूर्व वैज्ञानिक समाजवाद के सबल पक्षधर थे। किन्तु भारत के प्रधानमंत्री, कांग्रेस सरकार के प्रधान बनने के बाद, उन्होंने उसे राष्ट्रीय लक्ष्य के रूप में प्रस्तुत नहीं किया। समाजवादी ढंग के समाज के साधारण सुधारवादी विचार के प्रति, जिसे पंडित नेहरू ने पूँजीवाद से बचने के एक रामबाण के रूप में पेश किया था। सामाजिक राय बनाने और वास्तव में उसे स्वीकार कराने के लिए उन्हें और बहुत अधिक समय की आवश्यकता थी।

पंडित नेहरू इस अर्थ में सही थे कि समाजवाद तब भारत में राजनीतिक कार्यसूची में नहीं था, कि उसके लिए पूँजीवादभावी समाजवादी रूपांतरणों के लिए जमीन तैयार करने हेतु एक सक्रमणकालीन अवस्था था। परन्तु पंडित नेहरू ने न इस अवस्था की लम्बाई, न उसके लक्ष्यों, न ही वर्ग शक्तियों के विन्यास को निर्धारित किया। उन्होंने समाजवाद के लिए संगठनात्मक, राजनीतिक और विचारधारात्मक पूर्वाधारों की स्थापना नहीं की। भारतीय राष्ट्रीय कांग्रेस के प्रचार में समाजवाद की स्वयं समझ अनिर्धारित स्वरूप की थी, उसे वर्गीय अन्तर्वस्तु से रहित कर दिया। सारतः समाजवाद को आर्थिक विकास, श्रमिकों की खुशहाली में वृद्धि और देश के सभी नागरिकों के लिए "समान संभावनाओं" के सिद्धान्त के तद्रूप किया जाता था। पंडित नेहरू की नीति ने भारत में पूँजीवाद की नींवों की जड़ नहीं खोदी। भारतीय एकाधिकारियों का सफाया नहीं किया और देश के तीव्रतम

सामाजिक अन्तर्विरोधों को नहीं हल किया। इसके विपरीत, जैसा कि स्वयं पंडित नेहरू ने माना, गरीबी और अमीरी के बीच अन्तर बढ़ गया और एकाधिकार पूँजी ने अपनी स्थिति मजबूत बना ली।

भारतीय सरकार के प्रधान के तौर पर पंडित नेहरू के कार्यकलाप का निष्कर्ष करते हुए कहा जाना चाहिए कि उन्होंने राष्ट्रीय अर्थव्यवस्था के उत्थान, देश के औद्योगीकरण, राजकीय क्षेत्र के निर्माण, शिक्षा और स्वास्थ्य रक्षा में सुधार के लिए बहुत कुछ किया। उन्होंने बुर्जुआ सुधार के आधार पर जमींदारी प्रथा का उन्मूलन कर दिया। लेकिन भूमिहीन किसानों की जमीनों का वितरण नहीं हुआ, जो कि भारत के बँटाईदारों का युग-युग का सपना और बेहतर जीवन की आशा थी। पंडित नेहरू ने बुर्जुआ-जनवादी तथा धर्मनिरपेक्ष राज्य को सुदृढ़ बनाने के लिए सक्रिय और सफल ढंग से काम किया। उन्होंने बुद्धिसंगत विदेश नीति का निरूपण किया, जिसकी बदौलत भारत को एक शांतिप्रिय देश के रूप में ख्याति मिली। इन सब ने प्रतिक्रियावादियों का असंतोष पैदा कर दिया, लेकिन वे पंडित नेहरू की राजनीतिक लाइन बदलने में असमर्थ थे। कुल मिलाकर, पंडित नेहरू के कार्यकलाप सकारात्मक थे। लेकिन समाजवाद, जिसके बारे में बात करना उन्हें पसन्द था, अकार्यान्वित बना रहा। भारत ने पंडित नेहरू के काल में पूँजीवादी मार्ग से विकास किया।

पंडित नेहरू भारत में समाजवादी रूपान्तरण की तालीम के काम में तुरंत हीं नहीं लग सके, इसके लिए देश में राजनीतिक पूर्वाधार थे ही नहीं। लेकिन वह समाजवादी विचारों के प्रचार के लिए, समाजवाद को समर्पित वर्गीय और राजनीतिक शक्तियों के गठन और एकता के लिए देश के राजनीतिक जीवन एवं राजकीय कार्यों पर शोषक वर्गों के प्रभाव को क्षीण करने के लिए बहुत-कुछ कर सके होते, वशर्ते कि जीवन ने बुर्जुआ एवं रूढ़िवादी हलकों के साथ. कठिन समझौता करने की माँग न की होती, कि ये समझौते उनकी सामाजिक न्याय की भावना को कुछ कुंठित नहीं करते, उनके पहले के क्रान्तिकारी तथा जनवादी विचारों को एक किनारे रखने को विवश नहीं करते।

परन्तु भारत के प्रधानमंत्री के पद पर यह सब पंडित नेहरू सिर्फ अपनी प्रतिष्ठा, जनता के प्यार और राजनीतिक प्रणाली में अपनी अद्वितीय स्थिति के बदौलत कर सके। उनके जीवनकाल में और उनकी मृत्यु के बाद भी पंडित नेहरू की नीति का विकल्प क्रान्तिकारी वामपंथी नहीं, बल्कि दक्षिणपंथी सरकार था। उन्होंने दक्षिणपंथ की ओर इस खिसकाव को रोका और रूढ़िवादियों एवं प्रतिक्रियावादी शक्तियों की स्थिति को दुर्बल बनाया। यही उनकी कल्याणकारी भूमिका, उनकी अमिट ऐतिहासिक सेवा है।

अपनी स्थिति के सम्पूर्ण अन्तर्विरोधी स्वरूप, उसकी सामाजिक सीमितता के वावजूद पंडित नेहरू के कार्यकलाप की अन्तिम अवस्था हमारे मन में भारत के प्रगतिशील विकास से अविच्छेत: जुड़ी हुई है। इतिहास में उन्होंने इसी रूप में ख्याति पायी। उनके विचार एवं नीति उनके देहावसान के बाद भी जारी है, यद्यपि उन्हें उसी सीमा तक प्रगतिशील नहीं माना जा सकता। ऐसा कोई भी राजनीतिक मंच, जो क्रियाशील रहता है, हमेशा ही प्रगतिशील नहीं होता और उसके प्रगतिशील स्वरूप लम्बे अर्से तक बनाये रखने के लिए संयम के तीव्र बोध और राजनीतिक परिवर्तन की आवश्यकता होती है।

स्वयं पंडित नेहरू में समय का तीव्र बोध कूट-कूट कर भरा था। देश का निरन्तर विकास और परिवर्तन उनके नारे थे। उनकी वैचारिक-राजनीतिक धरोहर को समय से पिछड़ जाने का खतरा है, यदि वह अपनी उस गतिशीलता से वंचित हो जाये, जो पंडित नेहरू की विशिष्टता थी। गत 15 वर्षों में भारतीय जीवन में बहुत बदलाव आया है। उनकी सुधारवादी नीति को उचित ठहराने वाले कारक (शीघ्रातिशीघ्र राष्ट्रीय पुनर्निर्माण, नवं स्वतंत्र राज्य के विकास, सामाजिक-आर्थिक ध्येयों के कार्यान्वयन की आवश्यकता, प्रतिक्रियावादी तत्वों का मुहतोड़ जबाब देने की आवश्यकता आदि) आज भी अपना महत्व रखते हैं, लेकिन पहले जैसा बिल्कुल नहीं। सामाजिक अंतर्विरोध बढ़ रहे हैं, वर्ग संघर्ष अधिकाधिक तीव्र हो रहा है, मेहनतकश जनसाधारण अधिकाधिक सक्रिय और राजनीतिक रूप से चेतनाशील बन रहे हैं तथा जनवादी शक्तियों का असंतोष परिपक्व हो रहा है। इन परिस्थितियों में पंडित नेहरू की धरोहर अनिवार्यत: विकसित और गहन होनी चाहिए, ताकि वह प्रगति का एक महत्वपूर्ण कारक रह सके।

किस दिशा में सामाजिक प्रगति हो रही है, पंडित नेहरू यह समझते थे। सामाजिक प्रश्नों की ओर से उन्होंने आँखें नहीं मूँदीं। यद्यपि सुधारवादी व्यवहार के वर्षों ने उनके विश्व दृष्टिकोण को बड़ा प्रभावित किया, उन्होंने अपने क्रान्तिकारी विचारों को नहीं भुलाया, न ही एक किनारे पर खड़े होकर अपनी नीति पर दृष्टिपात करने, उसका संयत मूल्यांकन करने की अपनी क्षमता को खोया। उन्हें भी भली-भाँति मालूम था कि सच्चा समाजवाद क्या है और अत: उन्हें "समाजवादी ढंग के समाज" की अवधारणा का सोपाधिक सापेक्ष स्वरूप साफ था। यह संयोग की बात नहीं थी कि उन्होंने इस अवधारणा के यथातथ्य स्पष्टीकरण और आगे विकास में तीव्र दिलचस्पी प्रदर्शित की।[9] उन्होंने सरकार की सामाजिक नीति के परिणामों से जनता के असंतोष को महसूस किया और खुद भी वह उससे संतुष्ट नहीं थे।

समय पंडित नेहरू की विरासत के तर्कसंगत विकास की अपेक्षा करता था। यह उनके राजनीतिक विश्व दृष्टिकोण के बनने के वर्षों और उस क्रान्तिकारी मंच पर गौर करना आवश्यक बना देता है जिसकी सत्यता को उन्होंने कभी नहीं नकारा।[10] पंडित नेहरू की विरासत का केवल यह विकास ही उनके आत्मगत समाजवाद को सच्चे अर्थ से पूरित कर सकता है तथा उसे मात्र एक प्रचारात्मक नारे से जनता की कार्रवाई के कार्यक्रम में रूपांतरित कर सकता है।

आलोचनात्मक व्याख्या और विकास के बिना पंडित नेहरू के प्रगतिशील विचारों को आगे चलाना असंभव है। यह आलोचना पंडित नेहरू या उनकी धरोहर के विरुद्ध नहीं लक्षित है। उल्टे, वह पंडित नेहरू की स्मृति और विरासत के प्रति आदर, उनके वैचारिक-राजनीतिक मंच के मूल्य और इस बात में हमारे विश्वास से भी प्रेरित होती है कि उसकी सकारात्मक संभावना अक्षय है।

अपने यौवनकाल में पंडित जवाहरलाल नेहरू हृदय सम्राट कहे जाते थे। बाद में उन्हें जनता का हृदय सम्राट कहा जाने लगा। किन्तु बिनोवाजी उन्हें 'लोकदेव' नाम से अभिहित किया। इस शोध प्रबन्ध (जवाहरलाल नेहरू के सामाजिक-राजनीतिक विचारों का समीक्षात्मक अध्ययन) को छः अध्यायों में विभाजित किया गया है।

प्रथम अध्याय	–	भूमिका
द्वितीय अध्याय	–	नेहरू का व्यक्तित्व और कृतित्व
तृतीय अध्याय	–	नेहरू का समाज दर्शन
चतुर्थ अध्याय	–	नेहरू का राजनीतिक दर्शन
पंचम् अध्याय	–	नेहरू का वैज्ञानिक मानवतावाद
षष्ठ अध्याय	–	निष्कर्ष।

इस शोध-प्रबन्ध में पंडित जवाहरलाल नेहरू की विरासत का वर्णन करने के साथ-साथ उन समस्याओं की भी जाँच की गई है जो आज भी विशाल दिलचस्पी का विषय है। जैसे द्वितीय अध्याय (व्यक्तित्व और कृतित्व) में मुख्य रूप से इन बिन्दुओं पर प्रकाश डाला गया है। पूर्वजों का व्यक्तित्व निर्माण में योगदान, शिक्षा-दिक्षा का व्यक्तित्व के निर्माण में योगदान, पत्नी (कमला नेहरू) का उनके व्यक्तित्व पर प्रभाव, वैयक्तिक सद्मा का दार्शनिक उपचार, 'पंडित' शब्द की व्याख्या, आदर्शवादी व्यक्तित्व, अंतर्राष्ट्रीय व्यक्तित्व, ओजस्वी वक्ता, प्रधानमंत्री और दार्शनिक शासक।

तृतीय अध्याय (नेहरू का समाज दर्शन) में, सर्वप्रथम "समाज" का अर्थ स्पष्ट किया गया है, तब समाज दर्शन को स्पष्ट करने का प्रयास किया गया है,

तब क्रमशः लोकतंत्र समाजवादी शासन व्यवस्था का एक रूप, पंडित नेहरू का समाज दर्शन, समाजवाद जीवन की एक पद्धति, भारतीय समाजवाद और उसका भविष्य, भारतीय संघ, सामाजिक सुधार, पंडित नेहरू और साम्प्रदायिक फासिज्म, सच्चा धर्म कट्टर सम्प्रदायवाद विरोधी, धर्म-निरपेक्ष समाज का निर्माण।

चतुर्थ अध्याय (राजनीतिक दर्शन) में, सर्वप्रथम राजनीतिक दर्शन की व्याख्या है तब, पंडित नेहरू के राजनीतिक दर्शक की पृष्ठभूमि है, फिर क्रमशः पंडित नेहरू और लोकतंत्र, पंडित नेहरू के आर्थिक विचार, पंडित नेहरू के आर्थिक विचार और औद्योगिक नीति, आर्थिक नियोजन, देश में आर्थिक योजना के विचार, राष्ट्रवाद, अंतर्राष्ट्रवाद, राष्ट्रीयतावाद और अंतर्राष्ट्रीयतावाद में संबंध, पंडित नेहरू की विदेश नीति, शांतिपूर्ण सहअस्तित्व के विचार, विधि संबंधी विचार।

पंचम् अध्याय (वैज्ञानिक मानवतावाद) में, सर्वप्रथम विज्ञान क्या है, फिर दर्शन और विज्ञान का वर्णन है। फिर क्रमशः पंडित नेहरू और विज्ञान, पंडित नेहरू का वैज्ञानिक मानवतावाद दृष्टि (का विकास), पंडित नेहरू के वैज्ञानिक मानवतावाद, पंडित नेहरू के (वैज्ञानिक) मानवतावाद पर प्रभाव, गुट-निरपेक्षता, पंचशील।

षष्ठ अध्याय (निष्कर्ष) में, निष्कर्ष है। जो कि पंडित जवाहरलाल नेहरू के जीवन दर्शन का संक्षिप्त रूप है।

जैसे रामकृष्ण परमहंस की कथा चलाये बना स्वामी विवेकानन्द का प्रसंग पूरा नहीं हो पाता, वैसे ही, महात्मा गाँधी की कथा चलाये बिना, पंडित जवाहर लाल नेहरू का प्रसंग अपूर्ण रह जाता है। इसीलिए इस अध्याय में, मैंने यह स्पष्ट करने की कोशिश की है कि इन दो महापुरुषों के पारस्परिक संबंध कैसे थे और महात्मा गाँधी दर्पण में पंडित नेहरू का रूप कैसा दिखायी देता है।

महात्मा गाँधी और पंडित नेहरू के प्रसंग में स्तालिन की चर्चा, वैसे बिल्कुल बैतुकी-सी लगती है। लेकिन पंडित जवाहरलाल के जीवनकाल में ही छिपे-छिपे यह कानाफूसी भी चलने की बात मिलती है कि 'पंडित नेहरू के भीतर तानाशाही की भी थोड़ी-बहुत प्रवृत्ति है।' इस शंका के समाधान के लिए पंडित नेहरू और तानाशाह स्तालिन का तुलनात्मक अध्ययन का वर्णन इस अध्याय में किया गया है।

संदर्भ-संकेत

1. पंडित जवाहरलाल नेहरू के मन में बुद्ध तथा ईसा के लिए गहरा अनुराग था (*आत्मकथा*, पृ० 271) किन्तु चिंगिन खाँ ने भी उन्हें बहुत आकृष्ट किया था (गिलिम्पसेस ऑफ वर्ल्ड हिस्ट्री, पृ० 220)।

2. नेहरू, जवाहरलाल, *भारत की खोज*, पृ० 12।
3. *वही*, पृ० 490।
4. *आत्मकथा*, पृ० 20–21।
5. नेहरू, जवाहरलाल, *विश्व इतिहास की झलक*, पृ० 393।
6. नेहरू, जवाहरलाल, *सेमिट एशिया*, पृ० 62–77।
7. सन् 1927 ई० में।
8. नवम्बर सन् 1927 ई० में।
9. खासतौर से भारतीय राष्ट्रीय कांग्रेस के भुवनेश्वर अधिवेशन में।
10. जिसकी उन्होंने तीसरे और चौथे दशक में रक्षा की।

2

नेहरू का व्यक्तित्व एवं कृतित्व

"काल की व्याकुल पुकार पर ही महापुरुष का अवतार होता है"—और वे काल को प्रभावित भी करते हैं। ऐसे महापुरुष काल की दुर्बल और निस्तेज भुजाओं में तलवार की मूठ पकड़ने की शक्ति पैदा करते हैं, उसकी वेदना का जहर पीते हैं और उसे अपने स्वाभिमान के धरातल पर खुलकर विचरने का स्वर्णिम अवसर प्रदान करते हैं। बंदिनी भारत माता की करुण पुकार पर अनेक महापुरुषों का अवतरण हुआ। भारतीय इतिहास के किसी भी युग में संभवतः इतना महत्वपूर्ण और मार्के की घटनाएँ नहीं हुई होंगी और न तो इतने अद्‌भुत व्यक्तियों का बाहुल्य रहा होगा, जितना की बीसवीं शताब्दी में। इस शताब्दी के पूर्वाद्ध में एक साम्राज्य का अन्त हुआ और ऐसे तीव्र राजनैतिक संघर्ष के बाद उपनिवेषवाद ने दम तोड़ा, जिसकी धमक भारत की सीमाओं के बाहर दूर-दूर तक महसूस हुई और जिसने एशिया, अफ्रीका और लैटिन अमेरिका के उन राष्ट्रों के लिए प्रेरणा-दीप का काम किया, जिनमें विदेशी प्रभुत्व का अन्त कर देने की आकांक्षा पनप रही थी।

प्रत्येक राष्ट्र का, खासकर नवोदित राष्ट्रों का कोई न कोई पुरुष निर्माता होता है। परन्तु कुछ निर्माता ऐसे होते हैं जो राष्ट्र का प्रतीक बन जाते हैं, इन्हें राष्ट्र का पर्याय भी माना जाता है। उनका व्यक्तित्व राष्ट्र को प्रतिबिम्बित करता है। वस्तुतः पंडित नेहरू सजीव भारत थे। जब उन्हें हम भारत का पर्याय कहते हैं, तो इसमें केवल कपोल कल्पना ही नहीं बल्कि तथ्य भी होता है। अपने चरित्र और महान् कर्त्तव्यों द्वारा भारतीय इतिहास में आने वाली प्रवृत्तियों का वे प्रतिनिधित्त्व करते हैं।

उनकी मानसिक और सांस्कृतिक बनावट में भारतीय स्थिति की जन्मजात गुत्थियाँ और भारतीय स्वतन्त्रता संग्राम के सम्मुख उपस्थित होने वाली मुश्किलों का निदान भी प्रतिबिम्बित होता है।

"लोग (व्यक्ति) आते हैं, और फिर चले जाते हैं, पर कौम हमेशा रहती है, मुल्क हमेशा रहता है"–पंडित नेहरू का ख्याल ऐसा ही था। वे भौतिक रूप से आज नहीं है, पर देश है, जिसको उन्होंने आजीवन रक्त और स्वेद से सींचा था। उनकी जीवन-गाथा निष्ठा, सेवा, त्याग और बलिदान की उपमा है।

अगर द्वैत सिद्वान्त को मान लिया जाए तो भारतीय दर्शन और मनोविज्ञान के प्रकाश में हमें यह भी मान लेना होगा कि पुरुष चिरंतन और चिर स्थायी है, तथा प्रकृति की लीलाओं में चंचल और आन्दोलित हे.कर भी वह पुनः स्थिति-प्रज्ञ और संतुलित हो जाता है। फिर कर्मवाद और बुद्धिवाद को शांति, अहिंसा तथा रहस्यवाद का विरोधी मान लेना भी तर्कसंगत नहीं है। किन्तु इस विरोध की भावना में ज्यादा कुछ महत्व नहीं है। महत्व तो है, उस तत्व में जिसे हम भारतीय मनोवृत्ति की ऐतिहासिक श्रृंखला कहेंगे। जनता के दिलो-दिमाग पर जो पंडित नेहरू का इतना बड़ा प्रभाव है, उसके मूल में यही तत्व है। स्वतंत्रता के लिए एक ज्वलंत अनुराग, अत्याचार के प्रति घृणा, न्याय और सत्य के प्रति आशक्ति तथा अहिंसा में भरपूर विश्वास-ये सभी बातें महात्मा गाँधी ओर पंडित नेहरू में समान रूप से विद्यमान थीं। हम समस्या का स्पष्टीकरण इसमें बड़े वॉकपन के साथ होता है–"जनता पंडित नेहरू पर भरोसा करती है, पंडित नेहरू महात्मा गाँधी पर और महात्मा गाँधी भगवान पर।" किन्तु जनता पंडित नेहरू पर भरोसा इसलिए करती है कि पंडित नेहरू महात्मा गाँधी की दैवी प्रेरणा और संदेश पर विश्वास करते हैं।

"योग" और "दर्शन" की परिभाषा में मन के दो रूप हैं, एक व्यक्तिगत और दूसरा वैश्व। व्यक्तिगत मन का ज्ञान अत्यन्त सीमित और खंडित होता है। उसके लिए वस्तुओं की समग्र दृष्टि संभव नहीं होती। वह सदा "यह मेरा विचार" और यह "दूसरे का विचार" इसमें विभक्त रहता है और इन दोनों से ऊपर उठकर वह यह बहुत कम अनुभव कर पाता है कि "यह है वस्तुतः सत्य और यह सबको प्रभावित कर रहा है और करेगा।" व्यक्तिगत मन स्वभाव से भी बड़ा समीप होता है, संघर्ष उसके लिए आवश्यक हो जाता है, चिन्ता भी उसके लिए अनिवार्य हो जाती है। इसके विपरीत वह मन जो व्यक्तिगत दृष्टियों से ऊपर उठकर सार्वभौम सत्य को देख पाता है, उसमें अद्‌भुत विशालता होती है, एक निश्चयता होती है, स्वतंत्रता होती है और निश्चिन्तता होती है।

व्यक्तित्व अंग्रेजी शब्द Personality का हिन्दी रूपान्तर है। Personality शब्द लैटिन भाषा के Persona शब्द से बना है और इसका अर्थ "नकाब" है। यह Persona शब्द स्वयं ग्रीक शब्द Prosopon से लिया गया मालूम होता है। Prosopon का अर्थ है आकृति या चेहरे का भाव। इस शब्दार्थ के आधार पर मोटे तौर पर यह कहा जा सकता है कि "व्यक्तित्व" का अर्थ किसी व्यक्ति का वह बाह्य या बाहरी रूप है जो दूसरे व्यक्तियों के सम्मुख प्रकट होता है अर्थात् व्यक्तित्व व्यक्ति का वह रूप है जो बाहरी तौर पर हमें दिखाई देता और हमें प्रभावित करता है।

व्यक्तित्व की अनेक परिभाषायें हैं, इस शब्द का प्रयोग विभिन्न अर्थों में किया जाता है। श्री ऑलपोर्ट ने उन 50 विभिन्न तरीकों की एक सूची प्रस्तुत की है जिसके आधार पर व्यक्ति तथा व्यक्तित्व शब्दों को प्रयोग में लाया गया है। कुछ लोगों ने इसे शारीरिक आत्म कहकर परिभाषित किया है। कुछ लोगों ने इसे पूर्णता का एक नैतिक आदर्श माना है, तो कुछ विचारकों ने व्यक्तित्व को आकर्षण का कालात्मक गुण कहा है।[1] परन्तु इन सभी परिभाषाओं को इस आधार पर अस्वीकार किया है कि व्यक्ति का व्यक्तित्व ऊपरी तौर पर दीखने वाले कुछ गुणों का योग मात्र नहीं है, व्यक्तित्व तो इससे भी अधिक कुछ है।

अतः स्पष्ट है कि व्यक्तित्व के अन्तर्गत व्यक्ति से संबंधित केवल बाह्य अवस्थाओं का ही नहीं, वरन् आन्तरिक अवस्थाओं का भी समावेश होता है। अर्थात् व्यक्तित्व का अर्थ व्यक्ति क्या है, से है न कि वह दूसरों को जैसा दिखता है, उससे।[2]

पंडित जवाहरलाल के व्यक्तित्व के निर्माण करने वाले तत्वों की वयाख्या की जानी असंभव है, क्योंकि ऐसी सभी व्याख्याएं सशर्त व्याख्याएँ हैं। उनके व्यक्तित्व का निर्माण करने वाले प्रमुख तत्व विरासत में प्राप्त लक्षण, पारिवारिक वातावरण, सामाजिक पृष्टभूमि, शिक्षा इत्यादि हैं पंडित नेहरू आर्थिक दृष्टि से समृद्ध थे तथा उन्हें अपने दृष्टिकोण को अभिव्यक्त करने के लिए एक लक्ष्य तथा सांस्कृतिक वातावरण मिला था। वे सांस्कृतिक महापुरुष, महात्मा गाँधी तथा मार्क्स के द्वन्द्ववाद के सिद्धान्त से प्रभावित थे।

व्यक्तित्व

चर्चिल ने पंडित नेहरू के संबंध में कहा था, "उन्होंने मनुष्य के सबसे बड़े शत्रुओं—भय और घृणा को जीत लिया था। उन्होंने कभी बन्धन स्वीकार नहीं किया। वे सदा अपने प्रति सच्चे रहे। इसलिए बच्चे उन्हें प्यारे थे। प्रकृति उन्हें

मोहित करती थी। सूर्यास्त उनके स्मृति पटल पर अंकित हो जाता था। पीड़ित मानवता की पीड़ा उन्हें व्यथित कर देती थी।[3] कुल मिलाकर यही था–पंडित नेहरू का व्यक्तित्व के महत्वपूर्ण पहलू।

पंडित नेहरू में सबकी वेदना को आत्मसात् कर लेने की अपूर्व क्षमता थी। वे हर समस्याओं के समाधान थे। "अपने मन को जितना हो सके बड़ा करो, अन्नत की भाषा में सोचो।" उनका आदर्श था। चिन्तनशीलता तथा जुझारूपन उनके व्यक्तित्व में कूट-कूट कर भरे थे।

पंडित नेहरू की तर्क-क्षमता के आगे सबको झुक जाना पड़ता था। कठिन से कठिन तथ्यों को वे तर्क के द्वारा पूरी तरह सबको समझा देते थे। जन सामान्य के विखंडित भाव और सांचों को वे तर्क के माध्यम से जोड़ने को हमेशा चेष्टा करते थे और सफल होते थे।

इसमें रत्तीभर भी संदेह नहीं कि यदि पंडित नेहरू एक राजनेता न होते तो दुनिया के एक महान् साहित्यकार और लेखक होते। उनके लिखे प्रत्येक अक्षर अंधेरे की ज्योति हैं। उनका शब्द इतिहास का अमूल्य धरोहर है। उनका प्रत्येक लेख लेखनकला का उच्च्तम प्रतिमान है। क्षण-क्षण प्रतिपल उनके भीतर एक महान् साहित्य-सर्जक करवटें बदलता रहता है। पंडित नेहरू की हर बात में कविता थी। उनकी हर बात में एक साहित्यकार का दर्शन होता था।

"अठारह साल की शादी के बाद भी कमला पर वही लड़कपन और कुँआरेपन की झलक थी, मगर मैं बहुत बदल गया था। अपनी उम्र के लिहाज से मैं काफी चुस्त और स्वस्थ था मगर मेरा चेहरा मेरी आयु का भेद खोल देता था। मेरे सिर के बाल कुछ उड़ गये थे, जो बच गये थे वह सफेद हो गये थे। पिछले चार वर्षों की मशक्कत और कठिनाइयों के चिन्ह मेरे चेहरे पर स्पष्ट थे।"[4]

पंडित जवाहरलाल नेहरू की सामाजिक, राजनीतिक दृष्टि एक राजनेता की थी जो सत्ता की राजनीति से सर्वथा अपरिचित थी। वे सदैव संकीर्ण राष्ट्रवाद के विरुद्ध व्यापक राष्ट्रवाद के पक्षपाती बने रहे।

"यह निश्चित प्रतीत होता है कि सदियों तक नेहरू को एक इतिहास पुरुष के रूप में स्मरण किया जायेगा, किन्तु प्रश्न है कि उनके जाने के बाद भविष्य की तस्वीर क्या होगी?"[5]

"वह निश्चित ही पूरे हृदय से मानवजाति के कल्याण और उसके भविष्य की चिन्ता करते थे और यदि इतिहास पूरी ईमानदारी के साथ उनकी सच्चाई को प्रतिष्ठित करेगा तो उनके इस व्यापक पीढ़ियाँ सदा याद करेंगी।"[6]

पंडित नेहरू ने अपने व्यक्तित्व और दर्शन की एक साफ झलक निम्नलिखित पंक्तियों के माध्यम से दी है।

"यदि लोग मुझे याद करना चाहें तो कहूँगा कि वे कहें : यह वह आदमी था पूरे दिल दिमाग से भारत और भारत की जनता को प्यार करता था और बदले में उन्होंने उसे अपना भरपूर दुलार और प्यार दिया।"[7]

निष्कर्ष निकाला जाए तो स्पष्ट होगा कि पंडित नेहरू का जीवन दर्शन सेक्यूलर था। चिंतन के धरातल पर पंडित नेहरू मात्र मानव थे--न हिन्दुओं के, न मुसलमानों के, न सिक्खों के और न ईसाइयों के। उस महामानव के बारे में आखिर क्या कहा जा सकता है जिसने हिंसा पर उतारू भीड़ के बीच निहत्था खड़ा होकर कहा था, "किसी मुसलमान को मारने से पहले मुझे मार दो।"[8] डा० राधाकृष्णन के अनुसार–

"पंडित नेहरू किसी धर्म विशेष में विश्वास नहीं करते थे। लेकिन व्यवहार में बड़ी आध्यात्मिक वृत्ति के पुरुष थे। उनका दृष्टिकोण वैज्ञानिक था और वे सत्य को अनुभूति के माध्यम से प्राप्त करना चाहते थे।"[9]

पंडित नेहरू परम्पराओं में अटूट आस्था रखने वाले एक प्रगतिशील व्यक्ति थे। वे मानवीय चेतना के सबल पक्षधर थे तथा इसको जीवन की समस्त समस्याओं को समाधान मानते थे। वैसे पंडित नेहरू आधुनिक दर्शन से काफी प्रभावित थे। वे इसी दर्शन की प्रेरणा एवं अनुभूति से भारत को आगे बढ़ाना चाहते थे। अक्सर कहा जाता है कि महात्मा गाँधी और पंडित नेहरू के विचार एक-दूसरे से यत्र-तत्र विरोधी-से लगते हैं। परन्तु स्पष्टतः वे एक-दूसरे के विरोधी न होकर पूरक हैं तथा सम्यक दृष्टिकोण लिए हुए हैं।

पंडित नेहरू की चिन्तनधारा उनके पारिवारिक वातावरण से निःसृत होकर सम्पूर्ण मानवता तक जाती है। महात्मा गाँधी ने राजनीति को सत्य का रूप दिया तथा पंडित नेहरू ने उसे मानवता का चोला पहनाने का प्रयत्न किया। उन्होंने मानवता के ऊँचे आदर्श और शांति की प्रगति की सेवा करने में अपनी पूरी जिन्दगी लगा दी।

कितनी विचित्र स्थिति है कि भौतिकवादी विचारों के बीच पले-बढ़े पंडित नेहरू ने कभी भी भौतिकता को मानवता के आगे नहीं बढ़ने दियां। उनके चिंतन में मोतीलाल नेहरू, महात्मा गाँधी, एनीबेसेंट, ब्रक्स, रसेल, कार्ल-मार्क्स, आइन्सटीन, वर्नाड शॉ, रोमां रोलां आदि के विचारों का काफी प्रभाव था। वैसे पंडित नेहरू के चिन्तन में महात्मा गाँधी के विचारों का अत्याधिक प्रभाव दृष्टिगत होता है। महात्मा गाँधी के सत्याग्रह, अहिंसा एवं नैतिकता के सिद्धान्तों में पंडित नेहरू की अटूट आस्था थी।

पंडित जवाहरलाल नेहरू यद्यपि अत्याधिक सभ्य, उच्च शिक्षा, विभूषित तथा पाश्चात्य विचारधारा से प्रभावित थे। परन्तु फिर भी उन्हें अपने पूर्वजों से लगाव था। वे बहुत अधिक विद्वान होते हुए भी अपनी अन्तर्रात्मा से काफी सीमा तक प्रभावित थे। उन पर पूर्वजों का प्रभाव स्पष्ट रूप से दृष्टिगोचर होता था। उनकी विचारशक्ति ने जो एक बाह्यकारी शक्ति तथा मार्गदर्शक सिद्धान्त थी, उन्हें अपने अतीत की ओर देखने की प्रेरणा दी। उनके द्वारा रचित पुस्तक "भारत की खोज" को पढ़ने तथा उसका निष्कर्ष निकालने पर उन पर पूर्वजों का प्रभाव स्पष्ट रूप से दृष्टिगोचर होता है।

सन् 1588 ई० में सोलहवीं शदी के बाद के काल में भारत के महान् सम्राट अकबर ने कश्मीर को अपने शासन में सम्मिलित किया। (सन् 1294 ई० के लगभग एक हिन्दू और बौद्ध राजाओं ने इस देश पर शासन किया था।) मुगल सम्राटों में मनचला धर्म-संस्कारहीन किन्तु सम्वेदनशील अकबर का प्यारा बेटा और उत्तराधिकारी ज़हाँगीर इस पहाड़ी प्रदेश (कश्मीर) की ओर प्रबलता से खिचा। जहाँगीर प्रकृति का प्रेमी था, और कश्मीरी चिड़ियों और फूलों, उसकी हरी-भरी घाटियों और पहाड़ों और घाटियों और ग्लेशियर (हिमनद) की शानदान पृष्ठभूमि के साथ नदियों ने उसे मोह लिया।

पंडित नेहरू के पुरखे प्राकृतिक देश के थे। वे बहुसंख्यक कश्मीरी हिन्दुओं के समान सम्मानित पंडित उपाधिधारी ब्राह्मण थे, जिसका अर्थ विद्वान होता है। इस कुल का असली नाम 'नेहरू' नहीं, बल्कि 'कौल' था।

जहाँगीर के पोते सम्राट औरंगजेब की मृत्यु के लगभग 9 वर्ष बाद सन् 1716 ई० के आसपास एक संस्कृत और फारसी के विद्वान राजकौल शायद फर्रूखसियर के बुलावे पर शाही राजधानी दिल्ली चले आये। अपनी कश्मीरी यात्रा में फर्रूखसियर उनकी विद्वता से आकर्षित हुआ था। राजकौल को जागीर और चाँदनी चौक के नहर के किनारे रहने के लिए मकान मिला था। नहर के किनारे रहने के संयोग से नेहरू के नाम की उत्पत्ति है। बहुत दिनों तक यह कुटुम्ब कौल-नेहरू के नाम से विख्यात था, बाद में कौल छूट गया।

विद्वान होने पर भी नेहरू के पूर्वज अधिकतर सरकारी नौकरी में रहे। उनके परदादे पंडित लक्ष्मी नारायण नेहरू वकील थे और इस हैसियत से मुमूर्म मुगल साम्राज्य के दरबार की छाया रूप में ईस्ट इंडिया कम्पनी के प्रथम वकील थे। मोतीलाल के पिता पंडित गंगाधर नेहरू दिल्ली शहर के कोतवाल थे।

सन् 1857 ई० के स्वतन्त्रता संग्राम के समय जब विजयी गोरे सैनिकों की टुकड़ियाँ नगर में घुसीं तो पंडित गंगाधर नेहरू वहाँ से फरार हो गए। अपने

परिवार के साथ आगरा पहुँच गये, परन्तु बहुत अधिक समय तक जीवित नहीं रहे। सन् 1861 ई० (जबकि उनकी उम्र मात्र 34 वर्ष थी) में उनका देहान्त हो गया। उनकी मृत्यु के तीन माह बाद उनकी पत्नी जीयोरानी ने 6 मई 1861 ई० को अपने तीसरे बेटे को जन्म दिया। शिशु का नाम मोतीलाल रखा गया। विचित्र संयोग से वे उसी दिन, मास और वर्ष में उत्पन्न हुए जब कवि रवीन्द्रनाथ टैगोर हुए थे। वर्षों के बाद इस संयोग का उल्लेख करते हुए जवाहरलाल ने कहा था कि महात्मा गाँधी और मोतीलाल के सिवाय टैगोर का मुझ पर बहुत अधिक प्रभाव था।

मोतीलाल के, उनसे बहुत बड़े बंशीधर और नन्दलाल दो भाई थे। बंशीधर (सबसे बड़े भाई) ने ब्रिटिश सरकार की नौकरी कर ली और न्याय विभाग के सदस्य की हैसियत से जगह-जगह स्थानान्तरित होते रहे। इस प्रकार मोतीलाल की देखभाल और पढ़ाई-लिखाई का भार उनके दूसरे भाई नन्दलाल पर पड़ा। इससे मोतीलाल का बहुत लगाव था।

कुछ समय के लिए नन्दलाल राजपूताना में खेतड़ी के राजा के राज्य के दिवान रहे। इसके बाद उन्होंने आगरे में वकालत की और जब वहाँ से हाईकोर्ट इलाहाबाद चला आया, तो वे भी वहीं चले आए। तबसे इलाहाबाद नेहरू परिवार का नगर हो गया।

युवक मोतीलाल जिन्दादिल उत्साही थे, जो परम्परागत पढ़ाई-लिखाई के बहुत आदि नहीं थे लेकिन स्वभावतः बुद्धिमान थे। लड़कपन में उनकी शिक्षा फारसी-अरबी तक सीमित रही लेकिन बाद में उन्होंने अंग्रेजी पढ़ी। कानपुर और इलाहाबाद में उन्होंने स्कूल और कॉलेज की पढ़ाई की।

पेशे के चुनाव के सवाल उठने पर मोतीलाल ने अपने पूज्य एवं प्यारे भाई नन्दलाल की राह पर चलने का निश्चय किया और वकील बन गए। वे हाईकोर्ट की वकील की परीक्षा में बैठे और स्वर्ण पदक प्राप्त कर सर्वप्रथम आये। उन दिनों वकालत उन थोड़े से पेशों में थी जो भारतीयों के लिए सुलभ थे।

कानपुर के जिला कचहरी में तीन साल की अपरेंटिसी के बाद मोतीलाल इलाहाबाद के हाईकोर्ट में ऊँचे क्षेत्र में आए और उस केन्द्र में वकालत में जम गए।

उस समय भारत में कम आयु में ही विवाह हो जाता था। मोतीलाल का दो बार विवाह हुआ था। वे बीस वर्ष के आस-पास के थे, जब उनकी शादी लाहौर में बसे एक कश्मीरी परिवार की लड़की से हुई थी, लेकिन वह एक बेटे को जन्म देने के बाद ही मर गई। लड़का भी माता की मृत्यु के बाद अधिक दिनों तक न जिया। मोतीलाल की दूसरी पत्नी स्वरूपरानी पन्द्रह वर्ष से कुछ ही बड़ी होगी

जब उन्होंने बहू बनकर नेहरू परिवार में प्रवेश किया। उनके पति उनसे सात वर्ष बड़े थे।

अपने पति की भाँति ही स्वरूप रानी अपने परिवार में सबसे छोटी थी। वह परिवार भी नेहरू के परिवार से छोटे पद का लाहौर में बसे काश्मीरियों का परिवार था। उनके वंश की उपाधि ठुस्सू थी। वे मुश्किल से पाँच फीट की नन्हीं-सी, छोटी हड्डियों की सुदर्शना और अत्यन्त सुन्दर चीनी मिट्टी की मूर्ति-सी थी। उनके इकलौते पुत्र जवाहरलाल ने उनके आश्चर्यजनक ढंग से नन्हें और सुन्दर हाथ और पैरों के बारे में लिखा है।

उनकी गुड़ियों से नजाकत के बावजूद स्वरूप रानी दृढ़ साहस और चरित्र वाली थीं। भविष्य में उन्हें स्त्री सुलभ यंत्रणा से अधिक भाग मिलना था। उस समय भी प्रसिद्धि और सम्पन्नता के मार्ग पर अच्छी तरह स्थापित व्यक्ति से विवाह करने पर उन्हें आराम, सुख, सुविधा के सांसारिक साधनों का कोई अभाव नहीं था। तीस वर्ष तक स्वरूप रानी ने एक सम्पन्न परिवार की शान-शौकत और विलास को भोगा जबकि अपने पति के साथ उन्होंने स्वेच्छा महात्मा गाँधी का अनुसरण करने के लिए अतीत को और उसके साथ की सारी चीजों को अलग कर दिया।

जब उन्होंने नेहरू परिवार में प्रवेश किया तो वह मोतीलाल, नन्दलाल के बेटों और बहुत फुफेरे भाई-बहिनों का अनोखे हिन्दू ढंग का संयुक्त परिवार था। यह सब एक घर में दृढ़ इच्छा शक्ति वाली मोतीलाल की माता के शासन में रहते थे। लगभग सोलह वर्ष की छोटी-सी बहू के लिए ऐसे परिवेश में अपने को खपाना आसान न था, विशेष रूप से जबकि वह घर की मालकिन नहीं थी। मोतीलाल के अनुरक्त पति के प्रेम और ध्यान की उन पर बौछार की लेकिन इसमें सन्देह है कि जब तक उन्होंने अपने ही घर पर राज्य नहीं किया, जो कुछ ही वर्षों बाद हुआ, तब तक स्वरूप रानी ने सोने के पिंजरे में बन्द चिड़ियां से भिन्न कुछ समझा हो।

मोतीलाल, जो उस समय सफल वकील थे। उनकी वकालत खूब चली। मोतीलाल ने अपनी व्यवहार-कुशलता, चतुराई तथा वाक्पटुता के कारण बहुत ख्याति पाई थी। उनकी वाक्पटुता युक्त चातुर्य से जितना न्यायाधीश प्रसन्न होते थे, उनके विपक्षी वकील उतना ही खिन्न। वे अपने भारतीय और अंग्रेज मित्रों में एक मेधावी व्यक्ति, बढ़िया भोजन, बढ़िया शराब, बढ़िया ढंग से बातचीत के शौकीन, अतिथि-सत्कार के लिए तथा सच्चे मित्र और स्पष्टवादी विपक्षी के रूप में प्रसिद्ध थे।

लेकिन मोतीलाल को उस वक्त इलाहाबाद में अपना मकान नहीं था। वे इलाहाबाद की अधिक घनी बस्ती में एक गली में रहते थे। कहा जाता था कि गली में घुसने की जगह भूतही थी। अतः इस गली का नाम भूतही गली कहलाता था। यहीं 14 नवम्बर सन् 1889 ई० को स्वरूपरानी ने एक पुत्र रत्न को जन्म दिया। जिसका नाम जवाहरलाल रखा गया।

सन् 1889 ई० में एक बीस वर्ष के भारतीय मोहनदास करमचन्द गाँधी ने, जो लन्दन में वैरिस्ट्री का अध्ययन कर रहे थे, कार्डिनल मैनिंग के पास जाकर लन्दन की गोदी के मजदूरों की हड़ताल पर उनके रुख पर उन्हें बधाई दी। उसी साल वर्नार्ड शॉ ने अपने फेबियन एसेज का प्रकाशन किया और गुस्ताव ईफेल ने अपने आलोचकों को पेरिस में ईफेल टावर बनाकर परास्त कर दिया। जापान को एक संविधान स्वीकृत हुआ और स्वेज नहर राष्ट्रों के प्रभाव से मुक्त की गई। एक होनेवाले डिक्टेटर जनरल जॉर्ज बोलांगर फ्रांस से भागें। भारत में बम्बई में कांग्रेस पार्टी के चौथे अधिवेशन की अध्यक्षता सर विलियन वेडरबर्न ने की। चार्ल्स ब्रैडलॉ नामक दूसरे अंग्रेज और पार्लमेंट के नास्तिक सदस्य ने उसमें भाषण दिया।

विशाल व्यक्तित्व वाले पिता मोतीलाल और सरल हृदय वाली ममतामयी माता स्वरूपरानी की देख-रेख में शिशु जवाहरलाल का लालन-पालन होने लगा। तीन वर्ष तक जवाहरलाल उसी मकान (भूतही गली वाली) में रहे। बाद में मोतीलाल उस मकान को छोड़कर अपेक्षाकृत इलाहाबाद के नये भाग में मकान लेने का निर्णय किया। जहाँ मुख्य रूप से यूरोपियन लोग रहा करते थे, वहीं एक बंगला किराये पर लिया, जहाँ जवाहरलाल दस वर्ष की आयु तक रहे। बाद में मोतीलाल ने एक बड़ा बंगला खरीद लिया फिर सारा परिवार उसी बड़े बंगले में रहने लगा। उस बंगले का नाम "आनन्दभवन" रखा गया था।

अपने निवास स्थान का नाम मोतीलाल ने जो आनन्द भवन रखा था वह सब प्रकार से सार्थक था। सचमुच वह आनन्दमय भवन रहा होगा। मोतीलाल को वह सब कुछ प्राप्त था, जिसकी कोई भी मनुष्य कामना करता है—अपार धन, समकक्षों में सामान तथा सुन्दर पत्नी। जब वे प्रतिदिन सवेरे बग्घी में बैठकर वर्दीधारी सेवकों के साथ उच्च न्यायालय जाते थे तो सभी की आँखें उन पर टिक जाती थीं। वह हृष्ट-पुष्ट के साथ-साथ अच्छे नाक-नक्शा के व्यक्ति थे। घनी मूँछे तथा बढ़िया पोशाक उनके व्यक्तित्व को और भी उजागर करती थी। लोग मोतीलाल की प्रशंसा करते थे, लेकिन उनसे डरते भी थे।

"आनन्दभवन", प्राचीन प्रयाग, स्वर्ग से आने वाली गंगा, यमुना और पुराणों में उक्त अन्तः सलिला सरस्वती के संगम स्थल त्रिवेणी पर अवस्थित है। यह एक

पवित्र पावन स्थल है, जहाँ अपने चौदह वर्ष के वनवास से लौटने पर श्री राम अपने प्रिय विशाल हृदयी अनुज भरत से मिले थे। समीप ही भारद्वाज आश्रम है जहाँ कि पुराणों के अनुसार रामायण के लेखक ऋषि वाल्मीकि कभी रहा करते थे। चारों ओर बरामदों से घिरे अनियमित आकार के आनन्द भवन के आगे काफी जमीन थी और इलाहाबाद में अपने ढंग का पहला तैरने के लिए एक गहरा और बड़ा हौज था। इसी हौज में पंडित नेहरू ने तैरना सीखा था। आनन्द भवन के बागीचा के लता गृह में एक कृत्रिम शैल बनवाया गया था, उसमें भगवान शंकर की एक प्रतिमा रखी गयी थी जिनकी जटाओं से गंगा निकलकर उस निकुंज में वंक गति से फैल गई थी। फुहारे विलायती नहीं थे, जयपुरी थे उसका और ढंग से देशी होने की बात मिलती है।

–बाद में यह प्रिय आनन्द भवन पंडित मोतीलाल नेहरू ने ही राष्ट्र को दान दे दिया तथा इसका नाम "स्वराज भवन" रखा गया।

बचपन में उन दिनों में पंडित नेहरू का झुकाव अपनी माता की ओर तथा श्री नन्दलाल की विधवा, अपनी चाची की ओर था। अपनी चाची से भारतीय पुराणों और लोककथा की बहुत पुरानी कहानी सुना करते थे तथा अपनी माताजी से प्राचीनतम संस्कृत महाकाव्य वाल्मीकि रामायण के चरित नायक श्रीराम के पराक्रम की गाथाएँ सुना करते थे। साथ ही उन्होंने महाभारत की कहानी सुनी जिसमें अन्य बातों के अतिरिक्त राज्य के लिए कौरवों और पाण्डवों का युद्ध है। इस "हस्तिनापुर" नामक राज्य के खंडहर दिल्ली से उत्तर-पूर्व साठ मील के लगभग गंगा किनारे क्षीण रूप में दिखाई पड़ते हैं।

बालक (जवाहरलाल) दूसरे विश्वास-भाजन मुंशी मुबारक अली थे। यह बुजुर्ग से दिखाई देने वाले मुस्लिम घर का सारा ही काम-काज करते थे। साथी-विहीन बालक प्रायः ही बूढ़े के साथ का भूखा रहता और उनसे चिपक कर अलिफ लैला की कहानियाँ और सन् 1857 ई० के भारतीय विद्रोह की बातें सुना करता था। मुबारक अली का परिवार विद्रोह में नष्ट हो गया था। उसमें कुछ ब्रिटिश सिपाहियों ने उनकी माँ की आँखों के आगे उनके पिता को फाँसी पर लटका दिया था और बालक (जवाहरलाल) अपने उस बूढ़े मित्र (मुबारक अली) के झुर्रीदार चेहरे, सफेद बाल और दाढ़ी को देखकर उन्हें मानव बुद्धि का संकलन समझता था। वर्षों बाद पंडित नेहरू ने लिखा "उनकी याद मेरे लिए प्रिय और बहुमूल्य वस्तु के समान है।"

पंडित नेहरू के स्वभाव का ही एक हिस्सा चिन्तनशील उदासी, इसी अकेले लड़कपन से कल्पना की जा सकती है। घर पर अपनी उम्र के साथी का अभाव

था, पड़ोस के बच्चों के साथ खेलने पर पूर्ण पाबन्दी थी, स्कूल वे जाते नहीं थे। उन्होंने अपनी ही प्रेरणा से अपनी माता तथा अपनी चाची और मुबारक अली से सहानुभूति देने वाले बुजुर्गों का साथ तलाश कर लिया था। उनके अकेलेपन ने उनकी चिन्तनशील शक्ति और कल्पना को तीव्र कर दिया था। वे आकाशीय ग्रहों का स्वप्न देखा करते थे और बिना किसी सामग्री के अकेले स्वाधीनतापूर्वक हवा में ऊँचे बहुत दूर तक उड़ने की कल्पना किया करते थे। यह पलायनवादी कल्पना बाद के वर्षों में उनके दिमाग में छाई रही। वे लिखते हैं "यह स्वप्न मेरे जीवन में प्रायः ही आता रहा और कभी-कभी वह स्पष्ट और वास्तविकता था और एक विशाल दृश्य में गाँव का दृश्य मेरे नीचे लगा।" अलग-अलग अकेले और निश्चित रूप से रहने का भाव उनके काल्पनिक आकाश के शून्य में बहुत ऊँचे उड़ने के उनके स्वप्न में प्रत्यावर्तित होता है, लेकिन इस उड़ान में धरती कभी नहीं छूटी।

यद्यपि पंडित नेहरू का अपने पिता से कम ही सम्पर्क रहा और वे उनसे डरते रहे। किन्तु उनके प्रति उनका सम्मान और स्नेह सदा ही दृढ़ रहा। अपनी ओर से पंडित मोतीलाल नेहरू अपने इकलौते पुत्र को बहुत ही प्यार करते थे, यद्यपि माँ की तरह वे उसका उस तरह प्रदर्शन नहीं करते थे। फिर भी कभी-कभी मोतीलाल जी अपने बेटे के साथ खेलने का वक्त निकाल लेते थे और क्रिकेट तथा टेनिस में दौड़ते। कभी-कभी पिता-पुत्र पतंगबाजी के मजे लेते थे। मोतीलाल जी का मर्दाना दबंगपन जवाहरलाल के मन की स्त्रैण झलक को भाया। स्त्रियों के प्रति, विशेषकर अपने घर की स्त्रियों के प्रति पिता का रुख मनोरंजक उपेक्षा का था। वे परिवार के छोटे-मोटे झगड़ों को औरतों की बेवकूफी कहकर खत्म कर देते थे। वे विशेष रूप से अधिक धार्मिक न थे और धर्म को जरा मजाक के ढंग से औरतों की बातें कहकर लेने के पक्ष में थे।

पंडित नेहरू ने एक बार कहा था "मेरे पिता ठीक-ठीक धार्मिक व्यक्ति नहीं थे, लेकिन चूँकि उनका हिन्दू धर्म में पालन-पोषण हुआ था, इसलिए वे उसका सम्मान करते थे।"

धर्म के विषय में पंडित नेहरू के विचार भी धुँधले थे और उनके शिक्षक ब्रुक्स को, दृढ़ निश्चय के थियासफिस्ट होने के कारण, अपने छात्र पर अपने मत का प्रभाव डालने में विशेष कठिनाई नहीं हुई। मैडम ब्लैवट्स्की की रचनाओं से परिचय करा कर और इस मत के अधिक गूढ़ पक्षों पर वाद-विवाद द्वारा उन्होंने बालक जवाहरलाल में थियासफी के प्रति एक रुचि पैदा कर दी। अतः तेरह वर्षीय जवाहरलाल मुग्ध हो गये।

विद्या-व्यसन

पंडित नेहरू के व्यक्तित्व पर उनके प्रारम्भिक शिक्षा देने वाले अध्यापकों और उनके विदेशी शिक्षण संस्थानों का बहुत ही गहरा असर पड़ा था।

उनके विद्या-व्यसन की दो अवस्थायें मुख्य रूप से थीं–

(*i*) प्रारम्भिक शिक्षा,

(*ii*) शिक्षण संस्थानों की शिक्षा।

(*i*) प्रारम्भिक शिक्षा–कई अंग्रेज गवर्नेसों और दो कुशल अध्यापकों द्वारा इनकी प्रारम्भिक शिक्षा घर पर ही हुई थी।

(*ii*) शिक्षण संस्थाओं की शिक्षा–यह इंग्लैण्ड के विख्यात पब्लिक स्कूल से आरम्भ हुआ और विश्व विख्यात विश्वविद्यालय में अन्त हुआ।

(*i*) प्रारम्भिक शिक्षा

(*i*) मि० फर्डिनान्ड टी० ब्रूक्स–ग्यारह वर्षिय जवाहरलाल के अध्यापक बन कर जब मि० ब्रुक्स आये थे तो इनकी उम्र छब्बीस वर्ष की थी। मि० ब्रुक्स ने जवाहरलाल में सर्वप्रथम दो रुचियों का विकास किया, जो उनके जीवन के अन्तिम चरण तक परिलक्षित होता रहा।

(*ii*) संख्या में बहुत अधिक किन्तु निरूद्देश्य पुस्तकें पढ़ने की।

(*iii*) विज्ञान और उसके रहस्य की जिज्ञासा अपनी धार्मिक अभिरुचि के अतिरिक्त वे बहुत ही सूक्ष्मग्राही चेतना, कल्पना और समझ-बूझ के व्यक्ति थे। अध्यापक और विद्यार्थी दोनों ने मिलकर, एक छोटी सी प्रयोगशाला भी बना ली थी। वहीं पर जवाहरलाल जी ने पहले पहल आश्चर्य से उस चपल विक्षोभ का अनुभव किया जो बाद में भी उन्हें अचंभित कर दिया करती थी, जब उनका सामना विज्ञान की बातों और वैज्ञानिकों से हो जाता था। जहाँ उन्होंने भौतिक विज्ञान और रसायन शास्त्र के पहले पाठ पढ़े थे।

मि० ब्रुक्स उनके साथ लगभग तीन साल रहे और इस अवधि में उन्होंने अपने छात्र की रुचि को अंग्रेजी साहित्य के लिए प्रोत्साहित किया। जवाहरलाल का पढ़ना/यद्यपि विस्तृत रहा, लेकिन वह अव्यवस्थित और आकस्मिक था। उन्होंने स्कॉट, डिकेन्स और थैकरे के बहुत-से उपन्यास पढ़े थे। वे लेबिस कैरोल और किपलिंग की "जंगल बुक" और "किम" से आकृष्ट हुए। फ्रिजोफ नानसेन की

उत्तरी ध्रुव का साहसपूर्ण यात्रा वर्णन फार्देस्ट नार्थ ने उनकी कल्पना को स्फुरित किया और उन्होंने ऐन्थनी होप के "प्रिजनर ऑव जन्डा" के वीर नायक के पराक्रमपूर्ण कार्यों को साँस रोककर पढ़ा। उन्हें मार्क ट्वेन और एच०जी० वेल्स और कोनन डॉयल की शेरलाक होम्स की कहानियों का परिचय मिला। उनके विचार में जेरोम के० जेरोम की कृति "थ्रीमेन इन ए बोट" "हास्य की सर्वोत्कृष्ट कृति" थी।

लगता है कि दो अन्य पुस्तकों ने उनके तरुण मन पर विशेष छाप डाली और वे अपनी आत्म कहानी में उसका उल्लेख किया है, वे दुमारिये की ट्रिल्बी और पीटर इबेटसन थीं। अपने विशेष चुनाव का पंडित नेहरू ने कोई कारण नहीं स्पष्ट किया।, लेकिन यह संभव है कि बालक ने उस जीवन-दर्शन की उनमें पहली झलक देखी होगी जो उन्हें बाद में अपनाना था। पीटर इबेटसन में एक पात्र कहता है, "और मैं यह जानता हूँ कि जो व्यक्ति धरती पर अधिक बड़ा और अधिक उत्साहपूर्ण और सम्पूर्ण जीवन जीता है, वह सबके हित के लिए है। यही सारी बातों की नींव है।"

मि० ब्रुक्स ने अपने छात्र में अंग्रेजी कविता का प्रेम भी विकसित किया और अन्य व्यस्तताओं में उन्हें बाद में इस रुचि में आनन्द लेने का बहुत कम समय बचता था किन्तु मन को थाम लेने वाले और प्रेरणादायक वाक्यांशों में उनका प्रेम अन्त तक दिखायी देता रहा। इस संयोग से उनके स्वभाव की उदास वृत्ति की प्रबल झलक संभवतः और बढ़ गई थी।

देश के बँटवारे के समय सन् 1947 ई० में जब हत्याएँ जोरों पर थीं तो उन्होंने (पंडित नेहरू ने) प्रसिद्ध हिन्दी कवि मैथिलीशरणगुप्त की एक पंक्ति कही थी "मानव का इतिहास राक्षसों का इतिहास है।"

थियोसोफी का प्रभाव

कविताओं में प्रेम विकसित करने, सख्याओं मे अधिक (निरुद्देश्य) पुस्तकें पढ़ने के अलावा मि० ब्रुक्स ने पंडित नेहरू पर दूसरा असर भी डाला जिसका प्रभाव उन पर कुछ दिनों तक झलकता रहा। यह थियोसोफी का विषय था। प्रत्येक सप्ताह उनके कमरे में थियोसोफी की बैठकें हुआ करती थीं, पंडित नेहरू उसमें शामिल होते थे। धीरे-धीरे यह नई विचारधारा पंडित नेहरू को हृदयंगम होने लगी। सारी धार्मिक बातें तो इनकी समझ में नहीं आती थीं, लेकिन इतना तो समझते ही थे कि "सारे विश्व के रहस्यों की कुंजी यही है।" सर्वप्रथम पंडित नेहरू को धर्म और परलोक का ज्ञान नहीं मिला। अब यह चिन्तनशील व्यक्ति एकान्त में 'धर्म' और

'परलोक' जैसे विवादास्पद विषय पर गम्भीरता से सोचने लगा। गम्भीर चिन्तन का ही परिणाम हुआ कि हिन्दू धर्म के प्रति इनकी रुचि बढ़ी और इस गम्भीर प्रश्न का समाधान ये हिन्दू धर्म ग्रन्थों में खोजने लगे। उपनिषद् और गीता के प्रति प्रेम तथा श्रद्धा बढ़ गयी। हालांकि पंडित नेहरू इन्हें ठीक से समझ नहीं पाये थे, लेकिन यह विलक्षण है–ऐसा समझ चुके थे।

उस समय श्रीमती एनीवेसेन्ट (जो कि चार्ल्स–ब्रैड लॉ तथा जार्ज बर्नार्ड शा की मित्र थी तथा बुद्धिवादी तथा नास्तिक रहने के बाद इसाई मत से भारतीय आध्यात्म की ओर आकृष्ट हुई थी) इलाहाबाद आई हुई थी एवं थियोसोफी के संबंध में कई भाषण दिये गये। उन भाषणों से पंडित नेहरू के दिल और दिमाग हिल जाते थे। अन्ततः उन्होंने थियोसोफिकल सिद्धान्त की दीक्षा, बनारस के थियोसोफिस्ट सम्मेलन में श्रीमती एनीवेसेन्ट द्वारा ले ही ली। श्रीमती एनीवेसेन्ट ने उन्हें कुछ उपदेश दिये तथा कुछ गूढ़ चिन्हों से परिचय कराया।

अब पंडित नेहरू का चेहरा गम्भीर, नीरस और उदास रहने के बात मिलती है जो कि पवित्रता का सूचक माना जाता था और प्रायः इस सम्प्रदाय के नर–नारियों की मुखाकृति पर झलकता था। पंडित नेहरू भी स्वयं को औरों की अपेक्षा ऊँची सतह पर समझने लगे थे। इनका रंग–ढंग भी कुछ ऐसा होने लग गया था कि इन्हें भी हम–उम्र के लड़के–लड़कियाँ अपने समाज से भिन्न समझने लगे थे।

मि० ब्रुक्स जल्द अलग हो गये और थियोसोफी से भी धीरे–धीरे पंडित नेहरू का सम्पर्क छूट ही गया। बौद्ध मत, हिन्दू धर्मग्रन्थों, उपनिषदों तथा गीता के बारे में उन्होंने जो थोड़ी बहुत जानकारी प्राप्त की थी, उससे देश की सांस्कृतिक तथा धार्मिक परम्परा उसे उनका प्रथम परिचय हुआ था। इससे उन्हें एक लम्बी बौद्धिक यात्रा की प्रेरणा मिली जिसकी परिणति चालीस वर्षों बाद "भारत की खोज" के लेखन में हुई।

श्री गंगानाथ झा (पंडित जी)

जवाहरलाल नेहरू के एकमात्र भारतीय अध्यापक एक बुर्जुग पंडित जी थे। जिनका नाम श्री गंगानाथ झा था जो उन्हें हिन्दी और संस्कृत पढ़ाने के लिए नियुक्त किये गये थे। पंडित नेहरू ने बाद में अपनी कमजोरी को स्वीकार करते हुए कहा था कि बहुत वर्षों के प्रयत्न के बाद "उनका संस्कृत का ज्ञान प्रायः इतना थोड़ा था, जितना कि बाद में हैरो में लैटिन का ज्ञान।" उनकी हिन्दी प्रवाहमयी थी, लेकिन अंग्रेजी की तरह नहीं थी। संभवतः वे सोचते भी अंग्रेजी में ही थे। मौलाना अबुल कलाम आजाद ने बताया था कि, (मौलाना साहब अहमद नगर जेल में, पंडित नेहरू के साथ एक ही कमरे में रहे थे।) पंडित नेहरू नींद में भी अंग्रेजी में

बोलते थे, अंग्रेजी में सिर्फ बातें ही करने की आदत उन्हें नहीं थी, बल्कि वे ख्वाब भी अंग्रेजी में ही देखते थे।

(*ii*) शिक्षण-संस्थाओं की शिक्षा

जीवनी लेखक इसे सौभाग्य मानते हैं कि भारत की घिसी-पीटी पढ़ाई से अलग विश्वविख्यात पब्लिक स्कूल से इन्होंने शिक्षा पाकर अपने व्यक्तित्व को व्यापक बनाया।

अपने अंग्रेज मित्रों के विस्तृत घेरे के कारण मोतीलाल जी सदैव ब्रिटिश पब्लिक स्कूलों में पढ़े लोगों से प्रभावित रहे थे। उन्होंने अपने बेटे को ऐसे ही एक स्कूल में भेजने का निश्चय किया और सौभाग्य से हैरो में एक स्थान खाली मिल गया। उस समय जवाहरलाल जी सोलह वर्ष के थे। यह उम्र ब्रिटिश पब्लिक स्कूल में पढ़ने जाने वालों की सामान्य उम्र से कुछ ही अधिक (लगभग तीन वर्ष) थी।

सर्वप्रथम (वैसे 1896 ई० में इलाहाबाद के सेंट मेरी कान्वेण्ट में छः महीने ये विद्या-अध्ययन किये थे) सन् 1905 ई० में इनका नामांकन हैरो पब्लिक स्कूल में कराया गया था। सन् 1907 ई० में इन्होंने हैरो स्कूल छोड़ दिया।

हैरो पब्लिक स्कूल

यह शिक्षण संस्था लन्दन से करीब दस किलोमीटर दूर सन् 1572 ई० में एलिजाबेथ प्रथम के राज्यकाल में पड़ोस के एक जागीरदार जॉन लियोन द्वारा स्थापित एक प्राचीन संस्थान है। अंग्रेजी पब्लिक स्कूलों के ढंग पर हैरो बहुत से निवास 'हाउसों' में बँटा हुआ है और इनमें से सबसे बड़े हेड मास्टर के हाउस थे।

पंडित नेहरू इसी हाउस में रहते थे। अपरिचित लोगों के बीच वे पहले तो अकेला अनुभव करते थे तथा घर की याद भी सताती थी, किन्तु बाद में धीरे-धीरे सब ठीक हो गया। हैडमास्टर रेवरेंड जोजेफ वुड डी०डी० मिलनसार, जनप्रिय और अच्छे विद्वान थे। पंडित नेहरू का हाउस यद्यपि नाम के लिए हैडमास्टर के अधीन था, किन्तु वास्तव में हाउस मास्टर रेवरेंड एडगर स्टाग्डन के निकट अधिकार में था। स्टाग्डन प्रसन्नचित, दयालु व्यक्तित्व के थे जिन्हें विद्यार्थी बहुत सम्मान एवं प्यार देते थे।

हैरो ने भी प्रसिद्ध सैनिक तथा नेताओं और विद्वानों को उत्पन्न किया था। इन प्रधानमंत्रियों में पील, पामर्सटन, वाल्डविन और विन्स्टन चर्चित के नाम हैं। एक अन्य हैरो के पुराने विद्यार्थी को भी प्रधानमंत्री होना पड़ा था–स्वाधीन भारत के प्रथम प्रधानमंत्री।

पंडित नेहरू के स्कूल छोड़ने के पैंतीस वर्ष बाद स्टाग्डन ने पंडित नेहरू के संबंध में मूल्यांकन दिया–"मैं उन दिनों हैडमास्टर डॉ० वुड का हाउस मास्टर था और नेहरू हाउस में थे–बहुत अच्छे, शीत और शिष्ट बालक। वह प्रदर्शन के स्वभाव वाले नहीं थे लेकिन यह लगता था कि उनमें चरित्र का बहुत बल है। वह अच्छा काम करते थे और उन्होंने कभी ही (प्राय: कभी नहीं) कष्ट दिया हो।"

यह एक बुद्धिमत्ता और समझदारी का विचार है। उस समय ही पंडित नेहरू के स्वभाव में अलग रहने और बहुत कुछ चुप रहने की प्रवृत्ति थी। उसी तरह उनके चरित्र का अन्तर्निहित बल भी था। इस अलग रहने की प्रवृत्ति का एक भाग उनके और उनके साथियों को मानसिक दरार में देखा जा सकता है जो उनकी आयु और कक्षा के अंग्रेजी लड़कों की तरह प्रमुखत: खेलों में रुचि रखते थे। अपने पिता के नाम एक पत्र में जवाहरलाल शिकायत करते हैं कि किस प्रकार से अधिकांश अंग्रेजी साथी नीरस हैं, किन्तु वे अहंकारी नहीं थे। बात केवल इतनी थी कि उनकी रुचियाँ साथियों की रुचियों से विस्तृत थीं। वे उनसे अधिक पुस्तकें और समाचार पत्र पढ़ा करते थे और सामान्य ज्ञान में वे उनसे आगे थे। जब उनकी कक्षा में अध्यापक ने अपने छात्रों से ब्रिटेन में नई उदारवादी सरकार के सदस्यों के नाम पूछे तो अध्यापक को बड़ा आश्चर्य हुआ कि भारतीय बालक ही अकेला था जिसने इस विषय की सारी सूचना दी। उसने कैम्पबेल बैनरमन मंत्रिमंडल के लगभग सारे सदस्यों के नाम बता दिया।

विज्ञान के लिए पंडित नेहरू का उत्साह, जिसे मि० ब्रुक्स ने पाला-पोसा था, बना रहा।

कुछ बातों में अपरिपक्व होने पर भी जवाहरलाल को जल्दी ही यह लगने लगा कि वे हैरो में जरूरत से ज्यादा रह गए हैं। वे उस जगह को चाहने लगे थे लेकिन बौद्धिक संयम और बन्दीपन के भाव में उन्हें थोड़ा परेशान कर दिया। शायद यह भी हो कि अपने देश के रंग, गति और चंचल पवन के प्रति प्राणवन्त भारतीय बालक को इंग्लैण्ड के धूमिल आकाश ने उदास कर दिया हो। हैरो यद्यपि खुले मैदान में है और वहाँ सत्रहवीं से उन्नसवीं शताब्दी तक के भवन हैं लेकिन वहाँ हवा बौद्धिक रूप से ढकी हुई है। कम-से-कम तरुण जवाहर को यही लगा होगा।

वे विश्वविद्यालय के विस्तृत संसार के लिए व्याकुल थे। जी०एम० ट्रेवेल्यान की तीन खण्डों की गैरीबाल्दी और इतावली स्वाधीनता के लिए उसके संघर्ष की एक पुस्तक ने उनकी इस भावना को तीव्र कर दिया था। यह पुस्तक जवाहरलाल ने स्कूल में अच्छे काम के पुरस्कार स्वरूप पायी थी। उसकी कहानी में जवाहरलाल

ऐसे दत्तचित हो गए कि उन्होंने अन्य दोनों खण्ड भी लेकर गैरीबाल्दी गाथा को सावधानी से पढ़ा। जहाँ तक उनके देश (भारत) का संबंध था उससे तभी राजनीतिक रूप से सचेतमन उन्होंने इटली की भारत से तुलना की। उन्होंने सोचा कि भारत इस तरह का संघर्ष क्यों न करे?

अब यहाँ स्वाभाविक रूप से प्रश्न उठता है कि भारत और इटली की यह तुलना किस प्रकार उनके मन में उठ खड़ी हुई और उनकी स्मृति में बनी रही। वर्षों बाद अपनी आत्मकहानी में जवाहरलाल इस विषय पर लौटे हैं। राजनीतिक विभाजन पर लिखते हुए और उसकी तुलना करते हुए उन्होंने उल्लेख किया है कि अनेकता होते हुए भी एकता है ही। वे बनारस में रोम का प्रतिरूप देखते हैं। राजनीतिक रूप से जब इटली औंधा पड़ा हुआ था उसका सांस्कृतिक जीवन यूरोप की नस में बहता रहता था। उन्होंने मन ही मन सोचा कि इसी तरह भारत का सांस्कृतिक जीवन एशिया की धमनियों में प्रवाहित हुआ है।

रूस जापान युद्ध से जाग्रत उनकी एशियाई चेतना से जवाहरलाल ने उत्सुकता से भारत की राजनीतिक गतिविधियों की खबर रखी और उसके बाद यह भारत और बाहर की घटनाओं से प्रभावित हुई। एशिया के शिक्षित वर्गों को लगा कि यूरोप संसार में अपनी प्रधानता की स्थिति खोता जा रहा है, क्योंकि बोअर युद्ध यद्यपि ब्रिटेन के पक्ष में समाप्त हुआ किन्तु उससे ब्रिटिश सैनिक बल उसके पक्ष में अच्छा न रहा। तुर्कों ने ग्रीसवासियों का हटा दिया और निकट पूर्व से ईसाइयों के कत्लेआम के समाचार मिले। जारशाही रूस में घुस आने से भयभीत भारत के ब्रिटिश शासकों ने रूसियों की शक्ति को बढ़ा-चढ़ा दिया और जब जापानियों ने उस देश पर एक के बाद एक जोरदार विजय प्राप्त की तो उनकी गूँज एशिया भर में सुनाई पड़ी। जवाहरलाल नेहरू—आत्मकहानी-अप्रैल 1936 में प्रकाशन में इस विषय पर लौटे हैं।

भारत में इन बाहरी घटनाओं ने देश के विभिन्न भागों में हिंसा के कार्यों के साथ एक अस्पष्ट-सी बेचैनी की भावना उत्पन्न कर दी। कैंपबेल-बैनरमन की उदारपंथी सरकार के ब्रिटेन में अधिकार ग्रहण करने में दो महीने पहले एक नये वायसराय, लार्ड मिंटो, जो पहले कनाडा में गवर्नर-जनरल थे, भारत आये। लार्ड मार्ले भारत के सेक्रेटरी ऑफ स्टेट आपस में मिलकर देश के लिए प्रतिनिधि सरकार की एक चौकन्नी प्रगति बनाने बैठे। भारत या भारतीयों के लिए पार्लियामेंट के ढंग का या प्रजातंत्रीय शासन देने का कोई प्रश्न न था।

पंडित नेहरू ने इन घटनाओं को अंग्रेजी अखबार में पढ़कर निकट से समझा। हालाँकि विवरण बहुत थोड़े और अपूर्ण रहा करते थे, लेकिन यह प्रकट करने के

लिए काफी रहते थे कि देश में (भारत में) एक नयी राजनीतिक उथल-पुथल चल रही है। सन् 1857 के महान् विद्रोह के बाद यह पहली थी। आतंकवाद के अतिरिक्त नए अस्त्रों का प्रयोग आरम्भ हो गया था—ब्रिटिश सामान का बहिष्कार जिसके साथ स्वदेशी अथवा देश की बनी चीजों को प्रोत्साहन देना था। पंडित नेहरू ने लिखा "इस सबने मुझे बहुत अधिक उत्तेजित कर दिया लेकिन हैरो में एक भी जीव ऐसा नहीं था जिससे मैं इसके बारे में बात कर सकता।" छुट्टियों में कभी-कभी वे दूसरे भारतीय मित्रों से और विद्यार्थियों से मिलते और जोश के साथ देश की घटनाओं पर काफी आवेश में चर्चा करते।

भारत में प्राण-संचार हो चला था। सन् 1904 ई० में जबकि बंगाल के विभाजन का प्रश्न उठा। राष्ट्रीयता ने अधिक उग्र रूप लिया। तब तक भारतीय राष्ट्रीय कांग्रेस की नरम नीतियों का बाल गंगाधर तिलक सा प्रबल विरोधी मिल चुका था। उन्होंने सन् 1907 ई० में उस संस्था पर अधिकार पाने का असफल प्रयत्न किया था। कट्टर ब्राह्मण तिलक, उग्र राष्ट्रीयतावादी थे। वे पश्चिमी भारत के महाराष्ट्र के निवासी थे जोकि बंगाल और पंजाब के साथ नई राजनीतिक जाग्रति की जन्मभूमि था। प्रबल वक्ता होने के साथ ही तिलक की लेखनी भी तेज थी। वे महात्मा गाँधी से बहुत पहले राजनीति क्षेत्र में सक्रिय थे और उन्होंने राजद्रोह को उभारने के कथित एक लेख के लिए (सन् 1897 ई० में अठारह महीने के कठोर कारावास का दण्ड) अपने पहले कारावास को भुगता था।

बंगाल के विभाजन-विरोधी आन्दोलन ने तिलक को नए सिरे से प्रयत्न के लिए उत्तेजित किया। वे शान्त प्रकार के दर्शन-शास्त्रों में विश्वास नहीं रखते थे और प्रत्यक्ष-अप्रत्यक्ष निरन्तर आन्दोलनों के सिद्धान्त का प्रचार करते रहते जिसमें आवश्यक हो तो हिंसा का भी सहारा लिया जाए।

बंगाल में आन्दोलन का नेतृत्व ललित वक्ता विपिनचन्द्रपाल और कैम्ब्रिज में शिक्षा प्राप्त एक युवक अरविन्द घोष ने किया। बाद में श्री घोष राजनीति से अवकाश ग्रहण कर पांडिचेरी में योगी बनकर एक आश्रम में रहने लगे।

बंगाल, महाराष्ट्र के अलावा पंजाब में अशांति थी। यहाँ (पंजाब) से दो स्थानीय नेता आये थे—लाला लाजपतराय, जो जनता में 'शेरे पंजाब' के नाम से प्रसिद्ध थे और सरदार अजीत सिंह। दोनों को ब्रिटिश सरकार ने देश निकाला दे दिया।

इन घटनाओं को आवेगपूर्ण अभिरुचि और उत्साह से समझते हुए जवाहरलाल को हैरो की दुनिया सहसा बहुत छोटी लगी, किन्तु जब उन्होंने हैरो छोड़ा तो वे रोने लगे। यद्यपि वे उसके वातावरण से पूरी तौर से हिले-मिले नहीं थे। जवाहरलाल

वहाँ की परम्पराओं और समागम से प्रभावित हो गये थे और यहाँ भी प्रभाव भावनापूर्ण था। उनके हाउस मास्टर रेवरेंड एडगर स्टाग्डन लिखते हैं, मैं जानता हूँ कि वे हैरो स्कूल के गीत बहुत विशेष रूप से पसन्द करते थे।" सन् 1952 में जब वे राष्ट्रमंडल सम्मेलन में लन्दन में थे तो पंडित नेहरू हैरो के पुराने छात्रों के भोज में सम्मिलित हुए और स्कूल का गीत 'फोर्टी ईयर्स ऑन' हैरो के एक अन्य पुराने विद्यार्थी प्रधानमंत्री भी विस्टन चर्चित के साथ गाने में नटखट लड़कों सी खुशी दिखाई। आनन्दभवन के पुस्तकाल में भी हैरो स्कूल के गीतों की मुड़े पन्नों की किताब देखी गयी थी।

सन् 1907 ई० में जवाहरलाल जी ने हैरो को छोड़कर ट्रिनिटी कॉलेज कैम्ब्रिज गये। उस समय उनकी उम्र अठारह साल थी।

उन दिनों कैम्ब्रिज प्रकृति विज्ञान, अर्थशास्त्र और दर्शनशास्त्र की शिक्षा में विशेषता रखता था। विज्ञान के प्रति आकर्षण के कारण जवाहरलाल ने प्रकृति विज्ञान को अपना विषय बनाया। अतः वे रसायनशास्त्र, भूगर्भ विज्ञान और वनस्पति विज्ञान का अध्ययन करने लगे। किन्तु उनकी रुचियाँ विस्तृत थीं और स्वभावतः चंचल और चिन्तनशील होने के कारण उनका मन विस्तृत दिगन्त में भटकता था। राजनीति और अर्थशास्त्र ने उन्हें आकर्षित किया तथा इतिहास एवं साहित्य की ओर सदा खिंचे रहे। यद्यपि अनियमित ढंग से ही, किन्तु उनका अध्ययन व्यापक था।

नए अनुभवों की ओर टटोल कर बढ़ते हुए स्नातक पूर्व विद्यार्थियों के वाद-विवाद में यौन और नैतिकता बहुत रहते हैं। जवाहरलाल अपने साथियों से यौन विषय की चर्चा सैद्धान्तिक दृष्टिकोण से और इसीलिए बहुत ऊँचे दृष्टिकोण से किया करते। वे ब्लॉक और क्राफ्ट एबिंग के, हैवलाक एलिस और ओटा वीनिंजर के नामों को बघारा करते। उनकी बातचीत का ढंग ऊँचा रहता। उनमें से कुछ को ही यौन संबंधी अनुभव रहता और निश्चित रूप में जवाहरलाल को तो नहीं था। क्योंकि वे स्वीकार करते हैं कि यौन विषय के प्रति उनकी पहुँच झेंपू की सी थी और उस समय और कैम्ब्रिज छोड़ने के बहुत बाद तक काल्पनिक रही। इस विषय में उनमें धार्मिक रूकावटें नहीं थीं और उनके मन में यौन विषय का संबंध पाप से नहीं था। किन्तु उनकी स्वाभाविक लज्जालुता और विश्वासहीनता ने उन्हें अनुभव प्राप्त करने में रोका।

दो लेखक जिन्होंने उनकी राजनीतिक और आर्थिक विचारधारा को बहुत कुछ ढाला वे थे लोवेस डिकिन्सन और मेरेडिय टाउनसेंड। टाउनसेंड की एशिया एण्ड यूरोप ने उनके चित्त पर विशेष रूप प्रभाव डाला और उनके राजनीतिक विचार के

ढंग को प्रभावित किया। उनकी एशिया के प्रति सचेतना बौद्धिक आधार और नींव की तलाश कर ही रही थी। कविता के प्रति उनकी रुचि जारी रही और कुछ घटनाएँ तो तीव्रतर हो गईं।

यह कल्पना करना शायद भ्रामक होगा कि, जवाहरलाल अपने काल के बौद्धिक विकास पर पढ़ते तथा गम्भीरतापूर्वक सोचते थे। वे स्वीकार करते थे कि उसमें उनकी रुचि छिछली थी और यद्यपि उनका मन इनमें से कुछ की अभिव्यक्ति पर चंचल हो जाता था। वे सतह से नीचे घुसने के लिए उत्तेजित या मग्न नहीं होते थे। कला और बौद्धिक रचनात्मकता की समीर उनके इर्द-गिर्द चलती रहती थीं और उन्हें सूँघकर वे उनका क्षणिक आनन्द ले लिया करते थे। हैरो होते हुए कैम्ब्रिज आकर वे अपने भारतीय समसामयिक लोगों के वातावरण और पृष्ठ-भूमि से बहुत अधिक भिन्न वातावरण और पृष्ठभूमि में रहने लगे। आस्कर वाइल्ड और वाल्टर पीटर का कुछ ललित कला-प्रेम का भाव उनके समय के विश्वविद्यालय के जीवन में आ घुसा था। जीवन के प्रति अधिक वास्तविक ढंग में लगे अधिकांश दूसरे भारतीय विद्यार्थी इस व्यापक प्रभाव से मुक्त थे। लेकिन कल्पना और चेतना के अपने आकर्षण से सौन्दर्य शास्त्र ने जवाहरलाल को चुम्बक की तरह खींचा। सदैव उदार, उनके पिता ने उन्हें अच्छा पैसा दिया जो उस काल की आवश्यकता से अधिक था। बाद में जवाहरलाल ने "उस काल" को अपने जीवन का "आनन्दकारी" काल अभिहित किया था। वे काम में, खेलों में और मनोरंजन में डूबा शांत एवं सरल जीवन बिता रहे थे। केवल एक मात्र चीज को प्राय: उनके मन पर छाई रहती थी, वह भारत में राजनीतिक संघर्ष था जिसे उन्होंने समझते रहना जारी रखा था।

पंडित नेहरू के स्वभाव का दूसरा पक्ष भी था। यदि वे परिचितों से चुप अथवा संक्षिप्त रहना चाहते थे तो वे निकट-मित्रों के साथ खुशी से चहकते और अपने भावों को प्रदर्शित भी करते थे। मित्रता की प्रसन्नता और सचेतन रहने का अन्तर्मुखी और खुशी के उत्साह का यह संयोग उनके जीवन में बहुत दिनों तक दिखाई देता रहा। पंडित नेहरू अपने नीतियों के साथ स्कूल के बच्चों की तरह खिलवाड़ करते थे। निकट मित्रों और संबंधियों के साथ विनीत और कोमल तक हो जाते थे। लेकिन बर्फ की भाँति अपने में ही सीमित रहने के उनके क्षण भी रहते थे। उस समय उनके मन में पर्दे पड़े रहते थे और खिड़कियाँ बन्द रहती थीं।

कैम्ब्रिज या लन्दन में पंडित नेहरू अन्य भारतीय छात्रों से अलग नहीं रहते थे, लेकिन यह संभव है कि वे जिस भाषा में बात करते उसे उनमें से अधिकांश या तो आसानी से समझते न होते, उससे सहमत न हों। उनके संकोची स्वभाव और

संवेदनशीलता से वे अभिमानी लगते। उनकी सीधी किन्तु प्राय: आकस्मिक बातचीत मित्र बनाने या लोगों पर प्रभाव डालने वाली नहीं समझी जाती थी। उन्होंने विश्वविद्यालय के जीवन पर या सही तौर पर अपने समय के कैम्ब्रिज में अध्ययन करने वाले सौ के लगभग भारतीयों पर कोई छाप नहीं छोड़ी। बाद के वर्षों में कुछ को ही उनसे मिलने तक की याद रही। कैम्ब्रिज में भारतीय विद्यार्थियों का ही मजलिस नाम से प्रसिद्ध अपना समाज था जिसमें पंडित नेहरू प्राय: जाया करते। इस समाज का अधिवेशन सप्ताह में हुआ करता था जब कोई वाद-विवाद होता। यह प्राय: ही भारत से संबंधित राजनीतिक विषय पर होता। जवाहरलाल का संकोची स्वभाव और अलग रहने की प्रवृत्ति उन्हें अक्सर बोलने से रोकती और लोगों के भाषण करने के अवसर उनके कम ही होते थे। मजलिस में वाद-विवाद का तर्ज तरीका यूनिवर्सिटी यूनियन के ढंग पर रहता और इससे पंडित नेहरू चिढ़ते थे। उन्हें वाद-विवाद के विषय में भी उतनी ही रुचि रहती। उन्हें लगा कि असली चीज को रूप से कम महत्व दिया जाता। इसी तरह के संकोच में उन्हें अपने कॉलेज की "मैगपाई एण्ड द स्टम्प" नाम की वाद-विवाद की सभा में भाग लेने से हतोत्साहित किया। यहाँ एक नियम था कि पूरे सत्र तक जो सदस्य न भाषण करे उसे अर्थदंड देना होगा। पंडित नेहरू प्राय: अर्थ दण्ड ही दिया करते थे।

कैम्ब्रिज में बहुत से भारतीय अतिथि आते जिनमें कुछ राजनीतिक प्रसिद्धि के व्यक्ति भी रहते। उनमें से गर्म और उथल-पुथल करने वाला भाषण देने वाले बंगाल के नेता श्री विपिन चन्द्र पाल थे। वे पंजाब के नेता श्री लाला लाजपतराय से अधिक प्रभावित हुए थे, जो पाल से कम असंयमित ढंग से बोले। उन्होंने श्री गोपालकृष्ण गोखले का भाषण भी सुना था। वे उच्च योग्यता और तीक्ष्ण बुद्धि के नेता थे और जो नरम दलीय होने के नाते श्री तिलक के वायवी चरमवाद के सिद्धान्त के प्रबल विरोधी थे। सतर्क दूरूदेश राजनीतिक श्री गोखले दुर्भाग्यवश शीघ्र ही दिवंगत हो गये।

भारत में सन् 1907 ई० में एक राजनीतक पुनर्जागरण हुआ था। उस वर्ष कांग्रेस पार्टी के सूरत के वार्षिक अधिवेशन में श्री तिलक ने नरम दल वालों की प्रधानता को चुनौती दी लेकिन असफल रहे। वे कांग्रेस से अलग हो गये लेकिन सन् 1916 ई० में पुन: सम्मिलित हो गये थे। जवाहरलाल के पिता मोतीलाल सूरत में ही थे, जबकि कांग्रेस का अधिवेशन असफल हो गया था। चरमवादियों का समर्थन न करते हुए भी वे काम करने वाले व्यक्ति के नाते तिलक की मुक्त कंठ से सराहना करते थे चाहे उनकी (कुछ) कार्यविधियाँ कितनी ही भटकी हुई क्यों न लगती हों।

जवाहरलाल सन् 1910 ई० में बीस वर्ष की अवस्था में प्रकृति विज्ञान में सेकेण्ड क्लास आनर्स डिग्री पाकर उन्होंने कैम्ब्रिज छोड़ा। इस प्रकार स्कूल और कॉलेज में उनमें अध्ययन का क्रम औसत और अविशिष्ट रहा। विश्वविद्यालय में उनके विज्ञान के चुनाव ने उनके मन में स्वभाव को प्रभावित किया और उन्हें एक प्रकार का बौद्धिक सन्तुलन दिया, क्योंकि बीसवीं सदी के प्रारम्भ में विज्ञान निश्चित और स्थिर था, किन्तु उनमें विशेषज्ञ के एक दिशा में चलने का अभाव था। उनकी रुचियाँ चारों ओर बिखरी हुई थीं जिसके परिणामस्वरूप उनमें बोलने के ढीले-ढाले, यहाँ तक कि अव्यवस्थित ढंग के साथ-साथ विचार की यथातथ्यता थी। किसी विषय के भीतर न देखकर उसके चारों ओर देखने की-सी प्रकृति जारी है।

रूस-जापान के युद्ध से कैम्ब्रिज में उनमें जो राष्ट्रीयता का स्फुरण हुआ था उससे भारत में बड़ी घटनाओं से एक आवेगपूर्ण विकास मिला। लेकिन बिल्कुल साफ तौर पर उनके जिस प्रकार के भी राजनीतिक विश्वास थे, उसे बहुत दिनों तक कोई दृढ़ आधार न मिला था और बाद के ब्रिटिश के साथ असहयोग के सिद्धान्त का उनकी विचारधारा से कोई मेल न खाता था। अपने पिता के सलाह-मशविरा में भारतीय सिविल सर्विस में सम्मिलित होने के विचार के साथ उन्होंने कुछ समय खिलवाड़ किया, किन्तु यह प्रस्ताव शीघ्र ही पिता के पेशे के पक्ष में त्याग दिया। यह निश्चित हुआ कि वे वकील बने। इस बात के चुनाव में दो विचार थे। (*i*) जवाहरलाल बीस वर्ष के थे और भारतीय सिविल सर्विस की प्रतियोगिता की परीक्षा की न्यूनतम सीमा बाईस वर्ष की थी। इस प्रकार उन्हें इंग्लैण्ड में तीन वर्ष और प्रतीक्षा करनी पड़ेगी, क्योंकि सफल होने पर सीखने के लिए एक वर्ष और लगता और उनका परिवार अभी भी घर से उनकी अनुपस्थिति पर असन्तुष्ट था। (*ii*) इसके अलावा भारतीय जनसेवक होने के नाते उन्हें इलाहाबाद से दूर विभिन्न स्थानों पर रखा जाता और यह प्यार करने वाले पिता और दुलार करने वाली माता के मनोभाव के लिए अनुकूल बात न थी।

इसके अनुसार जवाहरलाल कैम्ब्रिज से लन्दन गए, जहाँ इन पर टेम्पुल में दावतें (प्रतिसत्र में कुछ दावतें खाने का रिवाज लन्दन के विधि की परीक्षा के लिए बाध्यता थी (खाते हुए और परीक्षाओं में उत्तीर्ण होते हुए वे दो वर्ष–जैसा कि वे लिखते हैं "बिना प्रतिष्ठा या कलंक के" रहे। वे अस्पष्ट रूप से चंचल थे और एक समय हैरो के कुछ पुराने दोस्तों के साथ आनन्द मनाने और मुकाबला करने की पार्टियों में उन्हें एक निकास मिला। उस समय अच्छे रहन-सहन की अपने पिता की कुछ रुचि मिली। लन्दन में रहते समय उन्हें फैशनेबुल रेस्तराओं में जाना और पारखी की तरह अच्छे चुनाव में अपने लिए मदिरा चुनना पसन्द था। उन्हें

मित्रों के साथ शैम्पेन के अद्धे खाली करना अच्छा लगता। उन्होंने मदिरा की रुचि तो पाली लेकिन उसकी आदत कभी न डाली। शारीरिक उबाल का यह समय कुछ अंश में तो मानसिक बेचैनी का था जिसने उन्हें अनिश्चित और असंतुष्ट कर दिया था, किन्तु अपनी सबसे अधिक ऊँचाई पर भी यह क्षणिक अवस्था ही थी।

अन्यत्र उनके लिए बहुत आकर्षण थे। समाजवाद में अपनी रुचि के प्रारम्भ को पंडित नेहरू अपने कैम्ब्रिज के दिनों से जोड़ते हैं जब शॉ और वेब के फेबियनवाद ने उन्हें आकर्षित किया। किन्तु वे स्वीकार करते हैं कि उनकी रुचि उसके अध्ययन तक ही थी। वेर्ट्रेड रसल और जॉन मेनार्ड कीन की बौद्धिक सजीवता से भी आकर्षित थे। विश्वविद्यालय का अपना पाठ्यक्रम, यद्यपि अर्थशास्त्रीय न होकर वैज्ञानिक होने पर भी उन्होंने कीन्स के कई भाषण सुने। उन्होंने यह अभिरुचि लन्दन में बनाए रखी। लन्दन में फेवियन लोग सक्रिय थे और बाद में शांतिपूर्ण सह-अस्तित्व के सिद्धान्त के प्रवर्तक व्यक्ति को प्रगति की अनिवार्यता के सिद्धान्त का अपना आकर्षण था। वह समाजवाद के विचारों में रुचि रखता थे, किन्तु किसी भी प्रकार उनसे आक्रान्त नहीं था। सन् 1910 ई० की गर्मियों में जवाहरलाल आयरलैण्ड गये जहाँ सिन-फिन आन्दोलन के आरम्भ ने उन्हें आकृष्ट किया। उन दिनों बहुतेरे भारतीयों को आयरलैण्ड वैसा ही प्रभावोत्पादक और आदर्श का प्रेरक था जैसा कि गैरीबाल्दी और मेजिनी का इटली। इंग्लैण्ड में स्त्रियों के लिए मतदान का आन्दोलन पूरे जोर पर था और जवाहरलाल की अभिरुचि इस युयुत्सु स्त्रीत्व पर उत्तेजित हो गई।

सन् 1912 ई० की गर्मी में उन्होंने अपनी परीक्षा पूरी की और वैरिस्टर बन गए। सात वर्ष से अधिक के इंग्लैण्ड के प्रवास में वे दो बार घर आए और अपने परिवार के साथ इलाहाबाद में और मंसूरी के पहाड़ पर समय बिताया। कैम्ब्रिज में रहते उनके दूसरी बहन कृष्ण हुई जिसका जन्म सन् 1907 (नवम्बर) में हुआ था। इसके पहले एक और भाई हुआ था, लेकिन शैशव में ही मर गया।

इन वर्षों ने जवाहरलाल में बहुत परिवर्तन कर दिए। घर से दूर रहकर उन्होंने अपने सूने लड़कपन को स्वतन्त्र किन्तु बहुत अधिक सूने अस्तित्व से बदल लिया था। यदि इससे उनकी स्वतंत्रता की भावना तीव्र हो गई थी तो उसने उनके अन्तर्मुखी स्वभाव को और तीक्ष्ण कर दिया था। अभी तक उनका सामाजिक, राजनीतिक या बौद्धिक, कोई निर्णीत आधार नहीं था। वे एक धुंधले अर्थ जगत् में रह रहे थे, न तो पूर्व में, न पश्चिम में, न भारत में, न इंग्लैण्ड में। भारत के कथात्मक अतीत, उसकी पौराणिक कहानियाँ उपाख्यान जो भी वे जानते थे उसका अधिकांश उन्होंने लड़कपन में अपनी माँ तथा चाची और मुंशी मुबारक अली के समान अपने वयस्क मित्रों से सीखा था।

इनके ऊपर पश्चिमी शिक्षा का साँचा रख दिया था, पहले घर पर और बाद में विदेश में हैरो, कैम्ब्रिज और लन्दन में। वर्षों बाद उन्होंने लिखा ''मैं पूर्व और पश्चिम का अजीब मेल बन गया हूँ, कहीं भी बेमेल और घर पर तो कहीं का भी नहीं।" उन्होंने आध्यात्मिक अकेलेपन पर ध्यान दिया जो उससे न केवल सार्वजनिक कार्यों में किन्तु जीवन में ही उससे उत्पन्न हो गई थी।

जैसाकि उन्होंने एक बार टी०एफ० इलियट को "एक कटा व्यक्ति" कहा था। पंडित नेहरू मानसिक रूप से नहीं किन्तु भावात्मक और मनोवैज्ञानिक रूप से कटे व्यक्ति है। यह उन्हें एक प्रकार का द्विमुखी रूप प्रदान करता है और उनके व्यक्तित्व में अन्तर्विरोध को स्पष्ट करता है। यहाँ पर बाद के दिनों का एक किस्सा है।

भारतीय विश्वविद्यालय के एक प्राध्यापक ने इलाहाबाद में कहा "अगर आप मेरे यहाँ आएँ तो मैं आप से विचार करने में प्रयत्नशील कुछ तेज विद्यार्थियों के दल से मिलने का इन्तजाम कर सकता हूँ।" पंडित नेहरू उस बरामदे में आए जहाँ वे खड़े थे। "जी हाँ", सहसा प्राध्यापक के आगे रुक कर और उसका हाथ थाम कर वे बोले, "लेकिन मेरे अन्दर के दलों के बारे में क्या होगा?" इस मूलहीनता से बेचैनी का अंकुर फूटा, विशेषतः भारत में निर्वासन के रूप में लौटने के उनके प्रारम्भिक वर्षों की बेचैनी का। उन्होंने दुःख से कहा "पश्चिम में मैं एक अजनबी और विदेशी हूँ, मैं वहाँ का हो नहीं सकता। लेकिन अपने ही देश में भी कभी-कभी मुझे निर्वासन का-सा भाव लगता है।

वे साहसिक और खोज की मनोवृत्ति लेकर इंग्लैण्ड गए थे, लेकिन वे स्वदेश भारत की खोज के लिए लौटे। यह महत्वहीन नहीं है कि बहुत वर्ष बाद उनके एक ग्रन्थ का नाम "भारत की खोज" था।

कमला का व्यक्तित्व पर प्रभाव

शादी के बाद मानव चरित्र में एक प्रकार का निखार आता है। उसकी अनुभूतियों में चंचलता के स्थान में एक तरह का टिकाऊपन आता है, सूझ-बूझ बढ़ती है। स्त्री हमारी पशु-प्रवृत्ति का दमन करती है। इसी भावना को मुख्यतया ध्यान में रखते हुए भारत के चिन्तकों ने स्त्री को देवी की संज्ञा दी है। महान् चिन्तक मनु ने तो स्त्री को घर की लक्ष्मी की उपाधि दी। उसी के द्वारा हमारी वंशवृद्धि संभव हो सकती है। यदि श्रीराम, नल और सत्यवान की कथाएँ आज भी भारत में पढ़ी जाती हैं तो उसका श्रेय उनकी पत्नियों को भी जाता है जिन्होंने अपने जीवन साथी के जीवन में चार चाँद लगाए। यदि उनका चरित्र निकाल दें तो वर्षा ऋतु के बिना जो नदियों का हाल होता है, वही उनका होगा।

"मेरा ख्याल है कि मेरे जीवन में मेरे पिता और महात्मा गाँधी के प्रमुख व्यक्तिगत प्रवाह रहे हैं।" लेकिन बाहर के प्रभावों का मुझ पर असर नहीं होता। मुझ.में प्रभावित होने से अवरोध की प्रवृत्ति है। फिर भी प्रभाव धीरे-धीरे और अवचेतन रूप से काम करते रहते हैं। मेरी पत्नी ने अनेक रीति से, यद्यपि बिना किसी अहंभाव के मुझे बहुत अधिक प्रभावित किया है।"[10]

26 फरवरी सन् 1916 ई० को बसन्त पंचमी के दिन उनका विवाह हुआ था। यह दिन कला और विज्ञान की वाणी और विद्या की देवी सरस्वती को समर्पित है और वसन्त के आगमन का सूचक है। उस समय कमला (पंडित नेहरू की पत्नी) सत्रह वर्ष की थी। जवाहरलाल जी अपने जीवन साथी से उम्र में दस वर्ष बड़े थे। वे कौल नाम के काश्मीरी परिवार की थीं, जो दिल्ली में बस गये थे। कमला स्वाभाविक संतुलन की थीं और उनमें कौमार्य की सुकुमारता की छवि थी जो बाद में वर्षों की थकान और तनाव से भी दूर न हुई। उनमें बहुत कुछ अपने पति का चरित्र और स्वभाव था।

पंडित नेहरू की ही भाँति, वे सूक्ष्मग्राही और गर्वीली, सहसा निर्णय लेने वाली, मनमानी, उत्साही, पसन्द, नापसन्द में जल्बाद थीं। जिन लोगों को वे नापसन्द करती थीं उनसे वे बहुत ही स्पष्ट निर्ममता से अलग रहती थीं। लेकिन मित्रों और अन्तरंग लोगों के साथ वे उत्साहपूर्ण और प्रसन्न भी रहती थीं। जवाहरलाल के समान कमला को कोई नियमित शिक्षा नहीं मिली थी और वे कृत्रिमताहीन थी, यद्यपि किसी माने में चतुरताविहीन नहीं थीं। उनकी बहुत निश्चित सम्भतियाँ थीं और वे उन्हें प्रकट करना पसन्द करती थीं। उनके चरित्र में बच्चों के से गुण ने उनमें कृत्रिमिता के अभाव को बढ़ा दिया था और इससे कभी-कभी उनकी लम्बी बातचीत घबरा देने वाली होती थी। यह प्रेम-विवाह नहीं, किन्तु तय किया हुआ संबंध था। एक जिक्र है कि कमला के स्वस्थ सौन्दर्य ने एक दावत में जवाहरलाल की माता को ऐसा मोहित किया कि उन्होंने उसे अपनी पुत्रवधू बनाने का निश्चय किया था।

सन् 1916 ई० में राष्ट्रीयता की लहर ने मोतीलाल के परिवार को आटलावित नहीं किया था। लगभग चार वर्षों तक और मोतीलाल अपने खर्चीले ढंग के जीवन-क्रम को सुरक्षित रख पाए। नौकरों, मोटरगाड़ियों, कुत्तों और सब प्रकार के उन चमकदार पदार्थों से आवृत्त जिन्हें धन द्वारा खरीदा जा सकता है, वे महल के से मकान में रहते थे। घर फारस के कालीनों, चाँदी के बर्तन, ड्रेसडेन के चीनी और वेनशियन शीशे के सामान से भरा था। अस्तबल में घोड़े और बच्चों के लिए

टट्टू थे। मेहमानों की मतार आनन्दभवन में बराबर आती जाती रहती। मोतीलाल की मेजबानी शाही थी।

पंडित नेहरू का विवाह राजनीतिक प्रवाह के युग से मेल खा गया जिसका प्रतिबिम्ब उनके अपने मन के संशय और प्रवृत्ति पर पड़ा। सन् 1921 ई० में जब वे पहले-पहले जेल गए, तब तक वह मानसिक संघर्ष और अन्तर्विरोध अंशतः साफ नहीं हो पाए थे। कुछ संशय रह ही गए थे, किन्तु विदेशी शासन के सक्रिय प्रतिरोध की मूल समस्या का निर्णय हो गया था।

कमला के लिए ये पाँच वर्ष सूने थे। जो घटनाएँ उन्हें उत्प्रेरित करतीं उन्हें नाटकीयता देने और उन्हें अपने ही ढंग से त्रिआयामों में प्रक्षेपित करने के पंडित नेहरू के स्वभाव ने उनमें अपने निकट परिवेश को भुला दिया। एक बार जगा देने पर उनका मन पंख लगाकर वैसे ही उड़ता जैसे उनके प्रिय स्वप्न में बिना किसी सहारे ने उनका शरीर हवा में उड़ता था। उस समय में युवावस्था की बिना सोची असावधानता में उन्होंने सारे सामान सहित आनन्दभवन को अपनी पत्नी सहित भुला दिया। बाद के वर्षों में उन्हें इस पर बहुत अधिक खेद हुआ और अपराध-ग्रंथि का अनुजीवन अपने पत्नी के लिखित सन्दर्भ में स्पष्ट है। सन् 1936 ई० (फरवरी) में उन्होंने लिखा (पत्नी की मृत्यु के बाद) "उसने मुझे बल दिया। लेकिन उसने अवश्य कष्ट पाया होगा और थोड़ा उपेक्षित भी अनुभव किया होगा। इस भूले हुए से संयोगजनित भाव से उसके प्रति क्रूरता कहीं अच्छी होती।"

दोनों ही तेज दिमाग और हठी होने से उन शुरू के दिनों में आसानी से झगड़ बैठते थे। शिक्षा और समाज की भिन्न पृष्ठभूमि के कारण उन्हें एक-दूसरे के प्रति समझौता करना कठिन लगा और कमला में कृत्रिम संस्कृति का अभाव धैर्यहीन जवाहरलाल को भारतीय राजनीति की न केवल बारीकियाँ बल्कि उनकी सीधी अभिव्यक्ति की समझ और पकड़ भी एक असमर्थता लगी। केवल बाद में उन्हें उसमें एक रूप के दर्शन हुए, जिसे वह प्रिय मानती थीं और वह था एक राजनीतिक साथी और संगी का रूप। दुर्भाग्यवश उसके बाद की बिमारी इस इच्छा को और तीव्र ही कर सकी होगी और उसकी नैराश्य भावना को और बढ़ा सकी होगी। इस दिशा में उसके पति उसकी तुलना श्री रवीन्द्रनाथ ठाकुर के नाटक "चित्रा" की नायिका चित्रा से करते हैं। "मैं चित्रा हूँ। पूजा करने योग्य देवी नहीं, और न पतिंगे सी कोई सबकी दया का उपेक्षणीय पात्र। यदि तुम आपद और साहस के पथ पर मुझे साथ रखना स्वीकार करते हो, यदि महान् कर्त्तव्यों में मुझे साथ में भाग लेने दो, तब तुम्हें मेरे वास्तविक रूप का भान होगा।" लेकिन पंडित नेहरू उसकी इस कामना को सन् 1930 के प्रारम्भिक महीनों में ही समझ पाए।

सन् 1917 ई० (नवम्बर) में उनके विवाह के इक्कीस महीने बाद उनकी पुत्री और एकमात्र सन्तान प्रियदर्शिनी इन्दिरा का जन्म हुआ था। अपनी पहली सन्तान के जन्म से ही जवाहरलाल की माता का स्वास्थ्य खराब रहता था और इस दुखद समानता से उनकी पत्नी को भी वैसे ही भाग्य का सामना करना पड़ा था। बीमारियों के क्रम ने उनके वैवाहिक जीवन के अधिकांश में आशक्त रखा और तपेदिक के आक्रमण ने उनका अन्त शीघ्र कर दिया था। रोगी माता और पत्नी के संयोग ने पंडित नेहरू को शारीरिक स्वास्थ्य और उसकी कुशलता के मूल्य के प्रति अत्यन्त सचेत बना दिया था। इसी से रोगी के प्रति उनकी चिन्ता के कारण का पता लगता था। उनकी बहन कृष्णा लिखती है–"जवाहर आदर्श मृदुलता का अन्त नहीं और उनका धैर्य असीम है।"

सन् 1936 ई० (29 फरवरी) को उनकी पत्नी कमला का स्वर्गवास जर्मनी की भूमि पर हुआ था। देश ने इस महान् देवी के देहान्त पर स्नेह के साथ श्रदांजलियाँ दी थीं।

पंडित नेहरू को अपनी पत्नी की राजनीतिक क्षेत्र में जो देन रही थी, उनकी चर्चा वे आदर के साथ किया करते थे। उन्होंने अपनी पत्नी की अस्थियाँ अपने ही पास एक चाँदी के पात्र में रखी थीं और अपनी वसीयत में लिखा था कि मेरी मृत्यु के बाद मेरी माताजी और पत्नी की अस्थियाँ मेरे साथ संगम में प्रवाहित की जाएँ।

वैयक्ति सदमा का दार्शनिक उपचार

पंडित नेहरू का नारी (पत्नी) एवं बाल प्रेम सर्वविदित है। उनका प्रेम सरल एवं स्वाभाविक था। उन्होंने पत्नी और पुत्र के दैविक अपहरण से आहत मन का उपचार उदात चित से किया था। पत्नी के वियोग में मार्मिक वेदनायें हुईं। यदि पंडित नेहरू वेदना के उस समुद्र में निमग्न रहते तो राष्ट्र का भाग्य डूब जाता। विषाद् शाश्वत को नहीं होता है, वह कष्ट उसी को देता है जो उसे ग्रहण करता है। शाश्वत आनन्द होता है। कमला जी के प्रति उनके मन में जो शाश्वत प्रेम था उसे उसने कमला की ओर से छूटने के बाद व्यापक रूप दिया। नारी जाति के प्रति उनका प्रेम उनकी उस शाश्वत का द्योतक है। नारी उन्नयन का एक प्रमुख व्रत था।

पंडित नेहरू को पुत्र भी नहीं था। परन्तु उन्होंने इन्दिरा प्रियदर्शनी को जो स्नेह दिया वह वीरले ही पिता अपने पुत्र को दे पाता है। इंदिरा स्नेह के पीछे नारी प्रेम की उनकी शाश्वत भावना भी देखी जा सकती है। प्रियदर्शनी को कभी उन्होंने

खलने नहीं दिया कि वह मातृविहीन है। पंडित नेहरू ने जिस तरह प्रियदर्शनी का लालन-पालन एवं शिक्षा-दीक्षा की व्यवस्था की वह शायद ही कोई होगा जो अपने पुत्र के लिए व्यवस्था कर सकेगा। प्रियदर्शनी के शिक्षा की शृंखला की सबसे कीमती कड़ी थी पिता के पुत्र पुत्री के नाम। राष्ट्रीय स्तर पर विहंगम दृष्टि डालने पर अब तक ऐसा कोई पिता नजर नहीं आता है। पुत्रहीन पंडित नेहरू ने न केवल इन्दिरा को पुत्रवत स्नेह दिया बल्कि राष्ट्र के समस्त बच्चों में पुत्र का रूप देखा और 'चाचा' बने। बच्चों के बीच वे बेहद प्रसन्न रहते थे।

यह दार्शनिक उपचार ने पंडित नेहरू के पास कभी पत्नी या पुत्र के अभाव का सदमा फटकने नहीं दिया।

पंडित जवाहरलाल नेहरू के जन्म के बाद उनकी माता (स्वरूप रानी) का स्वास्थ्य कभी अच्छा नहीं रहा। बेटे के जन्म के बाद से वे निरन्तर कई रोगों का शिकार रही और उनका स्वास्थ्य खराब रहा। रोगी माँ और बाद में रोगी पत्नी के साथ जीवन बिताने का पंडित नेहरू पर अधिक प्रभाव पड़ा। उन्होंने अच्छे स्वास्थ्य का मूल्य समझा। चुस्त रहना उनके लिए एक प्रकार से आस्था बन गई।

सार्वजनिक जीवन/राजनीति में प्रवेश

जब पंडित नेहरू ने सार्वजनिक जीवन में प्रवेश किया, उस समय उनके पास वह हर चीज थी जिसके द्वारा वह राजनीति में प्रसिद्ध हो सकते थे। अभिजात वर्गीय पृष्ठभूमि और एक ऊँची शिक्षा उनके साथ जुड़ गया था। उनका व्यक्तिगत आकर्षण शक्ति, सेवा करने का संकल्प। भारतीय राष्ट्रीय कांग्रेस महात्मा गाँधी के नेतृत्व में प्रस्तावों, याचिकाओं आदि की राजनीति को छोड़कर सीधी कार्रवाई के मार्ग पर चलने को तैयार खड़ी थी और राजनैतिक वातावरण जनता की हलचल से व्याप्त था। नामी पिता के पुत्र के लिए हर अवसर उपस्थित था कि वह ऊँचे राजनैतिक धरातल पर अपने सम्पर्क स्थापित कर सके। इस पृष्ठभूमि और साज-सज्जा के साथ पंडित नेहरू ने काफी ऊँचे धरातल से अपना सार्वजनिक जीवन आरम्भ किया और बिना प्रशिक्षण-काल से गुजरे वे नेता बन गये।

सौन्दर्य भावना

वैयक्तिक गुण

पंडित नेहरू के सम्पर्क में आने वाले की जो बात मोह लेती थी, वह थी, उनकी जन्मजात सज्जनता और व्यक्तित्व की मोहकता। बीसवीं शताब्दि के सभी राजनीतिक

नेताओं की अपेक्षा सबसे ज्यादा अंतदृष्टि पंडित नेहरू के पास थी। वस्तुतः उनकी पैनी दृष्टि भावी सृष्टि-बीजों के भीतर प्रवेश कर उनको भाँप लेती थी। किन्तु इनका ज्ञान तब हुआ जब ये बीज फूटकर सुनहरी फसल बन गये।

पंडित नेहरू में जहाँ एक योद्धा के समान साहस और चपलता थी, वहीं एक राजनीतिज्ञ की-सी बुद्धिमत्ता तथा दूरन्देशी भी थी। उनकी विद्वता और ऊँची विचार शैली, किसी भी परिस्थिति को समझने में निपुण थी। वाक्‌पटुता तथा सजगता, ये सारे गुण मिलकर उन्हें एक महामानव का तेज प्रदान किया था।

उनके आचार व्यवहार में राजसी छाप थी। स्निग्धा और विनम्रता थी, जिसके कारण वे मित्रों तथा अजनबियों का दिल सहज जीत लेते थे।

वस्तुतः 'जवाहर' एक समर्पित व्यक्तित्व का नाम है। इस नाम (जवाहर) के पहले पंडित शब्द लगा है जिसका विश्लेषण इस प्रकार है।

पंडित

बुद्धि का पर्याय प्रज्ञा है। प्रज्ञा को प्राचीन भाषा में पंज्ना, पण्डा एवं पण्णा भी कहते हैं, जिसमें पण्डा को ही पंडित कहा जाता था। सीधे शब्द में प्रज्ञावादी या बुद्धिवादी मानव के लिए पंडित शब्द का प्रचलन हुआ। दैव योग से जवाहर के लिए यह विशेषण सर्वत्र प्रचलित हो गया। वह सचमुच प्रज्ञावादी मानव थे। देश के लिए अनेक उत्थान-कार्यो का सूत्रपात करके उन्होंने अपने बुद्धि बल का परिचय दिया। विलक्षण बुद्धि बल से उन्होंने ज्ञान-विज्ञान की सैकड़ों योजनाओं को सोचा और उसके संबंध में कार्यारम्भ कराया। वैज्ञानिक प्रयोगात्मक कार्य करने वाली वे संस्थाएँ और शोध मंदिर आज भी उनकी अमर कीर्ति के अमर स्तम्भ हैं। उनका पूरा फल सदैव प्रकट होता रहेगा। अब आवश्यकता है कि मन के उत्साह और बुद्धि के बल से उन प्रयोगशालाओं को तेजस्वी बनावें। कोई एक व्यक्ति कितना ही बड़ा हो, राष्ट्र का समस्त भार अपने कंधों पर नहीं उठा सकता, किन्तु वह दृढ़ता से मार्ग दर्शन कर सकता है। वह कर्मशक्ति की धारा उन्मुक्त कर सकता है। वह प्रजातान्त्र के मार्ग से जनता में प्रेरणा भर सकता है, और यही पंडित नेहरू आजीवन करते रहे।

भौतिक निर्माता

पंडित नेहरू के व्यक्तित्व की छत्रछाया में बड़े हुए लोगों को इसका बहुत कम भान हो सकता है कि उनके विचारों एवं दृष्टिकोण को नेहरू ने किस हद तक गढ़ा-संवारा। भारत में और अन्य देशों में भी लाखों-करोड़ों लोग उनकी मानस

संतति है, जिनका विश्व दर्शन नेहरू के विचारों और मुहावरों की प्रतिच्छाया है। युग प्रवर्तक नेहरू एक नवीन पीढ़ी के निर्माता थे। नेहरू में ऐसे तीन गुणों का सह-समुच्चय था, जो एक-साथ बहुत कम पाये जाते हैं। प्रथम, ज्ञान-पिपास। उनके लिए जिज्ञासा, का कोई भी क्षेत्र अगम्य नहीं था। जिस उत्साह से मानव-जाति में वह संचरण करते थे, ज्ञान जगत में भी वह उसी उत्साह से आदान-प्रदान करते थे।

दूसरा, उनकी अन्तर दृष्टि एक इतिहासकार की थी। घटनाओं के ज्वारभाटे में वह मानवीय उद्देश्य के ढाँचों को परखते थे। घटनाओं को ऐतिहासिक भूमिका के दृष्टिकोण से देख सकने के कारण वह उनको सक्रिय निरपेक्षता से मापने में समर्थ थे।

तीसरा, साथ ही उन्हें मानव समाज के क्षुद्रतम व्यक्ति के भी भान की महती चिन्ता रहती थी। उनकी मूलभूत प्रेरणा सबके व्यक्तित्व के उच्चतम विकास और उसे पाने में सहायता देने की थी। मानव की प्रतिष्ठा के प्रति गूढ़ आस्था और चिन्तन ने ही उन्हें स्वतन्त्रता का महान् सेनानी, लोकतन्त्रवादी ओर समाजवादी बनाया।

नेतृत्व का वाना पंडित नेहरू को सहज स्वाभाविक रूप से सुशोभित करता था। उनका दर्शन श्रद्धोत्पादक था। इस सहज आकर्षण का प्रयोग वह लोगों के उत्थान और मन तथा हृदय की बन्धन मुक्ति के लिए करते थे। जन समुदाय पर उनका गुरुत्वाकर्षण कथाओं की थी। घटना भी उसे निरन्तर दीर्घ-कालीन वर्षों तक बनाये रखने या सुदृढ़ करने के लिए उन्होंने कभी भी तर्कहीन अपीलों का सहारा नहीं लिया। प्राचीन धर्म संस्थापकों की भाँति उन्होंने लोगों में आस्था का उद्रेक उनका उत्थान करके किया। साधारणतया राजनीतिज्ञों की तरह जनमानस का पतन करके नहीं।

तर्क को भावना-सम्मत बनाना उनका अद्वितीय गुण था। यदि वह कभी जनभावनाओं के प्राकृतिक स्तर को उद्वेलित करते भी थे—लोगों को औपनिवेशिक शासन के विरुद्ध भड़काने के लिए ऐसा करना उनके लिए आवश्यक भी था—तो भी उनमें वृहत्तर उद्देश्य के प्रति अनुशासन की भावना को सहज ही बनाये रखते थे। उन्होंने संघर्षशील राष्ट्रीयता को उन्मुक्त गगन की झाँकी दिखाकर सफलता की अग्रिम उषा में ही उस पर अन्तर्राष्ट्रीय उत्तरदायित्वों को आरोपित किया। वह राष्ट्र धर्म, भाषा या वर्ग के प्रति जनता की सीमित वफादारी को जानते थे और उसका आदर करते थे। लेकिन उनको स्वीकार करते हुए भी उनकी एकान्तिकता को घटाने तथा उन्हें परिवर्तित करने का सतत् प्रयत्न करते थे। लोग चाहे कितनी ही ऊँची उड़ान क्यों न भर लें, वह उनमें नील गगन के चुम्बन की अभिलाषा का संचार

करते थे। हर प्रकार की संकीर्णता से उन्हें चिढ़ थी, क्योंकि विशालता का सजीवता के साथ अपरिहार्य संबंध वह स्पष्ट देखते थे।

प्राथमिक सिद्धान्तों के अटूट समर्थन में उनकी गहरी रुचि थी। इसी कारण इस पर जोर दिया कि कांग्रेस पूर्ण स्वराज के उद्देश्य को स्वीकार करे, हालांकि उनका विश्वास था कि विभिन्न राष्ट्रों का अन्योन्याश्रित संबंध हैं और वास्तव में, वह (ब्रिटिश) राष्ट्रमंडल के नितांत परिवर्तित रूप के निर्माता बने। इसी प्रकार उन्होंने कांग्रेस को लोकतंत्रतात्मक समाजवाद स्वीकार करने के लिए धीरे-धीरे धकेला, यद्यपि व्यावहारिक प्रक्रिया में, उन्होंने कई समझौते स्वीकार किये। उन्होंने उद्देश्यों की सुस्पष्टता पर बिना किसी समझौते के जोर दिया, क्योंकि उनका विश्वास था कि इस प्रकार सुस्पष्टता से लोगों को वांछित पथ ढूँढ़ने में ठीक उसी तरह से सहायता मिलती है, जिस प्रकार पर्वत-शिखर का प्रकाश स्तम्भ यात्रियों का मार्गदर्शन करता है। दैनिक जीवन में भी समझौते होते ही हैं, परन्तु उद्देश्यों की रजत-प्रभा ही लोगों को दलदल में फँसने से बचाती है। लोगों के दैनिक प्रयत्न उनकी घटने और बढ़ने वाली शक्ति का परिणाम होते हैं, किन्तु निरन्तर अक्षय शक्ति प्रवाह का आश्वासन निर्ष्टि उद्देश्यों के स्पष्टतम चित्रण पर निर्भर करता है।

लोगों की सृजनशीलता में उनका अटूट विश्वास था। वह मूलतः अनुप्राणित कलाकार थे, जिनका माध्यम था उनके चारों ओर का जन समुदाय। जिस प्रकार केवल मूर्तिकार को ही संगमरमर में उस मूर्ति की रेखाएँ भासती है, जिसे वह गढ़ना चाहता है। इसी प्रकार नेहरू को लोगों में अपनी सभी प्रिय संभावनाएँ अनावृत होती सी लगती थीं। उनमें एक ऐसा सफल क्रान्तिकारी, स्वतन्त्रता-आन्दोलन का नायक, समाजवादी और आधुनिकतावादी मिलता है, जो संगठनों के प्रति उदासीन था और यह आश्चर्यजनक है। उनका विचार था कि व्यक्तियों को केवल संगठनों की परिधि में बाँधने से उनमें लघुता आती है और उसकी संवेदना घटती है। इसीलिए उनके दृष्टिकोण के क्षितिज को विस्तृत करके तथा उनकी भावनाओं के तर्कपूर्ण परिमार्जन द्वारा जनता की सहानुभूति प्राप्त करके, नेहरू जी ने लोगों की विशालता और स्वतंत्रता में अभिवृद्धि की। संगठनों के इस युग में अपने साथियों के साथ संबंध कैसा होना चाहिए? इस विषय में वह 'तुम' और 'मैं' के आत्मीय संबंध के सर्वोच्च व्याख्याता रहे।

आदर्शवादी व्यक्तित्व

नेहरू का जीवन हर पल उदात्त आदर्शों के साँचे में कठोर यथार्थों के महान् कार्यों के प्रति समर्पित था। जब उनकी राह में बाधाएँ आतीं, तब उनके भीतर ज्वालामुखी

की अदम्यता का दर्शन होता था। वह चीजों को अस्वीकार कर देते थे, वे आवेश के प्रचण्ड आवेग में फूट पड़ते थे। परन्तु इन विक्षोभों में कोई विद्वेष या क्रोध का भाव मूलगत रूप से नहीं होता था। ये चीजें तो मानो उनके आग्नेय अधैर्य को शांत करने में सहायभूत हो जाती थीं। यद्यपि उनका समर्पण भगवान के प्रति नहीं था लेकिन, एक ऐसे परम आदर्श के दर्शन के प्रति तो था ही, जिसे मनचाहे रूप में अस्तित्व में लाना वह दु:साध्य पाते थे। उनका यह आत्मार्पण राजनैतिक सत्ता संघर्षों की समस्याओं के समझ भी उन्हें उद्देश्य की शुद्धता हस्तक्षेप करने के लिए उनका संयुक्त राष्ट्रसंघ को प्रेरित करना और हैदराबाद की समस्या पर लम्बे समय तक निर्णय को स्थगित रखना, उचित और आवश्यक के बीच के उनके भीतरी आध्यात्मिक संघर्ष का ही परिणाम था। अन्तर्राष्ट्रीय मामलों में व्यवहार की शुद्धता की उनकी भावना की भीतरी उद्गम भी यही था। इसी से किसी भी कशमश की स्थिति के सम्मुख वह क्या निर्णय ले लेंगे, इस बारे में उनके साथी प्राय: असमंजस में रहते थे।

ऐसा आदर्शवादी ओर उच्च-पदस्थ व्यक्ति जब अपने बुनियाद पर हो तो अपने को उसके अनुरूप मुड़ जाने देता है और उसे देखकर हम नाव-चैतन्य से भर उठते हैं। अपने सारे पूर्वाग्रहों के बावजूद वह पार्टी, संसद अथवा देश की आन्तरिक भावना को अनुभव कर लेते थे और विजय पाने के लिए झुक जाते थे। उम्र और अनुभव ने उन्हें नम्र कर दिया था। भारत के संकटों के विशाल रूप ने उनके भीतरी संघर्ष के तनाव को ढ़ीला कर दिया था।

1946 में अक्टूबर माह के बाद उनका व्यक्तित्व महत्तर हुआ था। वास्तविकता की उनकी अनुभूति पहले से ज्यादा गहरी हो गई थी। राजनीति में उन्होंने ऐसी दुलर्भ स्थिति प्राप्त कर ली थी कि वह एक ऐसे राजपुरुष हो गये थे, जिसके पैर धरती पर टिके थे, परन्तु जिसका मन-मस्तिष्क नैतिक मूल्यों के सूर्यलोक से प्रकाशित था, और जिसका हृदय-मुक्ति को समर्पित था।

अन्तर्राष्ट्रीय व्यक्तित्व

उनकी वाक्शक्ति अद्‌भुत थी और यह कहना असत्य न होगा कि एशिया और अफ्रीका के अनेक नेताओं को उन्होंने अपनी वाणी का योग देकर मुखरित किया और बल संपन्न बनाया। हिन्देशिया की स्वतन्त्रता का बहुत कुछ श्रेय उनकी तेजस्वी वाणी को ही था, जिसके द्वारा ऐसा स्वर ऊँचा किया गया कि अन्याय की सत्ता त्रस्त हो गई और इस देश को स्वतन्त्रता प्राप्त हो गई। अफ्रीका में मिस्त्र के ऊपर जब संकट आया तब भी पंडित नेहरू ने अन्याय के विरुद्ध अपना स्वर ऊँचा

किया। अमेरिका के हब्शी जब संकट में पड़े, पंडित नेहरू ने उनके पक्ष में अपनी वाक्शक्ति का भरपूर प्रयोग किया। उनके लिए यह पर्याप्त था कि वह सत्य और न्याय के पक्ष का समर्थन करें। उनके कथन का क्या परिणाम होगा, यह जानते हुए भी वह खरी बातें कहने में झिझकते नहीं थे। इस प्रकार वह वर्तमान विश्व के बहुत बड़े मार्गदर्शक थे। स्वार्थों के संघर्ष में राजनीति की उलझने बढ़ जाती हैं और राष्ट्रनेता सत्य को नहीं स्वीकार कर पाते। यही कारण हुआ कि अनेक बड़े और छोटे देश पंडित नेहरू के नेतृत्व को सर्जनात्मक स्वीकार न करते थे, किन्तु जैसा उनकी मृत्यु के उपरान्त सब देशों की राजधानियों में प्रकट किये शौकों से सूचित होता है, वह सर्वप्रिय थे।

यदि कुछ विरोधी राष्ट्रों के नेता भी उनके पर्थ प्रदर्शन से लाभ उठाते तो विश्व की राजनीतिक की बहुत-सी ग्रंथियाँ सुलझ जातीं। किन्तु संसार गुण और दोषों को मिलकर बना है। यहाँ 'तम' और 'प्रकाश' का तानाबाना बुना हुआ है। प्रत्येक व्यक्ति के जीवन में और प्रत्येक राष्ट्र के जीवन में एक यही नियम कार्य करता है।

अन्तर्राष्ट्रीय क्षेत्र में उनके विचार अत्यन्त स्पष्ट थे। उन्होंने देखा कि भारत एक बड़ा देश है, अगर वह किसी भी शक्ति गुट में या शीतयुद्ध की राजनीति में शामिल हुआ तो विश्व-राजनीति का शक्ति-संतुलन बिगड़ जायेगा। सिद्धान्त की दृष्टि से भी उनका विश्वास था कि गुट-निरपेक्षता की नीति ही एकमात्र सही नीति है, क्योंकि कोई भी शक्ति-गुट हमेशा सही नहीं हो सकता। भारत की परम्परा के अनुरूप उन्होंने सब की मित्रता पाने का प्रयास किया और लगातार काम करने का साहस और उसकी योग्यता में ही होती है।

अगर सभी देश पंचशील का पालन करें तो अनेक अन्तर्राष्ट्रीय विवादों का हल हो सकता है और वे रोके जा सकते हैं। अंतर्राष्ट्रीय क्षेत्र में पंडित नेहरू के योगदानों में पंचशील एक प्रमुख योगदान है। लेकिन इस दुनिया में, जहाँ काल्पनिक भय काम करते हैं, परस्परिक विश्वास का अभाव है तथा अनेक परापरागत विरोध हैं। किसी ने भी इस विचार को सफल होने का अवसर ही नहीं दिया।

शुरू-शुरू में हिन्दुस्तान और उससे बाहर असंलग्नग की नीति के बारे में काफी गलतफहमी रही। कुछ ने इसे अवसरवादिता माना और दूसरों ने इसे पाखण्डपूर्ण बताया। लेकिन अब इस नीति के कट्टर आलोचक भी इसकी बुद्धिमत्ता को मानने लगे। अधिकांश नये स्वतंत्र देशों ने इसे अपनी विदेश नीति के एक बुनियादी-तत्व के रूप में अपना लिया है। यह उस नीति की उपयोगिता की महान् प्रशस्ति है।

कविवर रवीन्द्रनाथ ठाकुर ने सच ही कहा था "नये भारत के सिंहासन पर बैठने का अधिकार निस्सन्देह जवाहरलाल को है।" जवाहरलाल की शानदार भूमिका है। उनका संकल्प अडिग है और उनके साहस को रोकने की क्षमता किसी में नहीं है। उन्हें शिखर पर पहुँचाने का काम सत्य के प्रति उनकी अटूट निष्ठा और उनके बौद्धिक चरित्र ने किया है। जवाहरलाल ने पवित्रता का मानदण्ड उस राजनैतिक उथल-पुथल के बीच कायम रखा है, जहाँ प्रवंचना, आत्मप्रवंचना, अक्सर चारित्रिक शुद्धता को नष्ट कर देती है। सत्य को अंगीकार करने से खतरा होने पर भी जवाहरलाल कभी सत्य से विमुख नहीं हुए और न सुविधाजनक होने के कारण असत्य से रिश्ता जोड़ा। छल-प्रपंचपूर्ण कूटनीति से मिलने वाली निकृष्ट और सुगम सफलता से जवाहरलाल का प्रबुद्ध मस्तिष्क हमेशा स्पष्ट रूप से अलग रहा है। नीयत की यह पवित्रता और सत्य के प्रति अटूट लगन ही जवाहरलाल की सबसे बड़ी देन है।

जवाहरलाल हमारा ऋतुराज है, जो प्रतीक है यौवन के पुनरागमन का और विजयपूर्ण उल्लास का। वह प्रतीक है बुराई के विरुद्ध संघर्ष का और स्वतंत्रता के लिए ऐसी निष्ठा को, जो किसी प्रकार का समझौता करना नहीं जानती।"[1]

आजकल सत्ता में, किसी के लिए भी बहुत समय तक रहना असंभव-प्राय है। प्रजातन्त्र हो या राजतन्त्र, साम्यवाद हो या पूँजीवाद, वर्तमान राजनैतिक परिस्थितियाँ ऐसी हैं कि मूर्धन्यस्तर पर प्रायः परिवर्तन होते ही रहते हैं। लेकिन पंडित नेहरू निरन्तर सत्रह वर्ष तक विश्व के सबसे बड़े लोकतान्त्रिक देश के प्रधानमंत्री के पद पर बने रहे। वह निःसन्देह उनकी लोकप्रियता, कार्यक्षमता और प्रशासकीय कुशलता का ही परिचायक है।

लोकतंत्र और नेहरू

पंडित नेहरू भारत की प्रजातन्त्र प्रणाली के पक्षपाती ही नहीं निर्माता भी थे। परन्तु स्वभाव से शायद वे प्रजातन्त्र के उतने अनुकूल न थे। सत्य है, वे बहुमत के साथ चल सकते थे और वे बहुमत बनाते भी थे। उनके आचार व्यवहार में भी अत्यन्त नम्रता और शालीनता थी, परन्तु बात-बात पर किसी और का परामर्श लेना या किसी का आधिपत्य स्वीकार करना, संभवतः उनके स्वभाव के विरुद्ध था। फिर भी जो कुछ सफलता भारतीय प्रजातंत्र को मिली है, इसका बहुत-सा श्रेय पंडित नेहरू को है। उनके स्वभाव की पृष्ठभूमि में यह सफलता और भी महत्वपूर्ण हो जाती है। सचमुच भारत में लोकतन्त्र की सफलता के मूल में, पंडित नेहरू की लोकतन्त्र में निष्ठा रही है। पंडित नेहरू की मनसा, वाचा एवं कर्मणा लोकतंत्रवादी थी।

पंडित नेहरू के व्यक्तित्व ने विघटन के द्वार पर खड़े भारत को एक सूत्र में बाँधा। लोकतांत्रिक संस्थाओं को तथा संसदीय लोकतंत्र को मजबूत किया। गार्डियन ने अपने एक-लेख में लिखा था "भारत का संसद एशिया लोकतंत्र का मंच और मार्गदर्शक है।" द्वितीय विश्व युद्ध के बाद आजाद हुए एशियाई और अफ्रीकी राष्ट्रों में स्थापित लोकतंत्रों में मात्र भारतीय लोकतंत्र ही दीर्घ जीवी हो सका। इसके दीर्घ जीवन का राज पंडित नेहरू के व्यक्तित्व में छिपा था। इसकी परिस्थितियाँ किसी अन्य नवोदित राष्ट्रों से लोकतंत्र के कम प्रतिकूल नहीं थीं।

उस देश में जहाँ प्रजातंत्र स्थापित हो, हर वयस्क को मत का अधिकार प्राप्त हो और जहाँ प्रधानतः राजनैतिक साधन भी अहिंसापूर्ण रहे हों, वहाँ क्रमिक क्रान्तिकारी विकास ही संभव है और रक्त रंजित क्रान्ति नहीं। जिस रूप में भारत को स्वतंत्रता मिली उसमें इस प्रकार के रक्त रंजित क्रान्ति की संभावना भी न थी। एक सुदृढ़ शासन हस्तान्तरित कर दिया गया था। यदि उसमें रातो-रात इनकलाबी तबदिलियाँ कर दी जातीं तो निश्चय ही न्याय-व्यवस्था में एक क्लिष्ट समस्या पैदा हो जाती और उस हालत में शायद नवप्राप्त स्वतंत्रता ही खतरे में पड़ जाती।

भूतकाल से एकाएक संबंध नहीं तोड़ा जा सकता था। वह एक क्रान्ति भले ही हो जाती, पर स्वतंत्रता की स्थिरता कदाचित न होती और भविष्य की भूमिका भूत की पृष्ठभूमि परन्तु ही बनानी थी। उस हालत में यह अपरिहार्य था कि पंडित नेहरू अपने क्रान्तिकारी उद्देश्यों में कुछ परिवर्तन करें।

इन परिवर्तनों के कारण ही उन्होंने अपनी शासन प्रणाली में दो स्पष्ट क्षेत्र रखे-(1) पब्लिक (2) प्राइवेट। उन्होंने इस प्रकार की व्यवस्था की कि पहला निरन्तर बढ़ता जायेगा और दूसरा निरन्तर संकुचित होता जायेगा और कालान्तर में पब्लिक सेक्टर द्वारा उन सब उद्देश्यों की प्राप्ति होगी जो अक्सर क्रान्ति द्वारा ही पूरे होते हैं। समकालीन इतिहास में जहाँ एक शासन का संबंध है, यह एक मुख्य विशेषता है।

पंडित नेहरू शासन के (सत्रह वर्षो) में बहुत से परिवर्तन हुए। कितने ही नये शासन सेवा स्तर बनाये गये। नौकरशाही को पूरा का पूरा "भारतीय" भी बना दिया गया, यद्यपि ढाँचा कुछ-कुछ पूरा ही था। वह अपने आप में कम महत्वपूर्ण नहीं है।

पंडित नेहरू को शासन के इस व्यवस्थीकरण में बहुत से समझौते करने पड़े। यदि मुख्य उद्देश्य न्याय और व्यवस्था को कायम रखने का है, जैसा कि हर शासन का उद्देश्य होना चाहिए, ये समझौते अपरिहार्य हैं। उद्देश्यों की उदात्ता अपने आप

में सब कुछ नहीं है। उनकी उपलब्धि के लिए काल की गति को एक निश्चित दिशा में मोड़ना होता है और पंडित नेहरू ने यह किया। यद्यपि उनको अपने जीवनकाल में बहुत से समझौते करने पड़े, परन्तु कालान्तर में उनका प्रभाव तथा परिणाम और स्वस्थ व लाभप्रद रहा।

शासन-संबंधी ढीलमढाल, कच्छप गति, एक ही काम का दसियों कर्मचारियों द्वारा किया जाना, हर तबके पर निश्चय न लेने की प्रवृत्ति पंडित नेहरू को बहुत अखरती थी। उन्होंने इसको अपने निजी आदर्श से बदलने की कोशिश की, यह कुछ-कुछ बदला भी। इसको सुधारने के लिए उन्होंने सर एन० गोपाल स्वामी अय्यंगार की अध्यक्षता में एक समिति बनायी थी। उन्होंने एक अमेरिकी विशेषज्ञ-एपलबी से इस शासन-प्रणाली का अध्ययन करवाया था और उसकी निवेदिका पर काफी गौर किया था। फिर भी इस शासन-यंत्र से वे संतुष्ट न थे। उन्होंने स्वयं एक बार कहा था कि वे प्रधानमंत्री होते हुए भी अगर इलाहाबाद म्युनिसिपैलिटी में छोटी-से-छोटी बात भी करवाना चाहे, तो कम से कम उनको छः मास लगेंगे।

प्रजातंत्र द्वारा निर्वाचित प्रधानमंत्री की कार्य सफलता उनकी प्रशासकीय कुशलता द्वारा जाँची जाती है। इसलिए उनको एक नजर नौकरशाही पर रखनी होती है और दूसरी जनता पर। वह जनता की माँग को अपने आवश्यक निश्चय के साथ शासन यंत्र द्वारा कार्यान्वित करते रहे थे। दूसरे शब्दों में, उनकी वैयक्तिक सफलता उनके शासन-यंत्र पर निर्भर करती थी, जिसका कि वह स्वयं निर्माता नहीं थे और पंडित नेहरू प्रधानमंत्री के रूप में सफल रहे। स्पष्ट है, उन्होंने ब्रिटिशकालीन नौकरशाही को बहुत प्रभावित किया था। यह निःसंदेह साधारण प्रधानमंत्री के लिए संभव नहीं था।

इस परिवर्तन का कारण पंडित नेहरू स्वयं थे। वे रोज सत्रह-अठारह घंटे काम करते थे। उनके पास बारी-बारी से आठ-दस निजी सहायक काम करते थे। वे नीति ही निश्चित नहीं करते थे, परन्तु तत्संबंधित विवरण भी स्वयं देखते थे। कहा जा सकता है कि एक प्रधानमंत्री के लिए यह सब आवश्यक नहीं है। परन्तु पंडित नेहरू जैसे व्यक्ति अन्यथा कर ही नहीं सकते। एक उन्नत देश का प्रधानमंत्री यह सब काम सुव्यवस्थित, सुनियंत्रित, सुस्थिर शासन-यंत्र के लिए छोड़ सकता है परन्तु भारत जैसे नवीन प्रजातंत्र में यह संभव नहीं था।

"पंडित की कार्यक्षमता अपार थी। उन्हें देखकर यह अनुमान (आसार) मालूम होता था कि ईश्वर एक ही है और वह सारे जगत की सुधि लेता है। उनका शरीर हल्का, किन्तु स्फूर्ति से पूर्ण था। लॉबी में मैं अक्सर कहा करता था कि खाट से

उठकर तैयार होने में जिसे देर लगे, उसे भारत के प्रधानमंत्री की गद्दी की ओर बढ़ने की ख्वाहिश छोड़ देनी चाहिए।"[12]

पंडित नेहरू के पास सैकड़ों पत्र रोज आते थे और कहा जाता है कि उन सबका उत्तर वे स्वयं उसी दिन दे देते थे। यह असाधारण श्रम तो है ही साथ यह भी स्पष्ट करता है कि वे लोगों के पत्रों को कितने आदर की दृष्टि से देखते थे। उनमें एक प्रकार की अनाशक्ति भी थी। वे एक ही समय में कई बातों पर ठण्डे दिमाग से सोच सकते और निश्चय ले सकते थे। वे शतावधानी से थे। शायद यही कारण है कि वे एक ही दिन में पचासों भिन्न-भिन्न प्रकार के काम कर सकते थे। उनकी शक्ति और स्फूर्ति पर सचमुच आश्चर्य होता है।

सरकार एक सामूहिक संस्था है, एक अवैयक्तिक व्यवस्था। परन्तु यह कहना अतिश्योक्ति नहीं है कि इस पर भी पंडित नेहरू के व्यक्तित्व का प्रभाव पड़ा। कुशल प्रशासकीयता की कसौटी यह है कि भवितव्य की कल्पना की जाए, वर्तमान में सावधानी बरती जाए और अतीत के आधार पर अनुभव पर कर्त्तव्य की रूपरेखा तैयार की जाए। इस कसौटी पर पंडित नेहरू पूरे खरे उतरते हैं।

प्रजातंत्र में शासक का यह कर्त्तव्य है कि वह जनता की माँगों की पूर्ति करे–जो वह चाहे, सुविधा और समर्थता के अनुसार उसे दे और दूसरा यह कि प्रजा के लिए जो आवश्यक है, जिसके बारे में प्रजा स्वयं उतनी सजग नहीं है करे। यही कारण है कि पंडित नेहरू ने देश की सर्वतोमुखी उन्नति के लिए अनेक योजनाएँ बनायीं, जिनके लिए प्रजा की तरफ से विशेष माँग नहीं थीं, परन्तु जिनकी देश के लिए अत्यन्त आवश्यकता थी। योजना के निर्माण और कार्यान्वित करने के लिए जो शासकीय व्यवस्था आवश्यक थी, उन्होंने उसे स्वयं किया। सारा केन्द्रीय शासन उनके निर्देशन में होता था। प्रांतीय शासकों का भी वे पर्यवेक्षण करते थे और भी कितनी संस्थाएँ उनके परामर्श पर चलती थीं। आश्चर्य होता है कि एक व्यक्ति इतना सब कुछ कैसे कर सका, निभा सका, सचमुच पंडित नेहरू कोई साधारण व्यक्ति नहीं, असाधारण शक्ति थे। एक ओजस्वी वक्ता थे, कुशल प्रधानमंत्री और दार्शनिक शासक थे।

अन्तर्राष्ट्रीय व्यक्तित्व

सम्पूर्ण राष्ट्र में यदि किसी नेता में इन्कलाब बोला देने की क्षमता अथवा दक्षता थी तो वह केवल पंडित नेहरू में ही थी। जितना उन्होंने देश की जनता को आकर्षित किया विश्व मंच पर विश्व के मानव समुदाय को भी उतना ही प्रभावित एव

आकर्षित किया था। पंडित नेहरू के समकालीन विश्व के विभिन्न देशों के जनमानस पर जितना प्रभाव पंडित नेहरू का था उतना किसी एक राजनेता का प्रभाव नहीं था। द्वितीय विश्व युद्ध के बाद अन्तर्राष्ट्रीय तनाव को कम करने की जैसी भूमिका पंडित नेहरू की रही वैसी भूमिका किसी की नहीं थी। वस्तुतः पंडित नेहरू पीड़ित मानवता के संरक्षक थे।

"जवाहरलाल जी केवल राष्ट्रीय नेता ही नहीं, बल्कि अन्तर्राष्ट्रीय नेता थे। अलग-अलग गुटों में चलने वाले और काम करने वालों को इस दुनियाँ में किसी एक व्यक्ति ने कुछ अपने ढंग से नजदीक लाने की कोशिश की है तो उसका श्रेय पंडित जवाहरलाल जी को है।"[13]

ब्रिटिश शासन के विरुद्ध भारत का स्वाधीनता आन्दोलन समूचे अफ्रीका और एशिया में उपनिवेशवाद विरोधी आन्दोलनों का अगुआ बन गया। पंडित नेहरू का दृष्टिकोण व्यापक होते-होते देशव्यापी हो गया और इसके साथ ही भारतीय जनता के प्रति उनका अद्वितीय प्रेम भी बढ़ता रहा, जो अन्त में समूची मानव जाति के प्रति प्रेम में परिणत हो गया। वह भारतीय जनता की आशाओं और आकांक्षा को मूर्तरूप होकर ही नहीं रह गये, बल्कि इससे भी बढ़कर विश्व की प्रगति और शांति के नायक बन गये। वह अपने व्यापक सहानुभूति दृष्टिकोण, मोहक आचरण और चुम्बकीय व्यक्तित्व के कारण विश्व-मानव के प्रेम-पात्र बन गये। दिल की गहराई से निकलने वाली उनकी कोमल वाणी समूचे विश्व में सम्मान और ध्यान से ग्रहण की जाती थी। संक्षेप में सन् 1920 से 1930 के बीच अल्पकाल में ही वे किसानों के कष्ट निवारण में व्यस्त प्रान्तीय नेता के स्तर से उठकर राष्ट्रीय नेताओं की प्रथम पंक्ति में जा खड़े हुए। फिर विश्वक्रांति के नायक के रूप में ख्याति पायी। लार्ड एटली ने स्पष्ट कहा था कि "वह विश्व राजनेताओं के बीच सर्व प्रमुख थे।"

पंडित नेहरू अपनी विलक्षण वाक् शक्ति से अनेक देशों का कल्याण किया। विदेशों में जहाँ-जहाँ अत्याचार और उत्पीड़न था, उसके विरोध में उन्होंने अपनी शक्ति का प्रयोग किया। वह शक्ति हिंसा-बल के रूप में नहीं, किन्तु अहिंसात्मक वाणी के रूप में थी।

"जब रूस ने फिनलैण्ड को छोआ सा मुल्क समझकर दबाने की कोशिश की थी, तो उस समय जवाहरलाल नेहरू ने हमारे पक्ष में आवाज उठाई थी। फिनलैण्ड वाले हिन्दुस्तानियों के बड़े आभारी है।"[14]

"तुम्हारे पास एक ऐसी चीज है, जो रूस और यूरोप के किसी दूसरे देश के पास नहीं है। तुम्हारा देश उस चीज के कारण तामीरी काम के संबंध में सबसे आगे निकल जाएगा। वह चीज है जवाहरलाल नेहरू।"[15]

आधुनिक राजनीति विज्ञान के पिता एवं प्रगतिशील राजनीतिक विचारक प्रो० लास्की ने कहा था–

"दीन-हीन जनता की दशा में सुधार करने के लिए जो जागरूकता मैंने जवाहरलाल नेहरू में देखी वह अपने जीवन भर में केवल दो-तीन व्यक्तियों में ही पा सका हूँ।"[16]

एच० एन० ब्रेल्स फोर्ड के शब्दों में–

"पंडित नेहरू दो संसार के बीच स्थिति है। पूर्व तथा पश्चिम के बीच चलने वाले इस संघर्ष में जवाहरलाल नेहरू एशिया की एक ऐसी महान् शक्ति को वैदेशिक नीति के कर्णधार हैं जिसका भौतिक तथा नैतिक प्रभाव शांति तथा युद्ध दोनों में से जिसे चाहे, उसके पक्ष में फैसला करा सकता है। भारत को स्वतन्त्रता प्राप्त करने में ब्रिटिश जनता के सहयोग की उनके द्वारा स्वीकृति से यह आशा हो उठी है कि संभवतया ब्रिटिश राष्ट्र परिवार के साथ वह किसी न किसी प्रकार के मैत्रीपूर्ण बन्धन में अवश्य रहेंगे। परन्तु साथ ही उन्होंने यह स्पष्ट कर दिया है कि भारत, रूस तथा अमेरिका किसी के भी गुट में शामिल नहीं होगा। परन्तु शांतिपूर्वक तदस्थ रहना न तो संभव ही है और न नैतिक दृष्टि से वांछनीय हो। भारत की प्रौढ़ता तथा पंडित नेहरू की कसौटी यही है कि वे अपने इस तटस्थता के दृष्टिकोण को रचनात्मक प्रयोग द्वारा प्रयुक्त करें। क्या पंडित नेहरू जीवित भारतीयों में सबसे महान् होने तथा महात्मा गाँधी के उत्तराधिकारी होने के नाते अपने प्रभाव एवं प्रतिष्ठा द्वारा मध्यस्थ का कार्य नहीं कर सकते और क्या इस प्रकार के करोड़ों मूक मानवों की शांति की आवाज को बुलन्द नहीं कर सकते? आज संसार के प्रथम श्रेणी के नेताओं में कोई ऐसा नहीं है जिसके व्यक्तित्व का इतना मैत्रीपूर्ण प्रभाव पड़ सके। यदि 'किंकर्त्तव्यविमूढ़' राष्ट्रों से सम्पर्क स्थापित करने के मार्ग को वे ढूँढ निकाल सके तो इसका नेतृत्व करने का साहस तो पंडित नेहरू में मौजूद है। भारत के जिसमें क्षधा तथा अत्यधिक जनसंख्या की समस्यायें पेश हैं, अतिरिक्त अन्य किसी देश को भी इस प्रकार के पागलपन से रोकने का अधिकार प्राप्त नहीं है। अस्त्र-शस्त्र के लिये जो धन खर्च किया जाता है उससे पृथ्वी के भागों को उपजाऊ बनाया जा सकता है। भारत का प्रधानमंत्री ही वह व्यक्ति है जो हमको इस दिशा की ओर ले जा सकता है।"[17]

लेनिनग्राड (रूस) के एक मजदूर ने कहा था–

"... जवाहरलाल ने आप जियो और दूसरे को जीने दो (जीओ और जीने दो) का संदेश दुनिया को दिया है। रूस ने इस संदेश को अच्छी तरह ग्रहण करने का यत्न किया है।"[18]

पंडित नेहरू के नेतृत्व के समय सारा यूरोप भारत की ओर देखता था, उसका कारण कहा जा सकता है, पंडित नेहरू का असाधारण चरित्र एवं उनकी पक्षपात रहित राजनीति। सन् 1961 ई० में जब वे अमेरिका गये तो, कैनेडी ने उनका स्वागत करते हुए कहा था–"आपका स्वागत करते हुए हमारे देश को बड़ी प्रसन्नता है। आप और गाँधीजी दोनों विश्व के नेता हैं। संसार आपकी नीति का मान-आदर और सत्कार करने के लिए लालायित है।"

ओजस्वी वक्ता

पंडित नेहरू की आवाज में खास कश थी। लहजा भी लभावना था। एक प्रकार की गूँज–जो एक-साथ लाखों श्रोताओं को मंत्र मुग्ध कर देती थी। जहाँ-तहाँ वे जाते, विशाल जन समुद्र उनको सुनने के लिए ललायित हो उठता और एक जगह एकत्रित होता।

"प्रधानमंत्रियों की काँफ्रेस में भी पंडित नेहरू के भाषणों का काफी प्रभाव पड़ा तथा उन्हीं के प्रस्ताव पर "ब्रिटिश कॉमन वेल्थ" से ब्रिटिश शब्द हटा देने का निर्णय किया गया।"[19]

''पंडित नेहरू का भाषण सुनने के लिए मित्रराष्ट्र-संघ के सदस्य बहुत ही ललायित मालूम पड़ते थे।''[20]

"जनरल असेम्बली के मंच के बीचोबीच सुनहरे और गुलाबी रंग से रंगे हुए पेले-डी-चेलोट के सुन्दर हाल में पंडित जवाहरलाल नेहरू सुनहरी कुर्सी पर बैठे हुए सुशोभित हो रहे थे। चारों ओर से उन पर रोशनी पड़ रही थी। उस प्रभावोत्पादक मौन को भंग करते हुए असेम्बली के अध्यक्ष डॉ० एवाट उठ कर खड़े हुए। उन्होंने कहा–"आज जनरल असेम्बली में बोलने के लिए भारत के प्रधानमंत्री से प्रार्थना करते हुए अपार हर्ष हो रहा है।"[21]

–जोरों की करतल ध्वनि हुई।

पंडित नेहरू धीरे से उठ कर सभापति की मेज के पास आये और सुन्दर वाणी से बोलना प्रारम्भ कर दिया।

यद्यपि यूनाइटेड नेशनल के सदस्यों का ध्यान अमेरिका के अध्यक्ष के निर्वाचन की ओर लगा हुआ था किन्तु फिर पंडित नेहरू का भाषण सुनने के लिए सभी सदस्य उपस्थित थे।"

पंडित नेहरू एक सरल और स्पष्ट वक्ता के रूप में विख्यात रहे हैं। उनके भाषण मात्र श्रोता तक सीमित नहीं रहते थे। वे सभी शिक्षित समाज के लिए होते थे। जैसे वे मंच से बोलते थे वैसा ही रेडियो से भी। सामग्री कुछ भी हो, अवसर कोई भी हो, वक्तृत्व शैली एक-सी ही रहती थी। उसमें एक सौम्यता थी, सरलता थी। मेजतोड़ धुआँधार भाषण करने के वे आदी न थे।

कहा जाता है कि छुटपन में या अपने प्रारम्भिक राजनैतिक जीवन में वे कुछ हकलाते थे, कभी-कभी वे शब्दों को ढूँढ़ने से लगते थे। यह उनकी स्वाभाविकता को और बढ़ता ही था।

बड़े-बड़े वक्ता प्रायः बहुत तैयारी करके भाषण देते हैं, परन्तु पंडित नेहरू को कुछ ऐसी प्रतिभा मिली थी कि स्वाभाविक रूप से, बिना कुछ प्रत्यक्ष तैयारी के वे बोल लेते थे। तैयारी अगर करते भी थे--अवश्य करते होंगे--तो उसका आभास उनके भाषण में कदाचित् ही मिलता था। स्वाभाविक रूप से बोलने के बाद उनमें एक ऐसी स्फूर्ति और स्मृति-शक्ति होती थी कि वे अपने भाषण का एक भाषा से दूसरी भाषा में करीब अक्षरशः स्वयं अनुवाद कर देते थे यह कठिन और कष्ट साध्य कार्य है।

पंडित नेहरू हिन्दी के विद्वान नहीं थे। उर्दू के भी जाने माने माहिर न थे। व्याकरण की दृष्टि में उनके हिन्दी वाक्य सीधे नहीं होते थे--कभी-कभी उनके हिन्दी वाक्य सीधे नहीं होते थे--कभी-कभी उनके लिए अन्वय की भी जरूरत होती थी। परन्तु जो वे कहना चाहते थे, कह जाते थे और वह भी अत्यन्त स्वाभाविकता के साथ। शब्द कभी-कभी इस प्रकार बिखर जाते थे कि उसमें अजीब मिठास आ जाती थी। यह कोई अभिनीत स्वाभाविकता न थी--सच्ची स्वाभाविकता थी जो अत्यन्त आकर्षक थी।

जहाँ कहीं हिन्दी या हिन्दुस्तानी समझी जाती, वे हिन्दी में ही बोलते। भारत के स्वतन्त्र हो जाने के बाद जब से हिन्दी राष्ट्रभाषा बनी है, वे भावनात्मक एकता को दृष्टि में रखते हुए अहिन्दी प्रान्तों में भी हिन्दी बोलने लगे थे। जैसा कि अंग्रेजी में उनके हर वाक्य पर उनकी अलग छाप-सी होती थी, वैसे ही हिन्दी में भी थी। वे भाषा को स्वयं ढालते-से लगते थे--सांचा उनका, शैली उनकी।

उनके लेख और भाषण में यही अनुमान किया जा सकता है कि उनके विधि कार्यकलाप और अभिरुचियों के वावजूद उनमें आश्चर्यजनक वैयक्तिक समन्वय था।

पंडित नेहरू से अधिक सुन्दर और समर्थ वक्ता है, प्रतिभाशाली विचारक है, प्रभावशाली भाष-शास्त्री है, परन्तु उनके व्यक्तित्व का आकर्षण कुछ ऐसा था कि उनको वक्ताओं में सशक्त वक्ता कहा जा सकता है।

प्रधानमंत्री

एक लम्बी लड़ाई के बाद भारत 15 अगस्त सन् 1947 ई० को अंग्रेजों के चंगुल से मुक्त हुआ। इस प्रकार भारत को राजनीतिक आजादी तो मिली थी, परन्तु आर्थिक और सामाजिक आजादी की लड़ाई अब तेज करनी थी। आर्थिक रूप से जर्जर भारत का समाज टूट कर क्षत-विक्षत था। वस्तुतः भारत कंगाल हो गया था। सन् 1947 ई० का भारत अशिक्षा का भारत था, साम्प्रदायिकता का भारत था, वैमनस्यता और भूख का भारत था। देश के चारों ओर विपत्तियाँ मुँह बनाये खड़ी थी। एक ओर हमारे सैकड़ों वर्ष के पुराने महाप्रभु लोग विदा ले रहे थे और दूसरी ओर पंजाब में तिल-तिल काटे जाने वाले स्त्री, बच्चे और बूढ़ों का कारुणिक आर्तनाद दिल्ली तक सुनाई पड़ रहा था। निर्दोषों की रुधिर से सारा देश रिक्त हो रहा था और साम्प्रदायिकता की अग्नि में राम, भरत, अशोक, अकबर ओर गाँधी का देश धू-धू कर जल रहा था। रियासतों के झगड़ों को जैसे का तैसा छोड़कर अंग्रेज भारत को सैकड़ों ही पाकिस्तान बनाने का आशीर्वाद दे चले गये थे। पाकिस्तानी लुटेरे काश्मीर में घुस कर अभी तक चंगेज खाँ, हलाकू खाँ और नादिरशाह की सड़ी हुई पुरानी राजनीति की पुनरावृत्ति का स्वप्न देख रहे थे। दूसरी ओर सैकड़ों बार युद्ध में पराजित, अपमानित और भारत को परतन्त्रता के बंधन में लाने वाले विदेशियों का दाहिना हाथ हैदराबाद निज़ाम अपनी तानाशाही में हिटलर से भी आगे बढ़ा जा रहा था। अंग्रेज जाते वक्त भारत के शरीर को काटकर एक पाकिस्तान तो बनाकर चले ही गये थे तथा दूसरे दक्षिण पाकिस्तान की जमीन तैयार भी कर दिये थे। अन्य कुछ रियासतें जिनकी शक्तियाँ शून्य के बराबर थीं, व्यर्थ में अपने अड्डों पर गुर्राकर अपने स्वतंत्र हो जाने का चित्र भारत सरकार को दिखाकर भयभीत कर रहे थीं।

ऐसे समय में विह्दय जवाहर को देश ने प्रधानमंत्री के रूप में काँटों का ताज दिया। पंडित नेहरू काँटों के बीच फूल उगाने की प्रतिज्ञा मन ही मन ठान ली। वे

धीरज, निष्ठा ओर समर्पण भाव से संलग्न हो गये। उनका बहुआयामी जादुई व्यक्तित्व जटिल से जटिल समस्याओं को छूमंतर कर दिया।

उन्होंने जिस कौशल के साथ हैदाराबाद की समस्या हल की है उसे जानकर सम्पूर्ण विश्व चकित रह गया। अकड़ने और दून हाँकने वाला निजाम भारत के सामने नत-मस्तक हुआ। दक्षिण पाकिस्तान बनाने के सारे मनसूबों पर पानी फिर गया।

पंजाब से आये शरणार्थियों की समस्या का समाधान किया गया। यह समस्या सचमुच इतनी भीषण थी जो इतिहास में अभूतपूर्व थी। लगभग 60 लाख से अधिक व्यक्तियों का प्रबन्ध करना आसान कार्य नहीं था। इस समस्या को जिस प्रकार पंडित नेहरू सरकार ने सुलझाया वह स्तुत्य एवं प्रशंसनीय है। बहुतों को नौकरियाँ दी गईं, उनके लिए घर और ठहरने का प्रबन्ध सरकारी व्यय पर किया गया तथा उनके लिए उद्योग धंधों की व्यवस्था की गई थी। धीरे-धीरे शरणार्थियों को सम्मानपूर्वक रहने की सुविधा हो गयी।

पंडित नेहरू ने थोड़े ही दिनों के शासनकाल में यह सिद्ध कर दिया कि वे कितने कुशल शासक हैं। एक बात स्मरणीय है कि उन्होंने इन सभी समस्याओं को एक निश्चित सिद्धान्त पर चल कर हल किया था। उन्होंने उन व्यक्तियों में से थे जिन्होंने कभी अपना सिद्धान्त नहीं बदलता। वे अपनी एक घोषणा में स्पष्ट रूप से गगनभेदी स्वर में कहा था कि 'हिन्दू राष्ट्र' का नारा वे बुनियाद और भ्रममूलक है। हम इसका समर्थन करके मुस्लिम लीग की पुरानी नीति का समर्थन नहीं कर सकते। यदि भारत को महान् बनना है तो उसे साम्प्रदायिकता से दूर रहकर एक मिली-जुली सरकार बनाना पड़ेगा। मैं तो साम्प्रदायिकता का शत्रु हूँ, यदि आप हिन्दू राष्ट्र बनाना चाहते हैं तो आप अपने लिए दूसरा प्रधानमंत्री खोज लीजिए। मैं तो इस प्रकार की भावनाओं का विरोधी हूँ।

पंडित नेहरू ने जो कुछ कहा वही करके भी दिखा दिया। उन्होंने अथक परिश्रम किया अपने इस विचार को साकार करने के लिए। लन्दन में होने वाली कामनवेल्थ के प्रधानमंत्रियों की कांफ्रेस में स्वागत-सत्कार से सिद्ध होता है कि भारत का विश्व मंच पर अच्छा सम्मान है। पंडित नेहरू महान् थे, साथ ही यह भी सिद्ध हो गया कि वे सफल शासक थे और देश ने जो उत्तरदायित्व उनके कन्धों पर रखा था उसे उन्होंने पूर्ण सफलता से निवाहा। यह भारत का सौभाग्य था कि उसे प्रथम प्रधानमंत्री के रूप में पंडित नेहरू जैसा महान् व्यक्तित्व मिला। वस्तुत: पंडित नेहरू भारत के सहस्त्रमुखी मर्ज (व्याधि) के सही चिकित्सक थे। यह

पंडित नेहरू से अधिक उन मूर्धन्य राजनेताओं, जिन्होंने अपने खून-पसीना से देश को सींचा और आजाद किया था कि सूझ-बूझ स्तुत्य है, जिन्होंने पंडित नेहरू में रुग्न भारत का सही उपचार देखा था।

दार्शनिक शासक

प्रधानमंत्री पंडित नेहरू को गुलामी से अभिशप्त जर्जर भारत मिला। अंग्रेजी राज ने न केवल भारत को कंगाल बनाया बल्कि इसकी सामाजिक सांस्कृतिक ढाँचे को भी तहस-नहस कर दिया था। सन् 1947 ई० का विखण्डित भारत भूख का भारत था। अकाल और साम्प्रदायिकता की पीड़ा का भारत था। अथाह समस्याओं में डूबे भारत की नौका को पार लगाना किसी वैसे व्यक्ति से ही संभव था जिसमें एक साथ संवेदनशीलता, राजनीतिक प्रखरता और प्रशासनिक कुशलता हो, वस्तुतः पंडित नेहरू का व्यक्तित्व इन गुणों से भरपूर था। कविहृदय पंडित नेहरू शरणार्थियों, अकाल और साम्प्रदायिक पीड़ितों के मन को छू जाता था। देश-विदेश के राजनेता तथा प्रशासक उसके व्यक्तित्व की व्यापकता सामग्रता के कायल थे। उनके मंत्रिमंडल के सहयोगी तथा लोकसेवक को उनमें अपना मित्र, दार्शनिक और पथ प्रदर्शक की झलक मिलती थी। पंडित नेहरू के रूप में प्रथम प्रधानमंत्री स्वतन्त्र भारत की एक आवश्यकता थी।

पंडित नेहरू महान् ग्रीक दार्शनिक प्लेटो के दार्शनिक शासक की कल्पना के मूर्त रूप थे। फ्राँसेस ग्रन्थर ने कहा है कि पूर्णत्व को प्राप्त तथा भावुक जवाहर संसार के सबसे अधिक प्रतिभा सम्पन्न व्यक्तियों में से एक है। महादेव भाई देसाई पंडित नेहरू को सौन्दर्य का उपासक मानते थे। उनका कहना था कि जवाहर कभी भी सौन्दर्यहीन काम नहीं कर सकते हैं। गोल्डस्मिथ का मानना था कि सुन्दर वह है जो सुन्दर करता है। महादेव भाई देसाई के सौन्दर्य का तात्पर्य "सत्यम् शिवम् सुन्दरम्" से हो सकता है। वस्तुतः जो सुन्दर होता है वह कल्याणकारी भी होता है और जो सुन्दर तथा कल्याणकारी है वही सत्य है। पंडित नेहरू का जीवन आदर्शों से भरा है। पंचशील और पंचवर्षीय योजना उनकी आदर्शवादिता और व्यवहारपरकता के दो अलग-अलग प्रतिमान हैं। वे एक और भावी स्वप्न द्रष्टा थे तो दूसरी ओर समय और व्यक्ति की पहचान करने की उनमें अटूट क्षमता थी। पंडित नेहरू ने इस देश की नाड़ी को जितना पहचाना और जनता पर जितनी उनकी पकड़ थी उतना किसी राजनेता का किसी देश में नहीं हो सका। "विश्वक्रान्ति में वे 'नेहरू का भारत' या 'भारत के नेहरू' के प्रभावशाली नाम से संबंधित है।"[22]

यहाँ एक स्वाभाविक और जटिल प्रश्न उठता है कि–"पंडित नेहरू ने भारत को बनाया या भारत ने पंडित नेहरू को?"–प्रश्न आकर्षक अवश्य है, लेकिन इसमें तत्व कदाचित कम है। अगर यह प्रश्न पंडित नेहरू से किया जाता तो वह देश भक्त कह उठता–नहीं, भारत ने मुझे बनाया है। जिसने देश के लिए अपना सब कुछ दे दिया हो, वह अपने अस्तित्व को अलग नहीं आँकेगा। वह जानता है, कि वह देकर भी कुछ बना है, साफ है देश भी उससे लेकर कुछ बना है, यह केवल लेन-देन की ही बात नहीं है। पंडित नेहरू ने देश को क्या दिया? अपनी सारी सम्पत्ति, अपना सारा जीवन दिया, अपनी सेवाएँ दीं–परन्तु इनके देने मात्र से ही जवाहरलाल नेहरू–जननायक पंडित जवाहरलाल नेहरू नहीं बन गये थे। ये सब चीजें और भी कई लोगों ने दी थीं, परन्तु इनके देने मात्र से पंडित नेहरू के समकालीन अवश्य होते हैं, लेकिन समकक्षी संभवत: नहीं होते।

पंडित नेहरू ने नेतृत्व दिया, उदारण दिया, उत्साह दिया, उपयुक्त वातावरण दिया, उचित राजनैतिक मूल्य दिये, उचित प्रशासकीय नैतिकता दी। महात्मा गाँधी के बाद पंडित नेहरू ही ऐसे हैं, जिन्होंने देश में स्वतन्त्रता के लिए अनुकूल परिस्थितियाँ पैदा कीं, इन परिस्थितियों के कारण ही स्वतन्त्रता मिली। राजनैतिक वातावरण पैदा किया। पंडित नेहरू के साथ ही सैद्धान्तिक, आदर्शवादी, दृष्टिकोण आया। नये आदर्श बने, जो आधुनिक, राजनैतिक, सिद्धान्त और विचारधारा पर आधारित थे। प्रजातन्त्र की स्थापना की साथ-साथ प्रजातन्त्र को स्थिरता प्रदान किया। देश की स्वतन्त्रता को सैद्धान्तिक रूप दिया। किस सिद्धान्त पथ पर प्रगति करे, यह भी उन्होंने ही निश्चय किया। यह पथ समाजवाद का है। इस समाजवाद का क्या ढाँचा हो, इसकी बनावट कैसी हो–यह भी पंडित नेहरू ने ही निर्धारित किया। यही पंडित नेहरू की सबसे बड़ी देन है, जिसको नापा-तौला नहीं जा सकता। किन्तु इसकी आधारभूत वर्तमान महत्ता है।

वे एक सच्चे देश प्रेमी, राजनीतिक और साथ ही साथ एक दार्शनिक विचारक। उनके गुणों का प्रकाश एक शब्दों में हो सकता है और वह शब्द होगा 'आयर्य' या 'सज्जन'।

सच्चे अर्थ में वे एक आर्य थे और उनमें विभिन्न संस्कृतियों का सुन्दर समन्वय था। वे सम्पूर्ण मानवता के प्रति समर्पित थे। वे सहयोगात्मक और शान्तिपूर्ण विश्व के आकांक्षी थे। देश-विदेश में वे अपने मानवीय गुणों के कारण ही लोकप्रिय हुए। हर आँख की हर आँसू की बूँद को पोंछना पंडित नेहरू के जीवन का आदर्श था।

व्यक्तित्व

नेहरू एक महान् व्यक्ति हैं। उनमें महत्ता क्या है, इसका विश्लेषण कष्ट साध्य है। सोना या हीरा महज अपने बुनियादी तत्वों के कारण ही कीमती नहीं होता। कहते हैं, जो तत्व हीरे में है, वह कोयले में भी है। परन्तु कोयला कोयला ही है और हीरा हीरा ही। नेहरू में अभय है। न्याय बुद्धि है, कुशाग्रता है, तेजस्विता है, विद्वता है ओर ऊँचे दर्जे की साहित्यिक कला-कुशलता है। परन्तु उन्हें किस चीज ने बड़ा बनाया, यह बताना असंभव सा है। बात यह है कि वह बड़े हैं और इस देश को उनकी सेवा की अत्यन्त आवश्यकता थी।

व्यक्तित्व, नेहरू प्रकृति-पुत्र

नेहरू की सम्पूर्ण निर्मयता और मौलिक प्रामाणिकता आदि गुण तो भारतवासियों को आकर्षित करते ही हैं, इसके अलावा उनमें एक प्रकार की क्रीड़ा-वृत्ति भी है। वे सदा जीवनोत्साह से भरे रहते हैं। खुली हवा के प्रति, पहाड़ की ऊँची चोटियों के प्रति, जंगल और फूलों, तारों, बादलों, और बहती नदियों के प्रति उनका प्रेम सभी को आकर्षित करता है। वे सच्चे अर्थ में प्रकृति के बालक हैं और प्रकृति के बड़े प्रेमी हैं। उनमें चिर-साहस भरा है। वे सदैव लोगों को चुनौती देते रहते हैं कुछ तो उन्हें चौंकाने के लिए और कुछ उन्हें अपनी बँधी हुई लीकों से निकल कर साहसपूर्वक कुछ करने की प्रेरणा देने के लिए। यही जवाहरलाल नेहरू के व्यक्तित्व का सार है। वह स्वयंमेव एक महान् चुनौती है। यही उनकी हमेशा ताजा रहने वाली जवानी का रहस्य है। केवल शारीरिक नहीं, वरन् मानसिक और नैतिक क्षेत्र में भी वे सबको अनपेक्षित ढंग से अनपेक्षित समय चुनौती देना चाहते हैं। जवानों में उनके प्रति जो प्रेम और आकर्षण है वह उनकी इसी मौलिक विशेषता के कारण। शारीरिक दृष्टि से वे समर्थ और फुर्तीले थे। उन्होंने शरीर-स्वास्थ्य का उत्तम उदाहरण प्रस्तुत किया है।

पोशाक, खेलकूद एवं व्यायाम

जो लोग खेलकूद में भाग लेते या वॉयस्काउट परम्परा में पले हैं और जो सामूहिक व्यायाम और क्रीड़ा को आदर्श मानते हैं, उनके लिए नेहरू एक आदर्श नेता हैं। उनकी मंगीभाएँ, उनकी चाल-डाल, मुँहजोर घोड़े पर उनकी सवारी स्वयंमेव एक सन्तोषप्रद दृश्य है। वे नियमित व्यायाम और शीर्षासन करते हैं। अपने शरीर की वह उतनी ही संभाल रखते थे, जितनी कपड़ों की। उनकी पोशाक सादी होती थी, मगर ढीली-ढाली या बेढंगी नहीं। इसमें भी वह हमारे लीडर-सम्प्रदाय से अनूठे हैं।

उनमें सन्यासीपन का कोई लक्ष्ण नहीं था। जहाँ तक कोई उन्हें समझ सका है वह अपरिग्रह के दर्शन से बँधे नहीं थे। वह दैन्य-भाव, जो कि हमारी परम्परा में अनावश्यक रूप से अति प्रशंसित है, उनके लिए कोई अर्थ नहीं रखता था। लेकिन वह दूसरे छोर तक भी नहीं जा पहुँचते। कोमल विलासिता के जीवन से उन्हें घृणा थी, यद्यपि वह चाहते तो ऐसा जीवन उन्हें सुलभ हो सकता था।

विद्यार्थी सभा और नेहरू

नेहरू का जीवन एक सैनिक ओर अध्येता का कठोर अनुशासबद्ध जीवन था। तरुण पीढ़ी की कल्पना पर वह ऐसे छाये हुए थे जैसे अन्य कोई नेता अब तक नहीं छा सका। क्योंकि विद्यार्थी-जगत् में क्रांतिकारी या वाम-पक्षीय वादों के बहुत फैले होने पर भी नेहरू पर उनकी आस्था थी। उनमें जो शारीरिक साहस और मानसिक चुनौती का मिश्रण था, वह विद्यार्थी मन को रुचता था। यह है तो विरोधाभास परन्तु फिर भी उल्लेखनीय है कि नेहरू विद्यार्थीयों को मीठे-मीठे उपदेश नहीं देते और न उन्हें बहलाते परन्तु चाहते थे, बल्कि उनसे व्यवहार करते हुए वह कठोर भी हो उठते थे। कभी-कभी वह विद्यार्थियों पर झल्ला उठते थे। शायद वह बढ़ती हुई उम्र के लक्षण हों। विद्यार्थी ऐसी बातों को सरोष अवज्ञा से सुनते थे। वह बड़े योद्धा थे और इस प्रकार लड़ने में व्यस्त होकर ही वह अपने सही रूप में प्रकट होते थे। विद्यार्थियों की सभा में उनके पेश होने की कला भी अद्‌भुद थी। वह एक कुशल कलाकार की भाँति तीक्ष्ण प्रश्न भरे और विद्रोही ढंग से श्रोताओं से मिलते थे। अपनी शान्त, स्पष्ट, विश्लेषण-भरी, कुछ लम्बी सी वक्तृता द्वारा वह अन्ततः उनकी सहमति प्राप्त कर लेते थे। वह उन्हें उपदेश-प्रियता नहीं थी। वह तो अपने श्रोताओं को चुनौती देते जाते थे, उनसे मानो कहते थे, आओ देश के सुधार और दिमागी आजादी के इस बड़े भारी काम में हमारे साथी और सहकर्मी बनो।

अल्पसंख्यक

नेहरू के कार्य के दो पहलू की चर्चा हमें यहाँ करनी है। अल्पसंख्यकों की समस्या का क्षेत्र।

साम्प्रदायिक या जातीय आधार पर 'अल्पसंख्यक' और 'बहुसंख्यक' का भेद हम जितनी जल्दी भुला दें, उतना ही हमारे देश का हित होगा। परन्तु पीढ़ियों से संचित डर और सन्देह इस प्रकार एक दिन में नहीं मिट सकते। राज्य को सम्प्रदाय की भावना से परे और लौकिक घोषित करना एक बात है और उसे वैसा बना देना

दूसरी। सम्प्रदाय और जात-पात की भावना से ग्रस्त देश में ऐसा लौकिक राज्य स्थापित करने की दृष्टि और साहस रखना स्वयं एक महान् घटना है। इस परिस्थिति में यह और भी श्रेयस्कर तथा महनीय हो जाती है, जबकि हमारे पड़ोस में ही, हमारे ही रक्त-मांस से काट कर अलग किये गये, एक राज्य को शुद्धि साम्प्रदायिक मतवादों और सिद्धान्तों पर आधारित किया गया है। यदि भारत को एक संघटित, स्थायी राजनीतिक इकाई के रूप में विकसित करना है तो उसे लौकिक सिद्धान्तों से शासित एक आधुनिक राज्य बनाना होगा। अल्पसंख्यक समाजों के मन में विश्वास जमाना होगा जिससे अल्पसंख्यक आश्वस्त हो सकें। हमारे जनजन्त्रात्मकता की यही सच्ची कसौटी होगी। सम्पूर्ण समानता के सिद्धान्त के प्रति पूरी निष्ठा, जिस त्रिमूर्ति ने दिखायी है, वह थी महात्मा गाँधी, सरोजनी नायडू तथा जवाहरलाल नेहरू। इतने भयानक बर्बर, अमानुषी रक्तपात के बाद भी ये नेता अडिग दृढ़ खड़े रहे और सब को आश्वासन देते रहे। गाँधी से भी अधिक यदि किसी व्यक्ति में इस सम्पूर्ण न्याय व्यवहार के दर्शन हुए तो वह पंडित नेहरू में। उन्होंने अल्पसंख्यकों को पूरा विश्वास दिलाया और उनके पीछे वे चलने को राजी हुए।

खास व्यक्तित्व

इस किसी का दोस्त, जिसकी तस्वीर में समूचे भारत की तस्वीर दिखाई देती थी, "वसुधैव कुटुम्बकम्" और संसार में शांति की कामना करने वाला, रूस तथा अमेरिका में समान रूप से समादृत, बच्चों का चाचा एवं बड़ों का प्यारा, आजादी का पहरूवा तथा लोकतंत्र का अलम्बरदारकर्त्ता ने मानो एक ही सांचे में यह सब ढाल दिया हो, उस महामानव में जिसे भारतीय जन राष्ट्र नायक नेहरू एवं संसार पंडित जवाहरलाल नेहरू के नाम से जानता-पहचानता है और जो 27 मई 1964 को सदा-सदा के लिए चिरन्द्रिा में सो गया। लोग कहा करेंगे-तेरा दीद जिसको नसीब था, वह नसीब काबिले दीद था।

पत्रकारों का जिगरी दोस्त जब किसी पत्रकार-सम्मेलन में तुनुका मिजाजी दिखाता था तो उस पर गुस्सा करने के बजाय प्यार ही आता था क्योंकि उसके दोष के पीछे राष्ट्रहित की भावना भी होती थी। वे वैयक्तिक राग-द्रेष से परे थे और सच तो है कि उनकी तुनुक मिजाजी देखने के लिए ही कुछ पत्रकार उल्टे-सीधे प्रश्न कर बैठते थे।

सच तो यह है कि जवाहरलाल नेहरू अपने आप में इतनी बड़ी पुस्तक है कि वे लोग जिन्हें उनसे मिलने का, विचार-विनिमय करने का और किसी महत्वपूर्ण

मसले पर विचार जानने का सौभाग्य प्राप्त हुआ है, वे एक-एक दिन की बात भी याद करें तो लगता है उस महापुरुष को पढ़ते-पढ़ते वर्षों निकल जाएंगे। उनका सही-सही मूल्यांकन करना बड़ा ही कठिन है।

राम के समय में लोग उनके कार्य, व्यवहार आदि को लक्ष्य कर, न जाने कितने गुण-दोषों की विवेचना करते रहे हों। किन्तु आज राम का नाम जिव्हा पर आते ही पुरुषोचित गुणों का एक पुंज मर्यादा पुरुषोत्तम के रूप में सामने आ जाता है जिसे भारतीयता का पावन प्रतीक माना जाता है।

श्री कृष्ण अपने समय में योगिराज अथवा छलिया के रूप में या कुशल राजनेता की दृष्टि से सर्वसाधारण के सामने थे अथवा नहीं, कहना मुश्किल है। किन्तु आज उनका यही रोमांचक रूप सर्वविदित है और लोग उनके सोलह कलापूर्ण युगपुरुष के रूप में स्वीकार करते हैं।

–बुद्ध के समकालीन लोग उनके किन गुणों से प्रभावित थे आज हम नहीं जानते, किन्तु आज वे करुणा के सागर के रूप में पूजे जाते हैं।

–महावीर अपने तप और अहिंसा के लिए आज विख्यात हैं, परन्तु उस काल में दो व्यक्ति और ऐसे थे जो अपने-आप को जैन का अन्तिम तीर्थंकर होने का दावा करते थे।

–ईसा का सभी मानवों के लिए प्यार और दुःख पता नहीं उनके जीवनकाल में अथवा उनके देहावसान के तुरन्त बाद समझा जाता था कि नहीं। मुहम्मद का भाईचारा, जाति-प्रेम जिसके लिए उन्हें आज याद किया जाता है। तात्कालीन समाज में था या नहीं, कौन जानता है?

–मुगल सम्राट अकबर अपने सर्वधर्म-समभाव के लिए याद किए जाते और अपने जमाने में उन्हें दुराचारी और लम्पट के विशेषणों से याद किया गया हो तो पता नहीं। अशोक आज इतिहास में अजातशत्रु और प्रियदर्शी है, किन्तु अपने काल में शिकारी, युद्ध-प्रेमी, लम्पट, साम्राज्यवादी, लिप्सा वाले कहे गए हों तो कौन जानता है?

–शिवाजी, महाराणा प्रताप, गुरु गोविन्द सिंह आदि तत्कालीन अन्याय को समाप्त करने में अग्रणी रहे। यही कारण है कि वे साहस और देश प्रेम के लिए सदा याद किए जाते रहेंगे।

–शंकराचार्य और दयानन्द की धार्मिक मान्यताएँ और राष्ट्र के लिए की गई सेवाओं को भुलाया नहीं जा सकता।

—सदियों से गुलामी में पड़े देश को जगाने वालों में स्वनामधन्य लोकमान्य तिलक, लाला लाजपतराय, महामना मालवीय की गणना की जाती है।

—राजनीति में धर्म और नैतिकता लाने तथा शांतिपूर्ण सत्याग्रह के अस्त्र से देश को स्वतंत्र कराने के लिए गाँधी युग-युग तक याद किए जाते रहेंगे।

जिस प्रकार उपर्युक्त व्यक्ति आजतक प्रसिद्ध हैं और अपने विशिष्ट गुणों के लिए याद किए जाते हैं उसी प्रकार पंडित नेहरू भारत के नवनिर्माण के लिए याद किए जाते रहेंगे। इसमें तनिक भी सन्देह नहीं। भारत परामुखापेक्षी न रहे, इसके लिए उन्होंने आरम्भ से ही यत्न किया। देश में कुटीर उद्योगों के साथ-साथ बड़े-बड़े कारखाने खड़े हों। इसमें उनकी विशेष दिलचस्पी रही। जहाज, हवाई जहाज देश में ही बन, इसके लिए उनकी सेवाओं को भुलाय. नहीं जा सकता। भारत में परमाणु शक्ति का अभ्युदय हो, इसके लिए भी वे यत्नशील रहे।

आजादी के संघर्ष में कूदने के बाद वे निर्भीक और निडर राजनेता के रूप में उभरे और देश में अमीरी-गरीबी का भेदभाव समाप्त हो, सभी लोगों को समान अवसर प्राप्त हों, इन क्रान्तिकारी विचारों को मूर्त रूप देने के लिए उन्होंने समाजवादी समाज की रचना का दृढ़ संकल्प किया। पराधीनता से उन्हें बेहद चिढ़ थी। इसीलिए उन्होंने सारे विश्व से उपनिवेशवाद समाप्त करने के लिए अपना पूरा सहयोग दिया। सारे संसार के राष्ट्र भाई-भाई के नाते रहे, इसके लिए उन्होंने संयुक्त राष्ट्रसंघ को सुदृढ़ बनाने में अपनी भूमिका अदा की।

पंडित नेहरू ने अपनी आयु के कुछ दिन पूर्व कहा था कि भारत बैलगाड़ी युग को पारक साइकिल युग में आ गया है और मोटर एवं वायुयान युग में देश को लाने के लिए कठोर प्रयत्न करना होगा और देश को तकनीक एवं विज्ञान से मंडित करना होगा।

भारत की विशालता की तरह पंडित नेहरू का व्यक्तित्व भी विशाल था। अपने देश को अपना परिवार समझने वाले पंडित नेहरू अन्तिम दिनों में उस बुजुर्ग की तरह चिन्तित दिखाई देते थे जो अपने परिवारों के लिए बहुत कुछ कर डालना चाहता है, किन्तु वक्त उसके पास कम रह जाता है और कुछ उद्दंड परिवार उसके मनोनूकुल व्यवहार नहीं करते।

पंडित नेहरू के जीवन के विभिन्न पहुलों के बारे में इस प्रकार न जाने कितना लिखा जा सकता है। इतने कम समय में और काफी अड़चनों के बावजूद उन्होंने सब प्रकार की वैज्ञानिक शोधशालाओं, सांस्कृतिक संस्थाओं, साहित्यिक और

अन्य विद्वत्परिषदों के संस्थापन के संबंध में जो कार्य किया है उन पर बहुत कुछ लिखा जा सकता है। इनसे जो जीवन-समृद्धि इस देश में प्रवाहित हुई, उसका अनुमान इस पीढ़ी के लोग कर रहे हैं, वह हमारी परम्परा को नयी शक्ति और गौरव देती है। भारतवर्ष उनकी जोरदार प्रेरणा के कारण इतना निर्माण कर सका।

संदर्भ-संकेत

1. ऑलपोर्ट, जी० डब्ल्यू० द्वारा, मुकर्जी, रवीन्द्रनाथ, *उच्चतर समाजशास्त्रीय सिद्धान्त*, सरस्वती सदन, दिल्ली, पृ० 624।
2. अकोलकर, वी०वी०, सोशल साइकोलोजी, एशिया पब्लिकेशन हाउस, बॉम्बे, 1960, पृ० 142।
3. चर्चिल द्वारा कही गई पंक्तियाँ, '*नेहरू व्यक्तित्व और विचार*, पुस्तक में, पृ० IX।
4. नेहरू, जवाहरलाल, बीमार कमला नेहरू (पत्नी) को जेल में देखने आये थे, तब बोले थे।
5. इतिहासकार अर्नाल्ड टॉयनबी, *पंडित नेहरू*, पृ० V।
6. *वही*।
7. नेहरू ने कहा था।
8. बिहार के दंगाग्रस्त इलाके का दौरा में (पटना) पंडित नेहरू ने कहा था।
9. कृष्णन, डॉ० राधा, *पंडित नेहरू*, पृ० III।
10. पत्नी की मृत्यु के दो वर्ष बाद जॉन गुन्थर को लिखे अपने एक पत्र में पंडित नेहरू ने स्पष्ट किया था।
11. ठाकुर, रवीन्द्रनाथ, *नेहरू व्यक्तित्व और विचार* (ऋतुराज का प्रतीक), पृ० 20।
12. दिनकर, रामधारी सिंह, *लोक देव नेहरू*, पृ० 10।
13. शास्त्री, लालबहादुर, *नेहरू व्यक्तित्व और विचार*, पृ० 29।
14. स्टोक होम के स्टोर में काम करने वाली एक फिनिश लड़की, मुसाफिर, गुरुमुख सिंह, (युग पुरुष) *नेहरू व्यक्तित्व और विचार*, पृ० 108-109।
15. लेनिनगार्ड (रूस) का एक सिपाही, मुसाफिर, गुरुमुख सिंह, (युग पुरुष) *नेहरू व्यक्तित्व और विचार*, पृ० 109।

16. लास्की प्रो०, इण्डियन लीग द्वारा आयोजित समारोह (किंग्सवेल हॉल यूरोप) *पंडित नेहरू*, पृ० 183।
17. वेल्स फोर्ड, एच०एन०, ब्रिटेन के प्रमुख समाजवादी नेता अपने लेख में लिखा है। *पंडित नेहरू*, पृ० 183-184।
18. मुसाफिर, गुरुमुख सिंह, (युग पुरुष) *नेहरू व्यक्तित्व और विचार*, पृ० 109।
19. सन् 1948 ई० के अक्टूबर माह में यूरोप गये ब्रिटिश कॉमनवेल्थ के प्रधानमंत्री के सम्मेलन में सम्मिलित होने के लिए–*पंडित नेहरू*, पृ० 181।
20. *पंडित नेहरू*, पृ० 181।
21. 5 नवम्बर सन् 1948 को यूरोप यात्रा के दौरान युनाइटेड नेशन की जनरल एसेम्बली में उन्हें भाषण देने के लिए आमंत्रित किया गया। यह सरकार, सम्मान और गौरव संसार के केवल विशिष्ट पुरुषों को दिया जाता है। उस समय का विवरण लिखते हुए एक सम्वाददाता ने स्पष्ट किया है। *पंडित नेहरू*, पृ० 189।
22. ग्रन्थर, श्री फांसेस, *पंडित नेहरू*, *शक्तिशाली नेहरू*, पृ० 45।

3

समाज दर्शन

सभी व्यक्तियों को सुचारु रूप से जीवन व्यतीत करने का अवसर तभी प्राप्त होगा, जब उनके समुदायों के बीच कोई ऐसी पद्धति हो, जिसके माध्यम से उनके आचार, स्वतन्त्रता, अधिकार आदि सुरक्षित रह सकें। यह कार्य समाज द्वारा होता है। आर० एम० मेकाइवर और चार्ल्स बेज की भी यही मान्यता है।

"सोसाइटी इज ए सिस्टम ऑफ युसेज एण्ड प्रासेज्योर्स ऑफ ऑपरिटी एण्ड म्युच्वल एण्ड ऑफ मेनी ग्रुपिंग्स् एण्ड डिवीजंस ऑफ कंट्रोल्स ऑफ ह्युमन विहेवियर एण्ड ऑफ लिबर्टीज।"[1]

प्रसिद्ध समाजशास्त्री मॉरिस जिस वर्ग के अनुसार, समाज दो प्रकार के होते हैं-'एक समाज और समाज।' 'एक समाज' विशिष्ट संबंध तक ही सीमित रहते हैं, जबकि समाज का निर्माण व्यक्तियों के विभिन्न 'एक समाजों' से होता है। "ए सोसाइटी इज ए कलेक्शन ऑफ इंडिविज्वल्स युनाइटेड बाइ सर्टेन रिलेशंस और मॉडस् ऑफ बिहेवियर्स हिवच मार्क देम फ्रोम आदर्श हुड नॉट इंटर इंटु दोज रिलेशंस और हु डिफर फ्रॉम देम इन बिहेवियर।"[2]

समाज और व्यक्ति का अन्तःसंबंध

समाज मानवता का अविभाज्य अंग है। प्रत्येक व्यक्ति जन्म से ही समाज का स्वतः सदस्य बन जाता है। ऐसा करना उसके लिए अपरिहार्य है। यह सत्य है कि सामान्यतया हर व्यक्ति अपने निकटतर रक्त संबंधियों पर अधिक विश्वास करता

है, परन्तु परिवार के सीमित क्षेत्रों के भीतर ही उसके जीवन के महान् उद्देश्यों की परिपूर्ति संभव नहीं है। अतएव पारस्परिक सहयोग का क्रम दिन-प्रतिदिन अपेक्षित होकर विकसित ही होता गया और वह अनेक समुदायों से बढ़कर 'विश्व समाज, तक पहुँच गया । विश्व समाज की रूपरेखा न केवल अत्याधुनिक काल में बनी है, अपितु वैदिक काल से ही इसकी आवश्यकता अनुभूत हुई।"

(क) "संगच्छध्वं संवद्ध्वं सवो मनांसिजानताम्
देवा भागं पूर्वे थन्जानाना उपासते।
समानी व आकृतिः समाना हृदया निवः।
सभानमस्तु बी मनो यथावः सुसहासति।।"[3]

(ख) "संज्ञानन स्वेमिदं सज्ञानमरणेभिः।
संज्ञान माश्विना युवाहिमास्भासु नियच्छताम्।।
स जानाम है मनसा संचिकित्वा मायुत्स्महि मनसा देव्येन।
माधोषा उत्यर्बहुले विनहिते मेषुः सप्तदिन्द्रस्याहन्यागते।।"[4]

वस्तुतः मानव का स्वभाव ही कुछ ऐसा है कि वह जहाँ भी रहता है, एक समाज बनाकर हीं रहना चाहता है। अतः घर से आरम्भ कर वह क्रमशः परिवार ग्राम, नगर, राज्य, संसार सबसे सम्मिलित कर सुखद समाज के निर्माण का आग्रही रहा है। इन सबसे संबंध सम्पर्क स्थापित किये बिना व्यापक स्तर पर उसका हित-साधन संभव ही नहीं है। इस प्रकार व्यक्ति के विभिन्न संबंध ही समाज के स्वरूप को स्पष्ट करते हैं-

"मनुष्यों के जीवन में एक-दूसरे के साथ संबंधों का जाल सा बिछा हुआ हैं, समाजशास्त्र में उसी को समाज कहा जाता हैं।"[5]

समाज दर्शन क्या है?

अगर शाब्दिक अर्थ लेकर विचार किया जाये तो यों कहा जा सकता है। कि समाज दर्शन समाज का दर्शन है। समाज क्या है, उसकी उत्पत्ति कैसे होती है, उसका कौन-कौन विकास कैसे होता है, समाज में क्या नियम काम करते हैं, सामाजिक व्यवहारों एवं संस्थाओं के आदर्श क्या हैं, आदि का ज्ञान यह हमें देता है।

पहली बात तो यह है कि समाज-दर्शन को एक देखता है और सामाजिक तथ्यों एवं समस्याओं के विषय में जो कुछ भी ज्ञान हमें देता है वह सम्बद्ध और

सामान्य होता है। समाज के विभिन्न पहलुओं का अध्ययन यह उन्हें अलग-अलग समझते हुए नहीं करता, बल्कि वह उन सभी को समाज को एक समझते हुए सम्बद्ध कर देता है। लेकिन इसका यह मतलब नहीं कि समाज-दर्शन समाज के विभिन्न पहलुओं का अलग-अलग अध्ययन करता ही नहीं। कदापि नहीं, इस बात को मानते हुए भी कि समाज एक है, अध्ययन की सुविधा के लिए वह परिवार, विवाह, सम्पत्ति, राज्य तथा अन्य छोटे-छोटे समुदायों एवं संस्थाओं के अलग-अलग देखने-समझने की कोशिश करता है। लेकिन वह बराबर यह याद किये रहता है कि वे सभी एक समाज के ही अंग हैं और उन सबका अध्ययन सामाजिक एकता को ध्यान में रखकर ही करना चाहिए। बात यह है यह विषय पूरे समाज के किसी भी पहलू के दृष्किोण से सत्य है वह उस पूर्ण के दृष्टिकोण से सत्य नहीं भी हो सकता है।

दूसरी बात यह है समाज-दर्शन का काम सामाजिक तथ्यों का पता लगाना नहीं हैं। उन्हें तो वह विभिन्न सामाजिक विज्ञानों से लेता है और उन्हीं के प्रमाण पर वह उनकी उपस्थिति को स्वीकार कर लेता है। समाज में क्या-क्या घटनाएँ किस रूप में घटित हो रही हैं, इसका पता समाज-दर्शन को समाज-विज्ञान से ही मिलता है, उनकी खोज वह स्वयं नहीं करता। इसके विपरीत समाज दर्शन का काम उसके पास जो कुछ आदर्श या अर्थ रहते हैं उन्हीं के दृष्टिकोण से इन सामाजिक तथ्यों का अर्थीकरण करना है। प्रत्येक विचारक के पास कुछ अर्धपूर्ण निर्णय रहते हैं और समाज में जो कुछ भी वह देखता है उसे वह उन्हीं अर्थों के ढाँचे में ढाल देता है। दूसरे शब्दों में, समाज-दर्शन आदर्श-निर्धारात्मक है। उसका काम यह बताना है कि समाज के आदर्श क्या हैं? उसकी संस्थाएँ, उसके समुदाय आदि को कैसा होना चाहिए?

अतएव समाज-दर्शन अच्छे बुरे को लेकर आगे बढ़ता है। उसे यह देखना पड़ता है कि समाज में क्या अच्छा है, क्या बुरा है। समाज अपने आदर्श पर कैसे पहुँच सकता है, आदि। इस प्रकार समाज-दर्शन समाज के गुण-दोषों का अध्ययन कर उसको सगुण बनाने का प्रयत्न करता है। उसे लोकहित का ध्यान बराबर रखना पड़ता है।

यहाँ 'समाज' शब्द का इस तरह प्रयोग किया गया है कि समाज को किसी प्राणी या व्यक्ति को समझने की गलती हो सकती है। ऐसी गलती 'हरबर्ट स्पेन्सर' आदि विचारकों ने की है।

इन लोगों के अनुसार समाज एक प्राणी या अवयवी है। लेकिन अगर सच पूछा जाये तो समाज इस तरह की कोई चीज नहीं हैं। पारस्परिक सुख-सुविधा के

लिए कुछ स्थिर नियम पर चलते हुए मनुष्यों के समूह को समाज कहते हैं। समाज व्यक्ति इकाइयों से ही बना है। व्यक्ति निरन्तर एक-दूसरे से प्रभावित होता है। समाज-क्रिया द्वारा एक-दूसरे पर प्रभाव डालने वाले व्यक्तियों का एक विस्तृत संगठन है। व्यक्तियों की परस्पर प्रभाव डालने वाली सभी स्थायी क्रियाएँ समाज के अन्तर्गत आती है। इन क्रियाओं या व्यवहारों के फलस्वरूप समाज के व्यक्तियों में कुछ स्थायी संबंध हो जाते हैं और धीरे-धीरे इन संबंधों का एक ढाँचा या नमूना बन जाता है। समाज संबंधों के इन विविध ढाँचों का ही योग है। इसके अन्दर वे सभी संबंध, क्रियाएँ और व्यवहार चले आते हैं जो शुद्ध व्यक्तिगत क्रियाओं से भिन्न हैं। इस प्रकार समाज का जीवन इन सामाजिक व्यवहारों में है और इन दृष्टिकोण से देखने पर समाज सामाजिक व्यवहारों या सामाजिक आचरण का ही दूसरा नाम है।

समाज का यह अर्थ लेकर समाज-दर्शन की एक दूसरी और अच्छी परिभाषा भी दे सकते हैं। समाज-दर्शन सामाजिक आचरण के आदर्श का अध्ययन समाज को सुखासीन करने के उद्देश्य से करता है। इस परिभाषा से यह पूर्णतया स्पष्ट हो जाता है कि समाज-दर्शन क्या है, उसकी क्या खूबियाँ हैं। इस परिभाषा के विश्लेषण से समाज-दर्शन के निम्नलिखित लक्षण स्पष्ट हो जाते हैं।

पहली बात, यह कि समाज-दर्शन समाज को एक पूर्ण इकाई मानकर या एक मानकर आगे बढ़ता है। मानव-समाज एक है, इसे तो कोंते ने ही बता दिया था। समाज-दर्शन बराबर सामाजिक एकता को ध्यान में रखता है।

दूसरी बात यह है कि समाज-दर्शन के अध्ययन का विषय सामाजिक व्यवहार या सामाजिक आचरण है। हमारी क्रियाएँ दो प्रकार की होती हैं, व्यक्तिगत और सामाजिक। हमारी कुछ ऐसी क्रियाएँ हैं जा हम अकेले बिना किसी दूसरे व्यक्ति की सहायता के लिये करते हैं और इन क्रियाओं का हमें छोड़ अन्य किसी व्यक्ति पर प्रभाव नहीं पड़ता। हमारा हँसना, रोना, पानी पीना आदि ऐसी ही क्रियाएँ हैं। लेकिन इसके विपरीत कुछ ऐसे भी काम हैं जिन्हें हम कम-से-कम एक और व्यक्ति के साथ क्रिया-प्रतिक्रिया के रूप से करते हैं और जिनका असर कम-से-कम एक और व्यक्ति पर पड़ता है। ऐसी क्रियाओं को सामाजिक क्रिया कहा करते हैं। समाज-दर्शन का काम ऐसे ही आचरणों का अध्ययन करना है। हम अपनी इन क्रियाओं को ठीक से करने के लिये अलग-अलग संगठन बना लेते हैं और इन्हीं के द्वारा एक सूत्र में बँध कर ये काम करते हैं। जिस प्रकार हमारी क्रियाओं का ढाँचा बन जाता है उसी प्रकार इन संगठनों का भी। समाज-दर्शन न केवल हमारी इन सामाजिक क्रियाओं का अध्ययन करता है, बल्कि इन संगठनों और संस्थाओं

का भी जिनके जरिये हम इन सामाजिक क्रियाओं को उचित रीति से करने में सफल होते हैं।

तीसरी बात, यह कि समाज-दर्शन इस प्रकार जो सामाजिक आचरण का अध्ययन करता है, वह वर्णनात्मक तरीके से नहीं। समाज-दर्शन आदर्श-निर्धारात्मक शास्त्र है और इस कारण उसका काम सामाजिक आचरण के आदर्श का अध्ययन है। समाज दार्शनिक बराबर अर्धपूर्ण निर्णय देता रहता है। वह यह बताता है कि हम समाज को अच्छे रास्ते पर कैसे ले जा सकते हैं, उसकी बुराइयाँ कैसे दूर कर सकते हैं। इस तरह समाज-दर्शन का काम बहुत कुछ आचरण-शास्त्र की तरह है, परन्तु इस कारण वह आचरण-शास्त्र का एक अंग नहीं, जैसा कि कुछ विचारक समझते हैं। चूँकि समाज-दर्शन आदर्श-निर्धारात्मक है, इसलिए यह प्रयोजनात्मक भी कहा जायेगा।

समाज-दर्शन में चौथी बात जो पायी जाती है, वह यह कि वह परिकल्पी या चिन्तानात्मक होता है। समाज-दर्शन का यह लक्षण उसके आदर्श निर्धारात्मक होने के गुण से सिद्ध होता है। हर एक समाज दार्शनिक के मन में कुछ आदर्श या अर्थ रहते हैं और न केवल ये आदर्श पूर्व चिन्तन या परिकल्पना के फलस्वरूप आये हैं बल्कि इनके दृष्टिकोण से अन्य जो कुछ अर्धपूर्ण निर्णय यह करता है, वह सब चिन्तन या परिकल्पना के द्वारा ही। समाज का क्या आदर्श हाना चाहिये, उसका चित्र वह शुद्ध बुद्धि का सहारा लेकर खींच देता है। इसके लिए उसे तथ्यों का सहारा नहीं लेना पड़ता, क्योंकि वैसे तथ्य अभी हैं ही नहीं। समाज में क्रान्तियाँ या परिवर्तन इन्हीं परिकल्पनाओं के द्वारा होते हैं। समाज-दर्शन परिकल्पी है, यह तो इस बात से भी सिद्ध होता है कि दर्शन होने के नाते यह शुद्ध बुद्धि का सहारा लेता है। परन्तु इससे यह गलत अर्थ न लगा लेना चाहिए कि वह अनुभव से असम्बद्ध और इस प्रकार वास्तविकता से दूर रहता है। यद्यपि कुछ समाज दार्शनिक में इस तरह की प्रवृत्तियाँ देखने को मिलती हैं, लेकिन जो ऐसा करते हैं वे काल्पनिक ही रह जाते हैं और उनके आदर्श समाज को प्रभावित नहीं कर पाते। अतएव शुद्ध बुद्धि का सहारा लेते हुए भी समाज-दर्शन को अनुभव की अवहेलना कदापि नहीं करनी चाहिये।

समाज-दर्शन में जो पाँचवीं बात पायी जाती है वह यह है कि यह उन साधनों का भी अध्ययन करता है जिसका सहारा लेकर समाज को सगुण बनाया जा सकता है। वह यह बताता है कि समाज की संस्थाओं और उसकी अवस्था को किस प्रकार का होना चाहिए जिससे कि समाज आदर्शवान बन सके। समाज-दर्शन

का यह गुण इसे आचरण शास्त्र से अलग करता है। समाज को सुखासीन करना समाज-दर्शन का काम है, अतएव उसमें सहायक बातों को बताना भी उसका धर्म है।

भारतीय समाज-दर्शन तो इसी व्यावहारिक उद्देश्य को लेकर आगे बढ़ता है। पाश्चात्य दर्शन के अधिकांश विचारक इस बात से सहमत हैं। मार्क्स के अनुसार वह दर्शन दर्शन नहीं जिसमें सिद्धान्त और व्यवहार में भेद हो। अतएव समाज-दर्शन को आदर्श के साधक मार्गों को भी जता देना चाहिए।

मैकेन्जी के मन में समाज-दर्शन के यही गुण विद्यमान थे जब वह यह कहता है कि समाज-दर्शन अपना ध्यान मानव समाज की एकता पर केन्द्रीभूत करता है और मानव जीवन के विशेष पहलुओं की सार्थकता की व्याख्या वह उसी एकता को ध्यान में रखकर करता है–

अपने उपर्युक्त उद्देश्य को ध्यान में रखकर समाज-दर्शनगिन्स वर्ग के अनुसार दो भागों में बँट जाता है।

1. परीक्षात्मक, तार्किक, वियोजक या संवित्शास्त्रीय।
2. रचनात्मक या संयोजक या संश्लेषणात्मक।

अपने परीक्षात्मक या वियोजक रूप से समाज-दर्शन का काम विभिन्न विशेष-विशेष समाज विज्ञानों की आधारभूत धारणाओं और सिद्धान्तों को अलग-अलग करना और उसकी प्रामाणिकता की जाँच कर उनकी परीक्षा करना होता है। हम यह जानते हैं कि समाज-दर्शन की तरह समाज का अध्ययन करने वाले अन्य भी विज्ञान हैं। हम यह भी जानते हैं कि इन विज्ञानों की अपनी कुछ मान्यताएँ होती हैं जिन्हें वे बिना कोई सबूत दिये ही मान लेते हैं। फिर उन मान्यताओं पर आधारित विशेष-विशेष दृष्टिकोण से दिये गये उनके सत्य भी हैं।

समाज-दर्शन इन मान्यताओं की कड़ी परीक्षा करता है और देखता है कि उनकी ये मान्यताएँ कहाँ तक मानी जा सकती हैं। फिर वह उनके विशेष-विषेष सत्यों को भी तार्किक कसौटी पर रखता है। ज्ञातव्य है कि तर्कशास्त्र में कुछ विचार के नियम हैं, जैसे तादात्म्यता का नियम, विरोध का नियम आदि। समाज-दर्शन इन्हें इन्हीं विचार के नियमों की कसौटी पर कसता है और देखता है कि वे तर्क संगत तो हैं, उनमें कोई विरोधाभास तो नहीं है, आदि और ऐसा करने के लिए समाज-दर्शन उनका पूर्ण विश्लेषण करता है।

परन्तु समाज-दर्शन का काम उनका विश्लेषण कर उन्हें यों ही अलग-अलग छोड़ देना नहीं है, बल्कि उनसे एक सम्बद्ध तथा क्रमबद्ध ज्ञान भी बनाना है। यह

समाज-दर्शन का रचनात्मक स्तर है। अपने इस रूप में यह विशेष-विशेष समाज विज्ञानों के एकांगीपन को दूर कर, उन्हें एक जगह लाकर उनसे एक पूर्ण ज्ञान बनाना है । यहाँ समाज-दर्शन पूर्णतया परिकल्पी बन जाता है और इन समाज-विज्ञानों की धारणाओं पर चिन्तन या मनन करके पूर्ण सत्ता के विषय में एक चित्र उपस्थित करता है, उसके किसी एक भाग का ही नहीं। दर्शन होने के नाते ज्ञान का सम्बद्ध, व्यवस्थित और क्रमबद्ध होना तो आवश्यक ही है। समाज-दर्शन काम इन्हीं दो प्रक्रियाओं द्वारा होता रहता है और इसी प्रकार उसका कोष भी भरता रहता है।

जवाहरलाल कोई व्यवस्थित सामाजिक दार्शनिक नहीं थे। उन्होंने समाज के सामान्य पहलुओं पर गम्भीर चिन्तन नहीं किया। उन्होंने समाज की उन समस्याओं पर विशेष ध्यान दिया है जिनका राजनीतिक जीवन पर प्रभाव पड़ता है। कतिपय सामाजिक समस्या में राजनीतिक समस्याओं के साथ एकाकार हो जाती हैं। ऐसी समस्याओं के अध्ययन ने समाज-विज्ञान के क्षेत्र में एक नवीन विषय का जन्म दिया है जिसे राजनीतिक समाज शास्त्र के नाम से जाना जाता है। जवाहरलाल ने समाज को राजनीति की पृष्ठभूमि में परखने की कोशिश की। यदि राजनीति को समाज की पृष्ठभूमि में ने देखा जाये तो राजनीति उद्देश्यहीन हो जायेगी। यह कहना भी यथार्थ होगा कि यदि समाज को राजनीति की दृष्टि नहीं दी जाये तो समाज थोथा रह जायेगा, वह अपने लक्ष्यों को प्राप्त नहीं कर सकेगा। इंसलिए पंडित नेहरू ने लोकतंत्र और समाजवाद को सिक्के के दो पहलू माना। वस्तुतः लोकतंत्र समाजवाद का एक राजनीतिक स्वरूप और समाजवाद समाज का एक राजनीतिक स्वरूप है।

अगले अध्याय में समाजवादी शासन व्यवस्था और लोकतंत्र पर सम्यक् प्रकाश डाला जायेगा।

लोकतंत्र : समाजवादी शासन व्यवस्था का एक रूप-समाजवादी शासन व्यवस्था

वास्तविक अर्थ में लोकतंत्र समाजवादी शासन व्यवस्था का पर्याय है। समाजवाद अथवा सामाजवादी शासन व्यवस्था में साम्यवादी (कुछ क्षेत्रों में जो 'समाजवाद' के नाम से जाना जाता है पर वह असल में 'समाजवाद' लाने का एक साधन मात्र है जैसे कि लोकतंत्र है। यह स्वयं साम्यवाद ही है समाजवाद नहीं) एवं लोकतंत्रीय शासन प्रणाली दोनों का सम्मिलित रूप होगी क्योंकि अर्वाचीनता की ओर अग्रसर रहते हुए इन दोनों के विकास एंव प्रगति की अन्तिम एवं पूर्ण स्थिति ही समाजवाद कहलायेगी।"[6] इसमें न तो साम्यवाद की उग्रता एवं कठोरता रहनी चाहिए और न

अविकसित लोकतंत्रीय शासन प्रणाली की पूँजीवाद-संबंधी बुराइयाँ। ऐसी दशा में पहुँचने पर समाज का प्रत्येक सदस्य समाज के हर क्षेत्र में शक्तिशाली बन जायेगा। इस प्रकार समाज के प्रत्येक सदस्य के शक्तिशाली हो जाने पर समाज स्वत: ही शक्तिशाली बन जायेगा। तभी समाजवाद अथवा समाजवादी व्यवस्था सफल सिद्ध होगी। 'समाज के जीवन के हर क्षेत्र' से तात्पर्य है कि यदि समाज के कुछ सदस्य विशिष्ट मामलों में अलग-अलग शक्तिशाली बनाये जायेंगे तो 'सहयोग' समाजवाद का एक ऐसा आधार स्तम्भ है जिससे प्रत्येक सदस्य की सेवा समाज के लिए अर्जित की जा सकेगी साथ ही बिना समाज के सहयोग के सदस्यों की विशिष्टतायें व्यर्थ सिद्ध होंगी, इस प्रकार जीवन के जिन क्षेत्रों में प्रत्येक सदस्य शक्तिशाली नहीं बन सकता हैं। तो 'समाज' कुछ विशिष्ट सदस्यों को विशिष्ट मामलों में दक्ष बनाकर उनकी विशिष्टताओं से अपने जीवन के हर क्षेत्र को शक्तिशाली बना सकता है। समाजवादी शासन व्यवस्था के अन्तर्गत राज्य को अथवा शासन तंत्र को 'समाज' के इशारे अथवा संकेत पर कार्य करना पड़ेगा। समाज में किसी भी प्रकार की व्यवस्था के लिए नियम विनियमों का निर्माण एवं परिवर्तन 'समाज' स्वयं करेगा अथवा अपने द्वारा निर्वाचित प्रतिनिधियों द्वारा प्रत्यक्ष अथवा अप्रत्यक्ष रूप में। चूँकि युगानुरूप परिस्थितियाँ बदलती रहती हैं, इसलिए समाज द्वारा स्थापित अथवा निर्मित प्रत्येक नियम, उपनियम को परिस्थितियों के अनुरूप परिवर्तित करने का कार्य समाज स्वयं प्रत्यक्ष अथवा अप्रत्यक्ष रूप में करेगा, जिसके लिए बहुमत समाज के वयस्क सदस्यों की कुल संख्या के आधे से अधिक संख्या की इच्छा एवं स्वीकृति का निर्णय ही मान्य होगा।[7]

समाजवादी शासन व्यवस्था अथवा समाजवादी भवन के चार मुख्य आधार स्तम्भ हैं-

1. सत्य (सच्चाई), 2. सहयोग, 3. स्वतंत्रता, एवं 4. समानता

समजवादी व्यवस्था के इन चारों स्तम्भों, जिन पर समाजवाद का भवन खड़ा है, के विकास, संवर्द्धन तथा सुरक्षा के लिए शिक्षा एक आवश्यक लेप (पालिश) का काम करती है। यदि शिक्षा का यह लेप (पालिश) क्रमश: समाजवाद के भवन व उसके आधार स्तम्भों के बाहर चढ़ता रहा तथा नींव के समय गारे के रूप में भी इसका पूर्ण उपयोग किया गया तो इस समाजवाद की नींव सशक्त एवं स्थिर रहेगी जिससे समाजवादी भवन जीर्ण-क्षीर्ण होकर गिरने नहीं पायेगा। दूसरा, शिक्षा से ही सत्य (सच्चाई), सहयोग, स्वतंत्रता एवं समानता के पूर्व अर्थ की जानकारी अथवा ज्ञान संभव है और शिक्षा से ही इसका रूप विकृत नहीं हो पायेगा। इसलिए शिक्षा एवं शिक्षा प्रणाली जितनी श्रेष्ठ होगी उतना ही समाजवादी भवन अधिक

टिकाऊ एवं सुंदर होगा। अतः समाजवाद के अन्तर्गत समाज का शिक्षित होना भी आवश्यक है क्योंकि यह शिक्षा श्रेष्ठ एवं समाजोपयोगी है।

(*i*) 'सच्चाई' से तात्पर्य है कि समाज का प्रत्येक सदस्य सत्य बोले एवं प्रत्येक व्यावहारिक अथवा सैद्धान्तिक कार्यो को सच्चाई से ही पूर्ण करे। प्रत्येक मनुष्य का व्यवहार, कार्य एवं वाणी सत्य (सच्चाई) से ही सुसज्जित हो।[8]

(*ii*) सहयोग (को-ऑपरेशन) भी समाजवाद का एक आधार स्तम्भ है। मानव और समाज एक ओर अभिन्न है। इसी कारण प्रत्येक मानव व्यवहार, विचार एवं वचन (वाणी) से एक-दूसरे से संबंधित होता है। इस संबंध का मुख्य आधार सहयोग है, समाज के प्रत्येक कार्य को पूर्ण करने के लिए मानव-मानव के बीच सहयोग आवश्यक है। मानव-मानव के सहयोग से ही समाज अटल रहेगा, खण्डित नहीं होगा एवं शक्तिशाली बनेगा। और समाज के अटल एवं शक्तिशाली रहने से समाज के नियम उपनियम सर्वत्र मान्य होंगे अथवा ऐसा स्थिर एवं सशक्त समाज सर्वत्र अपने द्वारा, प्रत्यक्ष अथवा अप्रत्यक्ष रूप में, निर्मित अथवा परिवर्तित नियम उपनियम लागू करेगा। यह सहयोग मानव-मानव में मधुर संबंध स्थापित करेगा।

(*iii*) 'स्वतंत्रता' समाज तथा उसके सदस्य मानव का जन्मसिद्ध अधिकार है जिससे उसको वंचित नहीं किया जा सकता। परन्तु ऐसी स्वतंत्रता जो दूसरों के लिए परतंत्रता अर्थात् पराधीनता लाती है, अवश्य प्रतिबंधित होनी चाहिए। चाहे वह मानव जीवन के किसी भी क्षेत्र में हो, स्वतंत्रता के मूल अर्थ में मानव मात्र की उच्शृंखलता को सम्मिलित नहीं किया जाना चाहिए। यह समाज स्वयं निर्णय करेगा कि मानव के कौन-कौन से कार्य स्वाधीनता में सहायक हैं और कौन-कौन से कार्य पराधीनता उपस्थित करते हैं, जिन कार्यो की स्वतंत्रता से वह मानव को पराधीन बनाता है चाहे वह जीवन के किसी क्षेत्र से संबंधित अवश्य लगना ही चाहिए अथवा उसे सीमित कर देना चाहिए।

(*iv*) समानता का तात्पर्य है कि मानव समाज में उत्पन्न कृत्रिम असमानता की समाप्ति एवं दैविय अथवा प्राकृतिक असमानता को सीमित या न्यून करते हुए पूर्ण समानता स्थापित करना है। ताकि एक मानव दूसरे मानव को भिन्न न समझे एवं एक में दूसरे से ईर्ष्या भाव उत्पन्न नहीं हो। पूर्ण समानता स्थापित करने के लिए समाज में मानव द्वारा कृत्रिम साधनों से

उत्पन्न असमानता को समाप्त करना प्रथम कार्य होगा। फिर प्राकृतिक असमानता को समाज में सीमित करना दूसरा कार्य होगा। समाज में मानव द्वारा उत्पन्न अथवा स्थापित असमानता को स्वयं मानव ही समाप्त कर सकता है जो कि समाज का एक सदस्य है। अत: एक-दूसरे के सहयोग से यह कृत्रिम असमानता अवश्य समाप्त की जा सकती है। साथ ही प्रकृति द्वारा उत्पन्न अथवा स्थापित असमानता को समाज एवं मानव के बल-बुद्धि के सहयोग से पूर्णत: समाप्त नहीं भी कर सकता, या सीमित तो उसे अवश्य कर सकता है। कम-से-कम आधुनिक विज्ञान ने तो ऐसा करने में सरलता प्रदान कर दी है।

असमानता को समानता में बदलने में जितना योगदान श्रम का है उतना दूसरे का नहीं। वह श्रम चाहे बौद्धिक हो अथवा शारीरिक (किन्तु कुछ लोग शारीरिक श्रम को हेय दृष्टि से देखते हैं)। इसलिए समाजवाद के अन्तर्गत श्रम के किसी भी रूप के प्रतिहीनता की भावना का होना आवश्यक एवं उसके मार्ग में बाधक है।

दूसरा असमानता को समानता में परिणत करने के लिए प्रत्येक में त्याग की भावना का होना अनिवार्य है, कुछ सुविधाओं का त्याग संक्रमण काल में निम्न तथा पिछड़े वर्ग को करना पड़ेगा जिससे उन्नत वर्ग के समानान्तर वह ऊँचा उठ सके। ये वे सुविधायें हैं जो निम्न तथा पिछड़े वर्ग की श्रमशीलता में ह्रास लाती हैं तथा अल्प बचत योजना में बाधक बनती हैं। एवं उन्नत वर्ग अर्थात् उच्च वर्ग को अपनी सेवाओं, सुविधाओं एवं धन-सम्पत्ति तथा बुद्धि कौशल का त्याग समाज के निम्न एवं पिछड़े वर्ग के कल्याण के लिये करना आवश्यक है परन्तु इस कल्याण कार्य में वे कार्य वर्जित हों जो व्यक्ति को पंगु विलासी बनाने में सहायक हों तथा श्रमिक की श्रमशीलता अथवा कार्य कुशलता में ह्रास उत्पन्न करते हों, ताकि उच्च तथा निम्न अथवा पिछड़े वर्ग में परस्पर अन्तर न रहे तथा उनके मध्य ईर्ष्या-द्वेष की भावना भी समाप्त हो जाये। इसके लिए दोनों वर्गों का सहयोग एवं क्रियाशील होना आवश्यक है। यदि दोनों वर्गों के मध्य उत्पन्न असमानता को समाप्त कर समानता स्थापित करने में केवल शासन अथवा शासक वर्ग का ही हाथ है तो ऐसी समानता स्थिर नहीं रहेगी एवं शासन के बल-बूते पर स्थापित समानता कुछ समय के बाद निरर्थक सिद्ध होगी। परन्तु दोनों वर्गों के मध्य समानता स्थापित में शासक वर्ग अथवा शासन का सहयोग भी आवश्यक है, जिसके कारण शासन के निम्न तथा पिछड़े वर्ग को संरक्षण कुछ समय के लिये एवं उच्च वर्ग को उनके कल्याण के कार्यों के लिए प्रेरणा प्रदान करनी होगी परन्तु किसी भी प्रकार का संरक्षण संरक्षित व्यक्ति को कर्मठ एवं बुद्धिमान बनाने में सहायक हो न कि विलासी एवं पराश्रयी।

तीसरा, असमानता को समानता में परिणत करने के लिए संयम का भी विशेष स्थान है। जनसाधारण में वाणी का संयम एवं चरित्र का सयम अनिवार्य रूप से होना चाहिए, संयमित जीवन व्यक्ति को शक्तिशाली, बुद्धिवान एवं विवेकशील बनने व बनाने में सहायक होता है जबकि असंयमित जीवन व्यक्ति को पतनोन्मुख करने में सहायक होता है। संयमित जीवन व्यक्ति, व्यक्ति को संगठित करता है परन्तु असंयमित जीवन व्यक्ति अथवा उसके व्यक्तित्व के विघटन में सहायक होता है।

इस प्रकार यह स्पष्ट हो जाता है कि अब तक किसी देश अथवा राष्ट्र अथवा भू-भाग का प्रत्येक व्यक्ति श्रम की महत्ता को नहीं समझ सकता तब तक केवल शासक वर्ग द्वारा केवल शासन के बल-बूते पर ही समानता स्थापित करना असंभव-सा है।[9] यदि समानता इस प्रकार स्थापित हो भी गई तो वह क्षणिक ही होगी। व्यक्ति अपने श्रम का प्रयोग या त्याग अपने भरण-पोषण के अतिरिक्त परिवार, समाज, देश तथा समाज के पिछड़े एवं निम्न वर्ग के कल्याण के लिए कब और किस प्रकार करे? यह व्यक्ति की विवेकपूर्ण कार्यकुशलता पर ही निर्भर है जिससे उसके श्रम से स्वयं का कल्याण तो होगा ही, साथ ही मानव-जाति के लिये अधिकतम कल्याण की सृष्टि संभव होगी।

समाजवाद के मुख्य चार आधार स्तम्भ के अलावा, इन सबके सुरक्षा-सम्बर्द्धन करने वाली है "शिक्षा"। जो समाजवाद के किले के साथ-साथ उसके आधार स्तम्भों के लिये एक लेप (पालिश) का काम करती है। अगर शिक्षा का यह पालिश समाजवाद के किले तथा उसके आधार स्तम्भों पर कच्ची एवं कृत्रिम रूप में चढ़ाई हो तो इससे उनकी सुरक्षा दीर्घ अवधि तक संभव नहीं होगी। इस प्रकार समाजवाद में शिक्षा का भी प्रमुख एवं महत्वपूर्ण स्थान है। इसलिए शिक्षा के उत्तम होने से समाजवाद की सुरक्षा जितनी संभव एवं चिरस्थायी हो सकती है उतनी ही शिक्षा के घटिया एवं कृत्रिम हो जाने पर समाजवाद अपने आधार स्तम्भों सहित छिन्न-भिन्न हो जायेगा। समाजवाद की यही छिन्न-भिन्नता समाजवाद को ह्रास की ओर अग्रसर करती हुई नाममात्र के लोकतंत्र की तह पर डाल देगी। फिर उसे (समाजवाद को तथा लोकतंत्र को) या तो प्राचीन राजनीतिक व्यवस्था के तहखाने में बन्द होना पड़ेगा या फिर लोकतंत्र को (यदि उसमें कुछ भी शक्ति सामर्थ्य एवं स्थायीत्व हो) समाजवाद की ओर दूसरा प्रयास करना पड़ेगा। परन्तु समाजवाद की पूर्णता के बाद उसकी पूर्ण ह्रासात्मक स्थिति में आने तक कई वर्ष लग सकते हैं, क्योंकि समाजवादी व्यवस्था मानव जीवन के लिये सुखकर, शांतिदायक, समृद्धि तथा आनन्ददायक सिद्ध होगी जो समाजवाद की अपनी विशेषता है जिस व्यवस्था

को समाज या समाज का सदस्य मानव स्वयं छोड़ने को तैयार नहीं होगा। मानव की भूल व लापरवाही ही ऐसी उत्तम समाजवादी व्यवस्था के ह्रास का कारण बनती है।

पंडित नेहरू का समाज-दर्शन

पंडित जवाहरलाल नेहरू यद्यपि प्राकृतिक विज्ञान के छात्र थे। किन्तु उनका चिन्तन क्षेत्र इतिहास था। सभ्यताओं के ऐतिहासिक विकास में उनकी गहरी रुचि थी। उनकी समाजशास्त्रीय पुस्तकों में 'डिस्कवरी ऑफ इण्डिया', 'ग्लिम्पसेज ऑफ वर्ल्ड हिस्ट्री' तथा 'मेरी आत्मकथा' प्रसिद्ध हैं। इन पुस्तकों में उनके सामाजिक विचारों की अभिव्यक्ति मिलती है तथा पंडित नेहरू ने अपने इतिहास संबंधी विचारों की विशद् व्याख्या की है।

अपने गहन अध्ययन के माध्यम से उन्होंने यह समझा कि भारत की समस्त समस्यायें एक विकृतिपूर्ण अर्थव्यवस्था की देन है। उन्होंने महसूस किया कि भारत के पास एक महान् सांस्कृतिक विरासत है किन्तु इसके वावजूद भी वह उन्नति के मार्ग पर चलने में असमर्थ रहा है। इसका एक मुख्य कारण उन्होंने यह बताया कि भारत में धर्मान्धता तथा दकियानूसीपन की वजह से कई सामाजिक कुरीतियों का प्रचलन हो गया है। जीवनदायिनी परम्परा का विनाश और रूढ़िवादी कुरीतियों का प्रचार बराबर होता रहा है। सामन्तवाद, जमींदारी प्रथा तथा धार्मिक स्वार्थों की वजह से भारत उन्नति के मार्ग पर नहीं चल सका है। उन्होंने महसूस किया कि जब तक इन कुरीतियों को समूल विनष्ट नहीं किया जायेगा, तब तक उन्नति का मार्ग प्रशस्त नहीं हो सकेगा। इसके लिए यह आवश्यक है कि वैज्ञानिक दृष्टिकोण की स्थापना की जाये और भारत के लोगों को यह समझाया जाये कि जब तक आधुनिक विश्व की नयी चेतना से लाभ नहीं उठाया जायेगा तब तक सही अर्थ में समानता नहीं लायी जा सकेगी।

पंडित नेहरू महात्मा गाँधी के इस विचार से असहमत थे कि भारत को पश्चिमी सभ्यता की आवश्यकता नहीं है। वे अन्तर्राष्ट्रीयवाद के इतने बड़े कायल थे कि वे भारत की कल्पना बिना अन्तर्राष्ट्रीयवाद के कर ही नहीं सकते थे। वे कहते थे कि विज्ञान ने जो परिवर्तन किये हैं उनकी वजह से भारत अब अकेले में नहीं जी सकता। इस प्रकार अन्तर्राष्ट्रीयता के मार्ग पर अग्रसर होने के लिए एक मात्र उपाय यही है कि हम अपने अतीत के इतिहास से सबक सीखें, जब हम इस दिशा की ओर अग्रसर होते हैं तो हमें केवल समाजवाद का मार्ग दिखायी पड़ता है-एक ऐसा समाजवाद जो आर्थिक समृद्धि भी लाये और लोकतंत्र के सिद्धान्तों के

अनुकूल भी हो। अपनी समाजवाद की अवधारणा को सही सन्दर्भ में रखने के प्रयास में पंडित नेहरू को अपनी ऐतिहासिक दृष्टि से सहायता मिली। "डिस्कवरी ऑफ इण्डिया" में इस विषय की विशद् चर्चा की गयी है।

पंडित नेहरू ने अपने पश्चिमी देशों से संकलित ज्ञान से भी बहुत फायदा उठाया। वे 19वीं शताब्दी के उत्तरार्द्ध में जन्मे "फैबियन सोशलिज्म" के सम्पर्क में आये और उसका उन्होंने महान अध्ययन किया। फैबियन सोशलिज्म की नींव ब्रिटेन में सिडनी वैब, ग्राहम वैलास, वर्नार्ड शॉ, सिडनी ओलिवियर आदि बुद्धिवादियों ने डाली। इन व्यक्तियों ने लोगों को यह समझाया कि समाजवाद एक सहज रूप से ग्रहण किया जाने वाला सिद्धान्त है। इसको लाने के लिए किसी हिंसा, क्रान्ति या किसी अकस्मात् किये जाने वाले परिवर्तन की आवश्यकता नहीं है। उन्होंने कहा कि ब्रिटेन में औद्योगिक क्रान्ति के पश्चात् यह नवीन विचारधारा स्वतः ही देश में प्रवेश कर रही है और इसका स्वागत किया जाना चाहिए। इस नवीन विचारधारा ने ब्रिटेन को एक नयी दिशा प्रदान की। औद्योगिक क्रान्ति द्वारा उत्पन्न कई सामाजिक और आर्थिक विकृतियों के वावजूद ब्रिटेन ने किसी हिंसक क्रान्ति की आवश्यकता महसूस नहीं की। फैबियन सोशलिज्म के अनुसार भूमि और सम्पत्ति पर सामाजिक नियंत्रण होना चाहिए किन्तु इस प्रक्रिया में सम्पत्ति की बढ़ोत्तरी में कोई व्यवधान नहीं होना चाहिए। इसके अतिरिक्त इस व्यवस्था का प्रचलन एकदम किसी क्रान्ति द्वारा नहीं बल्कि शनैः-शनैः होना चाहिए। पंडित नेहरू ने इस सिद्धान्त का गहन अध्ययन किया और इसकी मूलभूत भावना से अपनी सहमति व्यक्त की। लेकिन वे यह भी जानते थे कि इस प्रकार की विचारधारा का पूर्ण औचित्य तभी समझा जा सकता है जब यह औद्योगीकरण के संदर्भ में समझी जाये। फैबियन सोशलिज्म के जिस विचार से उनको सबसे अधिक प्रेरणा मिली वह था फैबियन समाजवादियों की धारणा कि, किसी भी परिवर्तन के पीछे हिंसा की भावना नहीं होनी चाहिए। पंडित नेहरू ने इस विचार को आसानी से महात्मा गाँधी के अहिंसा के सिद्धान्त से जोड़ दिया और अपने समाजवादी सिद्धान्तों में इसका समावेश किया।

इसके अलावा पंडित नेहरू ने मार्क्सवादी दृष्टिकोण का भी गहन अध्ययन किया। मार्क्सवादी समाजशास्त्र के अध्ययन से उनका इतिहासवादी दृष्टिकोण और भी अधिक पुष्ट हो गया था। राजनीति दर्शन के क्षेत्र में पंडित नेहरू का सबसे बड़ा योगदान यह है कि उन्होंने भारतीय इतिहास को समाजवादी दृष्टिकोण से समझने का प्रयत्न किया। संक्रमणकालीन भारत में उन्हें जो अनुभव हुए थे उनके आधार पर उन्होंने भारत के पुरातन इतिहास के पीछे की ओर मुड़कर मनन किया। उन्होंने भारत की विरासत को अतिशय आकर्षक रूप में प्रस्तुत नहीं किया। उन्होंने

अपनी "भारत की खोज", "विश्व इतिहास की झलक" तथा "आत्मकथा" में भारतीय इतिहास की अव्यवस्थित तथा असमंजकारी घटनाओं तथा ब्यौरे के बीच अधिक गम्भीर प्रयोजन को ढूँढ निकालने का प्रयत्न किया। उन्होंने भारतीय ऐतिहासिक विकास की जीवन शक्ति के रहस्य को जानने की चेष्टा की, क्योंकि आक्रमणों, विश्रृंखलाओं तथा ऊपरी पराभव और पतन के वावजूद भारत ने अपना कायाकल्प करने की विस्मयकारी क्षमता का परिचय दिया है। भारत की सांस्कृतिक, अविच्छिन्नता का उन्हें सूक्ष्म बोध था और इस बात ने उन्हें भारतीय पुनर्निर्माण के कार्य के लिए प्रचण्ड उत्साह प्रदान किया। इस सैद्धान्तिक जानकारी ने उनकी राजनीतिक नीतियों को भी प्रभावित किया। उन्होंने भारत में घटने वाली घटनाओं को विश्व की परिस्थितियों के संदर्भ में भी देखने का प्रयत्न किया। भारतीयों में पृथकत्व की तथा अनेक संकीर्ण क्षेत्र में सीमित रहने की जो प्रवृत्ति व्याप्त थी उसकी उन्होंने निर्मम आलोचना की। वे इस पक्ष में थे कि भारतीय वस्तुओं को विश्व के संदर्भ में देखा जाये। यद्यपि पंडित नेहरू की समाजशास्त्रीय तथा ऐतिहासिक रचनाओं में अधिक दार्शनिक गहराई तथा सैद्धान्तिक मौलिकता नहीं है, किन्तु उनमें ठोस यथार्थवाद देखने को मिलता है और इसका कारण यह था कि उन्हें मानव-समूह, मनोविज्ञान तथा राजनीति की गतिशील शक्तियों की गम्भीर पकड़ थी। उन्हें आधुनिक भारतीय समस्याओं का व्यापक अनुभव था जिसने उन्हें आधुनिक इतिहास की मुख्य प्रवृत्तियों को पहचानने के लिए वस्तुगत संदर्भ प्रदान किया। अपनी "विश्व इतिहास की झलक" में उन्होंने सभ्यता तथा कला के क्षेत्र में एशिया के योगदान की ओर ध्यान केन्द्रित करने का प्रयत्न किया।[10] यह पश्चिम से उन इतिहासकारों की संकीर्ण देशभक्ति का उत्तर है जिनकी दृष्टि सदैव यूनान तथा एजीयन संस्कृति पर केन्द्रित है।

पंडित नेहरू की स्वतंत्रता में दृढ़ और उग्र आस्था थी। वे भारतीय स्वतंत्रता के एक महान सेनानी थे। उन्होंने औपनिवेशिक देशों की स्वतंत्रता का भी खुलकर समर्थन किया। किन्तु वे समानता तथा न्याय के आदर्शों के भी परम भक्त थे, इसलिए उन्होंने कांग्रेस को इस बात की प्रेरणा दी कि वह समाजवादी ढंग से समाज के आधार पर जनता के आर्थिक तथा सामाजिक कल्याण के लिए साहसपूर्वक प्रयत्न करें।[11] उन्होंने यह भी कहा कि सरकारी खेती तथा अधिकांशतः नियोजित अर्थव्यवस्था इस दिशा में महत्वपूर्ण कदम है।[12] उन्होंने भारत के संसदीय लोकतंत्र की नींव को मजबूत करने का भी प्रयत्न किया, यद्यपि कुछ क्षेत्रों में उन्हें 'लोकप्रिय अधिनायक' माना जाता था। उन्होंने अपनी सैद्धान्तिक रचनाओं तथा कार्यकलाप दोनों के द्वारा प्रतिनिधि लोकतंत्र की धारणा को आर्थिक संदर्भ प्रदान करके विस्तृत

बनाने का प्रयत्न किया। 15 दिसम्बर सन् 1953 ई० को संसद में एक भाषण के दौरान उन्होंने राजनीतिक तथा आर्थिक लोकतंत्र के समन्वय का आदर्श प्रस्तुत किया।[13] परन्तु राजनीतिक स्वतन्त्रता तथा आर्थिक न्याय का समन्वय पंडित नेहरू का मौलिक विचार नहीं है। वह तो उन्नीसवीं शताब्दी के सामाजिक लोकतंत्र (लोकतान्त्रिक समाजवाद) फेबियनवाद तथा अमेरिकी और ब्रिटिश समाजवाद की विरासता का अभिन्न अंग है। कॉटस्की, मैनहश्म, और लास्की ने भी इस प्रकार के समन्वय का समर्थन किया। फिर भी यह मानना पड़ेगा कि पंडित नेहरू ने इस विचार को लोकप्रिय बनाने के लिए महत्वपूर्ण कार्य किया।

भारत की राजनीति, सामाजिक तथा आर्थिक समस्याओं के संबंध में पंडित नेहरू का दृष्टिकोण वैज्ञानिक था। वे देश का प्रवुद्धीकरण करने में विश्वास रखते थे। वे बुद्धिवाद तथा बौद्धिक स्वतन्त्रता के भक्त थे। उनके वैज्ञानिक दृष्टिकोण ने ही उन्हें आधुनिकता का समर्थक बना दिया था। उनकी भारत को एक आधुनिक राष्ट्र बनाने के उत्कट अभिलाषा थी और इसीलिए उन्होंने स्त्रियों का सामाजिक तथा विधिक उद्धार करने का प्रयत्न किया ओर एहिकवाद का समर्थन किया। उन्हें पुनरुत्थानवाद से घृणा थी और सम्प्रदायवाद के वे कट्टर शत्रु थे। उनकी हार्दिक इच्छा थी कि भारत वैज्ञानिक दृष्टिकोण को अपना ले, क्योंकि वे समझते थे कि वही मध्ययुगीनता, पुरोहितवाद तथा सामाजिक सगंध का अन्त कर सकता है। देश का औद्योगीकरण तथा प्राविधिक प्रगति वैज्ञानिक दृष्टिकोण की स्वीकृति के ही पहलु हैं। पंडित नेहरू तत्त्वशास्त्रीय समस्याओं में रुचि नहीं थी और न उन्हें पसन्द था कि राजनीतिक तथा आर्थिक विचारों को धार्मिक रहस्यवाद की आलंकारिक भाषा में व्यक्त किया जाये। वे चाहते थे कि सामाजिक तथा राजनीतिक समस्याओं को वैज्ञानिक दृष्टिकोण से देखने और समझने का प्रयत्न किया जाना चाहिए।[14] उन्होंने अपनी "इंडिया टुडे एण्ड टुमारो" (भारत का वर्तमान तथा भविष्य) शीर्षक आजाद स्मारक व्याख्यानमाला में विज्ञान तथा औद्योगिकी का मानवतावादी सहिष्णुता तथा करुणा के आदर्शों के साथ समन्वय करने पर बल दिया। वैज्ञानिक तथा आधुनिकता की खोज पंडित नेहरू का भारतीग सामाजिक तथा राजनीतिक चिन्तन को महत्त्वपूर्ण योगदान है।

वैज्ञानिक मानवतावाद

पंडित जवाहरलाल नेहरू को मानव स्वभाव की सर्जनात्मक संभावनाओं में विश्वास था। तुर्गो, कोदर्से और लेनिन की भाँति उन्हें भी प्रगति में विश्वास था। वे जीवन में सदैव आगे देखने वाले व्यक्ति थे। उनको प्रगति, निरन्तर प्रगति में विश्वास था।

उन्होंने अपनी पुस्तक "भारत की खोज" में ऐतरेय ब्राह्मण के उस सूत्र को जिसका भाव था चरैवति, चरैवति उद्धृत किया।

वे वैज्ञानिक मानवतावाद के आदर्श को स्वीकार करते थे। अपनी "भारत की खोज" में उन्होंने लिखा है कि टैगोर भारत के महानतम मानवतावादी थे।[15] किन्तु श्री टैगोर का मानवतावाद इस दार्शनिक विश्वास पर आधारित था कि परमात्मा सम्पूर्ण विश्व में व्याप्त है। इसके विपरीत पंडित नेहरू संशयवादी थे, इसलिए वे मनुष्य को केवल एक अनुभवगम्य वस्तु मानते थे। पंडित नेहरू को किसी ऐसी शाश्वत और अपरिवर्तनशील सत्ता में विश्वास नहीं था जो मनुष्य के अस्तित्व को प्रयोजन प्रदान करती हो। इसी दृष्टि से उनका चिन्तन रवीन्द्रनाथ के दर्शन से भिन्न था। पंडित नेहरू के मन में मानव के कष्टों और दु:खों को देखकर जो गहरी और संवेदनायुक्त प्रतिक्रिया होती थी वही उनके मानवतावाद का आधार था। शताब्दी के तृतीय दशक में उन्होंने उत्तर प्रदेश के किसानों के बीच जो भ्रमण किया उससे उन्हें देहाती जनता की ओर दुर्दशा और निराशा का साक्षात्कार हुआ। इससे उनकी कलात्मक आत्मा को भारी आघात पहुँचा और उन्होंने शीघ्र ही इन कष्टों का उन्मूलन करने के लिए संघर्ष करने का वीरत्वपूर्ण संकल्प कर लिया। अपने संघर्षों तथा निजी चिन्ताओं के बीच भी उन्होंने मानव के प्रति अपने प्रेम को तथा मनुष्य के कर्म की सृजनात्मक होतव्यता में अपनी श्रेष्ठ आशा को अक्षुण्ण रखा। उन्होंने इस बात पर बराबर बल दिया कि वैज्ञानिक दृष्टिकोण तथा बुद्धिवादी पद्धति की नींव पर नये भारत का निर्माण करने के लिए समर्पण की भावना से गत्यात्मक कर्म किया जाये। साथ ही साथ उन्होंने विज्ञान के प्रचलित प्रकृतिवादी दृष्टिकोण के मुकाबले में मानवीय मूल्यों तथा प्रतिष्ठा को पुनः स्थापित करने की प्रेरणा दी।

समाजवाद : जीवन की एक पद्धति

पंडित नेहरू को समाजवाद के आदर्शों ने काफी प्रभावित किया। समाजवाद को वे आर्थिक पुनर्निर्माण का सिद्धान्त मात्र नहीं मानते थे, बल्कि उसे वे जीवन-दर्शन मानते थे। समाजवाद के प्रति उनका अनुराग मानवतावादी ढंग का नहीं बल्कि आर्थिक समाजवाद का है। मैक्स एडलर के समान उन्हें नैतिक समाजवाद में गहरा विश्वास था।

विश्व घटनाचक्र की गतिविधि के कारण समाजवाद संसार के नवनिर्माण का सर्वमान्य साधन हो गया है और इसलिए कोई आश्चर्य नहीं यदि पंडित नेहरू की कल्पना एवं चेतना को समाजवाद ने एक नयी प्रेरणा दी हो। जीवन के एक दर्शन

के रूप में एवं अपने वैज्ञानिक एवं आर्थिक पहलुओं से समाजवाद ने पंडित नेहरू को प्रभावित किया है।[16] इनकलाबी परिवर्तनों के द्वारा ही राजनीतिक एवं आर्थिक गुलामी की बेड़ियाँ टूट सकती हैं-ऐसे इनकलाबी परिवर्तन जो जमीन एवं उद्योग-क्षेत्रों के वर्ग-श्रार्थो को मटियामेट कर दें तथा भारत के सामंतकालीन स्वच्छंद राजवाड़ों का मूलोच्छेद कर दें। इस तरह क्रूरताओं एवं खून खराबी को बाद देकर रूसी आदर्श पर राष्ट्र का भावी निर्माण संभव हो सकता है। इस बीच यदि कोई विश्व-व्यापी प्रलयकांड न हो गया, तो एक आदर्श के रूप में समाजवाद उन सभी संघर्षों एवं युद्धों का अन्त कर देगा, जिसकी पैदाइश पूँजीवाद से होती है।

अराजकतावादी भी एक प्रकार के समाजवादी ही हैं। फिर भी अराजकतावादी सिद्धान्त को लक्ष्य मानते हुए भी अनेक लोगों ने एक शक्तिशाली केन्द्रित समाजवादी शासन के लिए ही प्रयत्न किए हैं। अराजकतावाद में एक उत्तेजना है जिसकी परिणति एक ऐसी भयंकर हिंसा में होती है जो सर्वथा गर्हित है।[17] मूलतः अराजकतावाद एक दर्शन, एक आदर्श है जिसका प्रभाव अनेक उत्कृष्ट व्यक्तियों पर पड़ा है।[18]

अराजकतावादियों की तरह श्रम संघवादियों ने सरकार को नगण्य या कम-से-कम उसकी शक्तियों को सीमित करने के प्रयत्न किए हैं। प्रत्येक उद्योग-धन्धे में लगे मजदूरों का संचालन वहाँ के संगठित श्रमजीवी-संघ को करना होता है। अन्त में इन भिन्न-भिन्न संघों को अपने प्रतिनिधि चुनने होते हैं जो राष्ट्र संसद में एक शक्ति होकर राष्ट्र का संचालन करते हैं। इस लक्ष्य की सिद्धि के लिए श्रम-संघवादी सर्वव्यापी हड़ताल की नीति का प्रचार करते हैं। उनका कहना है कि ऐसी हड़ताल से विवश होकर स्वयं पूँजीपति श्रमजीवियों को सारे सत्य दे देंगे।

मार्क्सवाद यह नहीं चाहता कि सरकार एक धक्के के साथ एक बार में खत्म हो जाये। उसकी दृष्टि में एक समय ऐसा होगा जब सरकार सामूहिक जिम्मेदारी के कार्यों में जनता को पूर्ण शिक्षित कर स्वयं विलीन हो जायेगी। मार्क्सवादी विचार पद्धति एक ऐसी प्रचंड शक्ति है जिसके दुर्दांत-प्रहारों से पूँजीवादी गढ़ की बुनियाद हिल गयी है और संसार के साम्राज्य पतझड़ के पीले पत्तों की तरह झड़ते-गिरते नजर आ रहे हैं। पंडित नेहरू की दृष्टि में समाजवाद जीवन की एक पद्धति है जिसकी कसौटी पर मानव वृत्तियों एवं कृत्यों को कसा जा सकता है। इसमें कर्म की पुकार है और एक ऐसा प्रयास जो मानवी इतिहास को तर्क-सम्मत शृंखलाबद्ध देगा-ऐसी शृंखला जिसमें भाग्य रेखा की सी ध्रुवता एवं अवश्यंभाविता निहित है।

मार्क्स के विचार में किसी न किसी रूप में वर्ग-संघर्ष सभी युगों में वर्तमान रहा है और इतिहास के प्रति उनका दृष्टिकोण यह था कि समाज की रूपरेखा

निरन्तर परिवर्तनशील एवं विकासशील है। अतएव यह ध्रुव है कि अपनी आन्तरिक असंतुलन के कारण पूँजीवाद क्रान्तियों के असंख्य थपेड़ों से जर्जर होकर एक दिन स्वयं धूलिसात हो जायेगा।

मार्क्स को पंडित नेहरू ने रूसी भाग्य विचार के रूप में माना है और इस व्ययित विश्व के लिए उनके संदेशों में एक महान प्रेरणा के दर्शन किए हैं। पंडित नेहरू ने कहा है कि यह बड़ी ही प्रशंसा की बात है कि मार्क्स की कितनी ही भविष्यवाणियाँ सत्य हुई हैं। समाजवाद के सार्वभौम रूप में पंडित नेहरू की गहरी आस्था है और उनके आगे अब यह सवाल नहीं है कि समाजवाद मान्य है या अमान्य। सवाल यह है कि समाजवाद के प्रचार प्रसार की गतिविधि कैसी होनी चाहिए। पंडित नेहरू का कहना है कि हमारा आदर्श यह होना चाहिए कि हमारे देश में राजनीतिक स्वतंत्रता के साथ-साथ सामाजिक एवं आर्थिक समता का प्रचार हो जाए और सभी तरह के शोषण खत्म हो जायें। यों संसार के समाजवादी आदर्श से मिलकर हम एक रूप हो जायें।

विगत महायुद्ध ने इंग्लैण्ड के दकियानूसी राजनीतिज्ञों के दिमाग पर भी एक खासा अच्छा असर पैदा किया है। इन्होंने युद्धोत्तर विश्व के निर्माण के लिए अनेक योजनाएँ बनाई हैं। निस्संदेह इस विशाल नरसंहार एवं सम्पत्ति-विनाश की चोट खाए बिना सामाजिक संतुलन एवं न्याय की ओर किसी का ध्यान ही नहीं जाता। आत्मरक्षा एवं प्रजातन्त्र की भावना को समाजवाद के कुछ उसूलों को ग्रहण करना ही होगा। इसके बिना विश्वव्यापी विप्लब से निस्तार मिलन संभव नहीं।

मार्क्स के समाजवाद पर यह दोष मढ़ा जाता है कि दर्शन की दृष्टि से यह बिल्कुल निस्सार है, अर्थशास्त्र की दृष्टि से बिल्कुल थोथा और राजनीतिक साधन की दृष्टि से नितान्त हिंसक। समाजवाद के आलोचकों ने मार्क्स को कोसने में बुरे से बुरे शब्दों का प्रयोग किया है। मार्क्स एक ढोंगी राजनीतिज्ञ है और उसकी सारी की सारी सामाजिक योजनाएँ विश्व के लिए विनाशकारी हैं-उनके नव-निर्माण की कल्पना एक बालक के घरौंदे से ज्यादा महत्व नहीं रखती है। इतिहास का केवल भौतिक-दृष्टि से मूल्यांकन करना हानिप्रद है और समाज को केवल इतना ही समझना कि उसकी जीभ केवल श्रम मजदूरों एवं रुपए-पैसे पर टिकी है, एक पागल-की-सी उटपटांग-सी बात है। इतिहास की यह समीक्षा भी दोषपूर्ण है कि वर्ग-विद्वेष समाज में सदा से रहता आया है। थोड़े में जैसा कि केनिज ने कहा है-समाजवाद इतिहासों के सामने नियति के एक अचूक संकेत के रूप में खड़ा रहेगा कि आखिर इस तरह के एक बोदे एवं असंयत सिद्धान्त का प्रभाव मानव के

मन पर इतना स्थायी और गहरा कैसे हो सका और साथ ही इतिहास की गतिविधि को कैसे प्रभावित कर सका।

पुनश्च यह कहा जाता है कि मार्क्स का समाजवाद उद्योग क्षेत्र के सर्वहारा श्रमजीवी वर्ग पर ही केवल लागू है और यह केवल पूर्ण-रूपेण उद्योगीवृत्त देशों में ही सफल हो सकता है। मजदूर-वर्ग राजसत्ता को अपने हाथों में लेकर सारे उत्पादन के साधनों को सरकारी बना देता है और यों यह स्वयं वर्ग-विहीन होकर सभी वर्गों को मिटाता हुआ आखिरकार सरकार को भी मिटा देता है। पंडित नेहरू मार्क्सवाद में थोड़ा बदलाव चाहते थे और वह यह कि सभी प्रकार की वैयक्तिक सम्पत्ति को मटियामेट न किया जाये। पंडित नेहरू के मत में रूसी आर्थिक विधान का अंधानुकरण देश के लिए हितकर नहीं होगा। किसी देश में मार्क्सवाद के प्रसार के लिए यह जरूरी है कि वहाँ एक खास तरह की स्थिति हो और उसकी ऐतिहासिक प्रवृत्तियों का सम्मान एक खास दिशा में हो। जरा फूँक-फूँककर चलने से अनेक कष्टों से बचा जा सकता है, किन्तु बिना इनकलाबी योजना के जमीन और उद्योग की समस्याएँ तथा और बड़ी-बड़ी समस्याएँ हल नहीं हो सकतीं।

अनुभववाद, समुदायवाद और (पंडित नेहरू का) समाजवाद

अनुभववाद, समुदायवाद का मिलान पंडित नेहरू के समाजवाद के साथ किया जा सकता है। आर्थिक सुधार के क्षेत्र में जो नये-नये कानून बने, इनको लोग सुधारवाद, भौतिकतावाद, प्रगतिवाद एवं ऐसे ही उनके नामों से संबोधित किया, परन्तु इनकी जड़ में समुदायवादी प्रवृत्ति ही काम कर रही थी। औद्योगिक जीवन में उत्पादन के काम ऐसी बारीकी से बँटे हुए हैं कि क्या पूँजीपति और क्या मजदूर किसी का असीमित श्रम करना सर्वथा बेकार ही है। समुदायवादी सिद्धान्त के द्वारा ही उत्पादन को हितकर बनाया जा सकता है। इसके द्वारा ही अधिक से अधिक मुनाफा करने की प्रवृत्ति दूर हो सकती है और होड़ा-होड़ी की प्रवृत्ति तथा सर्वाधिकार भोग की भावना भी इसी के द्वारा दूर की जा सकती है। समुदायवादी मार्क्सवाद के इस सिद्धान्त को अस्वीकार करता है कि मनुष्य अपने कार्यों में स्वच्छंद नहीं है। इसी तरह वर्ग विद्वेष के सिद्धान्त पर भी समुदायवाद की आस्था नहीं है।

आर्थिक व्यक्तिवाद और वैयक्तिक अधिकार की भावना, दोनों एक ही चीज नहीं। यह व्यक्तिवाद क्रम-जीवी अथवा समाज के हकों को अस्वीकार नहीं करता। व्यक्तिवाद यह कदापि नहीं चाहता कि पूँजीपति उत्पादन एवं वितरण पर एक क्षेत्र अधिकार का उपभोग करे। समुदायवाद के मानी है स्वत्वों को समाज के हाथों दे देना, महदूरों के हित में कानून बनाना, चीजों की दर उचित रीति से निश्चित

करना एवं कर-निर्धारण तथा जमीन-संबंधी कानून बनाना समुदायवादी इस बात को नहीं मानता कि औद्योगिक होड़ के उद्दीपक कारणों को हटा देने से मनुष्य के व्यक्तित्व विकास को धक्का लगेगा। आज की प्रत्येक राजसत्ता ने होड़ा-होडी की प्रवृत्तियों पर अंकुश लगा दिए हैं और बात यह है कि कर्म-कौशल केवल आर्थिक लाभ की भावना से ही नहीं बढ़ता। स्वत्वों के समाजीकरण पारिश्रमिक और सामाजिक स्थिति में क्रमिक सफलता आ सकेगी—ऐसी भी संभव है। यह संभावना रूस में प्रत्यक्ष रूप में देखी जा सकती है, क्योंकि रूस को संसार की घटना से प्रभावित होकर विशुद्ध मार्क्सवादी सिद्धान्तों को छोड़ना पड़ा।

प्रयोगवादी समुदायवाद का मत है कि उद्योग-धन्धों पर चाहे व्यक्ति का अधिकार रहे, चाहे संघ का या सरकारी कानूनो का-किसी भी स्थिति में जनहित के लिए ऐसा कुछ शासन आवश्यक है जिससे मजदूर एवं समाज की हितों की रक्षा हो सके। दकियानूसी से दकियानूसी सरकारें एवं व्यवहार-कुशल व्यापारी इस बात में सहमत हैं कि किसी न किसी तरह की नव-निर्माण की योजना बनानी ही होगी। केवल इसी विश्वास से काम नहीं चलेगा कि बडे-बडे उद्योग-धंधों का समाजीकरण हो जाये। 1932 में संयुक्त राष्ट्र अमेरिका में एक कमेटी सामाजिक प्रवृत्तियों की जाँच के लिए बनी थी। अनेक बहुमूल्य आँकड़ों के बल पर इसने यह सिद्ध किया कि आज की आर्थिक सांस्कृतिक एवं संवैधानिक समुन्नति के बावजूद भी बेकारी माँग से अधिक उत्पादन एवं सामाजिक सुधार की समस्याएँ हल नहीं हो पाई हैं।

हमारे सामाजिक जीवन में एक व्यापक शैथिल्य जड़ जमाए हुए है और हमारे सामाजिक विचारों को रूढ़िवाद जकड़े हुए है। इसीलिए प्रयोगानुगामी समुदायवाद ही सबसे अच्छा सिद्धान्त दिख पड़ता है, जिससे और सिद्धान्तों की अति से बचा जा सकता है। आज सबसे बड़ी समस्या यह है कि नवीन आर्थिक योजनाओं के अन्दर हमारी राजनीतिक एवं सामाजिक स्वतंत्रता सुरक्षित रह सकेगी कि नहीं। अब यह एक मामूली-सी बात है कि कम-से-कम सामाजिक न्याय के लिए ही व्यक्तिवाद की जगह समुदायवाद को ही ग्रहण करना होगा।

समाजवाद के मत्थे यह दोष मढ़ा जाता है कि वह समाज को व्यक्ति से ऊपर स्थापित कर देता है तथा उसमें सरकार की भावना उग्र रूप से पार किए हुए है। किन्तु जैसा कि प्रत्यक्ष देखते हैं, सरकार तो एक साधन है, जिसका कर्त्तव्य यह है कि वह श्रमजीवी वर्ग का हित साधना करे तथा न्याय, स्वतन्त्रता एवं बंधुत्व के आदर्शों का प्रचार प्रसार करे।

दूसरा दोष जो बड़ी आसानी से समाजवाद पर मढ़ा जाता है, वह है समाजवाद की समाजीकरण की भावना। इस भावना का प्रयोग सर्वहारा वर्ग ने धनपतियों के विरुद्ध नारों के रूप में किया है। किन्तु मार्क्स ने यह कभी भी नहीं माना कि सामाजीकरण परिस्थितियों में नितान्त समानता हो जाये। समाजवाद के द्वारा उन्होंने वैयक्तिक प्रभुत्व की बुराइयों एवं अनियंत्रित होड़ा-होड़ी की भावना को दूर करने का प्रयास भर किया।

समाजवाद, पूँजीपतियों एवं जमींदार को मूलोच्छेद करने का प्रचार करता है-ऐसा माना जाता है। और इस समाजवादी भावना को बौद्धिक डकैती का नाम दिया जाता है। किन्तु समाजवाद की यह एक खास खूबी है कि इसने हमारे औद्योगिक संगठन की खामियों की ओर (समाजवाद व्यवस्था के भीतर) हमारा ध्यान आकृष्ट किया है। मनुष्य के दो प्रधान अधिकार-काम करने का हक और रोज भोजन पाने का हक (पूँजीपति की वहम तथा वर्ग-विभेद की भावना पर निर्भर नहीं कर सकते)।

समाजवाद के दो प्रधान सिद्धान्त हैं-(*i*) औद्योगिक होड़ा-होड़ी का निराकरण, और (*ii*) उद्योग-क्षेत्र में वैयक्तिक स्वामित्व का अन्त। इनकी वजह गुण या परिमाण किसी भी लिहाज से उत्पादन में कमी नहीं आती और तरह की होड़े जिनका आधार मुनाफा नहीं है, समाजवाद के अन्दर ग्रहण की गई है। रूस में इनके उदाहरण मिलते हैं। सिद्धान्तः यूरोप की अनेक सरकारों ने प्रयोगानुगामी समुदायवाद को स्वीकार कर लिया है। इसे सभी मानते हैं कि किसी भी सरकार का यह कर्त्तव्य है कि वह आर्थिक मामलों में स्वयं हस्तक्षेप करे-इसलिये कि कहीं वैयक्तिक प्रभुत्व के कारण समाज में धांधली न फैल जाये और सामाजिक जीवन का स्तर बहुत नीचा न हो जाये। रूस के अलावा, जर्मनी के 1919 वाले संविधान एवं इस्टोनिया के संविधान में इस पर जोर दिया गया कि सरकार का यह अधिकार है कि वह सामाजिक सुविधा-सहूलियतों के लिए बीमा-योजना एवं खाद्यों के वाणिज्य-व्यापार का नियंत्रण करे तथा गुप्तखोरी का दमन करे।

पंडित नेहरू ने कहा था-"हड़पने की भावना पर स्थित जो समाज है, वहाँ समाजवाद कभी फूल फल नहीं सकता। इसलिए यह जरूरी है कि इस भावना का नियंत्रण किया जाये और मुनाफे की उग्र पद्धति को दूर किया जाये।"[19] दूसरा प्रोग्राम था-समाजवाद किसी देश पर लादा नहीं जा सकता, किन्तु इसका प्रचार प्रसार अवश्यंभावी है। समाजवाद के प्रचार के लिए हिंसक-साधनों से पंडित नेहरू को आन्तरिक घृणा है। वे चाहते हैं कि मौजूदा स्थिति में रहकर ही सामाजिक रूपरेखा में आमूल परिवर्तन शीघ्रता से किया जाये।[20]

हिंसा को हटा देने से समाजवाद शुद्ध और पावन हो जाता है। अलवर्ट नोफिल का कहना है कि भावी जगत शुद्ध समाजवाद की छाया में सुख पाएगा। मानवीय समुन्नति का चरम बिन्दु समाजवाद में निहित है, क्योंकि समाजवाद वैज्ञानिक, सांस्कृतिक एवं कलात्मक सभी प्रकार के विकासों को नवीन चेतना और प्रेरणा देता है। इसी प्रकार के शुद्ध सुसंस्कृत समाजवाद के भीतर मानव की शांतिपूर्ण शास्वत समुन्नति संभव हो सकती है-ऐसे समाजवाद में मनुष्य की शक्तियों का परिचालन लोककल्याण की भावना से होगा। कवि टेनिसन ने कहा भी है-

जब प्रत्येक व्यक्ति पाएगा
अपना हित सबके हित में
और करेंगे कर्म सभी
बन्धुत्व-भाव से संसृति में।

भारतीय समाजवाद और उसका भविष्य

पंडित नेहरू के अनुपम त्याग तथा अटल विश्वास के कारण ही, उनका स्थान भारतीय समाजवादियों में अग्रगण्य था। पाश्चात्य देशों में जिस प्रकार का समाजवाद चल पड़ा था, वे उसे अन्ध भक्त नहीं थे और वे महसूस करते थे कि भारत के लिए उपयुक्त बनाने के लिए पाश्चात्य समाजवाद के वसूलों में कुछ परिवर्तन परिष्कार आवश्यक होगा। पंडित नेहरू की दृष्टि में समाजवाद कोरा राजनीतिक सिद्धान्त नहीं, वे उसे मानव धर्म के रूप में ग्रहण करते थे, और उसकी प्रेरणा पर भारतीय स्वतंत्रता के लिए प्रयास करते थे। उनका विश्वास था कि स्वतंत्रता भारत के लिए सर्वोपरि आवश्यक ध्येय है, और जब तक इसकी प्राप्ति नहीं होती तब तक कांग्रेस का एक ही लक्ष्य होगा-स्वराज्य प्राप्ति।

तीन बार कांग्रेस के अध्यक्ष होकर भी यदि पंडित नेहरू अपने समाजवादी विचारों का प्रकाशन नहीं करते तो वे आत्म-प्रवंचना के भागी होते। उनकी इच्छा थी कि कांग्रेस एक समाजवादी संस्था होकर विश्व की उन सभी शक्तियों का साथ दे जो समाजवादी सभ्यता के लिए प्रयत्नशील हैं। फिर भी वे इस नतीजे पर पहुँचे थे कि कांग्रेस सभी की सभी समाजवादी मान्यताओं को स्वीकार करने के लिए बाध्य नहीं की जा सकतीं। ऐसा करने से आपसी फूट फैल सकती थी, इसीलिए एकता के लिए कन्धे से कन्धा मिलाकर स्वराज्य की लड़ाई लड़ने की प्रतिज्ञा की थी। उनका कहना था कि "निस्संदेह यह संभव है कि हम सभी जिनका भारतीय स्वतंत्रता में विश्वास है सामाजिक मामलों में मतभेद रखते हुए भी इस लक्ष्य को लेकर सर्वथा एकमत होकर प्रयास करें।"

सुभाष चन्द्र बोस, एम०एन० राय, प्रवृत्ति समाजवादियों ने पंडित नेहरू की इस मनोवृत्ति की खिल्ली उड़ाई है। इस संबंध में भारतीय समाजवाद का इतिहास आलोकप्रद है। 1823 में, जब कांग्रेस के एक दल ने चुनाव के संघर्ष के लिए स्वराज-पार्टी की स्थाना की तो इसको लेकर तीन पार्टियाँ बन गईं। ये पार्टियाँ थीं, कौंसिल समर्थक पार्टी, कौंसिल विरोधी पार्टी और कांग्रेसी समाजवादी पार्टी। कांग्रेसी समाजवादी पार्टी ने 17 मई 1834 में एक कान्फ्रेंस की। कुछ बुद्धिजीवी भारतीयों में उमंग की लहर दौड़ आयी और उन्होंने कांग्रेसी-समाजवादी पार्टी को कायम किया। कांग्रेस नाम इसलिए जोड़ दिया गया कि यह मालूम हो कि यह नवीन पार्टी कांग्रेस से पूर्णतः सम्बद्ध है। स्वराज्य के पिछले संघर्ष के एक सुन्दर परिणाम के रूप में इस पार्टी का स्वागत हुआ। साम्राज्यवाद, पूँजीवाद, विदेशी शासन एवं फेडरेशन का कट्टर विरोधी इस पार्टी का मुख्य कार्यक्रम बना। नवीन आर्थिक व्यवस्था के भीतर बालिग मताधिकार का समर्थन इस पार्टी का रचनात्मक कार्यक्रम बना। फैजाबाद में समाजवादियों का जो तीसरा सम्मेलन हुआ था उसने नए शासन-विधान का घोर विरोध किया था। चुनाव की लड़ाई में इस पार्टी ने कांग्रेस को पूरा सहयोग दिया। किन्तु कांग्रेस-पार्लियामेंटरी-कमेटी का खुला विरोध किया, क्योंकि उसने उस उक्त समाजवादियों को चुनाव में आने की अनुमति नहीं दी थी। इस सम्मेलन ने घोषणा की कि साम्राज्यशाही फासिज्म की आड़ में प्रजातंत्र का गला घोट रही थी। इसीलिए इसने जनता से अपील की थी कि वह युद्ध से दूर रहे, युद्ध के लिए न तो सिपाही दे और न एक पैसा दे।

पंडित नेहरू न तो धुँधली अस्पष्ट बातों के फेर में आते थे और न हवाई किले बनाने वाली स्कीमों का चकमा ही उन्हें लुभा सकता था-ऐसी स्कीमें जिन्हें पूरी करने की इच्छा शक्ति किसी में नहीं थी। फल यह हुआ कि अधिकतर समाजवादी उनसे निराश हो गये थे, क्योंकि उनका विश्वास था कि कांग्रेस के अध्यक्ष की हैसियत से वे पंडित नेहरू कांग्रेस को समाजवादी कार्यक्रम की ओर गोद देंगे। इसलिए अनेक दिशाओं से पंडित नेहरू पर बौछार आने लगे थे। उनके कटु आलोचकों में अग्रग थे-श्री सुभाषचन्द्र बोस। बोस ने कहा था कि "पंडित की अवस्था बड़ी दिलचस्प है। उनके विचार और दृष्टिकोण मूलतः परिवर्तनवादी हैं और वे अपने को कट्टर समाजवादी कहते हैं। किन्तु हैं वे महात्मा के अंध भक्त। यह कहना ज्यादा युक्तिसंगत होगा कि जहाँ उनका मस्तिष्क वामपक्षी लोगों के साथ है, वहाँ इनका हृदय महात्मा गाँधी के साथ जुड़ा हुआ है और फिर-महात्मा गाँधी ने कांग्रेस के अध्यक्ष के चुनाव में पंडित नेहरू के पक्ष में अपना मत दिया और इसी के साथ महात्मा गाँधी और पंडित नेहरू के बीच उस राजनीतिक मेल

का सूत्रपात हुआ जिसके कारण सोशलिस्ट पार्टी और पंडित नेहरू के बीच एक गहरी खाई पड़ गई। श्री बोस ने आगे चलकर यह कहा कि महात्मा गाँधी ने स्वराज्य प्राप्ति को सर्वोपरि बनाकर अनेक वामपंथी नेताओं को अपने साथ कर लिया। कांग्रेस कार्यकारिणी समिति में किसी भी वामपक्षी नेता को न लेकर महात्मा गाँधी ने कांग्रेस को बाध्य करने का प्रयत्न किया। गाँधी-इर्विन समझौता होने के बाद पंडित नेहरू भी उसको सर्व-सम्मति से पास होने में बाधक नहीं हो सके। हालाँकि कांग्रेस के अध्यक्ष और एक वामपक्षीय नेता होने की हैसियत से यह उनसे उम्मीद की जाती थी। जब समझौता हो गया और पंडित नेहरू ने कहा कि यद्यपि इनका इस समझौते की अनेक बातों से गहरा मतभेद है, तो भी कांग्रेस के एक आज्ञाकारी सदस्य के नाते उन्हें उस पर अमल करना ही है। फिर 1932 में सविनय अवज्ञा आन्दोलन के अस्थगित होने पर पंडित नेहरू अपने समाजवादी तथा साम्यवादी विचार प्रकट किए थे। देश में महात्मा गाँधी को छोड़कर सबसे ज्यादा प्रियनेता तथा सारे मुल्क में प्रतिष्ठित और सम्मानित होकर भी पंडित नेहरू इस बात में असफल रहे।

कट्टर समाजवादी होते हुए भी श्री सुभाषचन्द्र बोस ने सोशलिस्ट पार्टी के रचनात्मक नेतृत्य कभी भी नहीं किया। उन्होंने भारतीय समाजवादी दल को सदा यह कहकर खिल्ली उड़ाई कि वह फेबियन सिद्धान्तों से बुरी तरह प्रभावित हैं। श्री बोस का कहना था कि भारतीय समाजवादियों के विचार पुराने पड़ गये हैं। उन्होंने सोशलिस्ट पार्टी का इसलिए विरोध किया कि उसने सोशलिस्टों के अलावा उन सभी लोगों को अपने दल में शामिल कर लिया जो कौंसिल प्रदेश के प्रश्न पर कांग्रेस से असंतुष्ट हो गये थे। उनके मत से यह बड़े ही दुर्भाग्य का विषय था कि कौंसिल-प्रवेश का विरोध सोशलिस्ट पार्टी की ओर से हो क्योंकि धारा-सभाओं के भीतर से स्वराज्य-संग्राम को चालू रखना समाजवादी वसूलों के बिल्कुल प्रतिकूल नहीं है। जो कुछ भी हो, इतना तो सत्य है कि कांग्रेसी समाजवादी दल कांग्रेस के अन्दर प्रतिवादी लोगों का दल था। इस दल को उन समर्थ लोगों का सहयोग भी अभी नहीं मिला जिनकी ओर पार्टी की आँखें लगी हुई थीं। उन लोगों का बल यदि मिल जाये तो सोशलिस्ट पार्टी बहुत आगे निकल जाती। इसी विश्वास से कि एक दिन वे स्वयं सोशलिस्ट पार्टी का नेतृत्व करेंगे, श्री बोस ने वामपक्षीय लोगों का एक दल बनाया जो रामगढ़ के गडबड़ झाले के बाद फारवार्ड ब्लॉक के नाम से मशहूर हुआ।

हरिपुरा कांग्रेस अधिवेशन के अध्यक्ष पद से दिये अपने अभिभाषण में श्री बोस ने कहा "कांग्रेसी समाजवादियों की ओर मुझे वकालत नहीं करनी है और मैं

उस पार्टी का मेम्बर भी नहीं हूँ। किन्तु यह अच्छा है कि देश की वामपक्षी शक्तियों का सम्मिलित मोर्चा खड़ा किया जाये और यह मोर्चा मूलतः समाजवादी सिद्धान्तों पर ही आधारित किया जाये। कुछ मित्र इस दल को सोशलिस्ट पार्टी का नाम देना नापसन्द करते हैं, किन्तु नाम से कोई झगड़ा नहीं। इसे आप ब्लॉक, लगी या पार्टी किसी भी नाम से पुकारिये।" राष्ट्रीय कांग्रेस की निर्धारित सीमाओं के भीतर यह सर्वथा संभव है कि एक वामपक्ष वालों का दल हो जो सामाजिक वसूलों पर अपना कार्यक्रम तैयार करे। समाजवाद हमारा तात्कालीन ध्येय नहीं, तो भी समाजवादी कार्यक्रम को देश के सामने उपस्थित करना इसलिए जरूरी है कि स्वराज्य प्राप्ति के बाद समाजवाद को ग्रहण करने के लिए देश पहले से ही तैयार रहे–

श्री बोस ने निम्न कारणों से फारवार्ड ब्लॉक की आवश्यकता का प्रचार किया था।

1. दक्षिण पक्षवालों के नाम पक्षवालों को मिनिस्ट्री में लेना अस्वीकार कर दिया।
2. दक्षिण पक्ष के आगे स्वराज्य-संग्राम का कोई तात्कालीन प्रोग्राम नहीं था।
3. समाजवादी एवं साम्यवादी नेता वामपक्ष वालों को एक सूत्र में बाँधने के काम में असफल रहे थे।
4. गाँधी सेवा संघ के तत्त्वाधान में दक्षिण-पक्ष वालों के वामपक्ष वालों को बहुत छोड़ दिया-जनसेवा के काम में वे आगे बढ़ गए थे।

फॉरवार्ड ब्लॉक के कर्त्तव्यों का वर्णन किया जाता है। वाम पक्षीय संगठन कमेटी को इसने बेकार सिद्ध कर दिया था। रायवादी कांग्रेसी, समाजवादी एवं साम्यवादी प्रवृत्ति प्रगतिवादी सभी दलों ने इस कमेटी से संबंध-विच्छेद कर लिया और अब वामपक्षीय शक्तियों के भानी केवल किसान-सभा एवं फॉरवार्ड ब्लॉक ही रह गया था। फॉरवार्ड ब्लॉक का दावा है कि उसने देश को समझौते करने वाली एवं विधानवादी मनोवृत्ति से बचा लिया था। इसने कांग्रेस के युद्ध के समय सभी प्रत्यनों को विफल कर दिया। इस देश में स्वराज्य संग्राम के अनुकूल वातावरण तैयार किया और पीछे जो सफल मुक्ति अभियान हुआ उसका श्रीगणेश रामगढ़ में फारवार्ड ब्लॉक ही ने कर दिया था।

लेकिन फॉरवार्ड ब्लॉक का यह दावा सर्वथा ठीक नहीं जान पड़ता। यह कहना कि फॉरवार्ड ब्लॉक देश की सभी वाम-पक्षीय शक्तियों का एकमात्र प्रतिनिधित्व करता है या फॉरवार्ड ब्लॉक ने ही देश में युद्धोचित वातावरण तैयार किया। एक विवादग्रस्त विषय है। वैयक्तिक मामलों को वाद देकर यदि सोचा जाये तो फॉरवार्ड

ब्लॉक की कोई आवश्यकता नहीं दिखाई पड़ती। श्री एम०एन० राय ने कहा है-"मुझे कभी विश्वास नहीं हो सका कि फॉरवार्ड ब्लॉक की कभी देश में आवश्यकता है।" श्री बोस ने स्वयं स्वीकार किया था कि फॉरवार्ड ब्लॉक का कार्यक्रम मूलतः वही है जो कांग्रेस का। फॉरवार्ड ब्लॉक के संगठन में फासिस्ट मनोवृत्ति की झलक मिलती है। कांग्रेस जनतांत्रिक वसूलों पर चलती है, अतः फारवार्ड ब्लॉक की संगठन में उसकी दिलचस्पी नहीं हो सकती। पंडित नेहरू ने इस दल के प्रति अपने विचारों को व्यक्त किया था कि यद्यपि फॉरवार्ड ब्लॉक में कुछ सोशलिस्ट आ मिले हैं तो भी इस दल का कार्यक्रम कांग्रेस के कार्यक्रम से बिल्कुल भिन्न नहीं दिख पड़ता। दोनों में अन्तर केवल गतिविधि को लेकर है। खतरा यह है कि कहीं अवसरवादी एवं दुस्साहसी दुराग्रही लोग इस दल में न आ टपकें। फिर फासिस्ट दलों ने भी समाजवादी नारों को कभी-कभी स्वीकार किया था। अतएव स्पष्ट सिद्धान्तों के अभाव में इस दल को भी गुमराह हो जाने का डर था।

श्री एम०एन० राय के नेतृत्व में मौलिक परिवर्तनवादी लोगों ने कांग्रेस को अपने असूलों की ओर मोड़ने के प्रयत्न किए, किन्तु यहाँ भी किसी विशेष कार्यक्रम के अभाव एवं वैधानिक मामलों को लेकर कांग्रेस से इनका विरोध हो गया था। श्री राय ने उस देश के लिए अहिंसा के सिद्धान्त को अस्वास्थ्यकर बतलाया। जहाँ की जनता बुभुक्षा की आँच से तड़प रही हो, उसके मत में यह सिद्धान्त जनता की शक्तियों को पंगु बना देगा और फलतः स्वराज की लड़ाई कमजोर पड़ जायेगी। पुनश्च भारतीय जनता का अन्तरात्मा इस सिद्धान्त के द्वारा प्रकाशित नहीं हो सकती थी। यह सिद्धान्त वर्ग स्वार्थ पर आधारित होती है और उन सभी लोगों को इससे रक्षा मिल जाती थी जो क्रान्ति के दिनों में भी सुखोपयोग का देश या विदेश से सर्वाधिकार पाए हुए हैं।

श्री राय पंडित नेहरू के मत्थे अव्यावहारिक आदर्शवादी होने का दोष मढ़ते हैं। श्री राय कहते थे कि नेहरू जब अंग्रेज राजनीतिज्ञ को यह कहते हैं कि 'तुम भारत को छोड़ दो' तो हँसी आती है। नेहरू सुन्दर शब्द जाल में अपनी फासिस्ट मनोवृत्तियों को छिपाने की कोशिश करते थे। वे कांग्रेस को कुछ ऐसी नीति की ओर ले जा रहे हैं जो देश के लिए न तो प्रतिभा की और न कल्याण की बात होगी। श्री राय फॉरवार्ड ब्लॉक के संचालन के विषय में अपनी अनभिज्ञता प्रकट करते थे। हालाँकि उनमें और फौरवार्ड ब्लॉक में अनेक बातों में समानता थी। फॉरवार्ड ब्लॉक के विषय में उनका कहना था कि किसी विशिष्ट सैद्धान्तिक आधार के अभाव में यह पार्टी कुछ दिनों में आपसे अपने आप विलीन हो जायेगी। इसलिए उन्होंने 1940 में प्रगतिवादी प्रजातंत्र पार्टी की स्थापना की, क्योंकि उनकी

दृष्टि में कांग्रेस की वह युद्ध-विषयक नीति नाजीवाद की सहायक हो रही थी। उनकी आशा थी कि कांग्रेस अपने को प्रतिगामी गाँधीवाद से मुक्त कर अपने असली आदर्श एवं कार्यक्रम को अपनाएगी। इस दल ने एक बड़ा ही शानदार दावा यह पेश किया कि प्रगतिवादी प्रजातन्त्र पार्टी कांग्रेस को मौलिक असूलों को लेकर चली थी। इस पार्टी का मुख्य उद्देश्य था देश की समस्त शक्तियों का साम्राज्यवाद के विरुद्ध ललकार कर तैयार कर देना। इस असूल पर श्री राय देश की प्रतिगामी से प्रतिगामी लोगों एवं दलों से समझौता करने के लिए तैयार हुए थे।

श्री राय महोदय में यह कैसा कल्पनातीत परिवर्तन हो गया था? श्री राय का व्यक्तित्व महान था, ये एक मशहूर कम्युनिष्ट एवं साम्राज्य विरोधी रह चुके थे। यहाँ स्वाभाविक तौर पर प्रश्न उठता है कि क्या यह पार्टी विश्वास करती थी कि युद्ध साम्राज्यवादी की रक्षा के लिए चल रहा था और फिर साम्राज्य शाही के अन्त होने पर यह पार्टी अपने साम्यवादी कार्यक्रम को किस तरह काम में लायेगी? श्री राय महोदय का जीवन सनसनीखेज घटनाओं से भरा हुआ था और इस प्रकार का जीवन भारतीय मन पर प्रभाव नहीं डाल सकता। साम्राज्य शाही के विरुद्ध युद्ध-घोषणा के अतिरिक्त राय पार्टी के पास और कोई रचनात्मक प्रोग्राम भी नहीं, यह एक बड़ी कमी रही थी।

श्री निवास आयंगर भी जो अपनी तरह के एक प्रसिद्ध सोशलिस्ट थे, पंडित नेहरू के एक प्रबल आलोचक रहे थे, वे किसी भी सोशलिस्ट पार्टी के साथ अपना संबंध नहीं जोड़ सके थे। उनके कुछ सिद्धान्त थे पूर्ण स्वराज्य की प्राप्ति, एक दलीय सरकार, मिश्रित मंत्रिमंडल एवं हिन्दू और मुसलमानों के प्रतिनिधियों की बराबर-बराबर संख्या। ये सिद्धान्त बिल्कुल तर्कसंगत नहीं और इसलिए इन पर कोई गम्भीर चिन्तन करने की जरूरत नहीं समझी।

सोशलिस्ट को ये सभी पार्टियों इस बात पर ध्यान नहीं देती कि हिन्दुस्तान को अहिंसा के द्वारा स्वराज्य प्राप्ति इसलिए करनी थी कि यहाँ की जनता निरस्त्र थी। सोशलिस्ट पार्टी तभी एक बलशाली संस्था बन सकती है जब वह कोरा वाद-विवाद और गुटबन्दी की भावना को छोड़ दे। तब तक यह पार्टी साम्राज्यशाही एवं इनकलाब को लेकर बेशुमार बकबास करती रही थी और इसने सामाजिक सेवा को किसी रचनात्मक कार्यक्रम पर अमल नहीं किया था। यह पार्टी जनता सम्पर्क की बात तो करती थी किन्तु जनता से तब तक यह कोसों दूर रही थी। किसान सभा के पास भी कोई व्यापक कार्यक्रम नहीं था। समाजवादी सिद्धान्तों को यदि जनता तक पहुँचाया जाये तो उससे जनता शिक्षित होती और उसमें नवीन चेतना की लहर आती। किन्तु प्रचार-कला की जानकारी जब तक सोशलिस्ट पार्टी को नहीं थी।

रूसी आधार पर भारतीय समाजवाद का आधार भी ग्राम्य संगठन पर होना चाहिए न कि कुछ पढ़े-लिखे बाहरी लोगों पर।

राजनीतिक दाँव-पेंच की बात थोड़ी देर दूर रखकर सोशलिस्ट पार्टी को तब निरर्थक विरोध की भावना को छोड़ देना चाहिए था और तब ग्राम्य जीवन के संगठन में जो उनका ठोस प्रयास होना उसी के अनुपात में जनता का मत भी उनके पक्ष में हो जाएगा। गाँवों में जहाँ आधुनिक सभ्यता का प्रवेश नहीं हुआ था, वहाँ तब भी कौटुम्बीक भावना जाग्रत थी। इस भावना को परिष्कृत कर साम्यवादी साँचे में ढाला जा सकता था, तब तक सोशलिस्ट पार्टी ने किसी महान जन-नायक को पैदा नहीं किया। इसकी वजह यह थी कि तब तक इसने जनता की समस्याओं पर ध्यान नहीं दिया था और फलतः जनता के हृदय में इसके वसूलों का असर नहीं पड़ा था।

साथ ही साथ पंडित नेहरू की तरह इन समाजवादी नेताओं को यह भी जान लेना था कि इंग्लैण्ड और रूस जैसे पूर्णतः उद्योगीकृत देशों के आदर्श पर भारत में समाजवाद का प्रचार सफल नहीं हो सकेगा। जाने या अनजाने सोशलिस्ट रीति से ही तब भी समस्याओं का समाधान हो सकता था। किन्तु मजदूर वर्ग की व्यापक क्रान्ति की असम्भावना को दृष्टि में रखकर यह भी सोच लेना था कि महात्मा गाँधीजी द्वारा चलाई गयी वैयक्तिक त्याग और प्रचार की टेकनीक से ही लक्ष्य की सिद्धि संभव थी।

भारतीय संघ

भारतीय संघ की समस्या के प्रति 1919 से कांग्रेस ने ध्यान देना शुरू किया, हालांकि 1917 में सर्वप्रथम बरौदा के गायकवाड़ ने इस विषय की चर्चा चलाई थी। कांग्रेस ने नेहरू-कमेटी की स्थापना की और इस कमेटी ने 1928 में अपनी रिपोर्ट प्रस्तुत की थी। समस्त भारत के लिए एक संविधान की आवश्यकता पर इस रिपोर्ट में जोर दिया गया। हिन्दुस्तान के रजवाड़ों और ब्रिटिश सरकार के पारस्परिक संबंध की चर्चा करते हुए इस रिपोर्ट ने यह राय प्रकट की कि इन रियायतों का संबंध सम्राट के साथ वैयक्तिक रूप में नहीं है। पार्लियामेंट स्थित सम्राट के साथ इन रियासतों का संबंध है। अतएव रिपोर्ट में इन बातों पर जोर दिया गया था कि सारे भारत को एक संघ में शामिल होने में कोई विशेष अड़चन नहीं होनी चाहिए। रजवाड़ों के संधिपत्र में जो अधिकार हैं उनकी यदि रक्षा की जाये तो उनकी ओर से कोई भी आपत्ति नहीं होनी चाहिए। रिपोर्ट ने ब्रिटिश सरकार को खुले शब्दों में

अगाह कर दिया कि चाहे राजवाड़े भारतीय संघ में सम्मिलित हों या न हों, वह भारत में औपनिवेशिक स्वराज का श्रीगणेश जल्द से जल्द कर दें।

किन्तु मुस्लिम लीग की खिलाफत के कारण 1928 का सर्वदल-सम्मेलन सफल नहीं हो सका। 1930 से लेकर 1935 तक गोल-सभाएँ (राउण्ड टेबल कान्फ्रेंस) होती रही थी और अन्तत: 1935 में नवीन भारतीय विधान के अन्तर्गत भारतीय संघ का श्रीगणेश हुआ। 1935 के भारतीय कानून के मुताबिक जो संघ बना पंडित नेहरू उसके कट्टर विरोधी रहे। उनका कहना था कि इतिहास की यह एक बड़ी दुखद घटना है कि भारत के लोगों के विचार बदलती हुई दुनिया के साथ आगे नहीं बढ़ते। 1914-1918 के विश्वयुद्ध तथा रूसी क्रान्ति के बाद और संसार की भावी विषम परिस्थितियों के वावजूद भी भारत में नरम दल वाले तथा सम्प्रदायिक विचार वाले अपनी "तीन कनउजिया तेरह चुल्हे" वाली नीति को अपनाए हुए हैं। परिवर्तन से दूर भागने वाले नरम दल वालों तथा क्रान्ति के पुजारी नेताओं के बीच एक बड़ी खाई है। ये दोनों दो छोर पर हैं, उनके बीच भी जो कांग्रेसी जन है उनका मानसिक वातावरण भी कुछ शिथिल-सा हो रहा था। संघ भारत में इस रूप में चल नहीं सकता था, क्योंकि भारत की तस्वीर बदल गयी थी। सारे विश्व का नक्शा बदल गया था, तब गोल सभाओं के दिन लद गये थे। यह विचार था पंडित नेहरू के उन दिनों जब मुस्लिम लीग का साम्प्रदायिक जहर मुसलमानी फिरकों में फैल रहा था और नरम दल वाले अपनी खिचड़ी अलग पका रहे थे।

पंडित नेहरू ने भारतीय संघ का खुलकर विरोध किया था। फिर भी उन्होंने प्रान्तीय स्वायत्त-शासन को मानकर उसे कार्यान्वित करने की राय दी थी। 1936 में जब कांग्रेस ने चुनाव में भाग लेना निश्चित किया तो पंडित नेहरू ने इस संबंध में देश भर में एक तूफानी दौरा किया। जब कांग्रेस की विजय पूर्णरूप से हो गई तो दिल्ली में एक सभा हुई। उस सभा में कांग्रेस ने यह तय किया कि यदि मंत्रियों के अधिकारों पर हस्तक्षेप किया गया तो कांग्रेस मंत्रीत्व करना नामंजूर कर देगी। नेविल चैम्बर लेन की सरकार ने यह आश्वासन दिया और तब 1937 की जुलाई में कांग्रेसी मंत्रिमंडल मद्रास, बम्बई, सीमान्त बिहार, संयुक्त प्रान्त, मध्य प्रदेश एवं उड़ीसा में चालू ही कर दिया। पीछे चलकर असम में भी कांग्रेसी मन्त्रिमंडल बन गया। पार्लियामेंटरी कमेटी में रहते हुए पंडित नेहरू ने सभी कांग्रेसी शासन-क्षेत्रों में एक-सा कानून चलाने पर जोर दिया था। मद्य-निषेध हरिजनों की भलाई, प्रारंभिक शिक्षा, प्रेस की स्वतन्त्रता, देहातों में पंचायती शासन का पुनरुद्धार एवं कृषकों को कर्ज के भार से मुक्त करना ये सभी के सभी काम जो कांग्रेसी शासन क्षेत्रों में शुरू हुए इनमें पंडित नेहरू की ही प्रेरणा थी।

परन्तु शीघ्र ही प्रांतीय स्वायत्त शासन की खामियाँ सतह पर आ गईं। 1937 में संयुक्त प्रान्त एवं बिहार के कांग्रेसी मंत्रिमंडल इस्तीफा देने के लिए तैयार हो गया था। वह इसलिए कि राजनीतिबंदियों के मामले में मंत्रियों को पूर्ण अधिकार नहीं दिये जा रहे थे। वायसराय की अनुमति लेना आवश्यक हो जाता था। उड़ीसा में भी ऐसा ही संकट उत्पन्न हुआ। वह इस बात पर कि मंत्रिमंडल के अधीन रहने वाला एक सिविल सरवेंट (राज्यकर्मचारी) प्रांत का गवर्नर कैसे हो जायेगा? कांग्रेसी मंत्रिमंडलों ने ग्राम्य-संगठन, मद्य-निषेध, शिक्षा एवं अन्य सामाजिक सुधारों की अनेक योजनाएँ चालू कीं और कांग्रेस का कट्टर से कट्टर विरोधी भी इस बात को मानेगा कि कांग्रेस का यह पहला शासनकाल पूर्णतः सफल रहा। खासकर संयुक्त प्रांत, मद्रास, बम्बई और बिहार में मध्य-निषेध की योजना की शानदार सफलता में दो मत ही हो नहीं सकते थे। भाषा के आधार पर प्रांतों के पुनर्निर्माण की माँग को भी कांग्रेस ने स्वीकार कर लिया था।

विधान निर्मात्री परिषद् के लिए भी देश ने माँग की। 1939 सितम्बर की तीसरी तारीख को इंग्लैण्ड ने जर्मनी के विरुद्ध युद्ध छेड़ दिया था। अंग्रेजी सरकार ने समझ लिया कि कांग्रेसी युद्ध के दिनों में शासन में भाग न लेंगे। अतएव सरकार ने मंत्रियों के अनेक अधिकारों पर हस्तक्षेप करना शुरू कर दिया। मद्यनिषेध प्रवृत्ति अनेक योजनाओं को गैर कानूनी घोषित किया गया। 1939 में एक बिल पास हुआ जिसे "इंडिया एक्ट अमेंडिग बिल" कहते थे। इस बिल के द्वारा 1935 के भारतीय कानून में कुछ फेर-बदल दिया गया था। डॉ० कैलाश नाथ काटजू ने इसके बारे में ठीक ही कहा कि इस बिल ने यह सिद्ध कर दिया कि अंग्रेजों की नियत भारत के लोगों के साथ मिल-जुलकर शासन करने की हर्गिज नहीं है। इस बिल के लिए भारत का संघीय न्यायालय से अनुमति भी नहीं ली गयी। इस बिल के अनुसार संयुक्त प्रान्त के 'राजगार-टैक्स बिल' को गैर कानूनी करार दिया गया। इस तरह का बिल प्रान्तीय मंत्रियों के अधिकार के भीतर माना गया था। किन्तु ऐसा करके ब्रिटिश सरकार ने स्वायत्त-शासन के खोखलेपन को प्रकाश में ला दिया।

किन्तु सबसे टेढ़ा मामला तो यह था कि भारत युद्ध में शामिल होगा या नहीं। कांग्रेस ने कहा कि भारतीयों की सम्मति के बिना ही भारत को युद्ध में झोंक दिया गया है। कांग्रेस के प्रान्तीय मंत्रिमंडलों ने प्रस्ताव के द्वारा ब्रिटिश सरकार की उस मनोवृत्ति की निन्दा की और केन्द्र में भी मुस्लिम लीग के सहयोग से इस प्रश्न पर उन्होंने अपना विरोध प्रकट किया।

चाहे दूसरे देश में हो या अपने देश में, पंडित नेहरू तानाशाही के कट्टर शत्रु रहे हैं। इसीलिए हिन्दुस्तान के राजवाड़ों की भी सदा निन्दा करते आए हैं और इन्हें

वे मध्यकालीन सामंतशाही के नमूने मानते रहे थे। राजस्थान के दीवानों के प्रजातन्त्र-विषयक अजीबो-गरीब विचारों का पंडित नेहरू ने खंडन किया था। एक दिवान को तो यहाँ तक कहा था कि जब सर्वत्र संसदीय प्रजातंत्र का अन्त हो रहा है तो मौलिक सुधारों की चर्चा करना बेकार है। उसी राजनीतिज्ञ ने यह भी दावा किया था- "मैं विश्वास करता हूँ कि रियासत की आत्मा इस बात को कबूल किए बिना नहीं रह सकती कि हमारा शासन-विधान सभी बातों में पर्याप्त रूप से प्रजातंत्रीय है।" पंडित नेहरू ने इस पर यों टीका-टिप्पणी की थी- "मैसूर की आत्मा के मानी है शायद वहाँ शासक और उनके दीवान की आत्मा।" मैसूर में जो प्रजातंत्र है उसे हम निरंकुश शासन से थोड़ा-सी भिन्न नहीं मान सकते। पंडित नेहरू की राय में, संसदीय प्रजातंत्र की असफलता इसलिए नहीं हुई कि वह बहुत दूर आगे बढ़ गया है, प्रत्युत इसलिए कि वह बहुत पिछड़ा हुआ रह गया है। पंडित नेहरू को रजवाड़ों के विषय में यह राय थी। हिन्दुस्तान की रियासतों में जैसी निरंकुश शासन-प्रणाली चालू है वैसी संसार में कहीं दूसरी जगह नहीं। रियासतों के विषय में गाँधीजी की यह नीति की हम उसके भीतर मामलों में दखल नहीं देंगे, पंडित नेहरू को पसन्द नहीं था। पंडित नेहरू ने एक बार यह कहा था कि महात्मा गाँधी ने इस "चुप रहो, चुप रहो" की नीति को तब भी अपनाए रखा जब रियासतों में अनेक प्रकार के उत्पीड़न अत्याचार होते रहे और कांग्रेस सज्जनों पर बिना कारण हमले हो रहे थे। प्रत्यक्षतः कांग्रेस को यह डर लगा रहता था कि उसकी दस्तन्दाजी से कहीं रियासतें बिगड़ कर उसके खिलाफ न हो जाएं और जब आगे चलकर उसका सहयोग कहीं अप्राप्य न हो जाये। महात्मा गाँधी का यह विश्वास था कि वे रजवाड़े आखिर भारतीय ही हैं और इसीलिए साम्राज्यवाद निवट कर हम इनको आसानी से अपने पक्ष में कर लेंगे।

दूसरी गोल सभा के अवसर पर महात्मा गाँधी ने कहा था कि कांग्रेस सारे भारत का प्रतिनिधित्व करती है और उन्होंने रियासतों के शासकों से अपील की कि वे अपने रैयतों को बुनियादी अधिकारों से वंचित न रखें। 1935 में अखिल भारतीय कांग्रेस कमेटी ने यह निश्चित रूप से एलान किया कि ब्रिटिश भारत की जनता को स्वराज्य प्राप्ति का जो अधिकार है वही अधिकार हिन्दुस्तान की रियासतों में रहने वाली जनता को भी है। साथ ही यह भी कहा कि स्वयं उनके अपने हित में भी रियासती शासकों को यह चाहिए कि वे शीघ्रातिशीघ्र प्रजातंत्र के आधार पर लोकशासन का श्रीगणेश कर दें। किन्तु कांग्रेस कमेटी ने यह निर्णय किया कि रियासतों में स्वराज्य आन्दोलन का काम स्वयं रियासत के लोगों के हाथों में रहेगा।

फिर 1936 में लखनऊ कांग्रेस में भी इन्हीं प्रस्तावों को दुहराया गया। कलकत्ता में अखिल भारतीय कांग्रेस कमेटी ने जब मैसूर में रियासती सरकार के द्वारा किए गए अत्याचारों एवं उत्पीड़ितों की निन्दा की तो महात्मा गाँधी ने उसका घोर विरोध करते हुए कहा कि वह मैसूर वाला प्रस्ताव अवैध है क्योंकि कांग्रेस की नीति यह रही है कि यह रियासती मामलों में तटस्थ रहेगी।

हरिपुरा में यह सवाल फिर कांग्रेस के सन्मुख पेश किया गया था, किन्तु महात्मा गाँधी के कहने पर फिर कांग्रेस ने अपनी पुरानी तटस्थता वाली नीति को अपनाया और सारे आन्दोलन की जिम्मेदारी रियासती जनता पर भी छोड़ दी थी।

किन्तु शीघ्र ही राजकोट, जयपुर, हैदराबाद और मैसूर में जो घटनाएँ घटीं। उन्होंने इस बात को सिद्ध कर दिया कि रियासतों की समस्या भारत की समस्या से अलग करके हल नहीं की जा सकती थी। जब राजकोट के शासक ने अपने दत्त-वचन को मानना अस्वीकार कर दिया तो महात्मा गाँधी ने यह महसूस किया कि यह एक नैतिक मामला है और उसको लेकर उन्होंने अनशन आरम्भ किया। आखिर राजकोट के शासक ने घुटने टेक दिए और राजकोट प्रजा-मंडल की विजय हुई। भारतीय रियासती जनसभा के अध्यक्ष की हैसियत से पंडित नेहरू ने यह निर्णय किया कि हरिपुरा प्रस्ताव ने अपना काम कर लिया और अब रियासती समस्याओं को अखिल भारतीय समस्याओं से पूर्णतः सम्बद्ध रूप में देखा जायेगा। पंडित नेहरू ने कहा कि ब्रिटिश हुकूमत ने इन रजवाड़ों को अपने स्वार्थों के लिए बढ़ावा दे रखा था। इनका यह दावा था कि ब्रिटिश सम्राट के साथ की गई संधियाँ अटूट और चिरंतन हैं और इनकी राजसत्ता सार्वभौम अधिकार पर आश्रित है-एक कोरी कल्पना है।

पंडित नेहरू ने खुले शब्दों में कहा था कि यह उम्मीद करने लायक बात ही नहीं कि जनता इन बल प्रयोग और फरेब से पाए हुए अधिकारों के शिकंजे में सदा पिसती रहेगी। रियासते सर्वतंत्र स्वतंत्र रहेगी-इस सिद्धान्त को क्या इतिहास और क्या शासन संविधान कोई भी सिद्ध नहीं कर सकता। ये रियासतें स्वतंत्र कभी नहीं रहीं और न कभी रहेंगी। वह इसलिए कि भारत एक है। इन रियासतों को एक दिन मिट जाना है।

पंडित नेहरू ने इन रियासतों की कुछ अजीबो-गरीब बातों पर यों प्रकाश डाला था। राजपूताने की एक मशहूर रियासत में टाइपराइटर के प्रयोग को अच्छा नहीं समझा जाता था। काश्मीर में ऐसी राजाज्ञाएँ जैसी कुछ दिन पहले वर्मा विद्रोह के समय चालू की गई थीं। हैदराबाद की प्रसिद्ध रियासत में स्वतंत्रता नाम की

कोई चीज ही नहीं थी, वहाँ 'वन्देमातरम्' गाने के जुर्म में सैकड़ों विद्यार्थी गिरफ्तार हुए थे। राजकोट में ऐसा लगा है कि, महात्मा गाँधी के उपवास ने कुछ काम किया था, किन्तु अंग्रेजी हुकूमत के इशारे पर वहाँ के शासक ने फिर अपना दत्त-वचन तोड़ दिया। जयपुर में अंग्रेजी सरकार का कर्मचारी ही असल शासक था। उड़ीसा की हालत और नाजुक थी। एक ब्रिटिश पदाधिकारी की हत्या के जुर्म में गोड़ों के सारे फिरके पर आफत बरस पड़ी थी। सारी अंग्रेजी हुकूमत की ताकत वहाँ खुलकर खेल रही थी। त्रावणकोर जन-आन्दोलन की नियत को बुरा साबित करने के प्रयास में वहाँ के दीवान ने सबसे बाजी मार ली थी। इन रियासतों में सुधार जो नहीं हो रहे थे, उसकी वजह कोई साम्प्रदायिक समस्या नहीं थी। क्योंकि प्रधानतः हिन्दू रियासत हैदराबाद और मुख्यतः मुस्लिम रियासत काश्मीर की एक ही कहानी है। हैदराबाद में तो साधारण अधिकार की माँग करना भी गुनाह था और वहाँ जनजीवन बड़े ही नीचे स्तर पर था।

1939 की फरवरी में, रियासती प्रजामंडल ने यह प्रस्ताव पास किया कि रियासती शासकों का संधिगत अधिकार का दावा उन्हें मान्य नहीं। मंडल ने अंग्रेजी सरकार से प्रार्थना की कि वह इन रियासतों में वैधानिक परिवर्तन के लिए प्रयास करें। एक-दूसरे प्रस्ताव के द्वारा प्रजामंडल की कार्यकारिणी अखिल भारतीय कांग्रेस कमेटी का एक अंग बन गई थी और उसने यह तय किया था कि वे रियासत जिनकी आमदनी 20 लाख से कम की है या जिनकी आमदनी 50 लाख से कम की है भारतीय संघ में शामिल नहीं समझी जा सकती।

पंडित नेहरू संघर्ष मोल नहीं लेते थे, किन्तु यदि संघर्ष उन्हें खोजता है तो वे उसे पीठ भी नहीं दिखाते। पंडित नेहरू ने उन दिनों में यह महसूस किया था कि भारत के विशालकक्ष में घाव की तरह रियासतें सदा टीसें देती रहेंगी, तो भारत के जनजीवन को शांति कैसे मिल सकती है? इसीलिए बार-बार उन्होंने यह कहा कि समस्त भारत की समस्या एक है और रियासतें अलग नहीं।

सामाजिक सुधार

देश की सामाजिक समस्याओं को पंडित नेहरू एक राजनीतिक के दृष्टिकोण से देखते थे, क्योंकि उनका विश्वास था कि ये सभी की सभी सामाजिक बुराइयाँ विदेशी शासन की दी हुई हैं। अंग्रेजी हुकूमत के दिनों में इन बुराइयों के प्रति हमारे समाज में जो उदासीनता की मनोवृत्ति रही थी उसकी वजह यह थी कि इन बुराइयों के जरिए विदेशी हुकूमत देश का शोषण बड़ी आसानी से कर सकती थी। ब्रिटिश

सरकार कुछ वर्गों को उभारना भी नहीं चाहती थी और उसकी नीति भी यही थी कि वह साम्प्रदायिक नेताओं एवं धार्मिक मुल्लों को बढ़ावा देकर उनको अपना हिमायती बना ले। मुस्लिम लीग, हिन्दू महासभा एवं सनातनी संघ वालों ने अपनी राज-भक्ति का एलान बार-बार किया।

किन्तु कांग्रेस ने जैसी दिलचस्पी राजनीतिक समस्याओं में ली थी वैसी सामाजिक में नहीं। इसका कारण है, पंडित नेहरू का कहना था कि गैर सरकारी संस्था होने की वजह कांग्रेस सामाजिक सुधार के कामों में अधिक व्यस्त नहीं हो सकती थी। दूसरी बात यह थी कि कांग्रेस की सभी शक्तियाँ स्वाधीनता प्राप्ति की ओर लगी हुई थीं।

पंडित नेहरू का मत था कि सरकार चाहे तो सामाजिक बुराइयों का खातमा कर दे, क्योंकि बुराइयाँ आर्थिक कारणों से पैदा होती हैं। सामाजिक बुराइयों का अपना इतिहास है, और यदि इनकी जड़ में प्रवेश कर इनका विश्लेषण किया जाये तो पता लगेगा कि आर्थिक नींव पर ही इन बुराइयों की इमारत खड़ी है। कहीं धार्मिक स्वार्थ और कहीं आर्थिक स्वार्थ इन दो स्वार्थों के कारण अनेक बुराइयाँ फैली हैं। ये दोनों स्वार्थ परिवर्तन के जानी दुश्मन हैं और चाहते हैं कि-"वही लहँगा वही साड़ी जो पहले थी सो अब भी" रहे। पंडित नेहरू ने इस पर जोर दिया था कि सामाजिक सुधार का श्रीगणेश एक विशेष उद्देश्य को लेकर होना चाहिए। इस सुधार के मूल में इतना तो अवश्य था कि सभी बालिगों को काम मिले और उनकी सुरक्षा का प्रबन्ध रहे, सभी को शिक्षा दी जाये, सभी के लिए जीवन-यापन के सामान सुलभ किये जायें और सभी को आत्म-विकास के लिए मौके दिए जायें।

ऐसी समाजवादी पृष्ठभूमि रहती तो धीरे-धीरे परिवर्तन लाए जा सकते थे। शिक्षा की जिम्मेवारी सरकार पर रहेगी। इन परिवर्तनों के पक्ष में जनमत तैयार किया जा सकता था। किन्तु ऐसा भी हो सकता था कि किसी परिवर्तन को लेकर कुछ लोग बिगड़ उठें कि यह परिवर्तन एक खास जाति या सम्प्रदाय के फायदे के लिए किया गया था। इस तरह के शंका-संदेह का निराकरण यों किया जा सकता था। सभी सम्प्रदायों की सम्मति लेकर ही कोई परिवर्तन या सुधार का कार्य किया जाना चाहिए था।

पंडित नेहरू ने बहुत पहले ही इस पर जोर दिया था कि देशभर में एक ही सिविल कोर्ट, एक ही कानून रहे। सिविल मैरेज यानी कानूनी विवाह के पक्ष में पंडित नेहरू सदा से रहे थे। दो धर्मों के मानने वाले इस प्रकार के विवाह कर

सकते हैं और ऐसे विवाहों को जनप्रिय बनाना है। ऐसा पंडित नेहरू का मत रहा था। हिन्दुओं के लिए तलाक का समर्थन पंडित नेहरू ने बार-बार किया था।

हरिजन या अस्पृश्यता

पंडित नेहरू जैसे समाजवादी के लिए हरिजन समस्या या अस्पृश्यता की समस्या कुछ ज्यादा टेढ़ी कभी नहीं रही थी। महात्मा गाँधी के लिए भी अस्पृश्यता हिन्दू धर्म के लिए एक कलंक थी, क्योंकि महात्मा गाँधी स्वयं वर्णाश्रम में विश्वास रखते थे। महात्मा गाँधी इस समस्या को पूर्णरूपेण और इस संबंध में आर्थिक, राजनीतिक तथा समाजिक रूप उनके लिए गौण था। किन्तु पंडित नेहरू ने सदा ही हरिजनों को शोषित वर्ग माना था। आर्थिक दृष्टि से हरिजन समाज एक सर्वहारा दल है और इसीलिए आर्थिक उन्नति के द्वारा ही उनकी सभी सामाजिक कठिनाइयाँ दूर हो सकती हैं जो युगों से परम्परा रूप में चली आ रही हैं। समाजवाद में भेद-भाव और शोषण के लिए को स्थान नहीं होता। पंडित नेहरू ने भारतीय इतिहास को दर्शन से यह नतीजा निकाला था कि भारत ने भेद-भाव की नींव पर ही अपना सामाजिक संगठन किया था। इसका दुःखद परिणाम यह हुआ कि उसकी लाख-लाख संताने अपने जीवन में उचित प्रकाश न कर सका।

भाषा

भाषा का सवाल तो हल हो चुका और हिन्दी सम्पूर्ण भारतवर्ष की भाषा मान ली गई। किन्तु कांग्रेस के सामने भाषा की समस्या बड़ी सरगर्मी से उठती रही थी। कांग्रेस ने प्रस्ताव के द्वारा हिन्दी को (उस वक्त) देश की भाषा मान लिया था और पंडित नेहरू ने इसका अनुमोदन भी किया था। कराची कांग्रेस के उस प्रस्ताव में बुनियादी हकों की माँग की गई थी-भाषा के आधार पर प्रान्तीय नव-निर्माण के सिद्धान्त को मान लिया गया था और अल्प-संख्यकों की संस्कृति, भाषा एवं वर्णमाला की सुरक्षा का भी सिद्धान्त मान लिया गया था। पंडित नेहरू का अपना मत यह था कि भारत में करीब एक दर्जन प्रधान भाषाएँ हैं। किन्तु हिन्दी ही को भारत की राष्ट्रभाषा बनने का अधिकार मिल सकता है, क्योंकि यह (हिन्दी) हिन्दुओं और मुसलमानों की एक सम्मिलित भाषा है और देश के सबसे बड़े भाग में इसका प्रचार है। तो भी पंडित नेहरू इस पक्ष में कभी नहीं थे कि दक्षिण भारत में हिन्दी प्राथमिक भाषा के रूप में मान ली जाये। उनका मत था कि भाषा की एकता के लिए सारे देश में हिन्दी का प्रचार होना उचित है। किन्तु इसके यानी ये नहीं कि अहिन्दी प्रान्तों की अपनी भाषाएँ नगण्य हो जायें।

अंग्रेजी

अंग्रेजी के विषय में पंडित नेहरू के विचार स्पष्ट थे। उनका कहना था कि विश्व विचारधारा के सम्पर्क रखने के लिए अंग्रेजी का ज्ञान जरूरी है। किन्तु प्राथमिक और स्कूली शिक्षा देश की भाषाओं में ही होनी चाहिए।

उर्दू और हिन्दी के विवाद के संबंध में उनका विचार था कि यह विवाद वर्णमाला को लेकर है और इसकी जड़ में फारसी और संस्कृत के प्रति अत्यधिक आशक्ति है। देहातों में जो भाषा बोली जाती है उसी के आधार पर हिन्दी का निर्माण होना चाहिए, क्योंकि अत्यधिक संस्कृत मिश्रित भाषा या फारसी मिश्रित भाषा के द्वारा हिन्दी को बल नहीं मिलेगा। हिन्दी का शक्ति स्रोत होगा-देहात ही। किन्तु साहित्य के लिए आलंकारिक प्रांजल भाषा जरूरी है, इसके लिए प्रचुर शब्द भंडार चाहिए। पंडित नेहरू का कहना था कि शब्द-भंडार और प्राचीन अर्वाचीन सभी भाषाओं से भरना चाहिए।

बेसिक अंग्रेजी की सरलता ने पंडित नेहरू को बहुत आकृष्ट किया था और वे चाहते थे कि किसी प्रणाली को हिन्दी पर लागू किया जाये। पंडित नेहरू का निश्चय मत था कि हिन्दी ही भारत की राष्ट्रभाषा होगी, अतएव भारतीय एकता के लिए पार्थक्य-भावना को छोड़कर हमें उस भाषा का निर्माण करना है जो देश की शक्ति और विचारधारा को व्यक्त कर सके। किन्तु दुर्भाग्य की बात तो यह है कि जहाँ संस्कृति का सवाल उठता है वहाँ राजनीतिक कठमुल्ले मैदान में कूद पड़ते थे।[21]

संस्कृत

संस्कृत क्या है? इस प्रश्न का पंडित नेहरू ने बहुत मनन चिन्तन किया था। पंडित नेहरू महसूस करते थे कि आज की दुनिया में एक बड़ा ही विषम आध्यात्मिक संकट उपस्थित है। जीवन के मूल्यों में संघर्ष एवं पुरानी मान्यताओं पर अविश्वास आज के खास लक्षण हैं। भारत में भी यह संकट हमारे सामने है। भारतीय विचारधारा अतीत से लिपटी हुई है। पंडित नेहरू भारत की पूर्व संस्कृति में आज की समस्याओं का समाधान नहीं पाते थे और पाश्चात्य-संस्कृति का चकमा भी उन्हें भुलावे में नहीं डाल सकता था। रूसी संस्कृति और सभ्यता के प्रति उनके हृदय में शुरू से ही अगाध प्रेम रहा है और उनका विश्वास है कि रूसी ढाँचे पर ही भारत की सांस्कृतिक समस्याओं का निदान मिल सकता है।

भारतीय संस्कृति

भारत की अपनी संस्कृति के प्रति पंडित नेहरू को मोह था और प्रेम भी अपनी अंधोगति और गरीबी के वावजूद भी भारत ने महान आत्माओं को पैदा किया था। उन्हीं के शब्दों में-"भारत की आन्तरिक छवि उसके बाहरी शरीर पर झलक रही है, उसके मन-प्राणों में एक भावना है, एक विचार है, एक चिन्तन-परम्परा है।" युगों से भारत ज्ञान-संचय करता आया है और देश-विदेशों के सम्पर्क से अपनी ज्ञान-सीमा का विस्तार करते आया है। अपनी विपत्ति एवं अधोगति के वावजूद भी वह अपनी चिरकालीन संस्कृति का अपनाए हुए है, इस संस्कृति से उसे बल मिलता रहा है और इससे वह संसार के अन्य देशों को बाँटता रहा है। सभ्यता के उषाकाल में भारतीय चिन्तकों ने जो ज्ञान-रश्मियाँ प्राप्त की थीं उनसे इस देश अभी भी प्रेरणा लेती रही है। उपनिषद के क्रान्तिदर्शी मनीषियों ने दुःख शोक से छुटकारा पाने का प्रयास नहीं किया था, प्रत्युत उनका प्रयास था ज्ञान के प्रकाश को पाने का। उनकी चिरंतन प्रार्थना यह थी–

तमसो माँ ज्योर्तिगमय
असतो माँ सत् गमयः

जेल

पंडित नेहरू ने अपने जीवन के अनेक वर्ष जेलों में बिताए थे। इसीलिए जेल-सुधार की तरफ उनका ध्यान जाना स्वाभाविक था। उन्हें सदा यह महसूस होता रहता था कि भारतीय दण्ड विधान सुधारक एवं प्रतिरोधक होकर केवल दंडात्मक है। अल्प-वयस्क अभियुक्तों पर इसका मनोवैज्ञानिक प्रभाव इतना बुरा असर डालता है कि उसकी देखरेख एक टेढ़ी समस्या हो जाती है। भयंकर एकरसता, चाबुक की मार, कठिन मेहनत, एवं बाहरी दुनिया से लगाव न होने की वजह से कैदी समाज के शत्रु बनकर बाहर निकलते हैं। पंडित नेहरू ने बार-बार इंगित किया था कि सभी देशों में जेल सुधार केन्द्र होते हैं। वहाँ कैदी केवल दण्ड भुगतने के लिए नहीं रखा जाता प्रत्युत चरित्र-सुधार के लिए रखा जाता है।

पंडित नेहरू के एक बार यह भी लिखा था कि हिन्दुस्तान में इस बात का ख्याल नहीं किया जाता कि कुछ ऐसे भी अपराध हो सकते हैं जिनको अभियुक्त खास परिस्थितियों में करता है और जिन पर सरकार का नियंत्रण होना चाहिए।

हिन्दुस्तान के दंड-विधान के द्वारा सामाजिक नैतिकता का स्तर ऊँचा नहीं होता। राजनीतिक कैदी और दूसरे प्रकार के कैदी में यहाँ कोई फर्क नहीं माना

जाता है। "यहाँ सब धान बाईस पसेरी" वाली बात है। कैदियों के जीवन की छोटी से छोटी आवश्यकताओं की पूर्ति न कर तथा उनसे आश्रितों को दु:ख एंव वुभुक्षा से तड़पा-तड़पा कर आज की कानून व्यवस्था ऐसे अपराधियों को पैदा कर रही है जो मृत्युदण्ड तक से नहीं डरते।

अंग्रेजी हुकूमत के जुल्मीदिनों की सोचनीय व्यवस्था को लक्ष्य कर पंडित नेहरू ने ये बातें लिखी थीं। आजादी के बाद तो कुछ सुधार हो चुका है, किन्तु सजाओं के विषय में पंडित नेहरू के अपने विचार थे। अपनी पुस्तक में पंडित नेहरू ने लिखा है कि-

"एक भावुक आदमी के लिए आजीवन कारावास मृत्यु दण्ड से भी ज्यादा भयंकर होगा। फाँसी की सजा मनुष्य समाज को पशु बना देती है, सरकार भी दुसरों को मानसिक एवं शारीरिक पीड़ा देते-देते आप स्वयं हिंसक प्रवृत्तियों को शिकार बन जाती है। ऐसी व्यवस्था से यह उम्मीद करना की इनके द्वारा समाज में विधि-सम्मत चालन चलन के प्रति प्रेम उत्पन्न होगा, एक अजीब सी बात है। बल प्रयोग के द्वारा लोगों में नियम-प्रियता उत्पन्न नहीं हो सकती, वह उत्पन्न होगी शिक्षा, से जीवन स्तर ऊँचा होने से, कुछ कानून इतने अस्पष्ट हैं कि जजों को मनमानी करने की पूरी गुँजाइश मिल जाती है- ऐसे जज जो राजनीतिक विचारों से प्रभावित होते हैं।"[22]

एमलीदरखेम का कहना है कि वैसे ही अपराध दंड के योग्य हैं जो स्पष्ट परिभाषा के भीतर आ सकते हैं।

दण्ड-निर्धारण की नीति में प्रतिशोध की प्रवृत्ति न तो नैतिक है और न व्यावहारिक। फौजदारी कानून में सुधार की नीति यह होनी चाहिए कि सजाओं का असली मकसद हो अपराधी का चरित्र-सुधार। चरित्र-सुधार तथी संभव है जब प्रत्येक अपराधी के प्रति उसकी परिस्थितियों के अनुरूप व्यवहार किया जाये। अभाग्य की बात तो यह है कि समाज में कुछ ऐसी धारणाएँ एवं प्रवृत्तियाँ हैं, जो इस नीति का विरोध करती थीं।

जेलों को आर्थिक शोषण का केन्द्र बनाने का सिद्धान्त बहुत पुराना है। गुलामी एंव जला-वतन की पुरानी प्रथा में इसकी जड़ मिलेगी। कुछ लोगों को कहना है कि कैदियों के श्रम से सरकार की आमदनी की एक सूरत हो जाती है। किन्तु आज का समाज यह नहीं चाहता कि दण्ड-विधान के द्वारा देश की वृत वृद्धि हो। वह तो यह चाहता है कि दण्ड-विधान में सरकार को कम-से-कम खर्च हो।

जेल सुधार की दृष्टि से हम मानवी सभ्यता के विकास का इतिहास थोड़े में यों प्रकट कर सकते हैं- सर्वप्रथम कारावास को अवरोध के दृष्टिकोण से देखा जाता था। फिर इस दृष्टिकोण में परिवर्तन हुआ और अब कारावास को सुधारवादी दृष्टिकोण से देखा जाता है। पहले की तरह अस्पष्ट मनोवैज्ञानिक रीति से अब अपराधों की छानबीन नहीं की जाती, अब तो व्यक्ति निरपेक्ष प्रणाली से सामाजिक प्रमादों का विवेचन होता है। अब कैदी को बाहरी दुनिया से एकबारगी दूर कर शून्य में नहीं रखा जाता।

जेल के भोजन एवं सुविधाओं को लेकर मत-मतान्तर फैले हुए हैं। उन्नीसवीं सदी में जेल-भोजन की दण्ड देने का एक साधन माना जाता था किन्तु उसी सदी के अन्त में इंगलैंड ने कैदियों के भोजन का गुण-परिमाप जनसाधारण के भोजन के आधार पर निश्चित किया। नारर्वे में भी यह मत प्रचलित हुआ कि भिखारियों के भोजन या अति दरिद्र लोगों के भोजन के गुण-परिमाण के आधार पर बंदियों के भोजन का निर्धारण नहीं किया जा सकता। बंदियों की जिन्दगी में आजाद लोगों की जिन्दगी का स्वाद नहीं रहता। और मानसिक या नैतिक विवाद को दूर करने के साधन भी बंदियों का सुलभ नहीं। अतएव उनके भोजन की व्यवस्था इन सब बातों को दृष्टि में रखकर करना होता है। केवल निरंकुश तानाशाही वाले देशों में ही वेन्थम का यह सिद्धान्त लागू हो सकता है।

"कैदियों का जीवन-स्तर गरीब से गरीब लोगों के जीवन स्तर से कदापि ऊँचा नहीं होना चाहिए। क्योंकि यह बात न्याय-वृत्ति के विपरीत होगी कि ईमानदार और आजाद किन्तु बनकर लोगों के वे सुविधाएँ भी न मिलें जो निरे कैदियों को मिलती हैं।"

प्रजातन्त्र-प्रेमी अंग्रेजों का यह मत था कि कैदियों की आजादी छीन ली जाती हे और यही उनके लिए काफी सजा है। आजादी को छीन लेना भी एक सामाजिक बुराई ही है और सरकार को इसका ख्याल रखना है इंगलैंड में साधारण जेलों की अपेक्षा वे जेल अधिक आरामदेह बनाए गये हैं, जहाँ कैदियों को उनकी बुरी आदतों से मुक्त करने के लिए रखा जाता है। तानाशाही वाले मुल्कों में जेल श्रम सरकारी आमदनी का एक जरिया मान लिया जाता है। खासकर अस्त्रों-शस्त्रों के बनाने का काम इतना जरूरी होता है कि सभी प्रकार के कैदियों को यह काम करना पड़ता है।

कुछ छोटे-छोटे अपराधों की जिम्मेदारी मायूसी और गरीबी पर है। कुछ लोग भीख लेने की अपेक्षा जेल-भोजन लेना ज्यादा अच्छा मानते हैं। इस मनोवृत्ति का

इलाज आर्थिक उन्नति में ही है। बेकारी की समस्या दूर करना तथा युवकों को उनकी अपनी जिम्मेदारी से वाकिफ करना उसके लिए आवश्यक होगा।

दंड-विधान के क्रमिक सुधार के इतिहास को देखने से पता लगता है कि यह सुधार सदा विकास की ओर नहीं गया है। राजनीतिक उन्नति के साथ-साथ दंड-विधान में भी कोई सामानान्तर उन्नति देखने में नहीं आती। पंडित नेहरू की सम्मति में दण्ड-विधान में परिवर्तन एवं सुधार तभी संभव हो सकते हैं जब एक नवीन मानवीय दृष्टि से इस समस्या पर विचार किया जायेगा।

पंडित नेहरू और साम्प्रदायिक फासिज्म साम्प्रदायिकता

"साम्प्रदायवाद एक कुचक्र है। एक बार उसे चला दिया जाये तो वह अपने आप घूमता रहता है आर आगे बढ़ता रहता है। वह विरोधी साम्प्रदायवाद को जन्म देता है और फिर दोनों अधिकाधिक जोर के साथ एक-दूसरे पर क्रिया-प्रतिक्रिया करते रहते हैं।"

—प्यारे लाल

साम्प्रदायिकता, आखिर क्यों? यह है समाज के अन्दर युग-युगों की रूढ़िवादिता, जीर्ण-शीर्ण परम्पराओं की रक्षा के लिए उत्सुक निरक्षर और अज्ञानग्रस्त लोगों की राह रोकने के लिए पूँजीवाद तथा उसकी छत्र-छाया में पलने वाले प्रतिक्रियावाद द्वारा अपनी लक्ष्य-सिद्धि के हेतु उपयोग में लाने का फल। यह एक सीधा सादा तथ्य है। आज की परिस्थितियों में समाज की बागडोर अपने हाथ में रखने वाला प्रतिक्रियावादी पूँजीवाद अपना प्रभुत्व बनाये रखने के लिए पहले की ही तरह (देश विभाजन से पहले और विभाजन के बाद) इसे इस्तेमाल कर रहा है।

भारत की आजादी की लड़ाई के दौरान सम्प्रदायवादी प्रतिक्रिया का मुख्य लक्ष्य था, जनता की एकता को रोककर तथा इसके लिए देश भर में हिन्दु-मुस्लिम दंगे कराकर आजादी की लड़ाई में विघ्न पहुँचाना। स्वतंत्रता प्राप्ति के पश्चात् उसका मुख्य काम है साम्राज्यवादी प्रभाव के उन्मूलन को रोकना, प्रगतिशील आर्थिक विकास का विरोध करना और जनविरोधी निहित स्वार्थो-इजारेदार पूँजीपतियों, कालाबाजारियों, जमाखोरों आदि को कायम रखना।

महात्मा गाँधी के समान पंडित नेहरू भी विभाजन और उसके बाद के दिनों में अपने चरम शिखर पर थे। जो धर्म-निरपेक्ष राष्ट्र उनका सपना था, वह विखर रहा था। अपने कुछ प्रमुख साथियों की कटु उक्तियों से भी वे विचलित न हुए और उन्होंने पूरी सरकार में अकेल ही धार्मिक अंधेपन और भीड़ के जंगलीपन के विरुद्ध जोरदार लड़ाई लड़ी। अब्राहमलिंकन तक एक बार दास प्रथा के प्रशन पर

समझौता करने को तैयार हो गये थे। किन्तु पंडित नेहरू चट्टान की तरह अपनी बुनियादी आस्था पर अडिग रहे। तूफानी धारा के खिलाफ जाकर उन्होंने अपने राजनीतिक भविष्य और जीवन के दांव पर लगा लिया। महात्मा गाँधी का उदात्त सहयोग उन्हें बाहर से मिलता रहा और अन्त में विजय पंडित नेहरू की रही थी। कोई अन्य व्यक्ति उस तनाव में टूट सकता था। पंडित नेहरू के स्पष्ट दृष्टिकोण, साहस, आस्था और समादर ने ही उन्हें उन निराशा से भरे दिनों में सान्त्वना दी।

1946 के दंगों के दौरान महात्मा गाँधी और पंडित नेहरू के रुख का अन्तर बहुत स्पष्ट होता है। महात्मा गाँधी ने बंगाल की लम्बी शान्तिपद यात्रा की थी, गाँव-गाँव में छोटी-छोटी सभाएँ करके भाषण दिए थे। साम्प्रदायिक एकता का पाठ पढ़ाया था और लोगों से अनुरोध किया था कि वे समझदारी से काम लें। उनके कोमल शब्दों ने हर व्यक्ति के घाव पर मरहम लगाया। उन्होंने किसी पर दोषारोपण नहीं किया था। ऐसा ही पंडित नेहरू ने बिहार में भी किया था। हजारों की संख्या में लोग उन्हें सुनने को जमा होते थे, लेकिन उनके जोशीले शब्दों में आत्मीयता की बात कम होती थी। सदियों से शांतिपूर्वक रहने वाले अपने पड़ोसीयों के प्रति पाश्विकता का व्यवहार करने के लिए उन्होंने हिन्दुओं को बड़े कड़े शब्दों में फटकारा था। लोगों से फिर इन्सान बनने की अपील की थी, साथ ही मार-काट बन्द न करने पर सख्त सजा की धमकी भी दी थी। महात्मा गाँधी और पंडित नेहरू की बातों का लोगों पर अच्छा असर पड़ा, लेकिन उनके तरीके बुनियादी तौर पर अलग-अलग थे।

मौलाना अबुल कलाम आजाद के अनुसार, "सच्चे प्रशासक के सर्वप्रथम लक्षणों में से एक यह है कि वह व्यक्तिगत रुचि-विरुचि से ऊपर उठ सके और सबकी जान-माल की रक्षा का आश्वासन दे सके।" 1946-47 के उन भीषण दिनों में सच्चे प्रशासक के ये गुण बहुत ही अनूठे रूप में पंडित नेहरू में दृष्टिगोचर होते हैं। जिस दिन से वह सरकार में आये उन्हें यह अहसास बराबर रहा करता था कि राज्य के नागरिक-नागरिक में कोई भेद नहीं करना चाहिए और हिन्दू, मुसलमान, सिख, ईसाई, पारसी, बौद्ध सभी के साथ एक-सा व्यवहार करना चाहिए। जो भी हिन्दुस्तान का नागरिक है, कानून की नजर में उसका सबके बराबर अधिकार है।

प्रशासकों के रूप में उनके गुण का पहला परिचय 1946 में मिला। कलकत्ता के हत्याकाण्ड के बाद नौआखली में दंगे हुए थे और वहाँ हिन्दुओं को बहुत क्षति हुई थी। फिर नौआखली के दंगे का बदला लेने के लिए बिहार के हिन्दुओं ने

बिहार के मुसलमानों पर हमले शुरू कर दिये और प्रान्त भर में दूर-दूर तक दंगों की आग भड़क उठी। प्रान्तीय सरकार के लिए स्थिति का सामना करना मुश्किल हो गया था और भारत सरकार को कड़ी कार्रवाई करनी पड़ी थी। पंडित नेहरू ने जान-माल पर होने वाले हमलों को बड़ी शक्ति और दृढ़ता के साथ रोकने में सफल हुए।

देश विभाजन से पूर्व कांग्रेस एवं मुस्लिम लीग ब्रिटिश सरकार के मध्य चली शिखरवार्ताओं के दौरान साम्प्रदायिकता का जहर हिन्दुस्तान में गहरे रूप में प्रवेश कर गया। शक्ति के लिए संघर्ष इतना गरमाया कि उबल चलने की अवस्था आ पहुँची। उत्तराधिकार का युद्ध आरम्भ होने को था। इसका बिगुल था श्री जिन्ना का 'सीधी कारवाई के दिन' (16 अगस्त 1946) का उद्घोष। इसका प्रारम्भिक परिणाम 'कलकत्ता का भीषण हत्याकाण्ड' था।

कलकत्ता के ब्रिटिश-पत्र स्टेट्समैन ने लिखा था, "भयंकर नर-हत्या और लूट-पाट के मेले में था......मुस्लिम लीग द्वारा राजीनीतिक आक्रोश का प्रदर्शन।"[23] इस देश का सबसे बड़ा नगर जिस खूनी विध्वंस का शिकार हुआ था, वह बड़ा ही शर्मनाक था और इसने...लीग की अखिल भरतीय ख्याति पर भी निश्चय ही, कलंक की कालिमा पोत दी थी। पूरे चार दिन के पागलपन के बाद ही, जिसमें 4,000 इन्सान मारे गए और हजारों घायल हुए, नगर अपेक्षतया शान्त हो सका।

अंग्रेजी हुकूमत के इतिहास में कलकत्ता के भीषण हत्याकांड जैसी दूसरी घटना नहीं हुई थीं। लेकिन यह तो उस साम्प्रदायिक पागलपन की बाढ़ की पहली लहर थी, जो अगले वर्ष सारे हिन्दुस्तान में फैल गई थी। जैसाकि सब सामूहिक हलचलों के साथ होता है, इन दंगों की क्रिया-प्रतिक्रिया की अनिवार्य श्रृंखला चल पड़ी थी। 1946 के अक्टूबर के प्रारम्भ में पूर्वी बंगाल नौआखली जिला दंगों को रंगस्थल बना, जहाँ धर्मांध मुसलमानों के दल के दल आवेश में भरे हुए निकल पड़े-हिन्दुओं को मारते, लूटते, जबरन मुसलमान बनाते और मनमानी से उनके मंदिरों को तोड़ते, उनकी सम्पत्ति को नष्ट करते।

जंगल की आग के समान नफरत एवं हिंसा की यह लपटें यहाँ से उठकर पड़ोसी प्रान्त बिहार में पहुंचीं, यहाँ बहुसंख्यक हिन्दुओं के ने अल्पसंख्यक मुसलमानों पर उसी बर्बरता से नौअखली का बदला निकाला। केन्द्रीय सभा को रिपोर्ट देते समय पंडित नेहरू ने कहा था कि "ऐसा लगता हे कि दोनों सम्प्रदायों में हत्या और जंगलीपन की होड़-सी लगी हुई है।"

पंडित नेहरू का इस पागलपन भरे भाई-भाई के बीच कत्ल-ए-आम से बेहद सदमा पहुँच था। उन्हें अच्छी तरहे मालूम था कि भारतीय राष्ट्र की पीठ में छुरा घोंपने वाले हत्यारे और जंगलियों को यह उकसावा किससे मिला है। उन्होंने अंग्रेज वायसराय को एक बहुत ही कठोर और गुस्से भरा पत्र लिखा। खून और कत्ल-ए-आम के इस समुद्र में हमारे दोस्त, हमारे नाते रिश्तेदार लापता हो सकते हैं। किसी भी क्षण हत्यारे का छुरा हमारे बच्चों और प्रिय लोगों का गला काट सकता है। ऐसी है बेरहम हकीकत और हम बेशक उसे अनदेखा नहीं कर सकते। लेकिन हमारा मार-काट की नीति के सामने घुटने टेकने को कोई इरादा नहीं है और हम उससे देश की किस्मत तय नहीं करने देंगे। हम हिन्दुओं, मुसलमानों, सिखों और दूसरों के बीच झगड़ा पैदा करने वाले सवालों का समाधान ढूँढ़ते रहेंगे और उनके बीच मित्रतापूर्ण सहयोग के लिए काम करते रहेंगे। इसके बिना हिन्दुस्तान की तरक्की नामुमकिन है।

इस तथ्य से सभी व्यक्ति (बुद्धिजीवी) सहमत हैं कि संभवत: पंडित नेहरू की सबसे बड़ी उपलब्धि है-धर्मनिरपेक्ष राज्य का निर्माण विभाजन के तुरंत बाद हिन्दु-मुस्लिम तनाव इतना अधिक था कि केवल साहस और सुदृढ़ता ही भारत की सबसे बड़ी अल्पसंख्यक जाति (मुसलमानों) की सुरक्षा कर सकती थी। पंडित नेहरू ने इसकी उपलब्धि की खास अपनी पार्टी में दृढ़ विरोध होने के वावजूद ऐसा करने में अधिकांशत: वे अपने व्यक्तित्व के बल पर सफल हुए, परन्तु इस बात के सुस्पष्ट संकेत से भी, कि वे साम्प्रदायिक हिंसा के विरुद्ध दृढ़तापूर्वक कार्रवाई करेंगे। साम्प्रदायिक सामंजस्य तब तक पूरी तरह स्थापित नहीं हुआ था, लेकिन 1947 के घाव धीरे-धीरे भर रहे थे। भारतीय मुसलमानों के लिए पंडित नहेरू चट्टान और ढाल की तरह रहे। जहाँ कहीं संभव हुआ उन्होंने अपनी पीठ के बल झुककर भी उन्हें अपनी विशेष छाया दी थी। यह सर्वथा उकारण नहीं है कि शिक्षा मंत्रालय को छोड़कर, जिसके अध्यक्ष मौलाना आजाद थे, विदेश मंत्रालय में मुसलमान बरिष्ट अधिकारियों का अनुपात सबसे अधिक था।

हिंन्दू और मुसलमानों के बीच उत्तरोत्तर अधिक विश्वास को सहज सभव करना ओर भारतीय संविधान में धर्मनिरपेक्षता के आदर्शों को सन्निहित करना पंडित नहेरू का योगदान है। साम्प्रदायवादी विचारों के विरुद्ध उनका आक्रमण भी निरन्तर चलता रहा था। पंडित नेहरू के प्रधानमंत्रीत्वकाल के प्रत्येक वर्ष के साथ साम्प्रदायवादी शक्तियाँ उत्तरोत्तर क्षीण होती रही थी। धर्म-निरपेक्ष राज्य, संभवत: भारत के लिए पंडित नेहरू का सबसे बड़ा योगदान सिद्ध होगा और इसका उन्हें सबसे अधिक गर्व भी रहा।

पंडित नेहरू ने साम्प्रदायिकता से काफी कष्ट उठाए थे। साम्प्रदायिकता बड़े पैमाने पर मुस्लिम लीग से शुरू हुई थी। फलस्वरूप भारत का विभाजन हुआ। मुस्लिम लीग के किस्म की साम्प्रदायिकता न्यूनाधिक रूप में भारत में बाहर भी विद्यमान थे। कुछ मुट्ठी भर, मूर्ख व्यक्ति यहाँ भी ऐसा कर सकते हैं, लेकिन उसका कोई विशेष महत्व नहीं है और अब आज भारत को उस ओर से कोई खतरा नहीं हो सकता।

लेकिन वह विष, किसी उल्टी प्रक्रिया के अन्तर्गत, दूसरे लोगों के मस्तिष्कों में घुस बैठा था और हमारे देश में मुस्लिम लीग की किस्म के हिन्दू एवं सिख साम्प्रदायिक संगठन थे। वे ऊपर से राष्ट्रवादी के रूप में बात करते थे। वे कहते हैं कि आखिरकार वे सब राष्ट्र के अंग थे, लेकिन यदि हम राष्ट्वाद के आवरण में लिपटे होने के वावजूद सम्प्रदायवाद के प्रवचनों का बिश्लेषण करें तो हमें ज्ञात हो जायेगा कि यह सबसे खतरनाक वस्तु है और यह भारत की बुनियाद और स्वाभाविक एकता को जो प्रगति के लिए अनिवार्य है, भंग कर देती थी। चाहे वह ब्राह्मण हो, अब्राह्मण हो अथवा कोई अन्य जाति वाला हो, इससे कोई फर्क नहीं पड़ता।

पंडित नेहरू की दृष्टि में पाकिस्तान जिस साम्प्रदायिक सिद्धान्त पर बना है, वे लोग इसे प्राय: द्विराष्ट्र सिद्धान्त कहते हैं। यदि द्वि-राष्ट्र वाले सिद्धान्त सही हों तो 10 राष्ट्र या 12 राष्ट्र वाले सिद्धान्त क्यों नहीं होंगे। जो भी हो, पाकिस्तान इसी साम्प्रदायिक आधार पर बना है। यह तो पाकिस्तान के लिए बुरा है। कालान्तर में पाकिस्तान को कुफल भोगना ही होगा, जैसाकि इस प्रकार के राज्यों को भोगना पड़ता है। क्योंकि यह राष्ट्र की प्रगति के लिए नितान्त कालातीत एंव बुनियादी तौर पर गलत आधार है।

देश से साम्प्रदायिकता की समाप्ति के संदर्भ में पंडित नेहरू का संदेश स्पष्ट है कि भारत में ऐसे सामाजिक एवं आर्थिक विकास के लिए हमें संघर्ष करना होगा। जहाँ प्रत्येक देशवासी समान अवसरों के आधार पर अपना विकास कर सकें और जहाँ समाज से भूख, बेकारी, गरीबी और भेदभाव को मिटा दिया जाए। इसी तरह सम्प्रदायवाद और फासिज्म के आधारों को समाप्त किया जा सकता है। सम्प्रदायवाद के विरुद्ध संघर्ष का दूसरा नाम समाजवादी समाज का निर्माण करना है।

जयप्रकाश नारायण का मानना था कि गाँधीजी इस देश में जो साम्प्रदायिक एकता लाना चाहते थे, उसका पौधा हमारे दुर्भाग्य से उनकी शहादत के साथ

मुरझा गया। पिछले कई वर्षो से इस समस्या को अधिकतर राजनीति के नजरिए से देखा गया और समझा गया तथा इसलिए इसका हल मुश्किल होता गया। भूल में यह समस्या राजनीतिक नहीं, बल्कि सामाजिक समस्या है। इसे अंग्रेजी ने अपने साम्राज्य के लिए राजनीतिक रंग दिया और काफी हद तक इससे ल।भ भी उठाया। हमारी यह गलती हुई कि हमने भी इसे इसी रंग में देखा।

महात्मा गाँधी तो सभी तरह के भेद-भावों को ऊपरी मानते थे और उनका दृढ़ विश्वास था कि ये मिटाए जा सकते हैं। नौआखली में उन्होंने यह सिद्ध भी कर दिखाया कि धार्मिक समझे जाने वाले उन्माद से हिंसक हुए लोगों को नजदीक लाया जा सकता है और वे भाई-भाई की तरह रह सकते हैं। वे चाहते थे कि भारत में हिन्दू अच्छे हिन्दू और मुसलमान अच्छे मुसलमान बनकर रहें तभी सच्ची साम्प्रदायिक एकता स्थापित हो सकती है।

धर्म-निरपेक्षता के जिस पौधे को महात्मा गाँधी ने अपने खून से सींचा था। पंडित नेहरू ने उसमें फल-फूल उगाए, आज देश की सशक्त जनवादी शक्तियाँ पर भारी जिम्मेदारी है कि वे धर्म-निरपेक्षता के उस महावृक्ष की पूर्ण सतर्कता से रक्षा करें।

जिस देश में मेल-मिलाप, प्रेम-मुहब्बत, भाईचारा और शांति नहीं वह देश कैसे तरक्की करेगा?

सच्चा धर्म : कट्टर सम्प्रदायवाद विरोधी

यह साफ हो जाना चाहिए कि स्वभावतः धार्मिक तत्वों को सम्प्रदायवाद के खिलाफ संघर्ष के व्यापक मोर्चे के बाहर नहीं समझा जाना चाहिए। इतिहास आम लोगों के दृष्टिकोण का उदाहरण है जिसका विशाल बहुमत, खासकर भारत में, धर्म में विश्वास करता है। यह एक वास्तविकता है, जिसकी अपेक्षा नहीं की जानी चाहिए।

अनिल राजिभवाले के अनुसार "हमें यह नहीं भूलना चाहिए कि धार्मिक ताकतों, वे भी जो धर्म में विश्वास करते हैं, एक सम्प्रदायवाद-विरोधी भूमिका अदा कर सकते हैं। इतिहास में ऐसे अनेक उदाहरण भरे हैं जहाँ धर्म की प्रगतिशील व्याख्या ने समाज के प्रतिक्रियावादी, दकियानूसी, साम्प्रदायिक एवं फूटवादी वर्गों के खिलाफ एक प्रगतिशील भूमिका अदा की है। इसलिए धर्म-निरपेक्षता के लिए और सम्प्रदायवाद के खिलाफ संघर्ष करते हुए हमें एक शक्तिशाली जनआन्दोलन निर्मित करना है जिसमें धार्मिक प्रवृत्तियाँ भी शामिल होंगी। धर्म की साम्प्रदायिक व्याख्या के खिलाफ धार्मिक आन्दोलनों के साथ समान आधार हो सकता है। इस संबंध में

हमें भारत की सम्मिश्रित संस्कृति के विचार पर विशेष जोर देना चाहिए। यह विचार और इसका समकालीन विकास और आबादी के विभिन्न वर्गों को एकताबद्ध करने एवं साम्प्रदायिक ताकतों का सामना करने और उसे पराजित करने में एक बड़ा हथियार है।"

धर्म-निरपेक्षता

इस संदर्भ में इस बात को स्पष्ट करने की जरूरत नहीं है कि धर्म-निरपेक्षता धर्म की विरोधी नहीं है। धर्म-निरपेक्ष समाज, एक अधार्मिक समाज नहीं है। यह एक ऐसा मसला है जिसपर विस्तार से विचार किया जाना चाहिए। प्रोफेसर रईस अहमद के अनुसार "धर्म-निरपेक्षता का यह भी अर्थ है कि मानव कार्य-कलाप तथा राष्ट्रीय विकास के सम्पूर्ण ऐसे क्षेत्र हैं जिनका धर्म से कोई संबंध नहीं है और जिन्हें धार्मिक दृष्टिकोणों से अलग किया जाना चाहिए। यदि सामाजिक, आर्थिक, राजनीतिक एवं विकास समस्याओं को धार्मिक या साम्प्रदायिक दृष्टिकोण से चित्रित किया जाये तो हम अपनी व्यवस्था के प्रति धर्म-निरपेक्ष दृष्टिकोण, एक धर्म-निरपेक्ष राज्य की स्थापना करने में समर्थ नहीं होंगे। हमारे देश में अनौचित्य, असमानता तथा बहुमुखी संस्कृति एवं भाषा तथा क्षेत्रीय समस्या एक-दूसरे में जुड़े हैं और इसलिए इन समस्याओं को धर्म तथा सम्प्रदायवाद से अलग करने की जरूरत है।"

धर्म-निरपेक्षता और धर्म

पंडित नेहरू अधार्मिक व्यक्ति नहीं थे, एवं न ही वे किसी धर्म के विरोधी ही थे। परन्तु वे धर्म के नाम पर किये जाने वाले दिखावे से प्रभावित नहीं थे। वे धर्म के संबंध में की गयी परस्पर विरोधी व्याख्याओं से संतुष्ट नहीं थे। धर्म किसी व्यक्ति के जीवन या संस्कृति में निभायी जाने वाली भूमिका का उन्होंने अवमूल्य नहीं किया। उन्होंने धर्म को चुनौती नहीं दी एवं न ही उसकी सार्थकता में किसी प्रकार का संदेह किया। वे इस तथ्य से अवगत थे कि जीवन पूर्णत: वैसा नहीं है, जैसा कि हम देखते, सुनते तथा महसूस करते हैं। यह तो केवल दृश्यमान नश्वर जगत् है जो दिन-प्रतिदिन विनाश की ओर जा रहा है। जीवन का संबंध तो अदृश्यमान जगत से है जो नाशवान जगत की तुलना में अधिक स्थायी है एवं कोई भी विचारशील व्यक्ति इस अदृश्यमान जगत के अस्तित्व से इनकार नहीं कर सकता है। उनका विज्ञान तथा तकनीकी ज्ञान में अटूट विश्वास के द्वारा कि प्रत्येक वस्तु मनुष्य की पहुँच में है अपनी हठधर्मी को प्रदर्शित नहीं किया। विज्ञान ने इस संबंध में कि मानव जीवन का लक्ष्य क्या है, कुछ भी स्पष्ट नहीं किया है। उनके

अनुसार मानव की नियंत्रण शक्ति इतनी अधिक सशक्त नहीं है, कि वह स्वयं पर नियंत्रण तथा अपने द्वारा सृजित भयंकरता को दूर कर सके। शायद जीव विज्ञान, मनोविज्ञान तथा ऐसे विज्ञानों में होने वाले नये शोध तथा जीव विज्ञान तथा भौतिक शास्त्र की व्याख्या, व्यक्ति को समझने में तथा स्वयं पर अतीत से अधिक नियंत्रण स्थापित करने में सहायक हो सके या व्यक्ति मानवीय जीवन पर ऐसे प्रगतिशील प्रभाव के पड़ने से पूर्व अपने द्वारा निर्मित सभ्यता का विनाश करके नयी सभ्यता का निर्माण शुरू कर दे।

विज्ञान को यदि प्रगति का अवसर प्राप्त हो तो उसकी प्रगति की कोई दृश्यमान सीमा निर्धारित नहीं की जा सकती है। परन्तु फिर भी निरीक्षण की वैज्ञानिक प्रणाली, सभी प्रकार के मानव अनुभवों पर लागू नहीं है एवं न ही इसके द्वारा हम अपने चारों ओर के अथाह भवसागर को कुछ सीमा तक पार कर सकते हैं। परन्तु दर्शनशास्त्र की सहायता से हम इस भवसागर को कुछ सीमा तक पार कर सकते हैं। यदि दर्शनशास्त्र तथा विज्ञान दोनों असफल हो जायें तो हमें बुद्धि या विचार की ऐसी शक्ति पर निर्भर रहना होगा, जैसा कि हमें उपलब्ध हो सके। ऐसी स्थिति में एक ऐसा निश्चित स्थान आयेगा, जिससे आगे हमारी बुद्धि की तर्कशक्ति काम नहीं कर पायेगी। वे जीवन के लिए नैतिक दृष्टिकोण की आवश्यकता महसूस करते थे।

वे आध्यात्म विद्या तथा दर्शनशास्त्र के समन्वय को जिसे उन्होंने आध्यात्म दर्शनशास्त्र की संज्ञा दी थी। द्वन्द्व की स्थिति में शक्ति प्रदान करने के लिए अति आवश्यक मानते थे। उन्होंने यह सहारा तथा धैर्य उपनिषदों, भगवद्गीता तथा वेदान्त में तथा बुद्ध धर्म के ग्रन्थों में एवं जैन साहित्य में पाया। वे कर्म के सिद्धान्त में, आत्मा के अस्तित्व में तथा पुनर्जन्म की धारणा में विश्वास करते थे।

वे भारतीय संस्कृति तथा विचारों का अध्ययन करने पर उनके परिपाक के योग्य तथा समन्वयकारी चरित्र से बहुत अधिक प्रभावित हुये। इससे उन्होंने भारत की संस्कृति तथा जीवन के सत्य आधार को पहिंचाना था।

उनके अद्वैत समाजवाद तथा प्रजातंत्र में विश्वास ने, उन्हें धर्म के नाम पर होने वाले झगड़ों का विरोधी बना दिया। उनकी दृष्टि में साम्प्रदायिकता झगड़े पूर्णतया धर्म विरोधी तथा विवेक शून्यता पर आधारित थे। इससे उन्हें अशानित महसूस होती थी। स्वतंत्रता के लिये किये जाने वाले संघर्ष में उन्होंने साम्प्रदायिक झगड़ों को अंग्रेजों के विरुद्ध किये जाने वाले वास्तविक संघर्ष में भटकाव माना। यहाँ तक कि विभाजन के पश्चात भी जो दो राष्ट्रों के सिद्धान्त की स्वीकृति था, उसका

भारत में रह रहे अल्पसंख्यक धार्मिक समुदाय के प्रति दृष्टिकोण अप्रभावित ही रहा। उनकी यह धारणा थी कि मुसलमान भारत के भविष्य से अलग नहीं हो सकते हैं तथा भारत का भाग्य काफी सीमा तक हिन्दू दृष्टिकोण पर आधारित है। वे चाहते थे कि हिन्दू अल्पसंख्यक समुदाय को अपने में आत्मसात करें जिससे अल्पसंख्यक समुदाय में यह भागीदारी की भावना विकसित हो। इसी आशय से उन्होंने महात्मा गाँधी के धर्म-निरपेक्षता के दृष्टिकोण को राजनीति में लागू किया। परन्तु उन्होंने इसे असंभव पाया क्योंकि मुस्लिम सम्प्रदाय को धर्म-निरपेक्षता के दायरे में लाना कोई आसान कार्य नहीं था। उन्होंने जब मुस्लिम कानून के आधुनिकीकरण करने का प्रयास किया तो उन्हें घोर विरोध का सामना करना पड़ा। उनका विरोध रूढ़िवादियों, कट्टर तथा प्रतिक्रियावादी तत्वों के द्वारा किया गया था। अत: उन्होंने मुस्लिमों के लिए समान व्यवहार संहिता का निर्माण नहीं किया। मुस्लिम दृष्टिकोण ने उनके धर्म-निरपेक्षतावाद के सिद्धान्त को व्यावहारिक बनने से रोका।

पंडित नेहरू की दृष्टि में धर्म

पंडित नेहरू का मानना था कि– "धर्म जैसा कि मैं देखता हूँ, व्यवहार में चिन्तनशील व्यक्तियों के द्वारा स्वीकार किया जाता है। परन्तु धर्म का स्वरूप भले ही वह हिन्दू धर्म हो या इस्लाम या बुद्ध धर्म, ईसाईयत, मुझे प्रभावित नहीं कर पाता है। धर्म के ये स्वरूप अन्धविश्वासपूर्ण परम्पराओं तथा चमत्कारपूर्ण विश्वासों से युक्त है तथा इसके पीछे जीवन की समस्याओं के समाधान का ढंग भी निहित है। धर्म में अलौकिक सत्ता को प्राप्त करने का मार्ग भी बताया गया है।"

पंडित नेहरू की दृष्टि में धर्म का अर्थ होता है-जीवन में नैतिक दृष्टि। चीनी संत तायकी विचारधारा का प्रभाव पंडित नेहरू पर बहुत गहरा पड़ा था, क्योंकि वह विचारधारा प्रधानत: नैतिक है और उसमें संशयवाद का भी रंग चढ़ा हुआ है। पंडित नेहरू मठ-महन्थों वाले धर्म से घृणा करते थे, क्योंकि उनकी दृष्टि में ऐसा धर्म पूँजीवाद के हाथ की कठपुतला हो गया था। उनका कहना था कि ब्रिटिश साम्राज्यशाही और पूँजीवाद की इस प्रकार के धार्मिक गुरूज्म से बड़ी ही सहायता मिली है, क्योंकि इनके काले से काले करिश्मों पर इन धर्म के ठेकेदारों ने एक धाार्मिक और नैतिक आवरण चढ़ा दिया। ईसाइयों के देशों में प्रोटेस्टेंट धर्म कुछ दिनों तक सफल रहा किन्तु आगे चलकर वह भी धर्म-ध्वजियों के हाथ में पड़ गया था।

संस्थाबद्ध धर्म की जो नैतिक धारणाएँ हैं उनका सामाजिक आवश्यकताओं से कोई भी संबंध नहीं रहता और उनका आधार होता है एक सक्ष्माति सक्ष्म पाप-पुण्य की दार्शनिक विवेचना, फल यह होता है कि धर्म शब्द ने अपने वास्तविक कार्य

एवं अर्थ को छोड़ देता है। पंडित नेहरू की दृष्टि में धर्म का भानी होते हैं, व्यक्ति का आध्यात्मिक विकास एवं उसकी अंतश्चेतना का सन्मार्ग में परिचालन। आज की पाश्चात्य सभ्यता में वहिर्जगत में तो अत्यधिक विकास दीखता किन्तु अंतर्जगत में कोई परिवर्तन नहीं हुआ है। किन्तु इसका मतलब यह नहीं कि पिछड़े हुए देशों में आध्यात्मिक विकास कुछ ज्यादा हुआ है। स्वतंत्रता एवं बहि विकास के बिना आध्यात्मिक अभ्युदय कभी संभव नहीं।

पंडित नेहरू ने महात्मा गाँधी के अहिंसा-अस्त्र को भी इसी दृष्टि से समझा था। महात्मा गाँधी अपने विरोधियों को भी अपना मित्र बना लेते थे। इसका मतलब यह होता था कि साधना और साध्य दोनों की पवित्रता का असर और लोगों पर भी पड़ता था और इससे मनुष्य का वहिर्जगत तो निर्मल होता ही था। अंतर्जगत भी स्वच्छ और पवित्र हो जाता था।

महात्मा गाँधी के लिए धर्म एक वैयक्तिक निधि है, एक आन्तरिक प्रकाश है। किन्तु पंडित नेहरू की चित्त-वृत्ति वहिर्मुखी है। पाश्चात्य विचारक डेबी का धर्म की परिभाषा पंडित नेहरू को ज्यादा अच्छी लगती थी, डेबी की दृष्टि में धर्म यह तत्व है जो जीवन की विश्रृंखल एवं सतत् परिवर्तन शीघ्र घटनाओं को एक संस्लिष्ट दृष्टिकोण देखने की शक्ति देता है। किसी आदर्श के लिए श्रद्धापूर्वक कर्त्तव्य करना ही धर्म का वास्तविक रूप है। रोमों रोलाँ के इस विचार से भी पंडित नेहरू सहमत है कि धर्म एक विशिष्ट विचारधारा है और उसका वास्तविक रूप उन उद्देश्यों में नहीं जिन्हें वह निश्चित करता है। धर्म की दूसरी परिभाषा यह भी हो सकती है-सत्य की निर्भीक खोज था, पूर्ण निष्कपटता, क्योंकि इन गुणों का आधार विश्वास पर है, आस्था पर है। ऐसी आस्था जो समाज की उस समस्त मानवजाति की आस्था से भी ऊपर है।

यदि वे अपनी आत्मा के प्रति सत्य का आचरण करते हैं तो नास्तिक और निरीश्वरवादी की धार्मिक आत्माओं की 'महान सेना' में शामिल होकर उनके साथ कंधे से कंधा मिलाकर चलने के अधिकारी हो सकते हैं।

अपनी स्वाभाविक नम्रता के साथ पंडित नेहरू ने अपनी जीवन पुस्तक में लिखा है कि यद्यपि वे रोमों रोलाँ के कठिन सत्य पथ पर चलने के काबिल अपने को नहीं पाते हैं तो भी वे उनकी 'उस महान सेना' में शामिल होने के लिए तैयार हैं।

धर्म और संस्कृति

धर्म और संस्कृति सर्वत्र एक-दूसरे से भिन्न नहीं हैं। कितने ही क्षेत्रों में धर्म और संस्कृति के बीच विभाजन की रेखा खींची जा सकती है, किन्तु कुछ क्षेत्र ऐसा भी

हैं जहाँ धर्म और संस्कृति एक हैं। संस्कृति के बहुत-से कार्य ऐसे हैं जो किसी भी तरह धर्म के कृत्य नहीं कहे जा सकते। बहुत-से सांस्कृतिक कार्यक्रम तो धर्म के विरुद्ध पड़ते हैं। किन्तु धर्म का कोई भी काम ऐसा नहीं है, जो सांस्कृतिक कर्म नहीं हो।

जब भारतवर्ष ने अपने आपको धर्म-निरपेक्ष घोषित किया था, वह इस कठिनाई में फँस गया कि कौन कार्य धर्म का है और कौन निरी संस्कृति का। किन्तु पंडित नेहरू इस उलझनपूर्ण फँसान को सदैव अपने विवेक से सुलझाते रहे।

धर्म-निरपेक्ष समाज का निर्माण

साम्प्रदायिकता के जहर को फैलाने से कैसे रोका जाये? इस समस्या का अंतिम विश्लेषण में, सम्प्रदायवाद के खिलाफ तथा एक धर्म-निरपेक्ष लोकतंत्रीय समाज की स्थापना के लिए जो संघर्ष छेड़ा जाये उसका लक्ष्य न्यायपूर्ण तरीकों से देश में एक न्यायपूर्ण समाज की स्थापना करना है। पाउल्समार ग्रिगोरियस के अनुसार, सम्प्रदायवाद के विरुद्ध संघर्ष में "ध्यान न्याय परन्तु ही केन्द्रित किया जाना है। जनता को न्याय में ही दिलचस्पी होगी। अगर आप साम्प्रदायिक सद्भावना की, राष्ट्र की एकता की बात करते हैं तो प्रशंसनीय विचार है। जनता न्याय की अवधारणा से ही प्रेरित होकर आगे बढ़ती है। राष्ट्र महत्वपूर्ण है पर एकता भी सही मायनों में वाजिब एकता होनी चाहिए। सम्प्रदायवाद के खिलाफ संघर्ष न्याय के लिए संघर्ष है।"

सच्चाई यह है कि सामाजिक, आर्थिक और राजनीतिक न्याय के जरिये ही हम जनता को प्रेरित कर सकते हैं और भारतीय एकता और अखण्डता को वास्तविक बना सकते हैं। इकबाल सिंह का कहना है कि "आज अगर हमारी धर्म-निरपेक्षता अपूर्ण है तो इसकी वजह पिछले 46 वर्षों में इस पर हुई अधिकांश बहसें और विचार-विमर्श अभिजात माहौल में, आरामदेह कमरों में बैठकर किये गये हैं। हमें इस स्वयं निर्मित अलगाव को खत्म करना है और जैसे भी हो, आम जनता के विचार क्या हैं इसे जानना है, क्योंकि वे ऐसे लोगों की बात का कि हमारी आम जनता, भारत के आम लोगों के दिलो-दिमाग को आज न तो बुद्धिजीवी और न ही प्रशासक प्रभावित कर रहे हैं। इस प्रकार के अलगाव को सुधारा जाना है। वरना आप पायेंगे कि आपकी बात निरन्तर संकीर्ण होते जा रहे हल्के में ही सुनी जा रही है और भारत का व्यापक जनसमुदाय आपके प्रति उदासीन होता जाएगा।"

देश की आजादी के बाद भी साम्प्रदायिकता को पूरी तरह समाप्त नहीं किया जा सका। नये-नये रूपों में साम्प्रदायिकता की देश-घातक कार्रवाईयाँ जारी रहीं और हमारे राष्ट्र के स्वस्थ विकास के लिए अधिकाधिक खतरा होती गयीं।

दुर्भाग्य से, भारत के सामने आज भी वही संकट-हिन्दू, मुस्लिम और सिख धार्मिक संकीर्णता की अपील का संकट सामने है। राष्ट्रीय आन्दोलन के दौरान पैदा हुई आदर्श और मूल्य कमजोर होते जा रहे हैं। उसको सही रूप में जानने तथा साम्प्रदायिक के जहर को समाप्त करने में पंडित नेहरू के विचारों का विशेष महत्व है।

भारतीय संदर्भ में धर्म-निरपेक्षता

आज की परिस्थिति में हमें अवश्य यह समझने का प्रयास करना चाहिए कि भारतीय संदर्भ में धर्म-निरपेक्षता का क्या अर्थ है? इस शब्द की समझदारी में काफी भ्रम है वह अपने मूलरूप में अंग्रेजी में है।

आज देश में करीब-करीब हर व्यक्ति दावा करता है कि वह धर्म-निरपेक्ष है। यहाँ तक कि वे लोग भी, जो कहते हैं कि चूँकि हिन्दू भारत में बहुमत में हैं, इसलिए हिन्दू धर्म भारतीय राष्ट्रवाद की अभिव्यक्ति है, धर्म-निरपेक्ष होने का दावा करते हैं। यह भी दावा किया जाता है कि भारतीय धर्म-निरपेक्षता दूसरे देशों की धर्म-निरपेक्षता से भिन्न है। धर्म के स्थान तथा एक धर्म-निरपेक्ष राज्य के साथ उसके संबंध की अनेक व्याख्याएँ की जा रही हैं। स्पष्टतः हम अच्छी तरह यह नहीं जानते हैं कि धर्म-निरपेक्षता शब्द का सही अर्थ क्या है और हमारे देश के लिए इसका क्या महत्व है।

अभी तक धर्म-निरपेक्षता एक विचारधारा, दर्शन या यहाँ तक कि हमारे देश में मुस्लिम अलगाववाद को नियंत्रित करने के साधन के रूप में सामने आई है। शायद यही कारण है कि जब संविधान स्वीकार किया गया तो उसमें धर्म-निरपेक्षता को क्यों नहीं शामिल किया गया। शायद विश्वास किया गया कि देश के विभाजन के बाद मुस्लिम साम्प्रदायिक सवाल समाप्त हो गया है और भारत स्वतः एक धर्म-निरपेक्ष राज्य हो गया है। आजादी हासिल करने के सुखबोध में इस बात को भुला दिया गया कि एक धार्मिक आधार पर देश के विभाजन को करने का क्या अर्थ लिया जा सकता है।

इस संदर्भ में प्रो० निर्मल सिंह कहते हैं-"धर्म-निरपेक्षता एवं इतिहास या इतिहास-लेखन ने एक महत्वपूर्ण घटना नजरअंदाज कर दी है और वह धर्म-निरपेक्षता की अवधारणा का केन्द्र बिन्दु है एवं जो आज हमारे व्यावहारिक कार्यकलापों को प्रभावित कर रहा है। वह है 1947 की घटना, जब भारत आजाद हो गया और उसके साथ ही अपनी जनता के एक हिस्से, अपने प्रदेश के एक हिस्से को

सम्प्रदायवाद के हवाले कर दिया। यह केवल इतिहास का एक सवाल नहीं है, बल्कि साम्प्रदायिक राज्य के रूप में विद्यमान पाकिस्तान नाम ऐतिहासिक स्मारक ने एक ऐसी स्थिति उत्पन्न कर दी जिससे हम आँखें नहीं फेर सकते और हम यही करते रहे हैं। मुझे आशंका है कि जब तक यह स्थिति बनी रहेगी तब तक धर्म-निरपेक्षता की अवधारणा के विकास और भारत में उसके दुश्मनों को सही समझदारी नहीं हो सकेगी।

वर्तमान खालिस्तान समस्या 1947 के पूर्व और 1947 में तथा उसके बाद जो कुछ घटित हुआ, उससे घनिष्ट रूप से जुड़ी है। एक ऐसा उदाहरण है जिसका आज जनता के एक वर्ग-तबके द्वारा अनुसरण किया जा रहा है। यदि इसका सही ढंग से सामना नहीं किया जाएगा तो हम इस समस्या का समाधान करने में एकदम कामयाब नहीं होंगे।

धर्म-निरपेक्षता की अवधारणा की पृष्ठभूमि के संदर्भ में पी०एन० हक्सर कहते हैं-"मार्टिन लूथर ने कहा था कि वे स्वीकार नहीं करते कि उसके और उनके ईश्वर के बीच कोई मध्यस्थ है। उन्होंने कहा कि उनके और उनके ईश्वर के बीच मानव मस्तिष्क है जिसका सम्मान किया जाना चाहिए। वे मध्यस्थों-पुजारियों, कार्डिनालों, पोपों और इसी तरह हमारे ग्रंथियों, मुल्लाओं, शंकराचार्यों को स्वीकार नहीं करते हैं।"

जबकि यूरोप इस अनुभव से गुजरा हमारा देश बहुराष्ट्रीय कम्पनियों द्वारा नहीं, बल्कि एक अत्यंत छोटी कंपनी, 'द ईस्ट इंडिया कम्पनी' द्वारा जीत लिया गया। मैं समझता हूँ कि हमें अपने बीच तथा अपनी आम जनता के बीच इसकी याद को पुनर्जीवित करना चाहिए क्योंकि महान मराठा शक्ति, सिख शक्ति आदि के महान् आत्म-प्रतिभा हमारे बीच हैं। परन्तु न तो मराठा और न ही सिख भारत में ब्रिटिश-साम्राज्य के उदय को रोक सके।

विभिन्न लोगों के बीच इस प्रकार की विजय की विभिन्न प्रतिक्रिया थी-विवेकानन्द की प्रतिक्रिया, राजा राममोहनराय की प्रतिक्रिया, बंकिमचन्द्र की प्रतिक्रिया आदि धार्मिक सुधार के रूप में दूसरे तरह की प्रतिक्रिया व्यक्त की गयी। सती, जाति प्रथा का उन्मूलन, ब्रह्म समाज आन्दोलन, प्रार्थना समाज आन्दोलन और यह सभी भारत में विभिन्न धार्मिक ग्रुपों के अन्दर से उत्पन्न हुए।

अनेक ऐतिहासिक कारणों, बिशेषकर आर्थिक कारणों से सुधार तथा पुनर्जागरण के समय भारत में विभिन्न धार्मिक प्रणालियों के अन्दर से धार्मिक सुधार के प्रयास सफल नहीं हुए। लोकतंत्र तथा धर्म-निरपेक्ष समाज की दिशा में ये प्रारम्भिक

प्रयास विफल हो गए। भौतिक तथा प्राकृतिक विज्ञान एवं समाज विज्ञान के बारे में हमारा ज्ञान काफी सीमित था। उस समय अत्यन्त भिन्न परिस्थितियों में सुधार प्रयास किये गये।

राष्ट्रवाद और हिन्दू पुनरुत्थानवाद

पी०एन० हक्सर कहते हैं कि "...इसके साथ ही आर्थिक रूपों, सांस्कृतिक रूपों में भारत पर ब्रिटिश साम्राज्य के प्रभाव के बारे में सवाल उठाये गये और इस धारा में हमारे राष्ट्रवाद एवं उसके प्रारम्भिक चरणों में उसकी बोली, उसकी संकल्पना, उसके नारे, उसका काव्य–मुख्य रूप से हिन्दू पुनरुत्थानवाद या जिसे आज बंगाल पुनर्जागरण आन्दोलन कहते हैं, उससे जुड़ा था।

इस तथ्य को स्वीकारना होगा कि धार्मिक विश्वासों से परे एक राष्ट्रवाद की अवधारणा पूरे राष्ट्रीय आन्दोलन के दौरान गढ़ी गयी। यह भी अवश्यक ही स्वीकार किया जाना चाहिए कि सम्प्रदायवाद और उसके सहवर्ती, धार्मिक रंगों से रंगे राष्ट्रवाद की फासिस्ट क्षमता को स्वीकार करते हुए भी धर्म-निरपेक्ष तत्वों द्वारा, जिसमें पंडित नेहरू भी शामिल थे, इस खतरे से लड़ने के लिए कोई खास काम नहीं किया गया। तब नारा यह था कि ब्रिटिश साम्राज्य से मुक्ति मिलते ही सभी समस्याओं का स्वतः समाधान हो जाएगा।

परन्तु उसके साथ ही जैसे-जैसे समय बीतता गया, स्वतन्त्र भारत की अवधारणा को गढ़ते हुए रूपान्तरण का सामाजिक-आर्थिक कार्यक्रम अधिकाधिक सामने आता गया, जिसका श्रेय पंडित नेहरू और संगठित वामपंथ के प्रयासों को है।

इस संदर्भ में प्रो० देशराज गोयल का कहना है, 'हालाँकि राजनीतिक लक्ष्यों के लिए जनता को लाभवन्द करने में धार्मिक प्रतीकों एवं नारों और सूत्रों का इस्तेमाल किया गया, स्वतंत्र भारत की अवधारणा को विकसित करने में धर्म को अलग रखा गया। मुझे स्वतंत्रता आन्दोलन का एक भी ऐसा प्रस्ताव देखने को नहीं मिला, जिसमें धर्म की पुनर्स्थापना की अपील की गयी हो। इसलिए लोकतंत्रीकरण और साम्राज्यवाद के दुश्मन के खिलाफ सभी लोगों को लाभबन्द करने की जरूरत ने धर्म-निरपेक्षता को अनिवार्य बना दिया।

सन्दर्भ-संकेत

1. मेकाइवर, आर०एम० एवं ब्रेज चार्ल्स, *सोसाइटी*, पृ० 5।
2. मारिस, *सोशियोलोजी*, पृ० 40।

3. ऋग्वेद, मंडल 10 अनुवादक 12, सूक्त 191, मंत्र 2, पृ० 1899।
4. *अथर्ववेद*।
5. विद्यालंकार, सत्यकेतु, *समाजशास्त्र*, पृ० 36।
6. कड़ाकोटी, नन्दन सिंह, *राजनीति के घेरे में समाजवाद*, पृ० 37।
7. *वही*, पृ० 38।
8. *वही*, पृ० 39।
9. *वही*, पृ० 42।
10. नेहरू, जवाहरलाल, *इतिहास की झलक*।
11. *जवाहरलाल नेहरू के भाषण*।
12. *वही*।
13. 15 दिसम्बर सन् 1953 के अपने संसद के भाषण में।
14. नेहरू, जवाहरलाल, *विश्व इतिहास की झलक*, अध्याय, 56, पृ० 173 "मैं हर दृष्टि से विज्ञान तथा विज्ञान की पद्धतियों को पसन्द करता हूँ।"
15. नेहरू, जवाहरलाल, *भारत की खोज*।
16. राष्ट्रीय कांग्रेस, लखनऊ, सन् 1936 ई० में सभापति की हैसियत से दिये गये पंडित नेहरू के अभिभाषण से।
17. इस गर्हित हिंसा के कुछ उदाहरण ये हैं, सन् 1878 ई० में जर्मनी के विलियम प्रथम की हत्या करने का प्रयास, इटली के हमवर्ट की हत्या का प्रयास।
18. नेहरू, जवाहरलाल, *विश्व इतिहास की झलक*।
19. *नेहरू ने कहा था*, पृ० 32।
20. *जवाहरलाल नेहरू के भाषण*।
21. बेसिक अंग्रेजी–इसमें बहुत ही परिभित शब्दावली रहती है। इन्हीं शब्दों को जान लेने से आदमी का काम चल सकता है।
22. नेहरू, जवाहरलाल, *भारत और संसार*, पृ० 22।
23. कलकत्ता के ब्रिटिश–पत्र, *स्टेटसमैन*।

4

राजनीतिक दर्शन

अब तक राजनीतिशास्त्र और दर्शनशास्त्र का अलग-अलग स्वरूप विवेचन किया गया है। उनके पारस्परिक अंत:संबंध की मीमांसा करने के पूर्व राजनीतिशास्त्र का कुछ विशेष विवेचन अपेक्षित है। राजनीति का संबंध मानव समाज और संस्कृति से है। मनुष्य की भावनाओं और विचारधाराओं के निर्माण में संस्कृति का गहरा हाथ है। सांस्कृतिक परंपरा और सामाजिक विचारधारा के विपरीत किसी राजनीतिक संगठन का निर्माण संभव नहीं है। भारतवर्ष में मुगलों का साम्राज्य अल्पकालिक सिद्ध हुआ, क्योंकि जनता में व्याप्त सांस्कृतिक धाराओं और ताकतों के साथ उसका संबंध नहीं था।

इसी विचार सारणी का अनुसरण कर प्रसिद्ध जर्मन इतिहासशास्त्री स्पेंगलर ने कहा था कि संस्कृति राजनीति की अपेक्षा अधिक व्यापक और प्रभावशालिनी है, राजनीति संस्कृति के अंतर्भूत होकर ही विकसित और फलवती होती है। सांस्कृतिक और सामाजिक परंपरा की विचारधारा से प्रभावित होने के कारण स्वभावतः राजनीति का संबंध मानव-हृदय और आत्मा से है। पृथ्वी के संरक्षण और विवर्धन के क्रियाकलापों का शास्त्र होने के साथ ही राजनीति मानव आत्मा के विकास का इतिहास भी उपस्थिति करती है, क्योंकि बाह्य वृत्तियों और चेष्टाओं के पीछे मानव संकल्प और ऋतु का प्रकाशन विद्यमान है। इसीलिए कभी-कभी राजनीतिशास्त्र का संबंध मानव की आत्मिक अभिव्यक्ति के साथ किया जाता है। अतः संस्कृति, समाज और मानव आत्मा से संश्लिष्ट रहने के कारण, राजनीतिशास्त्र बाह्य प्रकृति के अध्ययन और परीक्षण से संबद्ध भौतिकशास्त्रों से भिन्न है।

भौतिक शास्त्रों में व्यापक नियमों का निदर्शन होता है। भौतिक नियम भावनानिरपेक्ष है और ध्रुवगति से स्वकर्मनिरत हैं। इतिहास में वर्णित घटनाएं जगदाकाश में एक ही बार घटती हैं, उनकी उत्पत्ति फिर दूसरी बार नहीं कराई जा सकती है। भगवान बुद्ध ने सारनाथ में धर्मचक्र प्रवर्त्तन किया और पांच भिक्षुओं का मार्गबोध किया। कालकाशकार्यकारणबद्ध आवर्त्त में यह घटना फिर दूसरी बार नहीं घट सकती। इतिहास पूर्णत: विशेषानुबद्ध है, तथा भौतिक विज्ञान पूर्णत: सामान्यग्राही। राजनीतिशास्त्र मध्यमावस्था में हैं। प्रजातंत्र यदि ब्रिटेन में पनपा तब वह अमरीका में भी विकसित हो सकता था और फ्रांस तथा भारत में भी। साम्यवाद यदि रूस में आया तब साम्यवाद अन्य देशों में भी क्रियान्वित हो सकता है। अर्थात राजनीतिशास्त्र में वर्णित सिद्धांत न तो भौतिक विज्ञान के सिद्धांतों के समान देशकालसमयानवच्छिन्न है और न इतिहास की आधारभूत घटनाओं के समान अनुपरावर्तनीय। कुछ अंशों तक उनकी आवृत्ति की जा सकती है जो एकरसता भौतिक वस्तुओं में है, जैसे अग्नि, वाष्प, वायु में वह राजनीतिशास्त्रोक्त वस्तुओं में नहीं है, क्योंकि इनका संबंध मानव हृदय की विविध अंतर्जात भावनाओं से है।

समाज और संस्कृति से संबध रहने के कारण और अपने सिद्धांतों और वस्तुओं के एक देश से अन्य देशों में पुनरावर्तनीय होने के कारण राजनीति का एक गहरा कलात्मक और प्रयोगात्मक स्वरूप है। एक अधिक सबल और अभ्युन्नयत समाज और राष्ट्र की सृष्टि में राजनीति के नियमों और आदर्शों का उपयोग हो सकता है और इस प्रकार इस शास्त्र का प्रयोगात्मक रूप स्पष्ट है। जिन अधिष्ठानों और संस्थाओं का राजनीतिक जीवन से संबंध है–उदाहरणत: प्रशासन प्रक्रिया से संबद्ध पुरुष और उनका क्रियातंत्र अथवा राजनीतिक दलों के क्रियाकलाप, वे सब व्यवहार में प्रयोगात्मक रूप धारण कर लेती है। इस प्रकार राजनीतिशास्त्र का क्रियान्वयी होना इसे एक कलात्मक रूप प्रदान करता है। इसीलिए जर्मन भाषा में राजनीतिशास्त्र के लिए 'स्टाटस्कुन्स्ट' अर्थात् राज्य की कला शब्द आता है। राजनीतिक कार्यों की क्रियाशक्ति और सत्वरप्रभावोत्पन्नकारिणी प्रवृत्ति का ध्यान रखते हुए ही मार्क्स ने कहा था कि दार्शनिकगण अब तक जगत की सोपपत्तिक व्याख्या में ही लीन रहे हैं, सबसे आवश्यक कर्त्तव्य है, इसका क्रांति के द्वारा रूपान्तर।

यह ठीक है कि राजनीतिशास्त्र एक सामाजिक शास्त्र है और यह भी सत्य है कि इसके योजनात्मक और प्रयोगात्मक अंशों तथा रूपों के सफल व्यवहार पर ही राष्ट्र का भविष्य आश्रित है तथापि इतने से ही इसकी दार्शनिक मीमांसा का कार्यक्रम बाधित नहीं हो जाता। यूरोपीय बौद्धिक पुनरुत्थान के समय से ही विज्ञान और तांत्रिक तथा औद्योगिक शास्त्रों की अभूतपूर्व उन्नति के साथ ही, दार्शनिक

समीक्षण पद्धति में विपरीत एक जबर्दस्त प्रतिक्रिया शुरू हो गई। वस्तुओं के निरीक्षण, परीक्षण, मापकरण और परिगणन पर ध्यान दिया जाने लगा। इस प्रकार वस्तुओं के परिमाणात्मक अंशों का ज्ञान ही ज्ञानसर्वस्व समझा जाने लगा। वस्तुओं के गुणात्मक और मूल्यात्मक अंशों से औदासीन्यवृत्ति आरम्भ हो गई और पश्चिमी सभ्यता के विकास के साथ-साथ ज्यों-ज्यों ज्ञान और विज्ञान के शक्तिप्रदायक, भविष्यवाणीकरणात्मक और मानवोपयोगी वस्तुविधायक स्परूप ही अभूतपूर्व परिवृद्धि हुई है, त्यों-त्यों बड़े वेग से समाजशास्त्र, अर्थशास्त्र, राजनीतिशास्त्र, मानसविज्ञान आदि ने दर्शन से शीघ्रातिशीघ्र संबंध-विमोक्ष करना आरंभ कर दिया।

दर्शनशास्त्र परात्पर प्रकृष्ट पूर्णसत्ता के ज्ञान का अनुसंधान करता है। समस्त सृष्टि ही इसका विषय-क्षेत्र है। राजनीतिशास्त्र का संबंध सामाजिक और राजकीय जगत से है। मनुष्य के समहात्मक जीवन से सम्बद्ध विषय ही इसमें परिगृहीत होते हैं। दर्शनास्त्र के कुछ प्रकरणों में यदा-कदा जगदतीत वस्तुओं और विषयों, जैसे पुनर्जन्म, स्वर्ग-नरक, ईश्वरीय ज्ञान आदि का भी वर्णन करता है। किन्तु राजनीतिशास्त्र सर्वदा जगदाश्रित वस्तुओं से ही संबंध रखता है। इस प्रकार विभिन्न विषय होने पर भी हमें देखना है कि राजनीतिक दर्शन तथा दार्शनिक राजनीतिशास्त्र का तात्विक स्वरूप क्या है, क्योंकि जब हम कहते हैं कि राज्य प्रजातंत्र, साम्यवाद, अधिकारवाद आदि राजनीति के महान् प्रश्नों के समाधान के लिए दार्शनिक मीमांसा अभित है। तब स्वभावत: ही जो प्रतिक्रिया और पद्धति इन प्रश्नों के मनन और स्वरूप ज्ञान की प्रचलित है उनका हम आंशिक विरोध करते हैं।

दर्शनशास्त्र के द्वारा हम राजनीति के आधारभूत सिद्धांतों को प्राप्त करते हैं। दर्शन का लक्ष्य है कात्स्नर्यदृष्टि। राजनीति के द्वारा ज्ञेय और प्राप्तव्य वस्तुओं का तात्विक ज्ञान प्राप्त करने के लिए आवश्यक है कि उन वस्तुओं को समग्र रूप से जानने का हम संकल्प और प्रयास करें। समाज और राज्य का क्या लक्ष्य होना चाहिए, इससे हम दर्शन के सहारे ही जान सकते हैं। दर्शन के सहारे सूक्ष्मता और विस्तार से राजनीतिक विषयों का वर्णन और विवेचन करते हुए हम देखते हैं कि अन्ततोगत्वा धर्म, दर्शन आदि के विवेच्यतत्वों का और समाज व्यक्ति, प्रजातंत्र आदि का समन्वय स्थापित करना पड़ेगा। दर्शन में हम वस्तुओं का पूर्ण दार्शनात्मक विचार करते हैं। इसमें विवेच्य तत्वों के ऐतिहासिक क्रमिक विकास से संतुष्ट न होकर उनकी बौद्धिक तर्कणात्मक परिपर्णूता पर हम ध्यान देते हैं अर्थात् यदि राज्य की या समाज की हमें विवेचना करनी है तब केवल इंग्लैंड और फ्रांस की राज्य प्रणाली के वर्णन से हमें संतोष नहीं होगा। किन्तु इन ऐतिहासिक उदाहरणों के आधार पर हमें समाज और राज्य के परिपाक की मीमांसा करनी होगी। समग्र

वर्णन इस प्रकार के परिपाकात्मक ज्ञान के लिए आवश्यक है। राजनीतिक विषयों का समग्ररूप से वर्णन करने के लिए न केवल उनकी आर्थिक, सामाजिक, मनोवैज्ञानिक, धार्मिक विषयों से अंत:संबद्धता बतानी होगी, किन्तु यह भी दिखाना होगा कि विकीसत नीतिमान मनुष्यों के ज्ञान और संकल्प की कहाँ तक इस राजनीतिक व्यवस्था से एकरूपता है। अर्थात् मनुष्य की पूर्णता की सिद्धि में राजनीति द्वारा प्राप्त ज्ञान की प्रयोजनीयता का निरूपण हमें करना होगा। राजनीतिक पदार्थों का मनुष्य की इच्छा शक्ति से गहरा संबंध है। सामूहिक मानवों से संगठित ईक्षण का ही परिणाम राजनीति है। इसीलिए राजनीति के दार्शनिक विवेचन में समाज और राज्य के विषय में समाजशास्त्र, अर्थशास्त्र, इतिहास तथा राजनीतिक की समन्वित अंत:सम्बद्धता से प्राप्त ज्ञान का मानव-जीवन के विराट लक्ष्य की संसिद्धि में क्या स्थान है, यह हमें बताना ही पड़ेगा। संक्षेप में कह सकते हैं कि मानव, समाज, राज्य आदि के संबंध में विवेचनापूर्ण कृत्स्नज्ञान प्राप्ति और तज्जनित आधारभूत सिद्धांतों का निरूपण दर्शनास्त्रानुमोदित राजनीतिशास्त्र का प्रथम महान् उद्देश्य है।

नैतिक प्रवृत्तियों के परिपोषक और सर्मथन को हम दार्शनिक प्रयास का अभिन्न अंश मानते हैं। अब तक समाजशास्त्रीय अध्ययन में मानव-स्वभाव के विषय में जो स्थापनाएं की गई हैं वे अधूरी हैं। साधारणत: विकास-परम्परा से प्रभावित होने के कारण मनुष्य को हम पशुओं का बड़ा भाई समझते आये हैं। इस प्रकार की भावना मानव-हृदय में वर्तमान देवत्व के अंशों को भूलने की प्रेरणा करती है। यदि कुछ लोकोत्तर ऋषिकल्प मनुष्य अपनी तपस्या, साधना और धृति से पशुत्व पर विजय प्राप्त कर सकते हैं तब हम क्यों समझें कि मानव शास्त्र का लक्ष्य पशुओं के समान भोगषणा ही है? भोगवाद हमारी अविकसित अवस्था का सूचक है, हमारी पूर्ण विकसितावस्था का विजयचिन्ह नहीं। अभी पश्चिम की अधिकांश राजनीतिक और आर्थिक विचारधारा इसी भोगवाद को आधार मानकर चलती है। भोगवाद का प्रश्न ही उसका चरम संदेश है चाहे वह भोगवाद बेन्थम द्वारा प्रचारित हो या कार्ल्समार्क्स और लेनिन के द्वारा। चमन भोगवाद का सिद्धांत प्रचारित करना मानवहित के लिए घातक है। व्यापक आदर्शपूर्ण राजनीतिशास्त्र के लिए हमें मानव नीतिमान है, इस तत्व को लेकर आगे चलना होगा। राजनीतिशास्त्र बहुत अंशों तक आचारशास्त्र से प्रभावित है, ऐसा विचार प्राचीन यूनान में अरस्तु का और आधुनिक काल में ग्रीन और हाबहाउस का रहा है। बुद्ध, दयानन्द और महात्मा गाँधी ने बताया कि शोषणरहित समाज व्यवस्था के निर्माण के लिए हमें नीतिमान पुरुषों की आवश्यकता है। राजनीति के दार्शनिक विवेचन के लिए आवश्यक है कि हम मानव-इतिहास में वर्तमान उपादेय और सग्रहणीय आदर्शों का विश्लेषण करें, वैज्ञानिक और तार्किक

बुद्धि से उनका मनन करें और फिर मानव और समाज को इनके क्रियान्वयन के लिए तैयार करें। हमें जगदातीत उपादेय मूल्यों की स्थापन नहीं करना है, किन्तु नीतिमान् चेतनायुक्त आदर्श समन्वित मानव को ही राजनीतिशास्त्र का आरम्भतत्व और मूलसूत्र बनाना है। अरस्तु, बेंथम और मार्क्स ने अपने राजनीतिशास्त्र का आरम्भ मानव को समाजप्रेमी और अनुसंधानकर्त्ता मानकर किया है। हम राजनीति के दार्शनिक विवेचन में मनुष्य को चैतन्ययुक्त, सन्मार्गोन्वेषी और नतिमान मानकर शास्त्र विचार करना चाहते हैं। अंततः हम देखते हैं कि राजनीति का दार्शनिक विवेचन केवल तत्वचिंतन का ही आनन्द हमें नहीं प्रदान करता है, केवल आंशिक सत्य पर आश्रित अपसिद्धांतों के उन्मूलन का मंत्र ही नहीं देता है बल्कि राजनीतिक दर्शन या दार्शनिक राजनीतिशास्त्र के रूप में हमें एक विशाल शास्त्र का दर्शन कराता है जिसकी शब्दराशि विनिश्चित अर्थवाहिका है, जो इतिहास तथा अन्य सामाजिक शास्त्रों की अंतःसम्बद्धता बताता है तथा जो राजनीतिक विवेचन की एक समन्वित अनेकशास्त्राश्रित पद्धति उपस्थित करता है।

राजनीतिशास्त्र को नैतिक और दार्शनिक स्वरूप प्रदान करने वाला चौथा महान् युग आधुनिक भारत में राममोहन राय, दयानन्द, तिलक, विवेकानन्द, रवीन्द्रनाथ, महात्मा गाँधी, श्रद्धानन्द, विपिन पाल, लाला लाजपत राय और अरविन्द की विचारधारा में उपस्थित हुआ। ये सब महापुरुष वेद और वेदान्त की शिक्षाओं से प्रभावित थे। मानव समतावाद और जागतिक कल्याण की जो जबर्दस्त घोषणा आधुनिक भारत में हुई है, वह अन्यत्र दुर्लभ है। यदि एक ओर अमरीकी और फ्रांसीसी स्वतंत्रता घोषणापत्रों का प्रभाव आधुनिक भारत में रहा है तो दूसरी ओर इस देश में वेदान्त और बौद्ध धर्म के नीतिमार्ग का भी समर्थन हुआ है। यह ठीक है कि ऊपरलिखित विचारकों में से एक ने भी राजनीतिशास्त्र पर दार्शनिक समीक्षात्मक ग्रंथ की रचना नहीं की है। तथापि इनके विभिन्न ग्रंथों में इस प्रकार के अनेक वाक्य और परिच्छेद भरे पड़े है जिनके आधार पर एक दार्शनिक राजनीतिशास्त्र का निर्माण हो सकता है। इन विचारकों का भारत में बहुत ही महान् और जगत में आंशिक प्रभाव पड़ा है। तिलक के 'गीता-रहस्य' और अरविन्द के 'मानव एकता का आदर्श' ग्रंथ में क्रमशः नीतिशास्त्र और राजनीतिक इतिहास के दार्शनिक विवेचन का प्रयत्न है, किन्तु राजनीतिशास्त्र के जो परंपरा प्राप्त विषय है, उनके विनिश्चिय क्रमबद्ध विवेचन का वह प्रयास जो अरस्तु, ग्रीन, बोसांक्वेट आदि के ग्रंथों में प्राप्त होता है, तिलक और अरविन्द में नहीं उपलब्ध है। राजनीति शास्त्रीय दृष्टि से इन कमियों के होते हुए भी जो मानव के आत्मिक उत्कर्ष और नेपुण्य का उदात्त वर्णन दयानंद, विवेकानंद महात्मा गाँधी आदि ने किया है। उसने आधुनिक भारत में

नवजीवन फूंका है। जर्मन और ब्रिटिश विज्ञानवाद में समूह और राज्य का महत्त्व स्वीकृत था। आधुनिक भारतीय विज्ञानवाद और आध्यात्मवाद मानव आत्मा के अतिशय विशाल नैतिक सर्जनात्मिका शक्ति का उद्घोषण करने में प्रकृष्टरूप से सफल रहा है। राजनीतिक कर्मयोग का किस प्रकार धर्मपूर्ण दार्शनिक और निदिध्यासनात्मक योग में पर्यवसान होता है। इसका महान् मंत्र दयानंद, तिलक और महात्मा गाँधी में प्राप्त होता है। महात्मा गाँधी ने सर्वथा राजनीतिक जीवन और जनसेवा को मोक्ष मार्ग का साधन मानकर क्षुद भोगमय स्वार्थों से ऊपर जाने का प्रयास किया। सर्वहितवाद का जो व्यापक समर्थन भारतीय विज्ञानवाद में मिलता है, वह अत्यंत महत्वपूर्ण है। दयानन्द, विवेकानंद, तिलक आदि ने बताया है कि मानव-आत्म अजर-अमर है और किसी भी राजनीतिक और संगठित शक्ति से भय करने का कोई कारण नहीं है। महात्मा गाँधी की अहिंसा पीड़ित और शोषित एशिया और अफ्रीका के लिए ही नहीं, अपितु मदान्ध क्रूर शक्तिवादियों के लिए भी एक महान् जादू भरे मंत्र का कार्य करेगी। श्री अरविन्द ने ऋग्वेद और प्राचीन उपनिषदों के आधार पर परम विज्ञानात्मक जगतकर्त्तव्य शक्ति संपन्न ऋतिचत का दर्शन उपस्थित किया है जो यद्यपि बौद्धिक दृष्टि से अप्रर्तक्य और अविश्वसनीय भी प्रतीत होता है। तथापित इतने अंश तक संग्रहणीय है कि इसके अनुसार राजनीतिक, सामाजिक और आर्थिक प्रश्नों का समाधान केवल नूतन संस्थाओं के निर्माण से नहीं हो सकता अपितु संस्थाचालक मनुष्यों के अंदर एक आध्यात्मिक रूपांतर की आवश्यकता है।

पंडित नेहरू के राजनीतिक-दर्शन : पृष्ठभूमि

यद्यपि दुनिया पंडित जवाहरलाल नेहरू को एक राजनेता के रूप में जानती है, परन्तु राजनीति को उन्होंने एक व्यवाय के रूप में, रोजी-रोटी के लिए नहीं अपनाया था। आनन्दभवन के विलासपूर्ण जीवन का परित्याग पर भारतीय स्वतंत्रता संग्राम का एक सिपाही बनना तथा मातृभूमि की बलिवेदी पर सदैव सर्वस्व न्यौछावर करने के लिए तत्पर रहने के पीछे एक विचारशक्ति थी और उसी विचार शक्ति के वाहन पर पंडित नेहरू ने अपनी जीवन-यात्रा पूरी की। पंडित नेहरू एक शासक के रूप में प्रतिष्ठित हुए, परन्तु वह उन शासकों में नहीं थे, जो सत्ता अहम् एवं व्यम् की परितुष्टि के लिए स्वान्तः सुखाय के लिए प्राप्त करता है। सच्चे अर्थ में पंडित नेहरू एक दार्शनिक शासक थे और उनका शासन एक दर्शन पर आधारित एवं बहुजन सुखाय के लिए था। उनका जीवन राष्ट्र को समर्पित था। राष्ट्रीय स्वाधीनता की भावना से उद्भत होकर सामाजिक-राजनीतिक जीवन का यात्रा प्रारम्भ करते हैं और राष्ट्रों के शांतिपूर्ण सह-अस्तित्व की प्रखर ज्योति हाथ

में लिए अपनी जीवन-यात्रा का अंत करते हैं। राष्ट्रीय स्वाधीनता तथा राष्ट्रों के शांतिपूर्ण सह-अस्तित्व के लक्ष्य के निरंतर गतिशील रहने के क्रम में उन्होंने अनेक राष्ट्रीय एवं अंतर्राष्ट्रीय समस्याओं पर अपने विचार प्रकट किये। उन विचारों को एक-साथ पीरो कर, उसे राजनीतिक दर्शन के रूप में निरूपित किया जा सकता है। पंडित नेहरू का राजनीतिक दर्शन समाज में एक राजनीतिक मूल्य की स्थापना करता है और वह मूल्य कोई कोरा आदर्श नहीं बल्कि जीवन की वास्तविकता पर आधारित था। इसलिए पंडित नेहरू किसी विचारधारा के साथ प्रवाहित नहीं हुए, उन्होंने विभिन्न विचारों को आत्मसात किया और उन्हें परिमार्जित एवं परिष्कृत कर नवीन साँचा तैयार किया और उसी साँचा में शासन संचालित करने की कोशिश की। इसलिए शासक नेहरू की सफलता एवं विफलता दोनों का ही श्रेय विचारक नेहरू को जाता है।

पंडित नेहरू के पिता मोतीलाल नेहरू अज्ञेयवादी थे। वे बुद्धिवादी तथा यथार्थवादी भी थे। इसलिए उन्हें किसी विकल्पातीत सत्ता में विश्वास नहीं था और वे उच्च सत्ता की रहस्यात्मक अनुभूति के विचार को ही हृदयंगम कर सकते थे। अपने पिता के पुत्र होने के नाते पंडित जवाहरलाल नेहरू कभी अपनी माता की धार्मिक निष्ठा को आत्मसात नहीं कर सके।

पंडित जवाहरलाल नेहरू का राजनीतिक दर्शन सर्वग्राही था। यह 19वीं शताब्दी के उदारवाद, फेबियन समाजवाद, मार्क्स के तर्कवाद, सोवियत अर्थशास्त्र तथा गाँधीजी ने नैतिकतावाद पर आधारित था। पंडित नेहरू द्वारा भारत तथा विश्व की स्थिति का अध्ययन उनके दर्शन का सबसे बड़ा आदर्श था। राजनीतिक सिद्धांत के लिए झुकाव के वावजूद उन्होंने गंभीर मामलों के हल के लिए व्यावहारिक ढंग अपनाया। ग्रेट-ब्रिटेन के साथ लम्बे समय तक संघर्ष के वावजूद उन्होंने सन् 1949 ई० में भारत को राष्ट्र मंडल में शामिल किया। सन् 1920 से 1940 तक समाजवादी आदर्शों में उनका दृढ़ विश्वास था परन्तु सत्ता मिलते ही उन्होंने समाजवाद और आर्थिक विकास के बीच तथा आर्थिक समता और उत्पादन एवं स्थिरता के बीच तालमेल लाने के वास्ते समाजवाद को लागू करने में जल्दीबाजी नहीं की।

पंडित नेहरू सदा समस्या के कई पक्षों को एक-साथ देखते थे। इससे एक हानि भी थी कि उन्हें कई बार निर्णय करने में कठिनाई होती थी। वह समाजवाद तथा आर्थिक परिवर्तन की राह में समझौते के लिए तैयार हो जाते थे, यदि उन्हें यह विश्वास हो जाता था कि यह लोकहित में है। उनकी राजनीति न केवल एक बुद्धिजीवी की काल्पनिक उड़ान थी और न ही सत्ता के लिए ललक थी। उनकी राजनीति के ध्येय थे गरीबों और दलितों की दशा में सुधार और विश्वशांति की स्थापना।

पंडित नेहरू ने भारत को आधुनिक युग में लाने के लिए आर्थिक विकास की गति तेज करने तथा देश की जनता का जीवन-स्तर ऊँचा करने का प्रयास किया। स्वतंत्रता और लोकतंत्र में उनकी गहरी आस्था थी। लोकतंत्र की स्थापना के लिए उन्होंने भरपूर प्रयास किया।

पंडित नेहरू और लोकतंत्र

पंडित नेहरू को संसदीय लोकतंत्र के सिद्धांतों तथा व्यवहारों में पूर्ण आस्था थी। महात्मा गाँधी के राजनीतिक उत्तराधिकारी के रूप में उन्होंने साधन और साध्य दोनों की पवित्रता कायम रखने की कोशिश की। फासीवाद तथा नासीवाद की क्रूरता उन्हें पसंद नहीं थी तथा कठोर नियंत्रण के साथ जिस उजड़ पर और कमीनापन का संयोग पाया जाता है उससे उनके संवेदनशीन मन को आघात पहुंचता था। सत्तावाद तथा हिंसा से उन्हें सख्त नफरत थी। वे चाहते थे कि भारत पश्चिम के उन्नत औद्योगिक राष्ट्रों के समकक्ष स्थान प्राप्त कर ले, किन्तु इस आदर्श को साक्षात्कृत करने के लिए उन्होंने अधिनायकतंत्रीय यंत्रीकृत हिंसा के मार्ग का परित्याग कर दिया था। स्वतंत्रता संग्राम के दीर्घ, कठिन तथा कष्टपूर्ण काल में उन्हें ब्रिटिश साम्राज्यवाद का जो कटु अनुभव हुआ था उसने नागरिक स्वतंत्रता के प्रति उनक प्रेम तथा गंभीर अनुराग को और भी दृढ़ कर दिया था। पंडित नेहरू ने अपने अनगिनत भाषणों तथा अविराम यात्राओं के द्वारा जनता से संपर्क स्थापित करने की प्रणाली विकसित कर ली थी। इससे नेता का जनता के साथ एकात्मय स्थापित होता है। वह बात लोकतांत्रिक प्रक्रिया के लिए बड़ी लाभकारी सिद्ध होती है। वे जनता को निरंतर अनुशासन तथा भाई-चारे की प्रेरणा देते रहते थे। इसमें उनका उद्देश्य उस समुदायकि भावना को दृढ़ करना था जिसे मैकाइवर ने लोकतांत्रिक व्यवस्था का आधार बतलाया है।[1]

यद्यपि भारतीय संविधान के 19वें अनुच्छेद के संशोधन की तथा निवारक नजरबंदी अधिनियम की पर्याप्त आलोचना हुई है, किन्तु पंडित नेहरू ने उसे परिस्थितियों की आवश्यकता के नाम पर उचित ठहराया है। उनका कहना था कि राजनीतिक तथा नगारिक स्वतंत्रता की व्याख्या भी राष्ट्रीय तथा अंतर्राष्ट्रीय दायित्वों तथा संकटों को ध्यान में रखकर की जानी चाहिए। कभी-कभी यह भी कहा गया है कि संसार के सबसे बड़े लोकतांत्रिक देश के जिस लोकतांत्रिक संसदवाद का इतना ढोल पीटा जाता है वह एक दल के शासन के संदर्भ में कोरा भ्रम है। यह सत्य है कि भारतीय राष्ट्रीय कांग्रेस की अदम्य प्रबलता उसके क्रांतिकारी तथा देशभक्तिपूर्ण इतिहास की उपज है। किन्तु पाश्चात्य लोकतांत्रिक कसौटी की दृष्टि

से ऐसे प्रतिपक्ष का अभाव, जो वैकल्पिक सरकार बनाने में समर्थ हो सके, लोकतांत्रिक व्यवस्था की एक भारी कमी है। पंडित नेहरू भारतीय लोकतंत्र के विकास में इस कमी को भली-भांति समझते थे।

अब स्वाभाविक तौर पर प्रश्न उठता है कि, वे कैसी राजनीतिक व्यवस्था चाहते थे? वे महात्मा गाँधी की तरह अराजकतावादी विचारक नहीं थे। वे राज्य की सत्ता को अनिवार्य मानते थे। महात्मा गाँधी का अराजकतावाद उनके अहिंसा के सिद्धांत पर आधारित था। वे एक ऐसे समाज की कल्पना करते थे जिसमें हिंसा की आवश्यकता ही न पड़े और राज्य जिसका बुनियाद ही दण्डविधान पर है, निरर्थक साबित हो। पंडित नेहरू राजसत्ता को अनिवार्य इसलिए मानते थे क्योंकि वे अहिंसा के गाँधीवादी सिद्धांत को अव्यवहारिक मानते थे। उनकी मान्यता थी कि राष्ट्र को सही मार्ग पर अग्रसर कराने के लिए एक राज्य, एक सरकार, एक शासन की आवश्यकता होती है। स्वतंत्रता का दुरुपयोग करने की आजादी नहीं दी जा सकती। सरकार अवश्य ही और वह जनमत के अनुसार कार्य करे।

इस विचार के आधार पर पंडित नेहरू के लोकतंत्र संबंधी सिद्धांत आधारित हैं। वे अक्सर कहा करते थे कि लोकतंत्र में बुराई हो सकती है, किन्तु इससे अधिक अच्छ राजनैतिक व्यवस्था हो ही नहीं सकती। नागरिकों को अपनी मर्जी के अनुसार सरकार चुनने की आजादी होनी चाहिए और इसके लिए सबसे अच्छी व्यवस्था है संसदीय लोकतंत्र। संसदीय लोकतंत्र में हर व्यक्ति को अपना प्रतिनिधि चुनने की आजादी होती है और वह अपनी व्यक्तिगत सत्ता को महसूस करता हैं। पंडित नेहरू व्यक्तिगत स्वतंत्रता को अत्यंत महत्वपूर्ण मानते थे। वे बराबर कहते थे कि व्यक्ति की सत्ता को राज्य के हित में दांव पर नहीं लगाया जा सकता। अन्ततोगत्वा राष्ट्र का हित उसमें रहने वाले व्यक्तियों के हित से ही जुड़ा है किन्तु वे यह भी महसूस करते थे कि जब तक आर्थिक समानता नहीं आयेगी व्यक्तिगत 'वोट' का कोई महत्त्व नहीं है। लोकतांत्रिक व्यवस्था को साध्य नहीं साधन ही माना जा सकता है। जिस लोकतंत्र में भूख और दरिद्रता हो वह लोकतंत्र वास्तव में लोकतंत्र नहीं है। इसके लिए उन्होंने एक समाजवादी दृष्टिकोण की आवश्यकता महसूस की।

एक बात पंडित नेहरू बार-बार कहा करते थे और उस बात को समझाने का वे तरह-तरह से प्रयत्न करते थे। उनकी मान्यता थी कि लोकतंत्र मात्र एक राजनैतिक व्यवस्था नहीं, बल्कि एक जीवन पद्धति है, एक ऐसा नजरिया जो व्यक्ति को अपनी गरिमा का अहसास करवाता है। वोट देने मात्र से या चुनाव करवा देने मात्र से इस जीवन पद्धति का केवल परोक्ष संबंध है। परोक्ष इसलिए क्योंकि बिना इसके इस पद्धति का पोषण हो ही नहीं सकता किन्तु असल बात उस नजरिया का है,

जिसके बिना हम एक मशीनी लोकतंत्र की लाश खींचते रह जायेंगे। यह एक निष्क्रिय तथा गतिहीन दिशा होगी, जिसमें किसी भी प्रकार की व्यक्गित या सामाजिक उपलब्धि संभव नहीं हो सकेगी। हमको यह महसूस करना होगा कि हम एक बहुत बड़े अंतर्राष्ट्रीय तंत्र के हिस्सा मात्र हैं, किन्तु हमारी भूमिका अत्यंत महत्वपूर्ण है एक ओर हमें राष्ट्रहित का ध्यान रखना है, दूसरी ओर अंतर्राष्ट्रीय शांति की दिशा में अग्रसर होना है। इसलिए लोकतंत्र को केवल एक निर्जीव तंत्र के रूप में नहीं लिया जा सकता। इसका उपयोग उन मूल्यों की उपलब्धि के लिए करना पड़ेगा जिनसे हमारे अस्तित्व की गरिमा बनी है। हम भारतीय तो हैं ही, किन्तु हम विश्व-नागरिक भी हैं। पंडित नेहरू की दृष्टि में लोकतंत्र कितना बड़ा सिद्धांत था इसका आभास हमें तब होता है जब हम उनकी कृतियों और भाषणों का गहराई से अध्ययन करते हैं। एक बात और स्पष्ट हो जाती है, पंडित नेहरू ने कभी भी अपने को लोकतंत्र की किसी परिभाषा के अंदर नहीं बांधा। उनके इस विषय संबंधी विचार उन सभी पूर्ववर्ती विचारकों से अधिक प्रखर और विशुद्ध हैं, जिन्होंने इस विषय को लेकर चर्चा की है। उनकी कृतियों में लोकतंत्र की व्याख्या महज एक राजनैतिक पद्धति के रूप में हुई है, पंडित नेहरू ने इसको व्यक्ति की अस्मिता से जोड़कर एक जीवन-पद्धति के रूप में प्रस्तुत किया है इसको उनकी मौलिकता माना जाना चाहिए।

उनके लोकतंत्र-संबंधी विचारों का दूसरा महत्वपूर्ण आयाम उनकी समाजवादी विचारधारा है। उनका दृढ़ विश्वास था कि भारत की नहीं वरन् समस्त विश्व की समस्याओं का एकमात्र हल समाजवादी व्यवस्था से ही हो सकता है, वे इस विचार से सहमत नहीं थे कि लोकतंत्र और समाजवाद एकसाथ नहीं पनप सकते। जब तक धन सम्पत्ति का समुचित बंटवारा नहीं होगा समानता का सिद्धांत निरर्थक होगा, और बिना न्यायपूर्ण बंटवारे के आर्थिक समस्याओं का लोकतांत्रिक हल नहीं निकल सकेगा। इसको पंडित नेहरू की मौलिक धारणा माना जा सकता है, यद्यपि उनके विचार कई अन्य विचारकों के मत से भी मेल खाते हैं। वास्तव में पंडित नेहरू की समाजवादी विचारधारा के तीन मुख्य स्रोत थे-उनकी भारतीय इतीस की समझ, ब्रिटेन का फैबियन सोशलिज्म और मार्क्सवादी विचारधारा का प्रभाव तथा उसका रूपी प्रयोग। इन तीनों के माध्यम से उन्होंने एक नयी पद्धति की शुरूआत की और उसकी व्याख्या को तर्कसंगत बनाने का भरसक प्रयत्न किया।

पंडित नेहरू के आर्थिक विचार : पृष्ठभूमि

पंडित नेहरू के व्यक्तित्व में बुनियादी होने के नाते एक ऐसा तत्व विद्यमान था, जिसकी वजह से वे सिद्धांतों का शास्त्रीय प्रतिपादन करने में आनन्द का अनुभव

करते थे, किन्तु वे कभी यह नहीं भूलते थे कि सिद्धांतों की वास्तविकता महत्ता उनके व्यावहारिक पक्ष में निहित है। परिस्थितिवश उनको वे सब अवसर प्राप्त हुए जिनकी वजह से वे अपने द्वारा प्रतिपादित सिद्धांतों की व्यावहारिक अभिव्यक्ति कर सके, जिस सिद्धांत के प्रतिपादन में उनका अधिक खर्च हुआ और जिस पर उनकी पूर्ण आस्था भी थी, वह सिद्धांत था समाजवाद। वे एक समाजवादी समाज की स्थापना करना चाहते थे जिसकी कल्पना तभी साकार हो सकती थी, जब समाजवाद के आर्थिक पहलू की ओर ध्यान दिया जाए। उन्होंने महसूस किया कि भारत में व्याप्त समस्त समस्याओं का कारण यहाँ की गरीबी और असमानता है। एक ओर अमीरी का हिमालय खड़ा है तो दूसरी ओर गरीबी की गहरी खाई। जब तक इस विषमता को आमूल विनष्ट नहीं किया जायेगा, तब तक राष्ट्रीय एकता या समानता की बात करना व्यर्थ है। जब महात्मा गाँधी आत्मिक एकता की बात करते थे और सत्य एवं अहिंसा जैसी विशुद्ध विषयों की चर्चा करते थे तब पंडित नेहरू जोर देकर कहा करते थे कि भारत के गरीबों का पेट बड़ी-बड़ी बातों से नहीं, भोजन से भरेगा, और भूखे पेट वाले व्यक्ति से आदर्शवाद की बात करना व्यर्थ है। इसी अवधारणा के आधार पर पंडित नेहरू ने अपने आर्थिक विचारों का प्रतिपादन किया और कई व्यावहारिक कदम उठाए।

मिश्रित अर्थव्यवस्था

लोकतांत्रिक समाजवाद की स्थापना के लिए पंडित नेहरू ने मिश्रित अर्थव्यवस्था के सिद्धांत का प्रतिपादन किया था। वे कुछ साम्यवादी विचारों के समर्थक होते हुए भी अर्थव्यवस्था से पूर्ण राष्ट्रीयकरण के पक्ष में नहीं थे। किन्तु देश की सारी अर्थव्यवस्था को पूर्णतया पूंजीपतियों के ऊपर छोड़ देने के पक्ष में भी नहीं थे, देश की आर्थिक अर्थव्यवस्था तथा अंग्रेजों के ढाई सौ साल के शोषण की उनको पूरी जानकारी थी। महात्मा गाँधी के 'ट्रस्टीशिप' के सिद्धांत को वे अव्यावहारिक मानते थे। इसलिए उनका विचार था कि जो अर्थव्यवस्था भारत के लिए उपयोगी होगी वह न तो पूर्णतया पूंजीवादी सिद्धांतों पर आधारित होनी चाहिए न ही पूरी तौर पर साम्यवादी। भारत के कई अर्थशास्त्रियों की मदद से उन्होंने भारत की अर्थव्यवस्था को दो भागों में विभक्त किया--पहला भाग जो राष्ट्रीयकरण के अंतर्गत आयेगा। दूसरा भाग जो निजी क्षेत्र में होगा। इसी व्यवस्था को मिश्रित अर्थव्यवस्था का नाम दिया गया।

इस विभागजन की आवश्यकता क्यों पड़ी? भारत में बहुत समय से पूंजी कुछ ही लोगों के हाथों में चल गयी थी। वे पूर्णतया साधन सम्पन्न थे और पूंजी का

बड़े पैमाने पर निवेश कर सकते थे। यह समझा गया कि इन व्यक्तियों को अगर कुछ सुविधाएं दे दी जायें और अपने द्वारा किये गये पूंजी-निवेश से लाभ कमाने दिया जाए तो वे उत्पादन बढ़ा सकते हैं और राष्ट्र को सम्पन्नता की ओर ले जा सकते हैं। दूसरी ओर सरकार के पास इतना धन नहीं था कि वह हर उद्योग को अपने बूते पर चला सके। इसके अतिरिक्त तुरन्त लाभ कमाने की नीति पर सरकार नहीं चल सकती, अगर ऐसा हो गया तो सार्वजनिक क्षेत्र की महत्ता ही कम हो जायेगी। इसलिए देश की परिस्थिति को ध्यान में रखते हुए, यही उचित समझा गया कि दोनों क्षेत्रों को समानान्तर रूप से कार्य करने दिया जाए। इसके अलावा अगर देश के धन को जो अधिकांश पूंजीपतियों के हाथ में था, सरकार तुरन्त अपने हाथ में ले लेती तो इसके कई दुष्परिणाम हो सकते थे। सरकारी क्षेत्र को पूर्णरूप से उत्पादन-क्षमता प्राप्त करने के लिए काफी समय की आवश्यकता होती है। भारत जैसे गरीब किन्तु विकासशील देश के लिए ठीक नहीं होता कि उत्पादन की प्रक्रिया में ढील आने दी जाए, इसलिए कुछ बड़े उद्योगों को जो सारे भारत की रक्षा तथा सुविधा से संबंधित थे, उनको सार्वजनिक क्षेत्र में ले लिया गया और जो बाकी उद्योग थे उनको व्यक्तिगत या निजी क्षेत्र में ही रहने दिया गया। यह भी आवश्यक समझा गया कि निजी क्षेत्र चाहे पूंजी-निवेश के मामले में स्वतंत्र हो किन्तु उसको पूर्णतया स्वच्छंद नहीं छोड़ा जहा सकता। इसके लिए लाइसेंस का प्रावधान, न्यूनतम वेतन निर्धारण, काम की निश्चित अवधि आदि के संबंध में कानून बनाये गये। इस ओर बराबर सरकार का ध्यान जाता रहा है ताकि पूंजीपतियों की लाभ कमाने की प्रवृत्ति में शोषण करने का अवसर न आने पाये।

इन सब बातों को ध्यान में रखते हुए पंडित नेहरू ने औद्योगीकरण की एक नीति का सूत्रपात किया। वे महात्मा गाँधी के इस मत के अनुयायी नहीं थे कि भारत को बड़े उद्योगों तथा बडी मशीनों की आवश्यकता नहीं है। उनका विश्वास था कि जब तक भारत का बड़े पैमाने पर औद्योगीकरण नहीं हो, तब तक भारत दुनिया के बड़े राष्ट्रों के सम्मुख खड़ा नहीं हो सकता। उनकी आस्था थी कि उद्योगों का लाभ किसी क्षेत्र-विशेष के लिए नहीं बल्कि समस्त देश के लिए होना चाहिए। इस ध्येय की पूर्ति छोटे उद्योग नहीं कर सकते। इसके लिए यह आवश्यक है कि बड़े उद्योगों की संख्या को धीरे-धीरे बढ़ाया जाए ताकि देश की आर्थिक स्थिति उसी सीमा में पहुंच जाए जहाँ औद्योगिक क्रांति के बाद यूरोपीय देश पहुंच चूके हैं। 1948 में उन्होंने कहा कि-

"हमें उत्पादन करना चाहिए, किन्तु हम जो उत्पादन कर रहे हैं वह विशेष क्षेत्रों के लिए नहीं किन्तु राष्ट्र के लिए, लोगों और साधारण आदमी के स्तर को उठाने के लिए होना चाहिए।"[2]

इस प्रकार की बातों का अर्थ यही था कि हम औद्योगीकरण की नीति को अपनायें और उपलब्ध तकनीकी ज्ञान के माध्यम से देश की आर्थिक कुव्यवस्था को सुधारने का प्रयत्न करें।

पंडित नेहरू का आर्थिक विचार और औद्योगिक नीति

आज वर्तमान भारत का जो स्वरूप हमारे सामने है उसमें पंडित नेहरू की अविराम साधना, दूर दृष्टि और असीम श्रम परिलक्षित होता है। भारत को विश्व की औद्योगिक दौड़ में आगे लाने का संपूर्ण श्रेय पंडित नेहरू का है। नि:संदेह स्वतंत्रता प्राप्ति के बाद भारत औद्योगिक दृष्टि से जिस दयनीय स्थिति में फंस सकता था, पंडित नेहरू ने मिश्रित अर्थव्यवस्था की नीति अपनाकर देश को आर्थिक विकास के पथ पर अग्रसर किया। स्पष्ट रूप से उन्होंने स्वीकार किया था, कि अभी विश्व में आर्थिक विचारधाराओं के बीच संघर्ष हो रहा है। ये मुख्यतया दो हैं--

1. एक तरफ तो तथाकथित सोवियत संघ की साम्यवादी धारा,
2. दूसरी तरफ तथाकथित पूंजीवादी विचारधारा।

इन दोनों विचारधाराओं पर पंडित नेहरू ने गहन अध्ययन किया और दोनों को अपने आप में आंशिक सफल पाया। परिणामस्वरूप उन्होंने दोनों के बीच का मार्ग स्वीकारा, जिसे मध्य मार्ग कहा जाता है। अत: पंडित नेहरू ने समस्या का हल मध्य मार्ग ही बनाया। उन्होंने देश की परिस्थितियों के अनुरूप ही मध्यमार्ग अपनाने पर जोर दिया।

पंडित नेहरू का आर्थिक-चिंतन अनायास नहीं उपजा। स्वतंत्रता के पूर्व वे देश-विदेश घूम-घूमकर एक रचनात्मक एवं ठोस आर्थिक नीति की रूपरेखा तैयार किया था। उनका (पंडित नेहरू) मानना था कि भारत को दरिद्रता से मुक्त करने के लिए एकमात्र उपाय योजनाबद्ध आर्थिक विकास ही हो सकता है। इस पृष्ठभूमि में पंडित नेहरू पर सोवियत संघ की आर्थिक योजनाओं और सोवियत समाजवादी विचारों का अत्यधिक प्रभाव झलकता है। पंडित नेहरू के आर्थिक चिंतन पर आरंभ में कई प्रभाव की झलक मिलती है, यथा पाश्चात्य जगत की विचारधाराएँ, पुस्तकों से प्राप्त ज्ञान, भारतीय स्वतंत्रता संग्राम और महात्मा गाँधी का व्यक्तित्व इत्यादि। 1917 की रूसी क्रांति ने उन पर गहरा प्रभाव डाला फलस्वरूप उनके चिंतनधारा को एक नई दिशा मिली।

रूसी क्रांति का प्रभाव

पंडित नेहरू मार्च 1927 में सोवियत संघ की यात्रा पर गये। वहाँ उन्होंने पंचवर्षीय योजनाओं का प्रभाव का अध्ययन किया। ये योजनाएं मार्क्स तथा लेनिन के संतुलित

विचारों की उपज थीं। पंडित नेहरू के दिल-दिमाग पर मार्क्स और लेनिन के विचारों का गहरा प्रभाव पड़ा। वे सोवियत संघ के साम्यवाद के नियोजित रूप से देश में दरिद्रता, बीमारी, अशिक्षा तथा सामाजिक-आर्थिक न्याय के प्रयत्नों से प्रभावित हुए। वावजूद इसके, उनका मानना था कि समाजवाद के लिए आवश्यक है कि जनता को राष्ट्र के लिए निर्णय करने का अधिकार हो। एक पराधीन राष्ट्र समाजवाद के लिए अग्रसर नहीं हो सकता। उक्त समिति की 1938 से 1940 के बीच 72 बैठकें हुईं। पंडित नेहरू ने 71 बैठकों में भाग लिये। हालांकि समिति को स्पष्ट आभास हो चुका था कि कांग्रेस के शासनकाल में कोई व्यापक योजना तैयार नहीं की जा सकती फिर भी, समिति द्वारा 16 प्रतिवेदन अंतिम रूप से तथा 10 प्रतिशत अंतरिम रूप से प्रस्तुत किये गये, जिनसे स्वतंत्र भारत की आर्थिक नीति को एक आधार मिला।

उद्योग संबंधी विचार

पंडित नेहरू देश की उन्नति के लिए औद्योगीकरण को सशक्त माध्यम के रूप में स्वीकार करते थे। इसमें संदेह नहीं कि औद्योगीकरण की भाग-दौड़ में वे परंपरागत रूढ़ियों के प्रति भी काफी सजग थे। उनका मानना था कि भारत को औद्योगिक दृष्टि से एवं अन्य प्रकार से प्रगति करने के लिए तीन बिंदुओं को मौलिक रूप से स्वीकार करना होगा–

1. भारी इंजीनियरिंग,
2. यंत्र निमार्ण उद्योग, तथा
3. वैज्ञानिक अनुसंधान संस्था तथा विद्युत शक्ति।

इसके साथ लघु उद्योग एवं ग्राम उद्योग के विकास पर उनका काफी जोर था। क्योंकि बड़े-बड़े उद्योगों से भारत की समस्याओं का समाधान नहीं हो सकता। मध्य मार्ग के हिमायती के रूप में पंडित नेहरू समाजवाद को साकार करना चाहते थे, क्योंकि उनकी दृष्टि में समाजवाद का सिद्धांत विश्वभर में समा गया है।

ग्रामोद्योग संबंधी विचार

अखिल भारतीय खादी ग्रामोद्योग आयोग, हैण्डीक्राफ्ट बोर्ड, रेशम बोर्ड आदि के गठन का मुख्य उद्देश्य था-ग्रामीण क्षेत्र की बेरोजगारी तथा ग्रामोद्योग को विकसित करना। पंडित नेहरू ने भारत की उन्नति के लिए उक्त बोर्ड की स्थापना की तथा उनके विकास के लिए हमेशा तत्पर रहे। वे इतना अवश्य समझते थे कि मात्र

कुटीर उद्योगों से रोटी-रोजी की समस्या भले ही किसी हद तक सुलझ जाय किन्तु देश उन्नतिशील देशों की श्रेणी में नहीं आ सकता। वे हमेशा जोर देकर कहा करते थे कि भारत को बड़े उद्योगों के साथ-साथ छोटे कुटीर उद्योगों की भी आवश्यकता है। 1952 में उन्होंने कहा था कि "हमें सदा यह याद रखना होगा" कि भारी उद्योगों का विकास इस देश के लाखों लोगों की समस्या हल नहीं कर देगा, हमें ग्रामोद्योग और कुटीर उद्योग भी बड़े पैमाने पर विकसित करना होगा–हमारा उद्देश्य अधिक धन कमाना और अधिक उत्पादन ही नहीं है, हमारा अंतिम लक्ष्य अच्छे इंसान पैदा करना है। अपने देशवासियों के लिए हम बड़े-बड़े अवसर चाहते हैं, न केवल आर्थिक या भौतिक दृष्टिकोण से बल्कि अन्य स्तरों पर भी।"[3]

पंडित नेहरू ने देश को औद्योगिक प्रगति की दिशा में गतिशील करने का बीड़ा उठाया ताकि देश के कच्चे माल का अधिक से अधिक उपयोग किया जा सके और दूसरे बड़ी विदेशी कंपनियों की मुनाफाखोरी पर रोक लगायी जा सके।

यह बात ध्यान देने योग्य है कि बड़े उद्योगों ने तीव्रता से प्रगति की है, किन्तु उस रूप में कुटीर उद्योगों की स्थापना नहीं हो पायी थी जिस अर्थ में महात्मा गाँधी चाहते थे। कुटीर उद्योगों में भी, चाहे वे कितने भी छोटे हों, कुछ न कुछ पूँजी की आवश्यकता होती है और सरकार ने पूँजी को गाँवों की तरफ मोड़ने का अधिक प्रयास नहीं किया। इसका परिणाम यह हुआ कि जब भी इन उद्योगों की शुरूआत होती थी वे लाभ की दृष्टि से अनुपयोगी सिद्ध होते थे और धीरे-धीरे समाप्त हो जाते थे। सरकार ने इस ओर भी अधिक ध्यान नहीं दिया कि जिस कच्चे माल की आवश्यकता इन छोटे उद्योग-धंधों को पड़ती थी उनको आसान दरों पर उपलब्ध कराया जाए। यही कारण था कि आर्थिक लाभ की दृष्टि से ऐसे छोटे धंधे बेकार साबित होते गये। इनसे न तो देश की पूँजी बढ़ती थी और न ही उत्पादन का समुचित लाभ हो पाता था। संभवतः पंडित नेहरू को इस दिशा में सोचने का समुचित अवसर ही नहीं मिल पाया।

यह अहम् प्रश्न है कि पंडित नेहरू औद्योगिकवाद के इतने प्रबल समर्थक क्यों थे? यह बात स्पष्ट ही है कि उनका अटल विश्वास था कि बिना औद्योगिक उन्नति के भारत जैसे विशाल देश की आर्थिक समस्याओं का निराकरण नहीं हो सकता। इस धारणा का विरोध करने की आवश्यकता नहीं है। अगर हम आधुनिक विश्व के संदर्भ में सोचें तो हमें स्वीकार करना ही पड़ेगा कि बिना बड़े उद्योग-धंधों के हम आर्थिक-स्पर्धा के इस वातावरण में टिक नहीं सकेंगे, लेकिन यह भी स्मरण रखना आवश्यक है कि भारत में 80 प्रतिशत आबादी उन गाँवों में रहती है

जहाँ बड़ी मशीनों की स्थापना न तो संभव है और न आवश्यक ही। इस विषय के संदर्भ में हम जापान जैसे देश के उदाहरणों से भी लाभान्वित हो सकते हैं। वहाँ छोटे उद्योग धंधों के माध्यम से ही आर्थिक उन्नति का मार्ग प्रशस्त हुआ है।

आर्थिक नियोजन

पंडित नेहरू के आर्थिक कार्यक्रम का एक अत्यंत महत्पूर्ण पहलू है, आर्थिक नियोजन। वे समयबद्ध आर्थिक योजनाओं के समर्थक थे। अव्यवस्थित रूप से आर्थिक उन्नति संभव नहीं है। एक निश्चित कार्यक्रम होना चाहिए एवं इस कार्यक्रम के माध्यम से दो विशेष पहलुओं पर ध्यान देना चाहिए–

1. देश की आर्थिक आवश्यकता, तथा
2. योजनाओं को संचालित करने के लिए धन का समुचित प्रबंध।

पंडित नेहरू को ज्ञात था कि अमेरिका जैसे उद्योग-प्रधान देश की सफलता का मुख्य कारण समुचित नियोजन की प्रक्रिया है। रूस के व्यक्तिगत अनुभव से उनकी इस भावना को अधिक बल मिला। उन्होंने देखा कि किस तरह रूस एक साधारण कृषि-प्रधान देश से आगे बढ़कर एक औद्योगिक देश बन गया। संभवतः सन् 1938 ई० में उनके मस्तिष्क में आर्थिक नियोजन की बात सर्वप्रथम आयी। स्वतंत्रता-प्राप्ति के बाद सन् 1950 ई० में प्रथम बार उन्होंने योजना आयोग का संगठन किया। यहीं से पंचवर्षीय योजनाओं का सिलसिला चल पड़ा जो आजतक चालू है। सन् 1950 ई० में पंडित नेहरू ने कहा था–"हमारे आदर्श ऊँचे और लक्ष्य महान् हैं। उनकी तुलना में पंचवर्षीय योजना साधारण शुरूआत लगती हैं लेकिन हमे याद रखना चाहिए कि यह अपने ढंग का पहला महान् प्रयत्न है और यह आज की आवश्यकताओं पर आधारित है न कि हमारी इच्छाओं पर। इसलिए इसे हमारे वर्तमान साधनों से संबंधित रखना होगा नहीं तो यह अवास्तविक हो जायेंगी। यह भविष्य में आने वाली बड़ी और अच्छी योजनाओं की नींव के रूप में ली गई है। हमें अच्छी तरह नींव डालना है और शेष चीजें अनिवार्य रूप से आयेंगी।"[4]

सबसे बड़ी समस्या योजनाओं के लिए धन उपलब्ध करने की थी। देश के पास इतना धन नहीं था कि समुचित रूप से पूंजी निवेश किया जा सके। कई अवसरों पर देश को बाहर के देशों से धन उधार लेना पड़ा। इसकी कटु आलोचना भी हुई परन्तु पंडित नेहरू को ज्ञात था कि बिना धन का प्रबंध किये सारी पंचवर्षीय योजनायें निरर्थक हो जायेंगी। आज देश ने जो उन्नति की है उसको नकारा नहीं जा सकता। दुनिया के बहुत कम देश ऐसे होंगे जिन्होंने इतने कम

समय में इस हद तक आर्थिक निर्भरता प्राप्त कर ली हो। हरित क्रांति से जो परिवर्तन आये उनके प्रभाव से सारा देश परिचित है। एक समय था जब खाद्य पदार्थों बहुत बड़े पैमाने पर आयात करना पड़ता था किन्तु आज इस दिशा में देश पूर्णरूप से आत्मनिर्भर है। औद्योगीकरण के क्षेत्र में भी कई कठिनाइयों के वावजूद भी देश ने पर्याप्त उन्नति की है। उन्नति का सिलसिला बराबर चालू है। कभी-कभी यह भी कहा जाता है कि पंचवर्षीय योजनाओं को कुछ समय के लिए रोक दिया जाना चाहिए। किन्तु कुछ गणमान्य अर्थशास्त्रियों का मत है कि यदि ऐसा किया गया तो भारत की आर्थिक प्रगति पूर्णतया रुक जायेगी और एक ऐसा भी समय आ सकता है जब हमें आंर्थिक दिवालियेपन का सामना करना पड़े। जिस आर्थिक गतिशीलता का प्रारंभ पंडित नेहरू ने किया था उसमें किसी प्रकार का गतिरोध उत्पन्न नहीं होना चाहिए।

जैसाकि स्पष्ट हो चुका है कि पंडित नेहरू की आर्थिक नीतियाँ न तो साम्यवादी समाजवाद के अनुरूप हैं न ही पूंजीवादी व्यवस्था की समर्थक। मिश्रित अर्थव्यवस्था जिसका संचालन पंचवर्षीय योजनाओं के माध्यम से होता है, पंडित नेहरू की उस समझदारी का परिणाम है जिसकी वजह से उन्होंने भारत की समस्याओं को किसी 'वाद' के आधार पर नहीं बल्कि वस्तुस्थिति के आधार पर समझने का प्रयत्न किया। पंडित नेहरू साम्यवादी अवधारणाओं से अत्यंत प्रभावित थे, विशेषकर द्वितीय महायुद्ध के परिणामों की जानकारी होने तक, किन्तु धीरे-धीरे उनकी अवस्थाओं में परिवर्तन होता चला गया। वस्तुस्थिति की समझ और महात्मा गाँधी का प्रभाव ये दोनों बातें उनको लोकतांत्रिक भावना के करीब ले गई। वे साम्यवाद की वैज्ञानिक दृष्टि से पूर्णतया सहमत थे। 'वर्ग संघर्ष' के यथार्थ से भी उनकी गहरी पहचान थी। परन्तु साम्यवादी आर्थिक प्रक्रियाओं से उनका सीधा विरोध था। वे वर्ग-संघर्ष में हिंसा का समावेश नहीं चाहते थे, वे महात्मा गाँधी के शांति-मार्ग की अवधारणा से पूरी तरह सहमत थे। इसलिए वे नहीं चाहते थे कि साम्यवादी व्यवस्था की स्थापना से हिंसा का प्रसार हो। ज्यों-ज्यों पंडित नेहरू की उम्र बढ़ती गयी त्यों-त्यों भारत की समस्यओं पर उनकी पकड़ अधिक मजबूत होती गयी। वे साम्यवादी विचारधारा से दूर होते गये। उन्होंने पूर्णरूप से साम्यवादी विचारधारा का बहिष्कार कभी नहीं किया, किन्तु स्वतंत्रता प्राप्ति के दौरान यह समझने लगे थे कि दुनिया में मार्क्स के बाद कई ऐसे परिवर्तन आ गये हैं जिनकी वजह से साम्यवाद पुराना पड़ गया है और इसकी अवधारणओं को पूर्णरूप से स्वीकार कर लेना संभव नहीं है। साम्यवाद के प्रति मोह भंग की स्थिति में उन्होंने नयी आर्थिक नीतियों की स्थापना करने का प्रयत्न किया। इसी दौर में पंडित नेहरू

ने कल्याणकारी राज्य की बात कही और भारतीय अर्थव्यवस्था को जनहित का माध्यम बनाने का प्रयत्न किया।

पंडित नेहरू का कल्याणकारी राज्य की परिकल्पना उस प्रयत्न का परिणाम है जिसके माध्यम से वे आर्थिक व्यवस्था के सिद्धांतों का प्रयोग सामाजिक समानता के उद्देश्य की पूर्ति के लिए करना चाहते थे। इस अवधारणा के अनुसार देश में जो भी कार्य किया जाये, आर्थिक अथवा राजनैतिक, उसका उद्देश्य जनता की भलाई होनी चाहिए। वह सिद्धांत जन-उपयोगिता के सिद्धांत पर निर्भर है। आर्थिक लाभ के सिद्धांत पर नहीं। अगर किसी आर्थिक योजना के संचालन से आर्थिक लाभ की दृष्टि से नुकसान भी उठाना पड़े तो कोई हर्ज नहीं। शिक्षा, बागवानी, सफाई कार्यक्रम, स्वास्थ्य संबंधी कार्यक्रम आदि, यदि सीधे तौर पर धन कमाने के साधन न भी हों तो इसकी परवाह करनी चाहिए। इनकी सफलता का मापदंड मात्र जनहित है। देश के हर व्यक्ति को वे सब सुविधायें मिलनी चाहिएँ जिन पर एक अच्छे सुसंस्कृत जीवन की संभावनाए निर्भर हों। इसके अतिरिक्त यह भी आवश्यक है कि लोगों में ऐसी जाग्रति पैदा की जाये जिससे वे यह समझें कि राज्य के समस्त कार्य-कलाप उनके हित के लिए चलाये जा रहे हैं।

अपने एक भाषण में उन्होंने स्पष्ट कहा कि "आज हमारी समस्या जनता के जीवन-स्तर को उन्नत करने, उसकी आवश्यकताओं को पूरा करने, सुंदर तथा स्वस्थ जीवन व्यतीत करने के लिए उसे आवश्यक सुविधायें देने के लिए केवल भौतिक वस्तुओं के संबंध में ही नहीं बल्कि सांस्कृतिक और आध्यात्मिक दृष्टि से उसे जीवन में प्रगति ओर विकास करने में सहायता देने की है।[5]

इस वक्तव्य से स्पष्ट होता है कि, पंडित नेहरू के मस्तिष्क में भारत के कल्याण के लिए कितनी महान् और विशद् योजना थी। अपने समस्त जीवनकाल में विशेषतः अपने प्रधानमंत्रित्व के दौरान उन्होंने पूर्ण आस्था, विश्वास, लग्न और ईमानदारी से इस योजना को सफल बनाने का प्रयास किया।

देश में आर्थिक योजना के विचार

समाजवाद को लोकतंत्र का आर्थिक पूरक कहा जाता है। समाजवाद का आर्थिक आधार है वह समुदायवाद जिसमें वैयक्तिक, संपत्ति, जमीन एवं पूंजी की गुंजाइश रहती है, किन्तु इस पर सम्मिलित स्वमित्व रहता है। इस व्यवस्था की विशेषता यह है कि क्या कला और क्या उद्योग, दोनों ही क्षेत्रों में इसके द्वारा चोटी की कार्य-कुशलता संभव हो सकती है और सरकार तथा व्यक्ति के बीच जो तनाव होता है वह भी दूर तक हट जाता है।

इंग्लैंड और फ्रांस में, गत उन्नीसवीं सदी में नरम दल वालों की ओर से इस दिशा में आंदोलन हुआ था। पीछे चलकर समाजवाद ने अंतर्राष्ट्रीय रूप ले लिया और आज तो समस्त विश्व जनता की चेतना में समाजवाद घुल-मिल गया है।

आरंभ से ही पंडित नेहरू का यह विश्वास रहा था कि समाजवादी ढांचे में ही सरकार या समाज का नवनिर्माण कल्याणकारी हो सकता है। पंडित नेहरू ने बहुत पहले ही अपनी प्रसिद्ध जीवनी पुस्तक में इसकी चर्चा की थी। उन्होंने लिखा था कि आर्थिक और सामाजिक नव-निर्माण की योजना पहले अपने देश में सफल कर फिर उसे विश्व में प्रसारित करना है। उसके लिए यह जरूरी है कि उत्पादन एवं वितरण पर कंट्रोल हो। इस परिवर्तन की राह में यदि कोई राजनीतिक या सामाजिक संस्था रोड़ा बने तो उसे दूर फेंक देना है। ऐसा परिवर्तन विश्व की घटनाओं के प्रभाव से हो सकता है, किन्तु इसका पूर्णतः सफल होना देश के लोगों के सहयोग के बिना संभव नहीं। छिट-फुट षड्यंत्रों एवं हत्या-कांडों से यह परिवर्तन कदापि संभव नहीं हो सकता।

इसीलिए पंडित नेहरू का साधन अहिंसा और लक्ष्य समाजवादी व्यवस्था रहा है। पूँजीवाद के भीतर उद्योग-धंधों का समस्त प्रबंध व्यक्तियों के हाथ में होता है, और इसका नतीजा यह होता है कि पूँजीपति और पारस्परिक होड़ करने वाले मजदूरों के बीच कोई अपनत्व नहीं। इस तरह राष्ट्रीय आधार पर कोई योजना है नहीं और जो योजना है वह वास्तविक योजना का प्रतिलोभ है। इस संबंध में पंडित नेहरू ने रूसी योजना का हवाला दिया था। रूस में नवीन योजना को कार्यान्वित करने के लिए पिछड़ी हुई परिस्थितियों, वर्ग स्वार्थों एवं निम्न जीवन-स्तर से संघर्ष करना पड़ा था। रूसी योजना को विज्ञान से प्रेरणा मिली थी। वहाँ औद्योगिक एवं सामाजिक मामलों में वैज्ञानिक तरीकों का प्रयौग शुरू हुआ। रूसियों ने पहले अपने देश में समाजवादी व्यवस्था को चालू किया और बाहरी झमेलों के फेरे में न पड़े। पीछे चलकर रूस से इस्टोनिया, लैटेनिया और विथुआनिया में भी इस प्रकार की व्यवस्था चलायी।

जब पंडित नेहरू ने पहले पहल इस नवीन आर्थिक योजना की चर्चा की थी तो कुछ लोगों ने इसकी सफलता में संदेह प्रकट किया था। उनका कहना था कि हिन्दुस्तान वस्तुतः उद्योग-क्षेत्र का सर्वहारा-दल है ही नहीं और इसीलिए यह योजना अनावश्यक सी है, किन्तु रूस में भी तो पहले क्रांति हुई और फिर सरकार ने सर्वहारा-दल की सृष्टि की। आर्थिक योजना की सफलता के लिए यह जरूरी है कि वर्ग-एक्य एवं राष्ट्रीयता हो और सरकार मजबूत हो।

अंग्रेजी हुकूमत के दिनों में मार्क्सीय समाजवाद पूरी तरह लागू नहीं हो सकता था। इसके अनेक कारण थे– (1) एक छोटा-सा मजदूर-दल विशाल ब्रिटिश साम्राज्यशाही से लोहा नहीं ले सकता था। (2) भारत की वर्तमान सामाजिक व्यवस्था को पहले अहिंसा के द्वारा परिवर्तन करना था जिससे कि समाज में कुछ संतुलन आ सके।

फिर भी उस समय उन आलोचकों का यह कहना ठीक नहीं था कि भारत में चूँकि खेती पर ही ज्यादा लोग झुके हुए हैं, इसलिए रूस की व्यवस्था यहाँ चल सकती। क्योंकि नवीन आर्थिक-योजना के द्वारा एवं नए-नए उद्योग-धंधों के शुरू करने से खेती पर अत्यधिक भार कम हो जाएगा। फिर एक दूसरा एतराज यह था कि समुदायवाद भारत में लागू नहीं हो सकता क्योंकि खेती करने वाली जमीन बराबर-बराबर बांट दी जाये तो हरेक के हिस्से में सिर्फ दो या तीन एकड़ जमीन मिलेगी। एक और एतराज यह था कि भारतीय उद्योग-धंधे सरकारी-स्वामित्व की वजह से चौपट हो जायेंगे। सरकारी पूँजीवादी वैयक्तिक पूँजीवाद से ज्यादा खराब हो सकता है।

राष्ट्रीय आर्थिक योजनाओं के प्रति आलोचकों की एक तीसरी आपत्ति यह थी कि भारत में वर्ग-एक्य का अभाव था। उनका कहना था कि जमींदारी के उठा देने से वर्ग-संघर्ष प्रचण्ड रूप से शुरू हो जाएगा। किन्तु इस आपत्ति में भी कोई सार नहीं है। सामाजिक एवं आर्थिक योजना का असली मतलब नहीं समझ कर ही ऐसा एतराज किया गया था। मार्क्स का यह विचार कि क्रांति के लिए सर्वहारा दल की नितांत आवश्यकता है, सर्वथा सभी देशों और कालों के लिए ठीक नहीं माना जा सकता है।

भारत के गाँवों में इस प्रकार का साम्यवाद पहले से ही था। इसीलिए शिक्षा के अभाव एवं औद्योगिक तकनीक की अनभिज्ञता के कारण यहाँ सामाजिक क्रांति संभव नहीं हो सकती-ऐसा कहना ठीक नहीं। चीन की दशा भी तो कुछ ऐसी ही थी। वहाँ के कृषक-समाज की गरीबी चीन में साम्यवाद के प्रचार-प्रसार को थोड़ी भी बाधा नहीं पहुँचा सकी और चीनियों ने साम्यवादी सेना में भाग लेकर जापानियों के दाँत खट्टे कर दिए। यह कहना कि उद्योग-धंधे पर सरकारी अधिकार हो जाने पर वे चौपट हो जाएंगे, बिल्कुल गलत धारणा थी। पूँजीवादी देशों ने भी युद्ध के दिनों में सभी उद्योग-धंधों को सरकारी अधिकार में रख दिया था। वहाँ इससे कहाँ कुछ हानि हुई?

गत युद्ध ने यह सिद्ध कर दिया था कि विश्व एक्य की ओर अग्रसर था और इसलिए यह कहना ठीक नहीं कि मजदूरों की अपनी-अपनी भिन्न-भिन्न समस्याएँ

थीं और इसीलिए विश्व क्रांति की संभावना नहीं हो सकती थी। फिर जहां भारत में गाँधीवाद सिंहासनासीन था, यह डर भी नहीं हो सकता था कि शक्ति को हड़पने वाले कुछ मजदूर नेता आप स्वयं तानाशाह बन जायेंगे और मजदूर-वर्ग का हित खटाई में पड़ सकता था।

पंडित नेहरू आर्थिक योजना के संबंध में अपने विचार स्पष्ट एवं संबद्ध कर लिए थे। उनके विचार से भारत में वह व्यवस्था होगी, जो न तो इटली और जर्मनी के ढांचे में होगी और न ही रूसी ढांचे में। भारतीय जनता की अपनी विशेषताएं हैं, और उनको ध्यान में रखकर ही कोई योजना बनानी होगी। समाजवाद को चालू करना तब तक संभव नहीं हो सकता जब तक कि देश को स्वराज न मिल जाए। लेकिन आगे की ओर दृष्टि रखकर योजना की रूपरेखा तैयार करनी होगी। (ये विचार थे पंडित नेहरू के उन दिनों जब अंग्रेजी हुकूमत के पंजे में देश कराह रहा था)।

पंडित नेहरू को इस बात का थोड़ा भी भय नहीं था कि समाजवादी मामले को लेकर देश में मत-भेद हो सकता था और अंततोगत्वा गृह-युद्ध की भी संभावना हो सकती थी। उनका मानना था कि वर्ग स्वार्थी से कभी न कभी लोहा लेना ही है। गृह-युद्ध से स्वतंत्रता-संग्राम कमजोर पड़ सकता था, जैसा कि चीन में हुआ था। लेकिन समाजवादियों का विश्वास था कि समाजवादी असूलों को लेकर ऐसी कोई विपत्ति नहीं आ सकती थी। फिर भारतीय समाजवाद तो अहिंसा की नीति को मानता था। अतएव गृह-युद्ध या खून खराबी की संभावना यहाँ बहुत कम थी।

राष्ट्रीय आर्थिक योजना-कमेटी की अध्यक्ष की हैसियत से पंडित नेहरू ने सदा इस बात पर जोर दिया था कि देश की समस्त आर्थिक एवं सामाजिक समस्याओं को खूब जाँच-पड़ताल कर लेने के बाद ही इस दिशा में अगला कदम बढ़ाया जाए। इस काम के लिए 29 उप-समितियाँ बनी थीं। दो सौ से ऊपर विशेषज्ञ उन उपसमितियों में काम करते थे।

लेकिन चूंकि इन समितियों का सरकार से कोई ताल्लुक नहीं था, अतएव इन्हें जरूरी बातों की प्राप्ति में बड़ी दिक्कतें उठानी पड़ती थीं। इस योजना में बंगाल की सरकार को छोड़कर सभी प्रांतीय सरकारों ने सहयोग दिया था। बंगाल सरकार ने इस योजना की तरफ से आंखे मूँद ली थीं और केन्द्रीय सरकार तटस्थ बनी रही। यह बड़े दुर्भाग्य की बात थी कि केन्द्रीय सरकार के असहयोग के कारण इस कमेटी को कभी भी शून्य में निराधार काम करना पड़ता था।

उद्योग-धंधों पर कंट्रोल लगाने के संबंध में पंडित नेहरू ने अपनी नीति साफ कर दी थी। उन्होंने अपने स्मारक पत्र में स्पष्ट लिखा था कि "जहाँ तक सेना

संबंधी, खाद्य संबंधी एवं जनता हित के लिए उपयोगी उद्योग-धंधों का सवाल है, उसमें सरकारी अधिकार एवं प्रबंध तो आवश्यक ही हैं।"

कमेटी के बहुसंख्यक सदस्य खाद्य एवं प्रधान उद्योगों पर सरकारी नियंत्रण के पक्ष में थे।

आखिर कमेटी ने यह निर्णय किया कि लंदन के 'ट्रांसपोर्ट बोर्ड' के आधार पर जन--सेवा संबंधी उद्योगों को सरकार के नियंत्रण में दिया जाना चाहिए। चूंकि केन्द्रीय सरकार का नियंत्रण इस योजना के लिए सर्वोपरि है, इसलिए भिन्न-भिन्न उद्योगों के लिए भिन्न-भिन्न मात्रा में व्यवस्था होनी चाहिए। सरकार डाइरेक्टरों को इस काम के लिए बहाल कर सकती है जो सभी उद्योग-धंधों का ब्यौरा रखेंगे। वर्ग स्वार्थों की गुंजाइश नहीं रखी गयी थी और यह कहा गया कि यदि सरकार किसी वैयक्तिक उद्योग अपने हाथ में ले तो उसे उचित मुआवजा दे। मूल-उद्योग और घरेलू उद्योग-धंधों के संबंध के लिए इस योजना में प्रबंध किया गया था।

पंडित नेहरू ने उन दिनों इस योजना समिति के अध्यक्ष पद से जो काम किए उनके असर आज तक देखे जाते हैं। आज भी जब आर्थिक विकास के लिए नयी-नयी योजनाएं बनायी जाती हैं तो उस मूल-योजना से प्रेरणा ली जाती है। पंडित नेहरू ने महसूस किया था कि बिना स्वराज पाए कोई भी योजना सफल नहीं हो सकेगी। किन्तु साथ ही यह भी महसूस किया था कि स्वराज्य प्राप्ति के बाद भी वैधानिक तरीकों से ही विकास के कार्य किये जाएंगे। समाजवाद का प्रसार विकासक्रम से होगा–उनका ऐसा विश्वास था।

उनके अनुसार देश में आर्थिक विकास उत्तरोत्तर गति से होगा। छोटे पैमाने के धंधे नहीं तोड़े जा सकते। वैयक्तिक अधिकारों को एकबारगी समाप्त नहीं किया जा सकता। इसके लिए थोड़ा वक्त देना होगा। सक्रांति-काल में कानून के द्वारा खेतों का अत्यधिक विभाजन, नुकसान मंद खेती, अशिक्षा तथा ऋण-भार को कुछ हदइ तक रोका जा सकता है। गृह-धंधों के विषय में पंडित नेहरू का मत था कि ये गृह-धंधे देश की एक-तिहाई कपड़े की माँग की पूर्ति करते हैं और मिल बाकी दो तिहाई की। हाथ-कताई और बुनाई को फिर जीवित करना है और एक केन्द्रीय नियंत्रण के द्वारा इनकी खपत का प्रबंध करना है। फिर भी पंडित नेहरू ने महसूस किया था कि विश्व की उद्योग प्रणाली को ध्यान में रखकर गृह-धंधों का स्थान गौण रखना पड़ेगा।

समाजवाद के मार्ग की सबसे बड़ी रुकावट थी देश की जनता का व्यापक अशिक्षा और गरीबी। इसको तभी दूर किया जा सकता था जब सरकार अपनी

व्यवस्था के द्वारा उद्योग-धंधों पर नियंत्रण रखें। प्रचार की भी आवश्यकता थी। मध्यवित्त परिवार के नवयुवक जो नवीन विचारधाराओं में तुरंत बह जाते थे देश-सेवा के काम में लगाए जाएं। देश-सेवा की प्रणाली की महात्मा गाँधी के द्वारा बड़ी सुगम बना दी गई थी। गाँधी प्रणाली का मतलब था सत्याग्रह, सादगी, प्रचार और सत्य के लिए आत्मसमर्पण। पंडित नेहरू देश में समाजवाद इसी प्रणाली में लाना चाहते थे।

पंडित नेहरू और महात्मा गाँधी : आर्थिक विचारों की तुलना

निर्विवाद महात्मा गाँधी के सम्पर्क में आने के पश्चात् पंडित नेहरू उदारवादी हो गये तथा महात्मा गाँधी के प्रबंल समर्थक के रूप में उभरे। लेकिन यह कदापि नहीं कहा जा सकता कि दोनों के विचारों में समानता थी। दोनों के विचारों में अंतर था। आर्थिक विचारों में अंतर–

1. जहां पंडित नेहरू चाहते थे कि उत्पत्ति के साधनों विशेषकर प्राकृतिक साधनों पर राज्य का नियंत्रण हो। वहीं महात्मा गाँधी उत्पत्ति के साधनों की कमी भी राज्य के नियंत्रण में जाने देना नहीं चाहते थे।
2. जहाँ पंडित नेहरू अत्याधुनिक मशीनों के प्रयोग द्वारा औद्योगिक क्रांति के हिमायती थे वहीं महात्मा गाँधी मशीनीकरण की बात को नहीं स्वीकारते थे तथा कास्तारी इत्यादी पर काफी जोर देते थे।
3. जहाँ पंडित नेहरू नियंत्रित अर्थव्यवस्था द्वारा पूंजीपतियों की सम्पत्ति तक रोक लगाने के पक्षधर थे वहीं महात्मा गाँधी न्यायधारिता के सिद्धांतों द्वारा पूंजीपतियों का हृदय-परिवर्तन करके धन के असमान वितरण को खत्म करना चाहते थे।
4. जहाँ पंडित नेहरू आर्थिक आत्मनिर्भरता के लिए अंतर्राष्ट्रीय संबंधों को आगे बढ़ाना चाहते थे वहीं महात्मा गाँधी संसाधनों को विकसित करके इस उद्देश्य की पूर्ति करने के पक्षधर थे।
5. जहाँ पंडित नेहरू आधुनिक दर्शन से प्रभावित थे तथा वैज्ञानिक एवं सहिष्णुता की खोज, भारतीय सामाजिक एवं राजनीतिक चिंतन को पंडित नेहरू की महत्वपूर्ण देन मानी जाती है वहीं महात्मा गाँधी 'सादा जीवन उच्च विचार' के समर्थक थे, जो उनके भारतीय दर्शन में असीम श्रद्धा और विशवास को द्योतक है और इसे महात्मा गाँधी सूत्र माना जाता है।

राष्ट्रवाद

पंडित नेहरू एक महान् राष्ट्रवादी थे, किन्तु उन्होंने राष्ट्रवाद संबंधी कोई नया सिद्धांत प्रतिपादित नहीं किया था। उनके लेख 'भारत की एकता' से प्रकट होता है कि वे भारत की आधारभूत एकता की वास्तविकता में विश्वास करते थे। वे स्वीकार करते थे कि अनगिनत विविधताओं के वावजूद भारत के संपूर्ण इतिहास में एकता देखने को मिलती है। उन्हें सांस्कृतिक बहुलवाद तथा समन्वय की धारणा से भी प्रेरणा मिली थी। उन पर रवीन्द्रनाथ टैगोर द्वारा प्रतिपादित समन्वयात्मक सार्वभौमवाद का प्रभाव पड़ा था। उन्हें दयानन्द, विवेकानन्द पाल और अरविन्द के राष्ट्रवाद संबंधी धार्मिक दृष्टिकोण से सहानुभूति नहीं थी।[6]

पंडित नेहरू यह मानते थे कि राष्ट्रवाद के भावनात्मक पक्ष होते हैं। यद्यपि वे संशयवादी थे, किन्तु अत्याधिक भावुक और संवेदनशील होने के नाते उन्हें भारतमाता के रोमांसपूर्ण आदर्श ने अत्यधिक प्रभावित किया था। उनके लिए राष्ट्रवाद वास्तव में आत्मविस्तार का ही एक रूप है। उन्होंने लिखा है "राष्ट्रवाद तत्वतः अतीत की उपलब्धियों, परंपराओं और अनुभवों की सामूहिक स्मृति है और राष्ट्रवाद जितना शक्तिशाली आज है उतना कभी नहीं था। जब कभी संकट आया है तभी राष्ट्रवादी भावना का उत्थान हुआ है और लोगों ने अपनी परंपराओं से शक्ति तथा सान्त्वना प्राप्त करने की प्रयत्न किया है। अतीत और राष्ट्र का पुनरन्वेषण वर्तमान युग की एक आश्चर्यजनक प्रगति है।"[7] लेकिन राष्ट्रवाद से ठोस सामाजिक, राजनीतिक तथा आर्थिक लाभ भी होते हैं।

पंडित नेहरू को आत्म-निर्णय के सिद्धांत में दृढ़ विश्वास था। 10 फरवरी सन् 1927 ई० को ब्रुसल्स में हुए साम्राज्यवाद विरोधी अंतर्राष्ट्रीय सम्मेलन में भाषण देते हुए उन्होंने कहा था, "मैं चाहूँगा कि आप इस बात को समझेंगे कि भारत की समस्या केवल राष्ट्रीय समस्या नहीं है, यह अन्य अनेक देशों को भी प्रभावित करती है। यह स्पष्ट है कि इस प्रकार की स्थिति भारत के लिए असह्य है। अब हम उसे सहन नहीं कर सकते, इसलिए नहीं कि स्वतंत्रता अच्छी वस्तु है और दासता बुरी है, बल्कि इसलिए कि वह हमारे तथा हमारे देश के लिए जीवन को मरण का प्रश्न बन गयी है। भारत के लिए स्वतंत्रता एक ऐसी आवश्यकता बन गयी है जिसकी निर्बिलम्ब पूर्ती होनी चाहिए। चीनी राष्ट्रवाद के गौरवशाली उदाहरण ने हमारे हृदय आशा से भर दिये हैं और शीघ्रातिशीघ्र उनके पद-चिन्हों पर चलना चाहते हैं। हम अपने देश के लिए पूर्णतम स्वीधीनता चाहते हैं। यह स्वाभाविक है कि हम आंतरिक नियंत्रण की स्वतंत्रता ही नहीं चाहते, बल्कि अपनी इच्छानुसार अपने पड़ोसियों तथा अन्य देशों के साथ संबंध स्थापित करने की स्वतंत्रता भी

चाहते हैं। चूंकि यह अंतर्राष्ट्रीय सम्मेलन मिलकर कार्य करने की संभावनाएँ प्रदान करता है, इसलिए हम इसका स्वागत करते हैं।''[8]

पंडित नेहरू को इस विचार को लोकप्रिय बनाने का मुख्य श्रेय था कि भारतीय संविधान क निर्माण के लिए एकमात्र वैध निकाय एक संविधान सभा ही हो सकती है। 12 अप्रैल 1936 को लखनऊ कांग्रेस के अवसर पर अपने अध्यक्षीय भाषण में पंडित नेहरू ने कहा था, मेरा विश्वास है कि हमारी राजनीतिक तथा साम्प्रदायिक समस्याओं का समाधान इस प्रकार की (संविधान) सभा के द्वारा ही किया जा सकता है, शर्त यह है कि उसका चुनाव वयस्क मताधिकार के आधार पर किया जाए। किन्तु ऐसी सभा की रचना करना तब तक संभव नहीं हो सकता जब तक कि देश में कम से कम अर्द्ध-क्रांतिकारी स्थिति, उत्पन्न न हो जाए और शक्ति का संतुलन-कागजी संविधान कुछ भी हो-ऐसा न हो जाए कि जनता अपनी इच्छा को प्रभावकारी बना सके।[9]

पंडित नेहरू का दृष्टिकोण एहिकवादी था। उनके एहिकवाद का आधार उनका उदार सांस्कृतिक पालन-पोषण था। संशयवाद तथा धार्मिक भावना के अभाव ने उनके एहिकवाद को और भी अधिक पुष्ट कर दिया था। अपनी 'आत्मकथा' में उन्होंने हिंदू महासभा के समर्थकों तथा नेताओं को प्रतिक्रियावादी और उच्चवर्गीय स्वार्थों का प्रतिनिधि बतलाया तथा उनकी जोरदार भर्त्सना की। 1936 में लखनऊ कांग्रेस के अवसर पर अपने अध्यक्षीय भाषण में उन्होंने कहा था, ''महत्व की बात यह है कि हिन्दू, मुस्लिम तथा अन्य संप्रदायों के प्रमुख साम्प्रदायिक नेता राजनीतिक दृष्टि से प्रतिक्रियावादी हैं। यह सोचकर दुःख होता है कि उन्होंने किस प्रकार महत्वपूर्ण मामलों में ब्रिटिश साम्राज्यवाद की सहायता की है, किस प्रकार उन्होंने स्वतंत्रता के दमन का अनुमोदन किया है, किस प्रकार उन्होंने इस व्यथा के दिनों में स्वतंत्रता के वृहत्तर पक्ष को हानि पहुँचाकर अपने-अपने संप्रदायों के लिए संकीर्ण लाभ प्राप्त करने का प्रयत्न किया है। उनके साथ कोई सहयोग नहीं हो सकता, क्योंकि उसका अर्थ होगा प्रतिक्रिया के साथ-साथ सहयोग करना।'' सामाजिक यथार्थवादी होने के नाते पंडित नेहरू यह मानने के लिए तैयार नहीं थे कि स्वतत्रंता के पूर्व भारत में हिंदुओं तथा मुसलमानों के बीच जो तनाव और संघर्ष पाया जाता था उसका कारण धार्मिक था। उन्होंने लगभग मार्क्सवादी ढंग से इस चीज की आर्थिक व्याख्या प्रस्तुत की। उन्होंने लिखा ''नये बुर्जुआ वर्ग (मध्य वर्ग) के बहुसंख्यक लोग हिन्दू थे। इसका कारण यह था कि मुसलमानों की तुलना में उनकी आर्थिक स्थिति कुछ अच्छी थी इसके अतिरिक्त अंग्रेजी शिक्षा को जो सरकारी नौकरी पाने तथा व्यवसायों में प्रविष्ट होने का साधन था, अपना लिया था। मुसलमान सामान्यतः

गरीब थे। अधिकतर जुलाहे, जो अंग्रेजों द्वारा भारतीय उद्योगों के नष्ट किये जाने के कारण बर्बाद हो चुके थे, मुसलमान थे। बंगाल में जहाँ अन्य किसी भारतीय प्रांत की अपेक्षा मुसलमानों की जनसंख्या सबसे अधिक है, वे गरीब किसान अथवा छोटे जमींदार थे। जमींदार प्रायः हिन्दू होता था और गाँव का बनिया भी जो साहूकार तथा गाँव की दुकान का स्वामी होता था, हिन्दू हुआ करता था। इस प्रकार जमींदार तथा बनिया किसान का उत्पीड़न तथा शोषण करने की स्थिति में थे और वे अपनी स्थिति का भरपूर लाभ उठाते थे। इस तथ्य को स्मरण रखना आवश्यक है, क्योंकि हिन्दू-मुस्लिम तनाव का यही मूल कारण है।"[10] पंडित नेहरू महासभा के विध्वंसकारी आलोचक थे। महासभा ने 8 अप्रैल 1950 के नेहरू-लियाकत समझौते के विरुद्ध प्रचार किया। इसके लिए पंडित नेहरू ने सितंबर सन् 1950 ई० को नासिक कांग्रेस में महासभा को आड़े हाथों लिया । पंडित नेहरू की एहिकवाद के प्रति वीरत्वपूर्ण भक्ति से भारत के अल्पसंख्यकों को भारी सान्त्वना मिली है। उन्होंने बुद्धिवाद पर आधारित वैज्ञानिक पद्धति का अनुसरण किया। उससे उनकी उस राष्ट्रवादी राजनीतिक विचारधारा के विकास में सहायता मिली जो एहिक लोकतंत्र पर बल देती है और इसलिए मध्ययुगीनता, धार्मिक कट्टरता तथा ज्ञान विरोधी प्रवृत्ति के विरुद्ध अवरोधक का काम करती है।

अंतर्राष्ट्रीयतावाद

निःसंदेह पंडित नेहरू घोर मानववादी थे और उनका मानववादी होना ही उनके अंतर्राष्ट्रीयता होने का सबसे बड़ा प्रमाण है। गोल्डस्मिथ अंतर्राष्ट्रीयतावाद को एक भावना के रूप में स्वीकार करते थे, जिसके अनुसार व्यक्ति केवल अपने राष्ट्र का ही सदस्य नहीं बल्कि समस्त विश्व का नागरिक है। पंडित नेहरू गोल्डस्मिथ की इस धारणा से शत-प्रतिशत सहमत थे। वे चाहते थे कि प्रत्येक राष्ट्र एकाकीपन तथा संकीर्णता के संकुचित बंधनों से मुक्त होकर एक ऐसे वातावरण में प्रवेश करते जहाँ प्रतिद्वन्द्विता के बदले सहयोग हो। आर्थिक दासता के बदले आर्थिक संपन्नता हो, राजनीतिक, सामाजिक तथा नैतिक समता हो।

समस्त जातिगत सम्प्रदायगत और धर्म पर आधारित संकीर्णताओं से ऊपर उठकर वे एक ऐसे राष्ट्र का निर्माण करना चाहते थे जो अपनी अंतर्राष्ट्रीयता की भूमिका समुचित रूप से निभा सके। उनकी समस्त राजनैतिक परिकल्पनायें इसी भावना पर निर्भर हैं। उनका समाजवादी दृष्टिकोण, उनका गुट-निरपेक्षता का सिद्धांत, उनके द्वारा निरूपित आर्थिक व्यवस्था की संरचना-ये सभी राजनैतिक सिद्धांत समानता और अंतर्राष्ट्रीयता के आधार पर निर्भर है।

पंडित नेहरू के अंतर्राष्ट्रीय दृष्टिकोण के संबंध में डॉ० राधाकृष्णन ने लिखा है कि "विश्व शांति और विश्व संप्रदाय के विचार में नेहरू का बड़ा विश्वास था। उन्होंने संयुक्त राष्ट्र के उद्देश्य पत्र के प्रति जितनी आस्था दिखायी उतनी शायद ही किसी और ने दिखायी हो।"[11]

पंडित नेहरू का अंतर्राष्ट्रीयतावाद में गहरा विश्वास था। उनका अंतर्राष्ट्रीयतावाद में विश्वास सन् 1927 ई० में उस समय उत्पन्न हुआ, जब उन्हें यह आभास हुआ कि सभी साम्राज्यवादी व्यवस्थायें एक-जैसी हैं तथा उनके विरुद्ध पीड़ित व्यक्तियों द्वारा किये जाने वाले संघर्ष का उद्देश्य भी एक ही है। इसके अलावा वे भारत की स्वतंत्रता की समस्या को एक विश्व समस्या मानते थे। उन्होंने अपने इस विश्वास को सन् 1929 ई० में कांग्रेस के वार्षिक अधिवेशन में जोरदार शब्दों में अभिव्यक्त किया। उन्होंने स्वतंत्रता प्राप्ति के पश्चात् कहा कि, मुझे इस बात में तनिक भी संदेह नहीं है कि भारत विश्व सहयोग तथा विश्व संघ के प्रत्येक प्रयास का स्वागत करेगा तथा अपनी स्वतंत्रता के अंश को एक ऐसे विशाल वर्ग के लिए, जिसका वह राष्ट्रों के समान सदस्य हैं, प्रयुक्त करने के संबंध में सहमत हो जायेगा। पंडित नेहरू ने राष्ट्रवाद के तात्कालिक उद्देश्य की पूर्ति हो जाने तथा स्वतंत्रता प्राप्त हो जाने पर सन् 1948 ई० में यह स्पष्ट किया कि भारत स्वयं तक ही सीमित नहीं रहेगा, बल्कि वह अंतर्राष्ट्रीय व्यवस्था की स्थापना में भी पूर्ण सहयोग देगा। इसी उद्देश्य को ध्यान में रखते हुए पंडित नेहरू ने यथाशीघ्र संयुक्त राष्ट्र संघ की सदस्यता ग्रहण की तथा राष्ट्र कुल की सदस्यता को चालू रखा। उन्होंने अंतर्राष्ट्रीय संस्थाओं को सम्मान देते हुए उनके आदर्शों के पालन में विश्वास व्यक्ति किया।

राष्ट्रीयतावाद और अंतर्राष्ट्रीयतावाद में संबंध

पंडित जवाहरलाल नेहरू राष्ट्रीयतावादी थे, परन्तु उग्र राष्ट्रवाद के विरोधी थे। वे राष्ट्रों के शांतिपूर्ण सह-अस्तित्व में विश्वास रखते थे। उन्होंने राष्ट्रीयतावाद और अंतर्राष्ट्रीयतावाद के बीच ताल-मेल बैठाने की भरपूर कोशिश की। साथ ही साथ राष्ट्रीयतावाद के महत्त्व को कभी कमजोर भी होने नहीं दिया। वे हमेशा असाधारण राष्ट्रीयतावादी सिद्ध हुए थे तथा आधुनिक इतिहास में राष्ट्रीयतावाद की मुख्य भूमिका को स्वीकार किया है और उसका आवश्यकता से कम मूल्यांकन करने के विरुद्ध सावधान भी किया है। "एक ओर अंतर्राष्ट्रीयता सहयोग का अनिवार्य विकास हो रहा है और दूसरी ओर, मेरे ख्याल में अनिवार्यतः नहीं बल्कि दुर्भाग्य से लोगों के विचार तथा उनके कार्यकलाप बहुत स्पष्ट तौर पर कड़े और संकीर्ण ढंग से राष्ट्रीयतावादी आधार पर संकुचित होते जा रहे हैं।"[12]

राष्ट्रीयतावाद की विभिन्न रूपों तथा उसके प्रति विभेदित और ठोस ऐतिहासिक रुख अपनाने की आवश्यकता को महत्त्व दिया। उन्होंने सिर्फ राष्ट्रीयतावाद की शक्ति और लोकप्रियता को ही महत्वपूर्ण नहीं माना, बल्कि उसके पंचमेल, अंतर्विरोधी स्वरूप, जनवादी स्थिति से प्रतिक्रियावादी स्थिति पर भी उसके हटाव, अपनी सकारात्मक अंतर्वस्तु से उसके वंचित होने की संभावना को भी स्वीकार किया। इसके अतिरिक्त, इन रूपांतरणों को उन्होंने केवल सही मार्ग से विचलनों, आत्मगत भ्रमों से ही नहीं, बल्कि वस्तुगत कारकों, राष्ट्रीयतावाद की ऐतिहासिक स्थिति से भी संबोधित किया, जो कुछ परिस्थितियों में प्रगतिशील हो सकता है और कुछ परिस्थितियों में नकारात्मक शक्ति बन सकता है।

"राष्ट्रीयतावाद निस्संदेह एक विचित्र परिघटना है, जो देश के इतिहास की एक निश्चित अवस्था में जीवन, वृद्धि, शक्ति और एकता प्रदान करता है, लेकिन इसके साथ ही वह व्यक्ति को सीमित करने की प्रवृत्ति भी रखता है, क्योंकि वह अपने देश को शेष दुनिया से एक भिन्न चीज के रूप में सोचता है-परिणाम यह होता है कि वही राष्ट्रीयतावाद, जो जनता के लिए वृद्धि की प्रतीक है, मन में उस वृद्धि की समाप्ति का प्रतीक बन जाता है।"[13]

पंडित नेहरू ने संकीर्ण राष्ट्रीयतावाद में विभिन्न किस्म के दोषों की संभावनाएँ व्यक्त कीं।

अंधराष्ट्रवाद (राष्ट्रीय आत्मनिर्णय अंधराष्ट्रवाद), (दूसरे राष्ट्रों के प्रति आक्रामकता तथा शत्रुता का भाव) पंडित नेहरू अच्छी तरह जानते थे कि राष्ट्रीयतावाद बहुधा इन्हीं तथ्यों की ओर ले जाता है। रक्षात्मक राष्ट्रयतावाद धीरे-धीरे आक्रामक राष्ट्रीयतावाद में तथा स्वतंत्रता के नाम पर आरंभ किया गया। संघर्ष, दूसरों पर प्रभुत्व के लिए संघर्ष में विकसित हो जाता है। राष्ट्रीयतावाद, जो कभी जन-समुदायों को एकजुट और एक्यबद्ध करता है वही राष्ट्रीयतावाद फिर कभी उसी जन-समुदायों को दूसरे के मुकाबले में खड़ा भी कर देता है। अतः राष्ट्रीयतावाद एक विघटनकारी शक्ति भी साथ-साथ है जो देश को सुदृढ़ या एक्यबद्ध के साथ-साथ, कमजोर तथा टुकड़े-टुकड़े में भी कर डालने की प्रवृत्ति रखती है। संकीर्ण राष्ट्रीयतावाद तो शांति और सुरक्षा के लिए खतरे का द्योतक है, क्योंकि वह आक्रामक साधनों से क्षेत्रीय विस्तार का भी प्रयास करता है।

संकीर्ण राष्ट्रीयतावाद अपने इतिहास और परंपराओं के खोल में बंद होने, अंतर्राष्ट्रीय घटनाओं से अपने को अलग-थलग रखने, रूढ़िवाद तथा सांस्कृतिक और ऐतिहासिक अनन्यता के भ्रम पालने की लोगों की आकांक्षा है। साथ ही

राष्ट्रीयतावादी अतिरंजनाएँ तथ्यों के तोड़-मरोड़ की ओर भी जाने को प्रेरित करती हैं तथा व्यक्ति को अपने देश तथा अपने प्रति आलोचनात्मक बनाती हैं।

पंडित नेहरू संकीर्ण विचारों को त्यागने पर हमेश जोर देते रहे। वह तथ्यों को एक वैज्ञानिक के रूप में, बिना किसी पूर्वाग्रह के देखना पसंद करते थे, न कि एक ऐसे कट्टर राष्ट्रीयतावादी के रूप में जो केवल अपने पक्ष की सत्यता को ही सिद्ध की करने की कोशिश करता है।

एक सजग, इतिहासकार की तरह पंडित नेहरू ने नूतन राष्ट्रीयतावाद को आमतौर पर पूंजीवादी आर्थिक प्रणाली के तहत बुर्जुआ वर्ग, मध्यम वर्गों के विकास के साथ-साथ पैदा होने वाला बताया है। वह समझते थे कि आधुनिक राष्ट्रीयतावाद और बुर्जुआ वर्ग के बीच संबंध उनके उद्‌गम श्रोतों से भी आगे जाते हैं, कि राष्ट्रीयतावादी आंदोलनों में बुर्जुआ वर्ग का प्रधान स्थान है और यह कि आंदोलन अपने आप में मूलत: बुर्जुआ स्वरूप का है। पंडित नेहरू का विचार था कि राष्ट्रीयतावाद या स्वराज्य मजदूरों और किसानों के लिए तभी सारगर्भित बनता है, जब वह उनके मन में बेहतर जीवन परिस्थितियों से जुड़ा हुआ हो। उनका मानना था कि राष्ट्रीयतावाद को वर्गीय, बुर्जुआ संकीर्णताओं से मुक्त कराना आवश्यक है ओर तीसरे दशक में उन्होंने राष्ट्रीयतावाद को एक व्यापक आधार प्रदान करने की भावना का जोरदार समर्थन भी किया, ताकि वह मेहनतकश जनसाधारण से अपनी शक्ति प्राप्त कर सकें और उनके हितों की सेवा कर सकें। इसी कारण उन्होंने न सिर्फ राष्ट्रीयतावादी आधार पर बल्कि सामाजिक तथा अंतर्राष्ट्रीय आधारों पर भी ब्रिटिश शासन के विरुद्ध जेहाद छेड़ने की जोरदार अपील की। दुर्भाग्य से, राष्ट्रीयतावाद के प्रति पंडित नेहरू के ध्यान का सामाजिक अभिप्राय, जिसने तीसरे और चौथे दशकों में भी पूर्ण विकसित न होने के वावजूद क्रांतिकारी साधनों से सामाजिक कायापलट के ध्येय निरूपित करने हेतु उन्हें प्रेरित किया था, आगे चलकर (क्षीण) गंद गड़ने लगा, जबकि संकीर्ण राष्ट्रीयतावाद के पहले दो लक्षणों के प्रति उनकी असहनशीलता पूर्ववत् बनी रही। पंडित नेहरू ने राष्ट्रीयतावाद को बनाये रखना, उसे अपने नकारात्मक गुणों से मुक्त कराना चाहा। ये भले ही एक अंतर्विरोधी और पेचीदा, लेकिन नव-स्वतंत्र देशों के लिए एक यथार्थवादी और आवश्यक कार्यभार है।

"हम संकीर्ण राष्ट्रीयतावाद के प्रति प्रयास नहीं कर रहे हैं। राष्ट्रीयतावाद का प्रत्येक देशों में स्थान है और उसे पोषित किया जाना चाहिए, लेकिन उसे आक्रामक बनने और अंतर्राष्ट्रीय विकास में बाधा पहुँचाने की छूट नहीं दी जानी चाहिए।"[14]

अंतर्राष्ट्रीय संबंधों संबंधी विचार

अंतर्राष्ट्रीय संबंधों के क्षेत्र में संकीर्ण राष्ट्रीयतावाद से बचने की पंडित नेहरू की आकांक्षा से उनकी अंतर्राष्ट्रीय प्रवृत्तियाँ अभिव्यक्त हुईं। सन् 1927 ई० में ही ब्रेसल्स ने पंडित नेहरू से स्पष्ट कहा था कि भारतीय राष्ट्रीय कांग्रेस अंतर्राष्ट्रीयतावाद से मार्गदर्शित होती है। स्वाभवत: यह सही भी था तथा इसने स्वयं पंडित नेहरू की आकांक्षा को ही व्यक्त किया। सन् 1929 ई० के लाहौर अधिवेशन में पंडित नेहरू ने जोरदार ढंग से कहा कि "संकीर्ण राष्ट्रीयतावाद से कदापित नहीं प्रेरित होती है कि स्वतंत्रता जीतने के बाद कांग्रेस अपनी आजादी के एक हिस्से को अधिक व्यापक विश्व समुदाय से हित में स्वेच्छापूर्वक लगाने को तैयार होगी।"

यह निर्विवाद है कि पंडित नेहरू ने अंतर्राष्ट्रीय समस्याओं तथा एकजुटता में जितनी दिलचस्पी दिखायी उतनी दिलचस्पी महात्मा गाँधी के अंतर्राष्ट्रीय विचारों में नहीं झलकती। इस बात से भी इनकार नहीं किया जा सकता कि महात्मा गाँधी ने राष्ट्रीयतावाद और अंतर्राष्ट्रीयतावाद के सिद्धांतों में तालमेल बैठाने का प्रयास किया। पंडित नेहरू ने भी जीवन-भर राष्ट्रीयतावाद और अंतर्राष्ट्रीयतावाद में सामंजस्य स्थापित करने का जोरदार प्रयास करते रहे। किन्तु यह सामंजस्य उन्हें वहीं तक कबूल था, जहां तक ये दोनों सिद्धांत आपस में नहीं टकराये।

किन्तु एक बहुत बड़ा टकराव की स्थिति का उन्हें तब सामना करना पड़ा जब द्वितीय विश्वयुद्ध का आरंभ हुआ। तब उनके सामने यह दुविधा आयी कि भारत की स्वतंत्रता के लिए लड़े या फासिस्ट विरोधी आंदोलन से एकजुटता जताएँ। भारतीय राष्ट्रीय कांग्रेस के सभी नेताओं में से पंडित नेहरू के लिए यह चयन अधिक कष्टप्रद था, क्योंकि वह यूरोप को जानते थे और देखा भी था कि उसके लिए और सारे संसार के लिए फासिज्म का क्या अर्थ है। यही कारण था कि उन्होंने फासिस्ट विरोधी आंदोलन को एक ऐसी दूर की चीज के रूप में नहीं लिया जो भारत के हितों के प्रत्यक्ष रूप से प्रभावित न करती हो।

इस स्थिति से पंडित नेहरू को कोई वास्ता नहीं था कि भारत को फासिज्म के विरुद्ध युद्ध में ब्रिटेन की कठिनाइयों से फायदा उठाना चाहिए। द्वितीय विश्वयुद्ध के वर्षों में भारतीय देशभक्तों को यथार्थ सत्ता प्रदान करने की ब्रिटिश सरकार की अनिच्छा ने ही पंडित नेहरू का (अपने आप से दु:खदायी संघर्ष तथा उस सत्याग्रह को रोकने के प्रयासों के बाद, जिसे महात्मा गाँधी तब शुरू करने की तैयारी कर रहे थे)। स्वतंत्रता आंदोलन में अपने सहयोगियों का समर्थन करने एवं ब्रिटेन को चुनौती देने के लिए प्रेरित किया। वह जानते थे कि यह फासिज्म के विरुद्ध उसके संघर्ष को और भी उलझनपूर्ण तथा कठिन बना देगा।

स्वयं पंडित नेहरू ने भारत छोड़ो प्रस्ताव का मूल्यांकन अंतर्राष्ट्रीयतावादी प्रवृत्तियों पर राष्ट्रीयतावादी प्रवृत्तियों की विजय के रूप में किया। लेकिन तो भी यह राष्ट्रीयतावाद, अंतर्राष्ट्रीयतावाद का विरोध कभी नहीं था, फिर भी भारत छोड़ो प्रस्ताव भारतीय मुक्ति आंदोलन के लिए गंभीर परिणाम हुए। लेकिन इस प्रस्ताव के मूल में निहित संकीर्ण राष्ट्रीयतावाद के लिए भारतीय राष्ट्रीय कांग्रेस के नेतृत्व पर आरोप लगाना मुश्किल से ही उचित हो सकता है। फासिज्म के विरुद्ध संघर्ष के इस संघर्ष में सोवियत संघ के साथ सहवंध के प्रभामंडल ने, जिसका ब्रिटिश सरकार ने व्यापक इस्तेमाल किया, भारत की सभी देशभक्तिपूर्ण ताकतों को प्रतिकूल परिस्थितियों में डाल दिया। चाहे युद्ध पर उनका रुख कुछ भी क्यों न था। ब्रिटिश प्रशासन का प्रतिरोध करने का मार्ग अपनाकर भारतीय राष्ट्रीय कांग्रेस ने अपने को एक अलगाव की स्थिति में पाया, अपनी पहली की शक्ति काफी खो दी और स्वतंत्रता के पूर्व निर्णायक घड़ी में मुस्लिम लीग को सक्रीय होने के लिए मौका दे दिया। एम०सी० बोस ने राजनीतिक जोखिमों का मार्ग अपनाया, जिसे उसने व्यक्तिगत साहस के प्रति उचित आदर के वावजूद भारतीय जनता में कम समर्थन प्राप्त हुआ, जिसके फलस्वरूप उन्हें राजनीतिक असफलता मिली।

युद्ध पर पंडित नेहरू का रुख इस अर्थ में रोचक नहीं है कि वह अंततोगत्वा अंतर्राष्ट्रियतावाद पर राष्ट्रीयतावाद की विजय पर पहुंचे, बल्कि इस अर्थ में है कि वह दिखाता है कि राष्ट्रीयतावाद और अंतर्राष्ट्रीयतावाद के बीच सामंज्य स्थापित करने के उनके प्रयास कितने अंतर्विरोधी और ढुलमुल थे और अंतर्राष्ट्रीयतावादी प्रवृत्तियों के लिए राष्ट्रीयतावाद एक कितना अस्थिर आधार पेश करता है। फिर भी ऐसे प्रयास आवश्यक हैं, क्योंकि वे ठोस नतीजे देते हैं।

साम्राज्यवाद की औपनिवेशिक प्रणाली के संकट के युग में उत्पीड़ित राष्ट्रों के राष्ट्रीयतावाद की जनवादी अंतर्वस्तु नयी शक्ति से प्रकट हुई। इस राष्ट्रीयतावाद की एक विशेषता है उसकी अंतर्राष्ट्रीयतावादी प्रवृत्तियाँ। राष्ट्रीय सर्वोच्चता के विचार, अन्य सभी जातियों के प्रति असहिष्णुता और शत्रुता सभी ही राष्ट्रीयतावादी मंचों का अविच्छेद्य चिन्ह नहीं हैं। कुछ राष्ट्रीयतावादी मंच जातियों की समानता और उनके बीच दोस्ती की घोषणा करते हैं तथा अंधराष्ट्रवाद से अलग हैं। सोवियत अध्येता मुक्ति आंदोलन ने उन नेताओं में, जिन्होंने ऐसा राष्ट्रीयवादी रुख अपनाया, पंडित नेहरू का नाम ठीक ही सर्वप्रथम स्थान पर रखते हैं।

वावजूद इसके, यह गारंटी राष्ट्रीयतावादी मंच में नहीं होता कि वह एक 'संकीर्ण', आक्रामक, अंधराष्ट्रवादी राष्ट्रीयतावादी की दिशा में नहीं विकसित होगा। वास्तव में साम्राज्यवादी विरोधी राष्ट्रीयतावाद के सर्वोत्तम प्रतिनिधियों की अंतर्राष्ट्रीयतावादी

प्रवृत्तियां सही ढंग से समझ गये कि राष्ट्रीय तथा अंतर्राष्ट्रीय हितों के मेल से पैदा होती हैं। ज्यों ही ये हित बिखर जाते हैं, त्यों ही राष्ट्रीयतावादी संकीर्णता स्वभावतः उनका स्थान ले लेती हैं। राष्ट्रीयतावाद पर व्यापक दृष्टिकोण ने पंडित नेहरू को यह सब समझने में समर्थ बनाया। फलस्वरूप इस प्रकार के असंगत अंतर्राष्ट्रीयतावाद को कुछ व्यंग्यात्मक ढंग से लिया। उनका मानना था कि हम सभी अंतर्राष्ट्रीयतावादी हैं लेकिन हम सब के लिए अंतर्राष्ट्रीयतावाद एक विशेष अर्थ रखता है। वास्तव में, यह एक नये लिवास में राष्ट्रीयतावाद है। जिस चीज को पंडित नेहरू ने बड़ी कठिनाई से प्राप्त होने वाले ध्येय के रूप में स्वीकारा, उसे उनके बाद एक आम बात के रूप में पेश किया जाने लगा। ''सच्चा अंतर्राष्ट्रीयतावाद अंधराष्ट्रवाद से मुक्त राष्ट्रीयतावाद पर ही आधारित होता है।'' *–श्रीमती इंदिरा गाँधी*

पंडित नेहरू का मानना था कि संकीर्ण राष्ट्रीयतावाद से संघर्ष न सिर्फ अंतर्राष्ट्रीयतावादी प्रवृत्तियों, बल्कि राष्ट्रीय परंपराओं की अनालोचनात्मक प्रशंसा, राष्ट्रीयतावादी दर्प से, पिछड़ेपन की रक्षा करने, उसे उचित ठहराने से इनकार की पूर्व-कल्पना करता है। पंडित नेहरू में संकीर्ण राष्ट्रीयतावाद से जितनी नफ़रत झलकती थी। उतनी किसी चीज से नहीं, मामला शिक्षा, विज्ञान का या संस्कृति का चाहे किसी भी चीज का। पंडित नेहरू के अनुसार, राष्ट्रीयतावाद के नाम से अपने के छिपानेवाली हानिकारक परिघटनाएँ दो हैं– (*i*) साम्प्रदायिकतावाद तथा (*ii*) पृथकतावाद।

राष्ट्रीयतावाद को धर्म से तद्रूप करने, अर्थात् सांप्रदायिकतावाद को पंडित नेहरू ने एक मध्यकालीन धारणा के रूप में स्वीकारा है। उन्होंने राष्ट्रीयतावाद को अपने आप में एक मिश्रित शक्ति को द्योतक कहा है। उसमें हिंदू राष्ट्रीयतावाद, मुस्लिम राष्ट्रीयतावाद, जो अंशतः भारत की सीमाओं से बाहर देखता था और उस भारतीय राष्ट्रीयतावाद के बीच भेद किया जा सकता था, जो काल की भावना से अधिक उपयुक्त होता। पंडित नेहरू ने मुस्लिम, हिन्दू और सिक्ख राष्ट्रीयतावाद को संकीर्णतावादी का ग्रुप राष्ट्रीयतावादी की संज्ञा दी थी और वास्तव में ऐसी भावनाओं से देश को हमेशा हानि पहुँचता रहा है। उनके अनुसार भारतीय राष्ट्रीयतावाद ही एक सच्ची अभिव्यक्ति हो सकती है, जो सांप्रदायिक और धार्मिक आंदोलनों का विरोधी है। पंडित नेहरू के अनुसार हिंदू और मुस्लिम राष्ट्रीयतावाद न केवल काल की भावना का ही खंडन, बल्कि राष्ट्रीयतावाद की भावना का भी खंडन करता है।

राष्ट्रीयतावाद, सांप्रदायिकतावाद के साथ कदापि अपना अस्तित्व नहीं रख सकता। ''राष्ट्रीयतावाद का मतलब हिंदू राष्ट्रीयतावाद, मुस्लिम राष्ट्रीयतावाद और सिक्ख राष्ट्रीयतावाद नहीं है।''[15]

राष्ट्रीयतावाद को पृथकतावाद से प्रतिस्थापित करने के प्रयासों के भी पंडित नेहरू जबर्दस्त विरोधी थे। वे हमेशा जोर देते रहे कि अनन्यता की प्रवृत्ति भारतीय परंपराओं, शिक्षा और सामाजिक विरचना में मजबूती से बद्धमूल थी, जिसके परिणामस्वरूप विभिन्न प्रकार का राष्ट्रीयतावाद हुआ, जैसे कि आसामी, बंगाली, गुजराती आदि राष्ट्रीयतावाद। पंडित नेहरू हमेशा इन परंपराओं को बदले की अपील जोरदार ढंग से करते रहे। उनका मानना था कि सच्चा भारतीय राष्ट्रीयतावाद राष्ट्रीय एकता का आधार पेश करता है। पंडित नेहरू ने कहा "हरेक आदमी को अपने आपसे यह सवाल पूछना है, मैं भारत से क्या बनाना चाहता हूं।- एक देश, एक राष्ट्र या 10, 20 या 25 राष्ट्र, शक्ति या दृढ़ता से रहित, ऐसा खंडित और विभक्त राष्ट्र जो मामूली से मामूली प्रहार पर भी टुकड़े-टुकड़े हो जाने को तैयार हो।"[16]

निस्संदेह कहा जा सकता है कि पंडित नेहरू का विचार राष्ट्रीयतावाद पर सकारात्मक है, जैसे कि राष्ट्रीयतावाद की सीमाओं से बाहर जाने, अंतर्राष्ट्रीयतावादी धारणाओं से उसे समृद्ध करने, राष्ट्रीयतावादी नारों के आंचल में छिपी राष्ट्रीयतावादी संकीर्णता, सांप्रदायिकतावाद, पृथकतावाद और रूढ़िवाद को त्यागने की उनकी आकांक्षा। लेकिन ये सकारात्मक प्रवृत्तियां पंडित नेहरू की वर्ग स्थिति के माध्यम से अवरुद्ध तथा सीमित हुईं, जो राष्ट्रीयतावाद संबंधी ज्ञानमीमांसीय क्षेत्र में उनके विश्व दृष्टिकोण में दो कमियों में प्रकट हुईं–राष्ट्रीयतावाद की एक सुस्पष्ट धारणा का अभाव और वर्ग संबंधों की दृष्टि के आमतौर पर राष्ट्रीयतावाद तथा उसकी विशिष्ट धाराओं और दिशाओं का सर्वांगीण विश्लेषण देने की उनकी अनिच्छा, जो विशेष रूप से जीवन के अंतिम चरण में साफ झलकती थी।

पंडित नेहरू राष्ट्रीयतावाद को राष्ट्रीय हितों, राष्ट्रीय स्वतंत्रता संघर्ष और राष्ट्रीय संस्कृति से तद्रूप प्रवृत्त थे। उनका मानना था कि राष्ट्रीयतावाद की धारणा को परिभाषा की सीमा रेखा में बाँधना कठिन है। विदेशी शासन के विरुद्ध संघर्षरत देश में प्रत्येक व्यक्ति को ज्ञात है कि राष्ट्रीयतावाद का क्या मतलब है। यह केवल विदेशी विरोधी भावना है। राष्ट्रीयतावाद एक महान् जीवन शक्ति है तथा इसे जनता की मेधा, उन मूल राष्ट्रीय परम्पराओं से संबंधित किया जा सकता है, जिससे इनकार करने का साफ मतलब होगा राष्ट्र के मूल आधारों से ही इनकार करना। पंडित नेहरू ने राष्ट्रीयतावाद के संबंध में लिखा है कि "राष्ट्रीयतावाद मूलत: विगत उपलब्धियों, परम्पराओं और अनुभव का सामूहिक स्मरण है।"[17]

राष्ट्रीयतावाद को पारिभाषित करते हुए उन्होंने एक बार स्पष्ट लिखा कि "राष्ट्रीयतावाद सारत: एक विरोधी भावना है और यह अन्य जातीय ग्रुपों के प्रति विशेष रूप से गुलाम देश के विदेशी शासकों के प्रति विद्वेष और घृणा पर पतली पुसती है।"[18]

अतः राष्ट्रीयतावाद के चाहे जिस पहलू (राष्ट्रीय स्रोत, स्वतंत्रता संघर्ष, अन्य जातियों के प्रति शत्रुता) को पंडित नेहरू ने लिया, वह राष्ट्रीय संबंधों के क्षेत्र में पूर्णतः बने रहे। लेकिन आधुनिक राष्ट्रीयतावाद को, यद्यपि वह बेशक जातीय संबंधों की उपज और जातीय प्रश्न का समाधान करने का प्रयास है, केवल इन संबंधों को ढाँचे के भीतर निश्चित नहीं किया जा सकता। अन्ततोगत्वा ऐसी बात नहीं है कि राष्ट्रीय हितों की रक्षा, राष्ट्रीय संस्कृति का विकास, अपने देश की स्वतंत्रता, सुरक्षा और समृद्धि के लिए संघर्ष सिर्फ राष्ट्रीयतावादी स्थितियों से ही संभव है।

आधुनिक राष्ट्रीयतावाद जातिय प्रश्न का एक से दूसरे तरीके से समाधान करने के प्रयासों तक ही सीमित नहीं है। इसकी मजबूत सामाजिक जड़े हैं और ठीक इसी क्षेत्र में उसके निर्धारक सिद्धान्तों की खोज की जानी चाहिए। राष्ट्रीय अनन्यता का विचार, जो अंधराष्ट्रवाद की ओर, अन्य जातियों के प्रति शत्रुता या उनके तिरस्कार की ओर आवश्यक रूप से नहीं ले जाता है, दावा करता है कि प्रत्येक देश का राष्ट्रीय इतिहास अद्वितीय है और वैज्ञानिक समाजवाद के सिद्धान्त द्वारा अनवेषित ऐतिहासिक विकास के आम नियम पर लागू नहीं होते। हम उन देशों के संबंध में ही राष्ट्रीयतावाद की चर्चा कर सकते हैं, जहाँ बैरभावमूलक वर्गों की विद्यमानता या उनके गठन की हालतों में उस राष्ट्रीय एकता के आधार पर राष्ट्रीय लक्ष्यों को पाने के प्रयास किये जा रहे हों, जिसकी व्याख्या इस या उस रूप में वर्ग संघर्ष की अस्वीकृति के तौर पर की जाती है। राष्ट्रीयतावाद सभी राष्ट्रीय मुक्ति आन्दोलनों का तद्रूप नहीं है, न ही वह राष्ट्रीय उत्थान या राष्ट्रीय हितों की रक्षा की सभी प्रक्रियाओं का तद्रूप है। यह तो उन प्रक्रियाओं या मुक्ति आन्दोलनों का तद्रूप है जो बुर्जुआ वर्ग या टुटपुँजिया तत्वों के नेतृत्त्व में चलते हैं। वर्ग चेतना के प्रतिकूल, मेहनतकश वर्गों के विशिष्ट हितों की क्षति में वफादारी की एक अंध-श्रद्धावली वस्तु के रूप में राष्ट्र का उत्थान राष्ट्रीयतावाद का एक जन्म-चिन्ह है। ऐतिहासिक घटनाओं का वर्णन करते हुए पंडित नेहरू ने कभी-कभी इसे ध्यान में रखा। उदाहरणार्थ, अपनी पुत्री को पत्रों में त्रोत्सकी के अक्टूबर सन् 1919 ई० के एक सेना संबंधी आदेश पर टिप्पणी करते हुए उन्होंने लिखा कि बोल्शेविक जनता तथा पूँजीवादी सरकारों के बीच सदा भेद करते थे और शुद्ध राष्ट्रीयतावादी दृष्टिकोण कभी नहीं अपनाते थे।

मूलरूप से राष्ट्रीयतावादी और अन्तर्राष्ट्रीयतावादी धारणाओं के बीच विपरीत का संबंध नहीं है, बल्कि राष्ट्रीयतावादी और सर्वहारा या वैज्ञानिक समाजवादी धाराओं के बीच में है। राष्ट्रीयतावादी और अन्तर्राष्ट्रीयतावादी के बीच तन्तर्विरोध इसी वैपरीत्य से खड़ा होता है, लेकिन यह निरपेक्ष बिल्कुल नहीं है। मसलन पंडित नेहरू ने अपनी अन्तर्राष्ट्रीयतावादी भावनाएँ राष्ट्रीयतावादी स्थितियों से व्यक्त कीं।

यह भी कहा जा सकता है कि राष्ट्रीयतावाद और अन्तर्राष्ट्रीयतावाद का वर्ग स्वरूप खासतौर पर पंडित नेहरू के ध्यान से बाहर रहा (विशेष रूप से पंडित नेहरू के जीवन के अंतिम चरण में इसकी साफ झलक परिलक्षित होती थी) और यह राष्ट्रीयतावाद के उनके विश्लेषण को प्रभावित किये बिना नहीं रह सका। भारतीय राष्ट्रीयतावाद के साथ-साथ विभिन्न प्रकार के राष्ट्रीयतावाद, साम्राज्य विरोधी संघर्ष में उनकी स्थितियों के वर्ग स्वरूप पर पंडित नेहरू ने ध्यान नहीं दिया। उन्होंने स्वतंत्रता संघर्ष के वर्षों में भारतीय समाज के विभिन्न वर्गों के व्यवहार के बारे में कुछ सही प्रेक्षण किये। उन्होंने कई राजाओं और बड़े जमींदारों द्वारा ब्रिटिश साम्राज्यवाद के समर्थन और भारतीय पूँजीपतियों की स्वार्थपरता की भी चर्चा की। कई बार उन्होंने स्वीकार किया कि स्वतंत्रता संघर्ष के वर्षों में कांग्रेस मध्यम वर्ग का एक संगठन था और उसका नेतृत्व बुर्जुआ बना रहा। सन् 1963 में उन्होंने घोषणा की थी कि दक्षिणपंथी तत्व अधिकाधिक जोरदार बनते जा रहे हैं और राष्ट्रीयतावाद के पराकोटिक रूप को अपना अवलम्ब बनाते हैं। परन्तु उन्होंने सामंती, बुर्जुआ और टुटपुँजिया प्रकार के राष्ट्रीयतावाद की विश्वसनीय और व्यापक विशिष्टताएँ नहीं बतायीं, न ही इस दृष्टिकोण से भारतीय राष्ट्रीय कांग्रेस के भीतर विभिन्न राजनीतिक ग्रुपों का विश्लेषण दिया। राष्ट्रीयतावाद को मजदूरों और किसानों के वर्गों के अनुकूल करने का जो विचार उन्होंने तीसरे दशक के अन्त में दिया था वह मात्र कल्पना बनकर रह गया। बाद के वर्षों में पंडित नेहरू इस विचार पर पुनः कभी लौटते नहीं देखे गये और न तो पाँचवें-सातवें दशकों में अपने विचारों के संदर्भ में प्रयुक्त किया। स्वतंत्रता-प्राप्ति ने उन्हें इस विचार के नया स्वरूप और विकास के लिए कभी प्रेरित नहीं किया।

पंडित नेहरू को अपने जीवन के अन्तिम चरण में राष्ट्रीयतावाद के वर्गसार और वर्ग सीमितता के न्यून आंकलन एतिहासिक परिप्रेक्ष्यों को साफ-साफ देखने की क्षमता से वंचित कर दिया। तीसरे दशक के अन्त और चौथे दशक के प्रारम्भ में उन्होंने राष्ट्रीयतावाद को एक संकीर्ण विश्वास की संज्ञा दी और वह विश्वासित थे कि भविष्य उसका स्थान समाजवाद अवश्य ही ले लेगा। उनका मानना था कि स्वतंत्रता-प्राप्ति उस काल के अन्त की द्योतक थी, राष्ट्रीयतावाद का एक प्रधान राष्ट्रीय विचारधारा के रूप में एतिहासिक औचित्य था।

पंडित नेहरू ने औपनिवेशक शासन की समाप्ति के पश्चात् राष्ट्रीयतावाद की ऐतिहासिक सीमाओं को विस्तारित किया। यह एक निश्चित हद तक सही ही था। परन्तु सामाजिक परिघटनाओं के प्रति अपने वर्ग रुख को कमजोर हो जाने के फलस्वरूप पंडित नेहरू राष्ट्रीय शक्तियों के ढाँचे में हो रहे बदलावों का विश्लेषण

करने और राष्ट्रीयतावाद की परिवर्तनशील प्रकृति का अध्ययन करने में सफल नहीं हुए। उन्होंने राष्ट्रीयतावाद की राष्ट्रीय हितों की रक्षा से अधिकाधिक तद्रूप किया और राजनीतिक मंच के तौर पर अपने सभी रूपों में, एक अच्छे या बुरे राष्ट्रीयतावाद की संकीर्णता संबंधी उस विचार को सदा-सदा के लिए विस्मृत कर दिया, जिसे उन्होंने सन् 1930 ई० के दशक में व्यक्त किया था। उन्होंने समाजवाद को राष्ट्रीयतावाद के एक अनुकल्प के रूप में नहीं, बल्कि अधिकाधिक उसके अनुपूरक के रूप में देखा।

पंडित नेहरू की विदेश नीति

पंडित जवाहरलाल नेहरू का विदेश नीति में विशेष अभिरुचि थी। भारत की विदेश नीति की आधारशिला उन्होंने ही रखी है। 1920 के दशक के अन्त में ही उन्होंने भावी स्वतंत्र भारत के विदेश नीतिक सिद्धान्तों का प्रतिपादन किया। जैसा कि पंडित नेहरू ने कहा, अपनी विदेश नीति में भारत ने "आदर्शवाद को राष्ट्रीय हितों से समन्वित करने" का प्रयास किया।[19] विदेश नीतिक प्रश्नों पर पंडित नेहरू के विचार दो दिशाओं में विकसित होते हुए परिलक्षित होते हैं। विशेषतः विश्व सरकार की बात करते हुए उन्होंने अन्तर्राष्ट्रीय संबंधों का एक आदर्शमूलक मॉडल बनाया। इसके साथ ही, उन्होंने इन प्रश्नों पर एक समाजशास्त्री की हैसियत से भी गौर किया और विभिन्न राज्यों के यथार्थ हितों एवं अन्तर्विरोधों के अध्ययन के आधार पर आधुनिक विश्व विकास की प्रवृत्तियों और संभावनाओं को प्रदर्शित किया।

पंडित नेहरू ने शांति, उत्पीड़ित, जनगण की मुक्ति, नस्ली भेद-भाव के उन्मूलन, अन्य देशों के आन्तरिक मामलों के अहस्तक्षेप को भारत की विदेश नीति के उद्देश्यों के रूप में माना। उन्होंने राष्ट्रीय और व्यक्तिगत स्वाधीनता की रक्षा, बीमारियों, निर्धनता एवं अज्ञान से, जिनसे मानव जाति का एक विशाल हिस्सा पीड़ित है, संघर्ष की भी चर्चा की। परन्तु उन्होंने हमेशा इस बात पर जोर दिया कि शांति भारत की विदेश नीति का मुख्य ध्येय है।

1961 में उन्होंने कहा "यद्यपि मैं औपनिवेशिक देशों और अन्य पराधीन जनगण की स्वाधीनता के बारे में यथासंभव तीव्रता से महसूस करता हूँ, फिर भी मेरा ख्याल है कि युद्ध और शांति तथा निरस्त्रीकरण का प्रश्न आज का सबसे बड़ा प्रश्न है।"[20]

1920 के दशक में पंडित नेहरू हमेशा आधुनिक संसार की एकता, उस सबके अन्योन्याश्रय की स्वीकृति के आधार पर आगे बढ़े जो उसके विभिन्न भागों में घट रहा था। युद्धोत्तर काल में दुनिया के दो शिविरों में विभाजन, युद्ध के खतरे

और जन-संहार के अस्त्रों के प्रकटन के संबंधों में सभी देशों एवं जनगण के एक भाग्य के बारे में उनका विचार आग्रहपूर्ण पुनरावृत्त हुआ। "अब सारा संसार जीवन और मृत्यु में एक-साथ जुड़ा हुआ है।"[21] दुनिया की एकता पंडित नेहरू के समक्ष न केवल वस्तुगत नियत संगति की अभिपुष्टि के रूप में, बल्कि सचेतन विदेश नीतिक लक्ष्य के रूप में भी प्रस्तुत होती है। पंडित नेहरू के दृष्टिकोण से यह एकता उस विश्व सहयोग में अभिव्यक्त होनी चाहिए, जोकि विश्व विनाश का एकमात्र विकल्प है।

आधुनिक परिस्थितियों में विश्व शांति को पंडित नेहरू ने केवल विदेश नीति के एक ध्येय के रूप में ही नहीं, अपितु घरेलू समस्याओं का समाधान करने की एक अनिवार्य शर्त के रूप में भी देखा। उनके विचार में विदेश नीति को घरेलू नीति पर निर्विवाद प्राथमिकता प्राप्त होनी चाहिए। "हम अपनी समस्याओं को कैसे हल कर सकते हैं, यदि स्वयं शांति खतरे में हो? सो, हमारी मुख्य चिन्ता है शान्ति।"[22]

क्या पंडित नेहरू वास्तव में विश्वास करते थे कि नाभिकीय महाविपत्ति से बचाया जा सकता है? उन्होंने इसकी कोई प्रत्साभूति नहीं दी, लेकिन कहा कि सारी मानव जाति के प्रयास इस ध्येय की प्राप्ति में लगाये जाने चाहिएँ। भोला-भाला आशावाद और निराशाजनक भाग्यवाद पंडित नेहरू के लिए पराये थे। वह अपने को शांति की शक्तियों और युद्ध की शक्तियों के बीच विश्वव्यापी संघर्ष का एक सहभागी समझते थे। लेकिन वह विश्वासित थे कि मानव बुद्धि घटनाक्रम को प्रभावित कर सकती है तथा उन्होंने युद्ध और शांति के प्रश्न के प्रति राजनीतिज्ञों के रुख को सर्वोपरि महत्त्व दिया। उन्होंने कहा "दुनिया की तस्वीर पर देखें। हम विनाश के कगार पर रहते हैं। लेकिन साथ ही विश्व इतिहास में पहली बार हम नयी संभावना तथा नयी आकस्मिकता का सामना भी कर रहे हैं।"[23] "हम नहीं विश्वास करते कि युद्ध अनिवार्य है, यद्यपि यह एक खतरनाक संभावना है।"[24] युद्ध और शांति के प्रश्न पर उनकी यह स्थिति शांति के पक्ष में सक्रिय प्रयासों के अनुकूल थी। पंडित नेहरू ने इस तर्क का दृढ़तापूर्वक विरोध किया कि दुनिया विनाश की ओर फिसल रही है। वह युद्ध तथा युद्ध के लिए तैयारियों की अनिवार्यता के विचारों से समझौता करने के विरुद्ध थे।

सुदृढ़ शांति की पंडित नेहरू की आशाएँ केवल मानवीय विचारों पर ही आधारित नहीं थीं। उन्होंने दावा किया कि हमारे नाभिकीय युग में युद्ध अपना अर्थ खो चुका है और यदि ऐसा युद्ध कभी छिड़ा तो वह पागलपन ही होगा। बात यह है कि कोई भी युद्ध निश्चित उद्देश्यों की प्राप्ति के लिए लड़ा जाता है, लेकिन

जनसंहार के अस्त्रों की विद्यमानता के कारण वह हमें किसी भी समस्या के समाधान पर नहीं पहुँचा सकता, वह तो युद्ध छेड़नेवालों के लिए सिर्फ मौत ही लायेगा। पंडित नेहरू के मतानुसार, स्वयं नाभिकीय विनाश का खतरा उसकी रोकथाम करने का तकाजा करता है तथा नाभिकीय अस्त्र रखने वालों को एक-दूसरे की आवश्यकताओं और विचारों को ध्यान में रखने के लिए विवश करता है। पंडित नेहरू के शब्दों में "हम एक निश्चित संतुलन पर पहुँच गये हैं- यह एक बहुत ही अस्थिर संतुलन हो सकता है, लेकिन यह किसी न किसी प्रकार का संतुलन तो है ही- जबकि कोई भी बड़ा आक्रमण विश्वयुद्ध की ओर ले जा सकता है। यह अपने आप में एक रोकथामकारी तत्व है। आक्रमण एक छोटे देश में हो या बड़े देश में, वह विश्व में अस्थिर संतुलन को भंग कर देता है और युद्ध की ओर ले जा सकता है।"[25]

इस प्रकार पंडित नेहरू के विचार में, शक्ति और भय का अस्थिर संतुलन शांति के एक कारक में बदल गया, चाहे वह कितना दुर्बल ही क्यों न हो। पंडित नेहरू के अनुसार, वास्तव में सुदृढ़ शांति को केवल तभी सुनिश्चित किया जा सकता है, जब वह सहयोग तथा पारस्परिक समझ के सिद्धान्तों पर आधारित हो। सन् 1954 ई० में पंडित नेहरू ने स्पष्ट कहा कि "जब आप मान लेते हैं, जैसा कि मेरा ख्याल है, सारी दुनिया में माना जाता है, कि युद्ध कोई समाधान नहीं है और कि दो मुख्य नायक इतने अधिक शक्तिशाली हैं कि एक-दूसरे को पराजित नहीं कर सकते, तो आपको सहअस्तित्व रखना पड़ेगा। एक-दूसरे को समझना होगा, आत्मनियंत्रण प्रदर्शित करना होगा और आपस में मामले को निपटाना होगा।"[26] उन्होंने जोर दिया कि ऐसे लोग हैं, जो सहज बुद्धि के विरुद्ध काम करते हुए सभी समस्याओं और विवादों के समाधान के साधनों के रूप में जनसंहार तथा नाभिकीय अस्त्रों के प्रयोग के बारे में सोचते हैं। विश्वयुद्ध को अनिवार्य मानने वाले ये लोग उसके लिए सैनिक और मानसिक स्तर पर तैयारी कर रहे हैं और इस तरह युद्ध को निकटतर ला रहे हैं। पंडित नेहरू ने इस दृष्टिकोण को गलत और खतरनाक माना। इसके मुकाबले में उन्होंने टकरावों का शांतिपूर्ण समाधान करने का प्रस्ताव किया और इस संबंध में महात्मा गाँधी की महान् सेवाओं का उल्लेख किया, जिन्होंने भारत की विदेश नीति की आधारशिला रखी। पंडित नेहरू ने जोर दिया कि महात्मा गाँधी ने अन्तर्राष्ट्रीय संदर्भ में अहिंसा के सिद्धान्त की व्याख्या करते हुए स्पष्ट किया कि वह बुराई के प्रति निष्क्रिय अधीनीकरण नहीं, बल्कि मतभेद के शांतिपूर्ण विनियमन का सकारात्मक साधन है।

पंडित नेहरू को अन्तर्राष्ट्रीय तनावों का सामाजिक कारण और विश्वशांति के लिए टकरावों के न्यायपूर्ण समाधान की आवश्यकता में साफ थे। अन्तर्राष्ट्रीय संबंधों में सच्ची स्थिरता सुनिश्चित करने की शर्तों में उन्होंने निम्नलिखित का नामोल्लेख किया–

1. औपनिवेशक पराधीनता से सभी राष्ट्रों की मुक्ति,
2. नक्सलवाद और नस्ली असमानता का उन्मूलन,
3. सभी राज्यों की सच्ची स्वतंत्रता और आन्तरिक मामलों में अहस्तक्षेप।

अन्तर्राष्ट्रीय संबंधों में गाँधीवादी सिद्धान्तों का प्रचार करते हुए पंडित नेहरू ने अहिंसा को चीजों की अस्तित्वमान व्यवस्था के संरक्षण से तद्रूपित नहीं किया। उन्होंने सपष्ट कहा "निःसंदेह कई चीजों को बदलना जरूरी है, लेकिन युद्ध के जरिये उन्हें बदलने के बारे में आपको नहीं सोचना चाहिए।"[27] पंडित नेहरू ने अहिंसा की अपनी धारणा और शांतिवाद के बीच विभाजन-रेखा खीचते हुए स्पष्ट किया कि सुरक्षा के खतरे में पड़ने पर भारत अपनी सशस्त्र सेनाओं से काम लेने को तैयार है।

पंडित नेहरू को अमेरिकी राजनीति से निराशा का अनुभव पहली बार सन् 1949 ई० में हुआ, जब अमेरिकी सरकार ने आर्थिक सहायता को राजनीतिक प्रतिबद्धताओं से जोड़ने का प्रयास किया। जब डलेस राज्य सचिव थे, तो विश्व और खासतौर से एशियाई समस्याओं पर मूल मतभेदों के कारण संयुक्त राज्य अमेरिका के प्रति पंडित नेहरू का अविश्वास बढ़ गया। पंडित नेहरू ने कोरिया में अमेरिकी आक्रमण का विरोध किया। भारत और संयुक्त राज्य अमेरिका के बीच संबंधों के ह्रास का एक कारण यह था कि वह पाकिस्तान को शस्त्रास्त्र सप्लाई कर रहा था और उसकी सहभागिता से सैनिक गुट बन रहा था। मध्य पूर्व में "रिक्त स्थान को भरने" के अमेरिकी सिद्धान्त, जो मानो ब्रिटेन और फ्रांस की कमजोर हो चुकी स्थिति के फलस्वरूप उत्पन्न हो गया था और दक्षिण-पूर्वी एशिया में "कम्युनिज्म पर अंकुश लगाने" की अमरीकी नीति की पंडित नेहरू ने निन्दा की। उन्होंने इस क्षेत्र में मुक्ति आन्दोलन को "कम्युनिस्टों के षड्यंत्रों" के फलस्वरूप नहीं, अपितु औपनिवेशिक शासन तथा राष्ट्रीय भावनाओं व हितों की उपेक्षा के फलस्वरूप देखा।

पंडित नेहरू इस बात से थोड़ा भी भयभीत नही थे कि कम्युनिस्ट कुछ एशियाई देशों, विशेषरूप से उत्तर वियतनाम में सत्ता में आ गये थे। उनकी मुख्य चिन्ता यह थी कि फ्रासीसियों के छोड़कर चले जाने के बाद दक्षिण-पूर्वी एशिया में अमेरिकी अपना पैर न जमा सके। व्यापक अन्तर्राष्ट्रीय अर्थ में भी कमयुनिज्म

विरोध पंडित नेहरू के लिए पराया था। कम्युनिज्म विरोधियों को उन्होंने दो-टुक जवाब तक दिया। उदाहरणार्थ, बांदुंग में उन्होंने पूर्वी यूरोप के देशों को एक प्रकार के उपनिवेश घोषित करने के प्रयासों का विरोध किया और इन प्रयासों को शीतयुद्ध की भावना को एक अभिव्यक्ति बताया। इन सभी तर्कों से स्पष्ट हो जाता है कि क्यों पंडित नेहरू ने समाजवादी देशों के मुकाबले में पश्चिमी देशों की नीति की अक्सर आलोचना की।

शांतिपूर्ण सहअस्तित्व के विचार

साम्राज्यवादी सैनिक गुटों और उनसे जनित अन्तर्राष्ट्रीय तनावों की नीति के मुकाबले में पंडित नेहरू ने शांतिपूर्ण सहअस्तित्व और सहयोग का विचार पेश किया। उन्होंने शांतिपूर्ण सहअस्तित्व के मनोवैज्ञानिक वातावरण की स्थापना को बड़ा महत्त्व दिया, जो युद्धोन्मादी नीति को त्यागकर सकारात्मक संभावनाओं की खोज करने का दृष्टिकोण अपनाने की सभी देशों की आकांक्षा को प्रमाणित करता है। पंडित नेहरू "शीतयुद्ध" के कट्टर विरोधी थे। उन्हें पूर्ण विश्वास था कि वह अन्तर्राष्ट्रीय संबंधों को समान्य बनाने में सहायक नहीं हो सकता और अंततः सशस्त्र टकराव ही पैदा कर सकता है। उन्होंने कहा "शांति केवल तभी आयेगी, जब हम शांति का वातावरण स्थापित करने की कोशिश करेंगे। भर्त्सना और परस्पर दोषारोपण के जरिये हम यह उद्देश्य नहीं पा सकेंगे। हमें विगत टकरावों एवं शिकायतों को भूल जाना चाहिए और सहिष्णुता तथा परहेज की भावना में एक-दूसरे के प्रति नया रुख बनाने का फैसला करना चाहिए।"[28]

तनाव-शैथिल्य का मनोवैज्ञानिक वातावरण स्थापित करने के अलावा पंडित नेहरू ने स्वभावतः शांतिपूर्ण सहअस्तित्व को सुनिश्चित करने वाले वास्तविक कदमों, सर्वप्रथम निरस्त्रीकरण को बड़ा महत्त्व प्रदान किया। सन् 1957 ई० (नवम्बर) में उन्होंने सोवियत संघ और संयुक्त राज्य अमेरिका का नाभिकीय अस्त्र परीक्षण को रोकने और निरस्त्रीकरण आरम्भ करने का आह्वान किया। नाभकीय अस्त्रों के प्रयोग, उनके परीक्षण से वातावरण के विषाक्तीकरण और भयानक अनुवांशिक कुप्रभावों को पंडित नेहरू ने अन्तर्राष्ट्रीय कानून तथा नैतिकता के विपरीत माना। उन्होंने स्पष्ट घोषणा की कि भारत परमाणु बमों के उत्पादन में कोई रुचि नहीं रखता, चाहे उसका उत्पादन करने की संभावना उसके पास क्यों न हो, कि वह किसी भी हालत में परमाणु ऊर्जा का प्रयोग विनाशकारी उद्देश्यों के लिए नहीं करेगा। उन्होंने नाभकीय अस्त्रों के प्रसार को समाप्त करने का आह्वान किया और सन् 1963 ई० में सोवियत संघ, संयुक्त राज्य अमेरिका तथा ग्रेट ब्रिटेन के बीच हुई नाभिकीय

परीक्षण के आंशिक प्रतिबन्ध पर संधि को एक महत्वपूर्ण दस्तावेज के रूप में स्वागत किया, जो युद्ध के खतरे को न मिटाते हुए भी सही दिशा में एक कदम थी। उन्होंने संतोष के साथ उल्लेख किया कि इस संधि के हस्ताक्षरित होने के कई साल पहले भारत ने तत्संबंधी प्रस्ताव संयुक्त राष्ट्र संघ में पेश किया था।

पंडित नेहरू ने संयुक्त राष्ट्र को शांति के एक ऐसे महत्वपूर्ण साधन के रूप में देखा, जो अपनी सभी दुर्बलताओं और त्रुटियों के वावजूद एक अखण्ड विश्व के आशाप्रद अंकुर का द्योतक है। भारतीय स्वतंत्रता के पहले दिनों से ही पंडित नेहरू ने संयुक्त राष्ट्र संघ को समर्थन और प्रोत्साहन देने की अपील की, ताकि वह विश्व सरकार या विश्वव्यवस्था संरक्षक जैसी कोई चीज बन सके।

पंडित नेहरू की दृष्टि में संयुक्त राष्ट्र संघ की मुख्य कमी यह थी कि आरम्भ में उसके कार्यकलाप का ढाँचा यूरोप और अमेरिका के हितों के अनुकूल था तथा एशिया और अफ्रीका के देशों के संबंध में न्यायसंगत नहीं था। आगे चलकर अनेकानेक नये सदस्य के प्रवेश के साथ यह संगठन और भी असंतुलित हो गया। परन्तु इन सभी बातों को ध्यान में रखते हुए उन्होंने उन संरचनात्मक परिवर्तनों पर आग्रह न करना संभव माना, जो महत्वपूर्ण समस्याओं की जाँच को रोक सकते थे। पंडित नेहरू का विचार था कि संयुक्त राष्ट्र संघ की सभी दुर्बलताओं और त्रुटियों के वावजूद, जो दुनिया में जटिल परिस्थितियों को एक बड़ी सीमा तक परावर्तित करती है, उसका अस्तित्व ही शांति का एक महत्वपूर्ण कारक है और उसका विघटन सारे संसार के लिए त्रासदी होगा।

तनाव-शैथिल्य के वास्ते विकासमान देशों के प्रयास पंडित नेहरू के लिए आधुनिक अन्तर्राष्ट्रीय संबंधों में उनकी बढ़ती भूमिका की एक महत्वपूर्ण अभिव्यक्ति थे, जिसे वह नियमसंग और वांछनीय मानते थे। उन्होंने जोर दिया कि वह युग बीत गया, जब यूरोप का एशिया पर प्रभुत्व था और विश्व मामलों में एशिया की भूमिका सीमित थी, औपनिवेशक जुए से एशिया की मुक्ति ने अन्तर्राष्ट्रीय मंच पर शक्ति संतुलन में विशाल परिवर्तन ला दिये और पुराने विचारों को त्यागने का तकाजा करती है। पंडित नेहरू ने इस बात के लिए प्रयास किया कि एशिया विश्व मंच पर एक एक्यवद्ध और स्वतंत्र शक्ति के रूप में काम करे, कि उसके राष्ट्र और जनगण अपने साझे मूलहितों को समझे तथा शत्रुता के लिए कोई कारण न रखे। क्रोकर की न्यायसंगत टिप्पणी के अनुसार "पंडित नेहरू का 'एशियावाद' जो कुछ लोगों को यूरोप विरोधवाद की तरह प्रतीत होता था, सिर्फ यूरोपीय उपनिवेशवाद के विरुद्ध लक्षित था।"[29] पंडित नेहरू ने कहा कि उपनिवेशवाद का एक विनाशकारी

प्रभाव या एशियाई देशों का एक-दूसरे से अलगाव, क्योंकि आर्थिक रूप से वे यूरोप साम्राज्यवाद से जुड़े हुए थे और सांस्कृतिक अर्थ में भी वे अपने मित्रों एवं पड़ोसियों की ओर नहीं, जिनसे उन्होंने विगत में इतना बहुत पाया था, बल्कि यूरोप की ओर उन्मुख होते थे।

पंडित नेहरू ने संतोष के साथ उल्लेख किया कि यह अलगाव विगत की चीज बन रहा है और स्वयं भी इस प्रक्रिया को हर प्रकार से समर्थन किया। उन्होंने एशियाई देशों की अधिक घनिष्ट एक्यवद्धता के बारे में सोचा और सन् 1946 ई० में दक्षिण तथा दक्षिण-पूर्वी एशिया के देशों (भारत, श्रीलंका, इंडोनेशिया, मलाया और वर्मा) का एक संघ बनाने का विचार पेश किया।[30] यद्यपि एशियाई देशों के कार्याकलाप के बीच ताल-मेल के ठोस रूपों संबंधी उनके प्रस्ताव अयथार्थवादी हो सकते थे और वे विस्मृति के हवाले कर दिये गये (उदाहरणार्थ संघ का विचार) "आम उद्देश्यों की खातिर कारगर पारस्परिक परामर्श और संयुक्त प्रयास के लिए... कुछ अधिक स्थायी व्यवस्था" तैयार करने की एशिया के स्वतंत्र देशों की आवश्यकता का जो विचार पंडित नेहरू ने सन् 1949 ई० (जनवरी) में एशियाई देशों के दूसरे सम्मेलन में प्रस्तुत किया।[31] उसने अपना तात्कालिक महत्त्व नहीं खोया। पंडित नेहरू मानते थे कि अपनी भौगोलिक स्थिति, अपने इतिहास, परम्पराओं और अन्य कारकों की बदौलत भारत को एशिया में मुख्य भूमिका निभानी चाहिए।[32] लेकिन उन्होंने भारतीय प्रभुत्व के विचार को ठुकरा दिया, जो अहम्मन्यता का द्योतक तथा समानाधिकारपूर्ण परस्पर लाभदायक सहयोग में बाधक है।

पंडित नेहरू ने एशिया के स्वतंत्र देशों की एकता के विचार को अन्य महाद्वीपों, खासतौर से अफ्रीका के, जिसके साथ एशिया अपने औपनिवेशिक विगत से संबंधित था, उत्पीड़ित राष्ट्रों के साथ एकजुटता के विचार से समन्वित किया। पंडित नेहरू ने मुक्ति संघर्ष का समर्थन किया और अफ्रीकी देशों के जागरण एवं पुनरुत्थान का एक ऐसी महत्वपूर्ण ऐतिहासिक घटना के रूप में स्वागत किया, जो आने वाले वर्षों में बढ़ती भूमिका अदा करेगी। वह मानते थे कि एशिया के जनगण का अफ्रीका के प्रति एक विशेष उत्तरदायित्व है और उन्हें दुनिया में एक योग्य स्थान पाने में उसकी सहायता करनी चाहिए।

पंडित नेहरू अन्तर्राष्ट्रीय संबंधों के प्रति अविचारित एवं अव्यवस्थित रुख के अनभ्य विरोधी थे। उनहोंने आधुनिक अन्तर्राष्ट्रीय संबंधों में "अनभिज्ञ भ्रम के सम्प्रदाय" और "अभिज्ञ भ्रम के सम्प्रदाय" की चुटकी लेते हुए चर्चा की तथा "कड़ी कार्रवाई के सम्प्रदाय" यानी धमकी एवं बल प्रयोग के जरिये हुक्मशाही और शक्ति के माध्यम से वार्ताओं की बात करने वाले सम्प्रदाय को भी कालातीत

कहते हुए ठुकरा दिया, जो केवल उन परिस्थितियों में ही प्रभावी हो सकते हैं, जब एक पक्ष दूसरे के मुकाबले में कमजोर हो।[33] इतिहास पर दृष्टिपात करते हुए पंडित नेहरू ने कहा कि देशों ने हमेशा षड्यन्त्रों और धोखे का अर्थात् मैकियावली और प्राचीन भारतीय कूटनीतिज्ञ चाणक्य द्वारा बतायी गयी चालों का इस्तेमाल किया है। उन्होंने स्पष्ट लिखा कि "राष्ट्र बिल्कुल क्रूर है और इस ढंग से व्यवहार करने का आदी है कि कोई भी आदमी शर्मिन्दा हो जायेगा।"[34] परन्तु पंडित नेहरू आधुनिक परिस्थितियों में अन्तर्राष्ट्रीय संबंधों की इस प्रक्रिया से सहमत नहीं हो सकते थे। उनका कहना था कि अपने दायित्व के प्रति सजग राजनीतिज्ञों को इस क्षेत्र में नैतिक और वैज्ञानिक तर्कों से मार्गदर्शित होना चाहिए। "कुटिल नीति अन्ततोगत्वा लाभदायी नहीं निकलती, भले ही अस्थायी तौर पर वह लाभदायी हो।"[35]

पंडित नेहरू ने नीतिशास्त्र से अन्तर्राष्ट्रीय विधि के संबंध पर, उसके नैतिक स्वरूप पर इस अर्थ में जोर दिया कि अन्तर्राष्ट्रीय विधि अब तक विवशकारी शक्ति से उतनी सुनिश्चित नहीं हुई है, जितनी कि अलग-अलग राज्यों की विधि। उनके विचार में, अन्तर्राष्ट्रीय विधि शांति विधि और युद्ध विधि में विभाजित नहीं है। उन्होंने युद्ध को अन्तर्राष्ट्रीय विधि के निषेध के रूप में, विधि की अनुपस्थिति के रूप में देखा। उनके शब्दों में "मेरा ख्याल है कि अन्तर्राष्ट्रीय विधि का ध्येय सर्वप्रथम युद्ध की रोकथाम करना है। उसका उद्देश्य अन्य विधियों से समस्याओं और विवादों का निपटारा करना है।[36] विदेशी नीतिक लाइन के व्यवहारिक निर्धारण के क्षेत्र में पंडित नेहरू विद्यमान यथार्थताओं की स्वीकृति को मुख्य मानते थे। उन्होंने इस बात को आधार बनाया कि विश्व नानारूप है और किसी की व्यक्तिगत पसन्द के अनुरूप उसे एकरूप बनाने का प्रयास व्यर्थ होगा। वास्तव में, उन्होंने यथार्थ तथ्यों के उचित मूल्यांकन के उदाहरण दिये। चांग काई-शेक के साथ अपने अच्छे संबंधों के वावजूद पंडित नेहरू ने चीन लोक जनतंत्र को जिस तेजी से मान्यता प्रदान की, वह इसका एक प्रमाण था। पंडित नेहरू के राजनीतिक यथार्थवाद का एक दूसरा ज्वलंत उदाहरण था सातवें दशक में दो जर्मन राज्यों के अस्तित्व की स्पष्ट स्वीकृति। पंडित नेहरू का मानना था कि इस तथ्य पर कोई संदेह नहीं किया जा सकता तथा उन्होंने ओदेर और नेइसे से लगी सीमारेखा की स्वीकृति की माँग की, क्योंकि बलपूर्वक उसे बदलने का कोई भी प्रयास विनाशकारी युद्ध की ओर ही ले जायेगा। उन्होंने उल्लेख किया कि कुछ राज्य शायद सीमा संबंधी प्रश्न को राजनीतिक खेल में दाँव पर लगाने की सोचते थे।

यथार्थता के संयत मूल्यांकन का एक परिणाम यह था कि पंडित नेहरू ने अन्तर्राष्ट्रीय व्यवहार में कम्युनिज्म विरोध को पूर्णतः ठुकरा दिया। इसी में पंडित

नेहरू की स्थिति की शक्ति और उनकी असाधारण ऐतिहासिक सेवा थी। सन् 1954 ई० में उन्होंने कहा- "दुर्भाग्य की बात है कि पश्चिमी देशों में या उनमें से कुछेक में वे कम्युनिज्म विरोध से इतने ग्रस्त हैं कि वे दुनिया में कार्यशील शक्तियों को देखने में पूर्णतः असमर्थ हैं। हम उस विचार से ग्रस्त नहीं हैं।"[37]

शांति को सुनिश्चित करने की एक महत्वपूर्ण विधि पंडित नेहरू ने इस बात में देखी कि राज्य की विदेश नीति के निर्धारण में सेना को हस्तक्षेप न करने दिया जाये। सन् 1957 में उन्होंने आशंका के साथ उल्लेख किया कि सुदूर पूर्व में सेना के जनरल ऐसे वक्तव्य देने लगे हैं, जिसके दूरगामी राजनीतिक परिणाम हो सकते हैं। पंडित नेहरू ने कहा कि यह खतरनाक है और पिछली कुछ सदियों में बनी उस परम्परा की याद दिलायी, जिसके अनुसार नीति निर्धारण सरकारें करती थीं। भले ही वे इस पर सेना की राय ले लेती हों। उनके शब्दों में, "जहाँ तक भारत का संबंध है, मैं कह सकता हूँ कि भारत में कोई भी कमांडर किसी भी समय कोई नीति निर्धारित नहीं करेगा, यह भारत सरकार का काम है।"[38]

युद्धोत्तर काल में यथार्थ अन्तर्राष्ट्रीय स्थिति पर गौर करते हुए पंडित नेहरू ने सर्वप्रथम दो विश्व प्रणाली के बीच, दो गुटों के बीच टकराव को लिया, जो उनके लिए संयुक्त राज्य अमेरिका तथा सोवियत संघ के बीच टकराव का द्योतक था। उन्होंने स्पष्ट कहा (1953 में) "दो विशाल देश एक-दूसरे को नापसन्द करते हैं, एक-दूसरे की जड़ खोदने की कोशिश करते हैं और साथ ही एक-दूसरे से बहुत डरते भी हैं। प्रतीत होता है कि हम भय और घृणा से घिरे हुए हैं और इससे बुरा किसी देश को नहीं हो सकता है।"[39] परन्तु पंडित नेहरू नियत्यवादी नहीं थे। युद्ध के खतरे को जानते हुए भी उन्होंने उसकी रोकथाम की संभावना में विश्वास किया और इस दिशा में प्रगति का उल्लेख किया। क्यूवा संकट के शांतिपूर्ण समाधान का पंडित नेहरू ने ऐसा ही मूल्यांकन किया। उन्होंने उसे एक ऐसी बहुत बड़ी घटनो के रूप में लिया, जिसने प्रमाणित कर दिया कि नाभिकीय शक्तियाँ परमाणु युद्ध छेड़ना नहीं चाहती हैं और जिसने विभिन्न विवादास्पद प्रश्नों पर आगे सन्निकटन के लिए संभावना खोल दी। पंडित नेहरू तब अन्तर्राष्ट्रीय संबंधों में नये युग के आगमन की संभावना की बात किया करते थे। पंडित नेहरू विश्व राजनीति में नयी प्रवृत्तियों के प्रति अति संवेदनशील थे, जिनमें वे कुछ वातावरण, वाह्य अन्तरिक्ष में और जल के भीतर नाभिकीय अस्त्रों के परीक्षणों पर प्रतिबन्ध लगाने संबंधी सन् 1963 ई० की संधि में साकार हुईं।

पंडित नेहरू की विदेश नीति ने भारत को एक शांतिपूर्ण राष्ट्र के रूप में दुनिया में ख्याति दिलायी। सन् 1948 ई० में ही पंडित नेहरू के पास यह कहने का

प्रत्येक तर्क मौजूद था कि सैनिक और आर्थिक दुर्बलता के वावजूद अन्तर्राष्ट्रीय क्षेत्र में भारत की आवाज सुनी जा सकती है।

राजनीतिक परिस्थिति में सभी परिवर्तनों के वावजूद भारत पंडित नेहरू के इस आदेश का पालन कर रहा है।

पंडित नेहरू भारत की विदेश नीति के सृजनकार ही नहीं, अपितु विश्व के एक प्रमुख राजनीतिज्ञ भी थे, जिनका नाम युद्धोत्तर काल में अन्तर्राष्ट्रीय संबंधों के निर्माण से जुड़ा हुआ है।

पंडित नेहरू की मृत्यु के बाद, मानवजाति ने उन कतिपय समस्याओं के समाधान में एक बड़ा डग भरा है, जिन्हें पंडित नेहरू अन्तर्राष्ट्रीय परिस्थिति को बेहतर बनाने के लिए महत्वपूर्ण मानते थे। यह वह समय था, जब एक प्रणाली के रूप में उपनिवेशवाद का लगभग पूरी तरह उन्मूलन हो गया था। मानवजाति की भौतिक और प्रौद्योगिक संभावनाएँ काफी बढ़ गयी थीं।

किन्तु शांति और निरस्तीकरण की मूल समस्याएँ असमाधेय बनी हुई है। हथियारों की होड़ फैलती जा रही है और संयुक्त राज्य अमेरिका में सैनिक-औद्योगिक समुच्चय की शह पर साम्राज्यवादी हलके उसे वाह्य अन्तरिक्ष में विस्तारित करने की कोशिश कर रहे हैं। नाभिकीय परीक्षण जारी है। सभ्यता के लिए जो खतरा प्रस्तुत हो गया है, वह इतना अशुभ कभी नहीं रहा है, जितना कि वह 20वीं शताब्दी के अन्त में हो गया है।

इन परिस्थितियों में उन मूल समाधानों की आवश्यकता तीव्रता से महसूस की जाती है, जो नाभिकीय विनाश के गर्त में मानवजाति को फिसलने से रोक सकें, मौजूदा अन्तर्राष्ट्रीय वातावरण को आमूलतः बदल सके। पारस्परिक संदेह और शत्रुता से सहयोग और विश्वास की ओर मोड़ सके, पूर्वाग्रहों से ऊपर उठा सकें तथा सम्पूर्ण मानवजाति के साझे भाग्य की चेतना को बढ़ा सकें। समय के तकाजों के अनुरूप और संसार के भविष्य के प्रति नाभिकीय महाशक्तियों की विशेष जिम्मेदारी को महसूस करे।

विधि संबंधी विचार

पंडित जवाहरलाल नेहरू विज्ञान के छात्र थे और पेशे से वकील होने के वावजूद राज्य और विधि की समस्याओं का एक कुशल राजनीतिज्ञ की तरह अवलोकन एवं विश्लेषण किया। सामाजिक जीवन के अत्यंत महत्वपूर्ण तत्वों, उसके संरक्षण और रूपान्तरण के साधनों के रूप में राज्य और विधि ने हमेशा उनका ध्यान आकृष्ट किया।

पंडित नेहरू राज्य के समाजवादी सिद्धान्त के मूल तत्वों को स्वीकारने की बात पर हमेशा बल दिया करते थे। वस्तुतः तीसरे और चौथे दशकों में उन्होंने राज्य और विधि के वर्ग स्वरूप संबंधी मार्क्सवाद के महत्वपूर्ण विचारों को आत्मसात् किया था। विगत और आधुनिक राज्यों के मूल्यांकन में वह हमेशा राज्य सत्ता को नियंत्रित करने वाले ग्रुप या वर्ग के रूप में शासक वर्ग की धारणा से मार्ग दर्शित हुए। मसलन ब्रिटेन में राज्यतत्त्व के विकास की समीक्षा पेश करते हुए उन्होंने लिखा कि निरंकुशतावादी शासन के स्थान पर ''संसदीय अल्पतंत्र अर्थात् अल्पसंख्यक जमींदार व शासक वर्ग द्वारा शासन'' कायम हुआ। फिर आगे चलकर मताधिकार के विस्तार के लिए संघर्ष छिड़ा और इसके फलस्वरूप यथार्थ जनवादी नियंत्रण की नहीं, प्रत्युत धनी उद्योगपति द्वारा संसद पर नियंत्रण की स्थापना हुई।[40] मार्क्स और एंजल्स ने स्वतंत्रता, समानता और भ्रातृत्व के नारे की जो समीक्षा दी थी, उसका पंडित नेहरू ने समर्थन किया, साथ ही साथ उनकी इस बात से सहमति भी व्यक्त की, कि ''महत्त्व जनता के लिए कम था और उसने मात्र बुजुर्आ राज्य पर पवित्र आवरण डालने का ही काम किया।''[41]

पंडित नेहरू के विधि संबंधी विचार विधिक जड़पूजा और जड़सूत्र से अलग थे। चौथे दशक में उनका लगाव विधिक मानकों की, जिसके मदद से शासक वर्गों के हितों की रक्षा की जाती थी, सामाजिक-आर्थिक सोपाधिकता को जानने की ओर झलकता है। किन्तु समय बीतने के साथ अपने जमाने की कतिपय सामाजिक परिघटनाओं के संबंध में विधि के वर्ग स्वरूप की अपनी साफ समझ को भूलते गये। परन्तु उन्होंने विधि और एतिहासिक परिस्थितियों के संबंध, उसकी गत्यात्मकता, परिवर्तनशीलता, उसके निरंतर विकास की जरूरत तथा उसी समय की आवश्यकताओं के अनुरूप बनाने की बात को हमेशा पूर्णतः ध्यान में रखा। अपने सुधारवादी कार्यालय में उन्होंने इन्हीं विचारों से मार्गदर्शन पाया और चिरकाल से चली आ रही परम्पराओं द्वारा पवित्रित विद्यमान विधिक मानकों को भंग करने में वह तनिक भी नहीं हिचके।

पंडित नेहरू का मानना था कि व्यक्ति, पशु, भूमि और मुद्रा ने बारी-बारी से सम्पत्ति के मुख्य रूपों का कार्य किया है। सहकारी उद्यमों और शेयरधारी समितियों के आविर्भाव के साथ सम्पत्ति विधि के नये तत्व प्रकट हुए। उन्होंने विकसित पूँजीवादी देशों में मुट्‌ठीभर लोगों के हाथों में सम्पदा और सम्पत्ति के संकेन्द्रण की चर्चा की, जिसने लघु उद्यमियों को बिना किसी कठिनाई के सफाया कर देने वाले इजारेदारों के प्रभुत्व के कारण नयी परिस्थितियों में सम्पत्ति और मुक्त उद्यम के पुराने विचारों को असंगत बना दिया। इस प्रकार पंडित नेहरू के अनुसार, निजी सम्पत्ति की पुरानी धारणा न केवल नयी सामूहिकतावादी प्रवृत्तियों द्वारा, बल्कि

उसके अपने सिद्धान्तों के विकास द्वारा भी ध्वस्त हो गयी, जो एक धनी व्यक्ति को साधारण व्यक्ति की मामूली-सी सम्पत्ति का भी अधिग्रहण करने की अनुमति देते हैं। उन्होंने (पंडित नेहरू) यह एतिहासिक सर्वेक्षण इसलिए किया कि व्यक्ति के अधिकारों की रक्षा के झंडे के नीचे प्रगतिशील परिवर्तनों का विरोध करने वाले लोगों के तर्कों की निराधारिता को सिद्ध किया जा सके।

सामाजिक जीवन को विनियमित करने वाले मानकों को नवीकृत करने की आशंका ने पंडित नेहरू को विधि तथा प्रथाओं की पारस्परिक हिन्दू प्रणाली को सुधारने के लिए प्रेरित किया, ताकि उसे आधुनिक और धर्म-निरपेक्ष बनाया जा सके। दक्षिणपंथी ताकतों ने, जिनके मुख्य प्रवक्ता डॉ० राजेन्द्र प्रसाद थे, इन प्रस्तावित सुधारों का जोरदार विरोध किया। विवाह, उत्तराधिकार, गोद, परिवार के सदस्यों के बीच संबंधों आदि पर हिन्दू विधि को संहिताबद्ध करने का प्रश्न पहली बार 1941 में उठा था। 1947 में हिन्दू विधि में जाति, धर्म और लिंग आदि संबंधी असमानता और प्रतिबंधों को दूर करने के लिए हिन्दू विधि संहिता तैयार की गयी। इस संहिता पर संविधान सभा में बहस हुई। परन्तु तीव्र विरोध का सामना करते हुए पंडित नेहरू ने 1951 में हिन्दू रूढ़िवाद पर सीधे आक्रमण को अस्थायी रूप से स्थगित करने का निर्णय लिया। लेकिन भारतीय संविधान के मार्गदर्शक सिद्धान्तों ने, जिन्होंने भारत के सभी नागरिकों के लिए, चाहे उनका धर्म कुछ भी हो, एक नागरिक संहिता बनाने का कार्यभार पेश किया, इस प्रश्न के बड़ी तात्कालिकता प्रदान की। पहले आम चुनाव के, शीघ्र बाद हिन्दू विधि संहिता के मूल अंशों को कई विधेयकों (विवाह, उत्तराधिकार आदि पर) के रूप में संसद में पेश किया गया और 1955-1956 में उन्हें पास किया गया।

पंडित नेहरू ने इन कानूनों की गिनती भारतीय संसद द्वारा स्वीकृत अत्यन्त महत्वपूर्ण कानूनों में की, क्योंकि वे जनता को प्रत्यक्ष रूप से प्रभावित करते थे। उन्होंने इन कानूनों को प्राचीन हिन्दू विधि प्रणाली के खण्डन या विनाश के रूप में नहीं, बल्कि उसके नवीकरण, उसके विकास के उस आवेग के रूप में लिया, जिससे वह औपनिवेशिक शासन के परिणामस्वरूप वंचित हो गयी थी। औपनिवेशिक प्रशासन ने भारतीय विधिक प्रणाली सहित समग्र रूप में भारतीय समाज के स्वाभाविक विकास का अन्त कर दिया था।

कारण, अंग्रेज हिन्दू सामाजिक प्रणाली में वहाँ तक दिलचस्पी रखते थे, जहाँ तक वह शांति और व्यवस्था को सुनिश्चित कर सकती थी, इसलिए उन्होंने समाज के घोर रूढ़िवादी संस्तरों के समर्थन से उसे संहिताबद्ध किया। पंडित नेहरू का मानना था कि ऐसा संहिताकरण एक हजार वर्ष पूर्व ही बिल्कुल उचित होता। अंग्रेजों ने हिन्दू समाज में गतिशील तत्व को दबा दिया। इन्होंने सामाजिक काया

पलट का मार्ग प्रशस्त करने के लिए हिन्दू विधि के खोये हुए लचीलेपन को पुनः पाना आवश्यक माना। इसके लिए अधिनियम विधि और विधि की न्यायिक व्याख्या की कठोरता को समाप्त करना आवश्यक था, जिन्होंने हिन्दू समाज में लोगों के बीच संबंधों में जड़ता ला दी थी।

पंडित नेहरू ने विधि में निरंतरता और परिवर्तन के कुछ तत्वों को चुना। पहले तत्व में विधि के वे पहलू शामिल थे, "जिन्हें नैतिक या नीतिशास्त्र सिद्धान्तों को साकार करने वाले पहलुओं के रूप में देखा जाना चाहिए।" ठोस परिस्थितियों में इन सिद्धान्तों के व्यावहारिक प्रयोग से वास्ता रखने वाले विधि के अन्य पहलू, उनके विचार में इन परिस्थितियों के साथ बदलने चाहिएँ, अन्यथा जटिलताएँ अनिवार्यत: पैदा होंगी।

पंडित नेहरू ने विधि को एक ऐसी चमत्कारिक शक्ति के रूप में नहीं देखा, जो कोई वांछनीय परिवर्तन लाने में समर्थ हो। आज्ञप्तियाँ जारी करना उन्हें सामाजिक कायापलट की सर्वोत्तम विधि नहीं प्रतीत हुआ। कुछ हद तक उनका यह रुख सामाजिक-राजनीतिक परिस्थितियों के सामुच्चय द्वारा निर्धारित एक वस्तुगत प्रवर्ग के रूप में विधि की उनकी समझ से प्रभावित था। देश की एकता को सुनिश्चित करने, साम्प्रदायिकतावाद और पृथकतावाद को दूर करने की आवश्यकता के बारे में बोलते हुए उन्होंने 1953 में कहा कि "भारत के लोगों के दिल-दिमागों की एकता अनिवार्य है। यह एक ऐसा मामला नहीं है, जिसे विधि तय कर सके। विधि और संविधान को दिल-दिमाग की आज्ञप्तियाँ दर्ज करनी चाहिएँ।"[42] इस कथन में यथार्थवाद के साथ-साथ विधिक विनियम के अन्य क्षेत्रों पर भी लागू किया जा सकता है, विधि की रूपांतरणकारी संभावनाओं का कम मूल्यांकन भी था। यदि पंडित नेहरू राज्य के संबंध में उसके बल प्रयोगमूलक स्वरूप, शक्तियों के प्रयोग की उसकी क्षमता पर जोर दिया, तो विधि को उन्होंने विशेष रूप से अपने जीवन के अंतिम वर्षों में सदाचारों, दिल-दिमाग की पुकारों से संबंधित किया। यह अपनी बारी में, बल प्रयोग की उन सीमाओं के बारे में उनके शब्दों की याद दिलाता है, जिनके भीतर राज्य उसका प्रयोग कर सकता है, जिन्हें उन्होंने असह्य सामाजिक अन्यायों को मिटाने में अपनी मंदता व अनिश्चय को उचित ठहराने के लिए कहा। विधि और राज्य के बीच संबंध, पंडित नेहरू की नजर में, कुछ टूटा हुआ झलकता था, जबकि विधि की एक विशिष्टता के रूप में राजकीय बलप्रयोग की संभावना को, जो उसे नैतिक मानकों से भिन्न बनाती है, उन्होंने पूर्णरूपेण नहीं व्यक्त किया। यह पंडित नेहरू के सैद्धान्तिक विचारों पर सुधारवादी कार्यनीति के प्रभाव को भी प्रदर्शित करता है।

इसके साथ ही, पंडित नेहरू ने इस बात को संयत ढंग से ध्यान में रखा कि किसी भी समाज के जीवन में ऐसी अवस्थाएँ होती हैं, जब वह विनियमन के विधिक साधनों का प्रयोग कर या नहीं कर सकता है। अर्थात् ऐसी अवस्थाएँ, जो विधिक मानकों की क्रियाशीलता के लिए अनुकूल या प्रतिकूल हैं।

पंडित नेहरू ने विधिक मानकों पर युद्ध के घातक प्रभावों का उल्लेख किया। उन्होंने युद्ध को विधि के निषेध के रूप में देखा। यदि युद्ध विधि का अभाव है, तो न केवल रणक्षेत्र में, बल्कि रणक्षेत्र से बहुत दूर के स्थानों में जन-चेतना पर युद्ध का प्रभाव है। विधि की उनकी भावना को कुंठित करना। विधि युत्र कालों में विरले ही वस्तुगत और निष्पक्ष रूप से काम करती है। इसका ख्याल था कि शीतयुद्ध की विधि को इसी तरह प्रभावित करती है। विधि स्वतंत्रता और शांति की पूर्व शर्त है। स्वतंत्रता और शांति विधि के उचित ढंग से कार्य करने के लिए परम आवश्यक है।

विधिक मानकों की क्रियाशीलता के जटिल रूवरूप की स्वीकृति ने पंडित नेहरू को विधि शासन का आदर्श स्पष्ट करने से नहीं रोका सका। उनका ख्याल था कि 'सभ्य अस्तित्व का आधार' है तथा इस धारणा में उन्होंने व्यक्तिगत अधिकारों तथा स्वतंत्रताओं के प्रति आदर, समानता, नस्ली भेदभाव का अभाव आदि सम्मिलित किया। उनका यह भी ख्याल था कि, विधि शासन विदेशी शासन में समता नहीं रखता है, क्योंकि प्रदत्त मामले में आशय उस विधि से है, जिसे सरकार जनता पर थोपने का प्रयास करती है, जो जनता के संकल्प के अनुरूप नहीं होती। विधि के संबंध में नीति-शास्त्र के प्रति पंडित नेहरू की बारम्बार अपीलों की तरह उनका यह ख्याल भी स्पष्टतः इस बात का प्रमाण है कि उन्होंने इस परिघटना को औपचारिक, मानकीय स्तर पर नहीं समझा। उन्होंने विधि को कानून से तदूपित नहीं किया, बल्कि न्यायता विधि की धारणा को अपना आधार बनाया, जोकि समय के तकाजों, जनता के हितों और संकल्प से मेल खाती थी। यह दृष्टिकोण विधि संबंधि पंडित नेहरू की नीति में, विद्यमान विधिक प्रणाली को बदलने की उनकी आकांक्षा में भी स्पष्ट झलकता है।

संदर्भ-संकेत

1. मैकाइवर, आर०एम०, *द मॉडर्न स्टेट, द वीव ऑफ गवर्नमेन्ट*।
2. *जवाहरलाल नेहरू के भाषण* (सन् 1948 ई०)।
3. *वही*, (सन् 1952 ई०)।

4. *वही*, (सन् 1950 ई०)।
5. *जवाहरलाल नेहरू के भाषण*।
6. नेहरू, जवाहरलाल, *गिलिम्पसेस ऑफ वर्ल्ड हिस्ट्री*, पृ० 37।
7. नेहरू, जवाहरलाल, द *डिस्कवरी ऑफ इण्डिया*, पृ० 455।
8. *इम्पॉटेन्ट स्पीच ऑफ जवाहरलाल* नेहरू, जगत, एस० ब्राइट द्वारा सम्पादित, पृ० 58-59।
9. *वही*, पृ० 17।
10. नेहरू, जवाहरलाल, *गिलिम्पसेस ऑफ वर्ल्ड हिस्ट्री*, पृ० 438।
11. कृष्णन, डॉ० राधा, *नेहरू*, पृ० 27।
12. *जवाहरलाल नेहरू के भाषण*, भाग-1, पृ० 323।
13. *जवाहरलाल नेहरू के भाषण*, भाग-2, पृ० 360-361।
14. *वही*, भाग-1, पृ० 303।
15. *वही*, भाग-4, पृ० 12।
16. *वही*।
17. नेहरू, जवाहरलाल, द *डिस्कवरी ऑफ इंडिया*, पृ० 526।
18. नेहरू, जवाहरलाल, *ऐन औटोवायोग्राफी*, पृ० 75।
19. *जवाहरलाल नेहरू के भाषण*, भाग-2, पृ० 394।
20. *वही*, भाग-4, पृ० 372-373।
21. *वही*, भाग-2, पृ० 384।
22. *वही*, भाग-3, पृ० 288।
23. *वही*, भाग-3, पृ० 362।
24. *वही*, भाग-2, पृ० 346।
25. *वही*, भाग-3, पृ० 282।
26. *वही*, भाग-3, पृ० 273।
27. *वही*, भाग-3, पृ० 283।
28. *वही*, भाग-3, पृ० 252।
29. क्रोकर, डब्ल्यू, *औप सीट*, पृ० 109।

30. पाण्डेय, बी०एन०, *नेहरू*, पृ० 256-257।

31. *जवाहरलाल नेहरू के भाषण*, भाग-1, पृ० 328।

32. *वही*, पृ० 234।

33. *वही*, भाग-3, पृ० 284।

34. नेहरू, जवाहरलाल, *गिलिम्पसेस ऑफ वर्ल्ड हिस्ट्री*, पृ० 813।

35. *जवाहरलाल नेहरू के भाषण*, भाग-2 पृ० 131।

36. *वही*, भाग-3, पृ० 510।

37. *वही*, पृ० 265।

38. *वही*, भाग-2, पृ० 287-288।

39. *वही*, पृ० 343।

40. नेहरू, जवाहरलाल, *गिलिम्पसेस ऑफ वर्ल्ड हिस्ट्री*, पृ० 553।

41. *वही*, पृ० 538।

42. *जवाहरलाल नेहरू के भाषण*, भाग-1, पृ० 14-15।

5

वैज्ञानिक मानवतावाद

विज्ञान क्या है?

विज्ञान शब्द ज्ञान शब्द में 'वि' उपसर्ग लगाकर बना है। 'वि' का अभिप्राय है 'विशेषण' या 'विशेष रूप से'। इस प्रकार विज्ञान (वि+ज्ञान) का अर्थ हुआ विशेष ज्ञान। विद्वानों के अनुसार ज्ञान की इस विशेषता से तात्पर्य ज्ञान के निश्चित और व्यवस्थित होने से है। अंग्रेजी में विज्ञान को 'साइन्स' कहते हैं जो लैटिन की Scire धातु से बना है Scire का अर्थ होता है 'जानना'। इस प्रकार साइन्स का अर्थ जानने या ज्ञान प्राप्त करने से है। यद्यपि साइन्स का शाब्दिक अर्थ ज्ञान है किन्तु साइन्स शब्द ज्ञान के विशेष अर्थ में प्रयुक्त होता है। 'साइन्स' एक विशिष्ट ज्ञान है जो असंदिग्ध, निश्चित और व्यवस्थित हो। सुव्यवस्थित ज्ञान ही विज्ञान कहलाता है। विज्ञान को पारिभाषित करते हुए आर्थर टामसन लिखते हैं। "विज्ञान अनुभव के तथ्यों को सरलतम शब्दों में पूर्ण एवं संगत वर्णन है।"[1]

विज्ञान सत्य की खोज में एक विशेष प्रक्रिया को अपनाता है, जिसके प्रमुख तीन अंग हैं–

1. तथ्यों का निरीक्षण और संकलन या एकत्रीकरण,
2. तथ्यों का विश्लेषण एवं वर्गीकरण,
3. सामान्य नियमों का निर्धारण करके तथ्यों की व्याख्या।

वर्तमान समय में विश्व में चारों ओर विज्ञान और वैज्ञानिक उपलब्धियों की चर्चायें हैं। निरन्तर होने वाले नये-नये वैज्ञानिक आविष्कारों ने मानवीय बुद्धि को

चकित कर दिया है। एक ओर विज्ञान विश्व के स्वरूप को समझने के लिए व्याकुल है, दूसरी ओर दर्शन का तो मूल ध्येय ही सृष्टि के मूल तत्व को जानना है जिसके लिए दार्शनिक निरन्तर प्रयत्नशील हैं। वर्तमान समय में दर्शन और विज्ञान का संबंध अधिकाधिक घनिष्ठ होता जा रहा है। आज दर्शन के ज्ञान के पूर्व विभिन्न विज्ञानों का ज्ञान जैसे गणित, भौतिकी, जीवन विज्ञान, रसायनशास्त्र आदि का ज्ञान आवश्यक हो गया है। यूँ तो दर्शन सदैव ही, कभी विज्ञान के निष्कर्षों से और कभी वैज्ञानिक प्रणाली या विधि से प्रभावित होता रहा है, किन्तु समकालीन दर्शन में कुछ विचारक केवल वैज्ञानिक ज्ञान को ही यथार्थ ज्ञान मानते हैं। उनके अनुसार अन्य सभी ज्ञान संदिग्ध हैं। वर्ट्रेड रसल महोदय के अनुसार दर्शन को भी वैज्ञानिक होना चाहिए। उसे भी वैज्ञानिक विधियों और प्रमाणों को स्वीकार करना चाहिए।

दर्शन और विज्ञान

दर्शन और विज्ञान दोनों का काम हमें विश्व और उसकी चीजों के विषय में ज्ञान देना है। परन्तु दोनों के द्वारा दिये गये ज्ञान और उनके तौर-तरीके भिन्न-भिन्न होते हैं।

पहली बात यह कि जहाँ विज्ञान विशेष होता है, वहाँ दर्शन सामान्य होता है। यद्यपि, विज्ञान का काम विश्व और उसकी समस्त वस्तुओं के विषय में ज्ञान देना है, तथापि इस ज्ञान प्राप्ति करने के सिलसिले में भिन्न-भिन्न विज्ञानों ने विश्व को भिन्न-भिन्न, विशेष-विशेष क्षेत्रों में बाँट रखा है और एक विज्ञान किसी एक विशेष विभाग का ही ज्ञान हमें देता है। भौतिक विज्ञान हमें सम्पूर्ण विश्व का नहीं, बल्कि भौतिक जगत का ज्ञान देता है, प्राणी-शास्त्र, प्राणी-जगत का ज्ञान देता है। इसी कारण विज्ञान कुछ एकांकी और अमूर्त्त भी होता है। अमूर्त्त इस अर्थ में नहीं कि इसका वास्तविकता से कोई संबंध नहीं, प्रत्युत् हम विज्ञान में सम्पूर्ण क्षेत्र में से एक विशेष को निकाल कर अलग करके देखते, समझते हैं। लेकिन दर्शन का दृष्टिकोण भिन्न है। वह विशेष ज्ञान का ज्ञान न देकर पूर्ण का ज्ञान देता है। वह विश्व और उसकी चीजों को सम्बद्ध देखता है और उनके विषय में सामान्य ज्ञान देता है। जैसाकि प्लेटो ने बताया था दार्शनिक चीजों को एक कर या एक-साथ देखता है। दर्शन विश्व और जीवन को एक मानकर उन्हें समझने एवं उनकी व्याख्या करने का प्रयास है। एक दार्शनिक जीवन और विश्व को टुकड़े-टुकड़े कर नहीं देखता, बल्कि वह उन्हें व्यवस्थितपूर्ण की तरह लेता है। दूसरे शब्दों में, दर्शन एकीकृत या एकीभूत ज्ञान है।

विज्ञान और दर्शन का यह भेद सिर्फ विषय-क्षेत्र के आधार पर किया गया है। लेकिन इसका मतलब यह नहीं कि विज्ञान जो ज्ञान देता है वह स्वयं विशेष है। वास्तव में अपने विशेष-विशेष क्षेत्र में बिज्ञान द्वारा दिये गये ज्ञान निश्चित, सुव्यवस्थित और सामान्य होते हैं।

दर्शन और विज्ञान में दूसरा भेद यह है कि विज्ञान वर्णनात्मक होता है। विज्ञान, चीजें जिस प्रकार हैं उनका उसी रूप में वर्णन कर देता है। विज्ञान का काम तथ्यों का पता लगाना, उनका अध्ययन करना और उन्हें सम्बद्ध करने वाले सामान्य नियमों एवं सिद्धान्तों का प्रतिपादन करना है। परन्तु दर्शन का दृष्टिकोण इससे भिन्न है। वह वस्तुओं के संबंध में इस ज्ञान से संतुष्ट नहीं रह सकता। विज्ञान अनुभव के विविध तथ्यों का अध्ययन करता है। वह घटनाओं का सामान्य विश्लेषण मात्र हमारे समक्ष प्रस्तुत करता है, परन्तु वे घटनाएँ उस रूप में क्यों हैं, इस पर वह प्रश्नवाचक चिन्ह अंकित नहीं करता। दर्शन तो समष्टि रूप में उन अनुभवों की सार्थकता और रहस्यों को अभिकान्ति प्रदान करता है।

दर्शन समष्टिमूलक एक व्यापक विचारधारा है। यह विश्व, मानव और विश्व में मानव की महत्ता को जानने का एक माध्यम है। प्रायः साधारणजन भी विश्व के प्रति अपना एक सामान्य विचार रखते हैं, परन्तु दर्शन विश्व संबंधी इस दृष्टिकोण को व्यवस्थित और व्यापक रूप देता है। इस विश्व संबंधी सामान्य दृष्टिकोण को यह सुसंपादित और सामंजस्यपूर्ण वाद के रूप में परिवर्तित कर देता है तथा लोकप्रचलित धुँधले विश्वासों एवं अभिवृत्तियों को प्रांयः सुव्यवस्थित सिद्धान्तों का रूप प्रदान करता है।

विज्ञान और दर्शन दोनों की विधियों भी भिन्न-भिन्न हैं। जहाँ विज्ञान मुख्यतया आनुभाविक विधि का सहारा लेता है, वहाँ दर्शन मुख्यतः बौद्धिक विधि का। विज्ञान जो हमें ज्ञान देता है वह अनुभव, जिसमें निरीक्षण और प्रयोग शामिल हैं, के द्वारा दिया जाता है। परन्तु दर्शन को शुद्ध बुद्धि का ही सहारा लेना पड़ता है। इसी कारण दर्शन को परिकल्पी भी कहा गया है। जो दार्शनिक अंतर्दृष्टि आदि में विश्वास करते हैं, वे इस पर कुछ आपत्ति कर सकते हैं, परन्तु आखिर सत्यानुभूति को व्यक्त करने के लिए हमें बुद्धि का ही तो सहारा लेना पड़ता है।

लेकिन इसका यह मतलब नहीं कि दर्शन अनुभव की अवहेलना करता है। दर्शन अपनी सामग्री तो आखिर विज्ञान से ही लेता है। दर्शन विज्ञान की विशेष-विशेष खोजों और गवेषणाओं का एकीकरण करता है और इस तरह वह कुछ हद तक विज्ञान पर अबलम्बित भी है। विज्ञान विशेष और एकांगी होता है और उसके विशेष सत्यों को दर्शन अपनाकर उनसे एक पूर्ण, क्रमबद्ध और सम्बद्ध ज्ञान बना

लेता है। वास्तव में हमें दर्शन को विज्ञानों का विज्ञान मानना चाहिए। उसका काम विविध विज्ञानों द्वारा दिये गये सत्यों का सहारा लेकर परिचिन्तना द्वारा सम्पूर्ण विश्व का एकीभूत-ज्ञान देना है। अतएव दर्शन को विज्ञान में जो नये सत्य निकलते हैं, उनसे अपना सम्पर्क बराबर बनाये रखना चाहिए।

पंडित नेहरू और विज्ञान

पंडित नेहरू के धर्म संबंधी विचारों की संरचना में उनके व्यक्तिगत बौद्धिक दृष्टिकोण, पारिवारिक तथा सामाजिक वातावरण का महत्वपूर्ण योगदान है। उनके विज्ञान संबंधी विचारों की संरचना भी इसी परिवेश का परिणाम है। विज्ञान से उनका प्रथम परिचय उनके बचपन के घरेलू शिक्षक एफ० टी० ब्रुक्स के द्वारा हुआ। श्री ब्रुक्स के द्वारा प्राप्त विज्ञान संबंधी ज्ञान से वे बहुत प्रभावित हुए थे। यहीं से विज्ञान के प्रति उनके आकर्षण का शुभारम्भ हुआ। इंगलैण्ड के हैरो स्कूल और कैम्ब्रिज की शिक्षा से इस आकर्षण को और बल मिला। शैक्षणिक जीवन ने उनमें विज्ञान के लिए एक स्पष्ट और सबल सैद्धान्तिक पृष्ठभूमि प्रदान की।

पंडित नेहरू के अनुसार विज्ञान आज के युग की आत्मा है तथा आधुनिक विश्व में वह एक प्रभुत्वशाली तत्व है। वर्तमान समय से भी अधिक महत्वपूर्ण वह (विज्ञान) आगे आने वाले समय में होगा। खासकर उन लोगों के लिए जो विज्ञान के साथ मैत्री भाव रखकर मानवता के विकास में उसकी मदद लेना चाहते हैं।

पंडित नेहरू के विचारों में विज्ञान केवल सुखद मोड़ और कटाव नहीं है, वरन् वह जीवन की संरचना है जिसके बिना आधुनिक विश्व का अस्तित्व ही नहीं रह सकता। जीवन के वैज्ञानिक दृष्टिकोण अपनाने की बातों पर वे हमेशा जोर दिया करते थे। उनका मानना था कि भुखमरी, गरीबी, अस्वच्छता, निरक्षरता, अंध-विश्वास, शामक रीति-रिवाज और परंपराएं, बर्बाद हो रहे संसाधन तथा एक सम्पन्न देश में रह रहे भूखे लोगों की समस्याओं को केवल विज्ञान द्वारा ही हल किया जा सकता है।

सैद्धान्तिक रूप में विज्ञान एक बौद्धिक क्रिया है। यह विज्ञान का आन्तरिक या बौद्धिक पक्ष है। इस रूप में विज्ञान मानव का बौद्धिक दृष्टिकोण है। यह शुद्ध रूप से ज्ञानदायक है, इसमें भावना और संवेग का कोई स्थान नहीं होता। अतः पंडित नेहरू के अनुसार विज्ञान अपने सैद्धान्तिक स्वरूप में निष्पक्ष बौद्धिक चिन्तन है। यद्यपि इसके बिना विज्ञान का अस्तित्व नहीं सोचा जा सकता तथापि इसका एक दूसरा पक्ष है जो और ज्यादा महत्वपूर्ण है। वह है इसका व्यावहारिक पक्ष। रदरफोर्ड के विज्ञान संबंधी विचारों से प्रभावित पंडित नेहरू ने अपने विचारों में

विज्ञान के इस व्यावहारिक पक्ष को ही अधिक महत्वपूर्ण और उपयोगी माना था। फलतः उनके विज्ञान संबंधी विचारों की अभिव्यक्ति अधिकांशतः सामाजिक एवं राजनीतिक संदर्भों में ही हुई थी।

पंडित नेहरू ने स्वीकार किया था कि विज्ञान में ,मेरी रुचि स्वभावतः है लेकिन रुचि विषयगत की अपेक्षा उसके सामाजिक परिणामों की वजह है। उन्हें विकासोन्मुखी देश की प्रमुख राजनैतिक, आर्थिक और सामाजिक समस्याओं का मुकाबला करना था और अपने देश के करोड़ों लोगों के जीवन स्तर को ऊँचा उठाना था। उनका विश्वास था कि विज्ञान की शरण लिए बिना हम उन समस्याओं का हल नहीं कर सकते। अतः अनिवार्य रूप से उन्हें विज्ञान की ओर जाना पड़ा ताकि इन बड़ी समस्याओं से निपट सकें। विज्ञाप अब एक ऐसी अवस्था तक पहुँच चुका है जहाँ वह मानवता की अनेकानेक भलाइयाँ करने में समर्थ है और उसे घोर संकट का भय भी है।

विज्ञान के दो पहलू हैं–

(*i*) सृजनकारी

(*ii*) विनाशकारी

विज्ञान के ये दोनों पहलू साथ-साथ चल रहे हैं। कोई नहीं जानता कि अन्ततः विजय किसकी होगी।

लेकिन पंडित नेहरू के अनुसान विज्ञान का सामाजिक सवरूप मुख्यतः इसके आर्थिक योगदान पर निर्भर करता है। अतः विज्ञान का आर्थिक योगदान किसी समाज की नींव है। आधुनिक युग में इस मानव-समाज की भूख, गरीबी, अशिक्षा, बेकारी, पिछड़ापन आदि को विज्ञान की मदद से दूर किया जा सकता है। इसलिए एक राजनीतिज्ञ के रूप में पंडित नेहरू ने भारतीय अर्थव्यवस्था को विज्ञान का जामा पहनाने का प्रयास किया। इस प्रयास में सर्वप्रथम[2] भारत के समक्ष तत्काल तीन समस्याओं के समाधान के लिए तीन मौलिक आवश्यकताएँ ध्यातव्य हैं–

(*i*) भारी इंजीनियरिंग तथा उत्पादन उद्योग।

(*ii*) वैज्ञानिक शोध संस्थान।

(*iii*) बिजली शक्ति।

उनके अनुसार ये तीनों किसी भी अधिक विकास की योजना के आधारभूत तत्व हैं। इसलिए उन्होंने भारत में विज्ञान की रूपरेखा को मूर्त्तरूप प्रदान करने के लिए दो वैज्ञानिकों (डॉ० भटनागर और डॉ० भाभा) की सेवा विशेष रूप से प्राप्त की। डॉ० भटनागर ने वैज्ञानिक शोध-संस्थाओं की योजना बनायी और डॉ० भाभा ने न्यूक्लीयर शोध प्रोग्राम बनाया।

वैज्ञानिक त्रिमूर्ति

पंडित नेहरू की बहुत संजोकर रखी हुई कामना थी कि परम्पराओं से बँधे हुए समाज में आर्थिक विकास एवं सामाजिक परिवर्तन के लिए एक अस्त्र के रूप में विज्ञान एवं टेकनॉलोजी को बहुत तेजी से विकसित किया जाय। उनकी इस कामना को साकार करने के लिए जिन वैज्ञानिकों की प्रमुख भूमिका रही, वे थे सर शांतिस्वरूप भटनागर, प्रोफेसर पी०सी० महालनोबीस और डॉ० होमी जे० भाभा। पंडित नेहरू की चाह थी कि अंधविश्वास एवं कठमुल्लापन को खत्म किया जाये। वह इस बात पर बहुत जोर देते थे कि देश में वैज्ञानिक मिजाज (स्वभाव) पैदा किया जाये।

तीनों ही वैज्ञानिक रॉयल सोसायटी के साथी थे। डॉ० भाभा तीनों में सबसे छोटे थे। उनके काम का महत्त्व जानने की वजह से पंडित नेहरू उनका बहुत ध्यान रखते थे। आई०सी०एस० के वरिष्ठ अधिकारियों को यह पसन्द नहीं था कि पंडित नेहरू उनके ऊपर इतना समय खर्च करते हैं। इन अधिकारियों ने यह हौवा खड़ा किया कि तीनों वैज्ञानिक उन्हें समुचित रूप से प्रभावित करते हैं। शुरू से ही तीनों वैज्ञानिकों के साथ प्रधानमंत्री ने, जिन्होंने वैज्ञानिक अनुसंधान विभाग अपने पास रखा था, इस तरह से व्यवहार किया कि वे संतुष्ट हो गये। धीरे-धीरे वैज्ञानिकों और इंजीनियरों, डॉक्टरों तथा ऐसे ही अन्य टैक्निकल लोगों को वेतनादि एवं सरकार में उनके दर्जे भी बढ़ा दिये गये।

सर सी०बी० रमन, डॉ० मेघनाद साहा, इंडियन कौंसिल फॉर मेडिकल रिसर्च (आयुर्विज्ञान शोध परिषद्) और कृषि अनुसंधान परिषद् के काम से पंडित नेहरू का कोई सीधा सम्पर्क नहीं था। वैज्ञानिकों के समाज में पंडित नेहरू सबसे ज्यादा पसन्द करते थे, मृदुभाषी, ओजस्वी एवं एकान्त प्रिय सर के०एस० कृष्णन को। वैज्ञानिकों में वही सबसे परोपकारी मानव थे।

डॉ० भटनागर

ऐसे आदमी थे जिनका रुपये-पैसे से कोई लगाव नहीं था। उनको अपनी पुस्तकों एवं अपने अनुसंधान कार्य से रॉयल्टी के रूप में बहुत कुछ मिलता था जिसमें से अधिकांश धन वह सरकार को दे देते थे ताकि सृजनात्मक अनुसंधान को प्रोत्साहन देने के लिए पारितोषिक दिये जा सकें।

डॉ० होमी जे० भाभा

डॉ० भाभा दूरदर्शी थे, उनकी कल्पना बहुत दूरगामी थी और वह व्यापक स्तर पर सोचते थे, साहसी विचारक थे। उन्होंने भारत के लिए न्यूक्लीय ऊर्जा के विकास

का महत्त्व दूसरों से बहुत पहले ही समझ लिया था। पंडित नेहरू का पूरा समर्थन पाकर उन्होंने उत्साह एवं दृढ़ता के साथ काम करना शुरू कर दिया और एक सुन्दर संगठन बना दिया, जिसमें समर्पित एवं निष्ठावान् लोग काम करते थे।

1957 में डॉ० भाभा से पूछा गया था कि यदि सरकार एटम बम बनाने का फैसला करे तो एटमी ऊर्जा आयोग कितनी जल्दी बम बना सकता है? डॉ० भाभा ने कहा कि "तीन साल में एटम बम और पाँच साल में हाइड्रोजन बम बनाया जा सकता है।" साथ में उन्होंने यह भी कहा कि "मैं उम्मीद करता हूँ कि भारत कभी बम नहीं बनायेगा। बम आतंक फैलाने और कत्लेआम करने का अस्त्र है और फिर बम तो कई देशों के पास है। ऐसी हालत में फौजी दृष्टि से भारत के लिए उसका महत्त्व संदिग्ध ही होगा। बम से हमारे मन में बड़ी शक्तियों जैसे संकुचित स्वार्थीपन पैदा हो जायेगा।" उन्होंने कहा कि बम बनाने में खर्च के सवाल के बारे में उनको कोई परेशानी नहीं है। उनके दिमाग में तो न्यूक्लीयर ऊर्जा के शान्तिमय प्रयोग की बात भरी रहती है। उससे कितने ही शान्तिमय काम निकाले जा सकते हैं- ऐसे काम जो मालूम हैं और ऐसे भी जिनका अभी पता नहीं है।

डॉ० भाभा को सर्वसम्मति से जेनेवा में न्यूक्लीयर ऊर्जा के शान्तिमय प्रयोगों पर अन्तर्राष्ट्रीय सम्मेलन का अध्यक्ष चुना गया।

संसार में प्राय: सभी जगह और सभी लोग विज्ञान को महत्त्व देते हैं जिस दुनिया में हम लोग रहते हैं, वह बहुत कुछ विज्ञान से आवृत्त है और उसी का परिणाम भी है। इसलिए विज्ञान के प्रति सम्मान का भाव रखना और उसे प्रोत्साहन देना आवश्यक है। विज्ञान की प्रगति के कदम जल्दी-जल्दी आगे बढ़ रहे हैं। जैसा कि हम लोग जानते हैं कि एक तरफ से लोग अब अन्तरिक्ष युग के किनारे खड़े हैं तथा कुछ प्राणी अन्तरिक्ष में भी गये हैं। यह एक बड़ी उपलब्धि है तथा आगे चलकर दूसरी दिशाओं में और भी अधिक बड़ी विजय मानव प्राप्त कर सकता है, करेगा ही। अत: ऐसी स्थिति में विज्ञान की प्रगति में कोई सन्देह करना व्यर्थ होगा। लेकिन मन में यह एक स्वाभाविक प्रश्न उठता है कि विज्ञान का उपयोग मानवता के हित के लिए किस प्रकार किया जाए? किसी तरह विज्ञान को हमें इसी ओर मोड़ना चाहिए। हम इससें अलग नहीं हो सकते। इसने हमें इतना घेर रखा है कि इसके दबाव से हम परेशान हो रहे हैं। अन्तत: विज्ञान सत्य की खोज है, किन्तु कभी-कभी यह खोज हमारे लिए आखिर में आरामदायक नहीं होती, फिर भी सत्य की खोज करनी होगी और निर्भय होकर करनी चाहिए। जहाँ तक हो सके हमारी खोज उद्देश्यपूर्ण होनी चाहिए।

विज्ञान किसी के प्रभुत्व को स्वीकार करके उसके आगे नत नहीं होता, सिवा इसके कि उसे सबूत मिलना चाहिए, चाहे वह परीक्षण करके प्राप्त हो अथवा

गलती से। विज्ञान किसी वस्तु के सत्तावाद पद विश्वास नहीं करता, वह लोक कार्यों, राजनीति, यहाँ तक कि धर्म के मामले में भी चुनौती देता है। ऐसा वह अनादरपूर्वक नहीं करता किन्तु इसलिए करता है कि किसी बात को मानने से पहले उसके लिए पर्याप्त सबूत चाहिए। यह केवल अटकलबाजियों को नहीं मानता। कभी-कभी ऐसी अटकलबाजियाँ चल जाती हैं, किन्तु उनको परीक्षण द्वारा सही सिद्ध करना पड़ता है।

सारे संसार में विज्ञान एवं प्रौद्योगिकी ने मानव के अस्तित्व में क्रान्ति ला दी है। पश्चिम के कई ऐसे देश हैं, जहाँ सम्पन्न लोग रहते हैं, उनमें और भी तेजी से परिवर्तन हो रहा है। विज्ञान ने भूमि तथा उद्योग के उत्पादन का तरीका बदल दिया है और औद्योगिक क्रान्ति ला दी है। इसके बाद तकनीकों में भी परिवर्तन हुआ है तथा परिवर्तन का यह काम अभी भी तेजी से चल रहा है। अपनी बहुत तेज रफ्तार के वावजूद और लाभों और गुणों के अलावा भी विज्ञान के पास भौतिक तथा आध्यात्मिक समस्याओं का कोई हल नहीं है। मनुष्य और समाज को इसे हल करना चाहिए। इसको हमें विज्ञान से जोड़ना होगा, विज्ञान से तालमेल बैठाना होगा और यदि ऐसा कोई नियंत्रण इस पर नहीं होगा तो विज्ञान ने जो कुछ बनाया है वह उसे पूरी तरह बर्बाद कर डालेगा।

पंडित नेहरू के विचार से विज्ञान के बिना किसी समाज का कोई भविष्य नहीं है, किन्तु विज्ञान के होते हुए भी यदि उस पर आध्यात्मिक विचारों का नियंत्रण नहीं रखा जाएगा तो भी हमारा कोई भविष्य नहीं होगा।

विज्ञान एवं प्रौद्योगिकी के द्वारा परिवर्तन की यह प्रक्रिया हर जगह दिखाई पड़ती है। जैसे-जैसे यह फैलती है पुराने आदर्शों अथवा पुराने उच्चतम मूल्यों की मान्यताएँ पहले जैसी नहीं रह जातीं। भौतिक तथा गणित ने जो नई परिकल्पनाएँ दी हैं उनको ग्रहण करना मुश्किल है। जहाँ पदार्थ अदृश्य हो जाता है और सब ऊर्जा रहती है। कोई व्यक्ति शायद यही कहेगा कि विश्व का प्रकट स्वरूप गणितीय परिकल्पना अथवा भ्रान्ति में लुप्त हो जाता है, लगता है कि हम मायावाद की ओर जा रहे हैं।

क्या यह आश्चर्यजनक नहीं है कि परिणामत: वर्तमान पीढ़ी अपने पुराने स्तर और मूल्यों से विमुख हो जाती है और वह कुछ नई चीज खोजने लगती है। इस नई परिस्थिति से समझौता हम किस प्रकार करें? यदि हम पुराने रहस्यों को हटा देते हैं, तो नए किस्म के रहस्य के किनारे रह जाते हैं। लोगों पर इसकी अलग-अलग प्रतिक्रिया होती है। कुछ लोग कहीं गम्भीर ख्यालों और चरम मूल्यों की जाँच-पड़ताल तथा खोज करने की ओर आकर्षित होते हैं लेकिन अधिकतर लोगों को यह काफी

मुश्किल दिखाई पड़ता है कि इस उलझन में कोई मतलब की बात कैसे निकालें। वे पुनः इसमें दोष देखने लग जाते हैं और नकारात्मक दृष्टिकोण अपना लेते हैं तथा पुराने ढंग और मानदंडों को छोड़कर नए तौर-तरीकों का विकास करने लग जाते हैं। भारत की अपेक्षा पश्चिमी देशों में इसका काफी प्रभाव पड़ा है, क्योंकि पश्चिम में प्रौद्योगिकी तथा व्यावहारिक प्रासंगिकताओं की अधिक प्रगति हुई है। भारत में भी इसकी शुरूआत देखने को मिलती है।

परिवर्तन पुराने जमाने में भी हुए, किन्तु उनकी गति अपेक्षाकृत मन्द थी और लोगों के पास इतना समय होता था कि वे उनके साथ अपना तालमेल बैठा लें। किन्तु अब जो परिवर्तन होते हैं उनकी गति आश्चर्यजनक रूप से काफी तेज होती है। सदा परिवर्तनशील ऐसी परिस्थितियों में उनका तालमेल बैठाना इन्सान के लिए मुश्किल हो गया। उनके साथ वे एक बनावटी तथा ऊपरी तालमेज ही बैठा पाते हैं और इसका प्रभाव हमारे राजनैतिक संघर्ष तथा आर्थिक विरोधों पर भी पड़ता है। परिवर्तन की इस गति के कारण नई परिस्थिति पैदा हो जाती है। इतिहास में इसकी मिसाल नहीं है।

जिन समस्याओं का हमें सामना करना है उनका हल करने के लिए विज्ञान और प्रौद्योगिकी का उपयोग करना भी हमारे लिए काफी नियामक समस्या है- ये समस्याएँ चाहे रक्षा संबंधी हों अथवा विकास या उत्पादन आदि की, मूलरूप से यह हमारे लिए कहीं अधिक महत्वपूर्ण हैं। इसमें कोई शक नहीं कि इन कार्यों में वैज्ञानिक बहुत ही अच्छा योगदान कर सकते हैं। विज्ञान किसी एक देश तक सीमित नहीं है, इससे सभी लाभ उठा सकते हैं। फिर भी, कोई देश जो विज्ञान के लिए पूरी तरह किसी अन्य देश पर निर्भर रहने में विश्वास नहीं करता तथा स्वयं अपनी अल्प क्षमता से इसका विकास करना और आत्मनिर्भर होना चाहता है, उसके लिए इसका और भी विशेष महत्त्व है। इस देश में भी विज्ञान का विकास हो रहा है, दूसरी तरह से भी हमें उस भावना का विकास करना ही होगा, किसी के आश्रित न रहकर हम उसका विकास औद्योगिक तरीकों से प्रौद्योगिकी के तरीकों से करेंगे। हमें दूसरों का भारवाही नहीं बनना चाहिए। निःसंदेह इसमें हमें कुछ लाभ मिलेगा, लेकिन अपने आप काम करने में हमें और भी अधिक लाभ मिल सकता है। जीवन के प्रत्येक क्षेत्र में इसका बहुत महत्त्व होता है। हमें अपने विचारों में एक-दूसरों की सुविधाओं का समाहित करना चाहिए। किन्तु इसका अर्थ यह नहीं है कि हम दूसरों के आसपास घिसटते रहें और वे हमें आगे बढ़ाएँ।

विज्ञान में पंडित नेहरू को काफी आस्थायी एवं उसमें उन्हें प्रगति की अनेक संभावनाएँ दिखती थीं तभी तो तात्कालीन वैज्ञानिक तथा प्रौद्योगिक शोध परिषद् के

अध्यक्ष के वैज्ञानिक विचारों से सहमत होकर तथा अणुशक्ति विभाग को अपने नियंत्रण में रखकर विज्ञान के प्रति अपनी सूझ तथा निष्ठा का परिचय दिया। आगामी वर्षों में विज्ञान के प्रति उनकी कटिबद्धता कई शोध-संस्थाओं की स्थापना से स्वतः स्पष्ट है। वस्तुतः पंडित नेहरू ने अपनी इन क्रियाओं से यही स्पष्ट किया कि विज्ञान भारतीयों और भारतीय सरकार के लिए अनिवार्य मार्ग है। पंडित नेहरू के विज्ञान संबंधी दृष्टिकोण कदापि सैद्धान्तिक नहीं थे। उन्होंने तो विज्ञान को सदा सामाजिक-आर्थिक परिवेश में देखा था। उन्होंने पंचवर्षीय योजनाओं में विज्ञान को अहम भूमिका प्रदान की और यहाँ तक कहा कि ये योजनाएँ सक्रिय विज्ञान हैं।

लेकिन पंडित नेहरू के उपर्युक्त विचारों से विज्ञान को भौतिक, समाज और उसकी अर्थव्यवस्था तक ही सीमित नहीं समझना चाहिए। उनके अनुसार विज्ञान हमारे जीवन का अभिन्न अंग है। वह तो हमारा दृष्टिकोण है। किसी बात को सोच-समझ कर तर्क-वितर्क करते हुए, प्रयोग और परिणाम की जाँच-पड़ताल के साथ स्वीकार करना, आलोचनात्मक दृष्टिकोण रखना, प्रयोग-परीक्षण आदि विज्ञान की मान्यताएँ हैं जिनका घनिष्ट संबंध हमारे (मानव के) जीवन से है। विज्ञान केवल भौतिक नहीं बल्कि मानसिक भी है, क्योंकि उसके अन्तर्गत अद्धचेतन के रहस्यों एवं गुप्तशक्तियों का भी अध्ययन होता है। यह तथ्य है कि विज्ञान प्रारम्भ में भौतिक जगत तक ही सीमित था, परन्तु धीरे-धीरे उसका प्रवेश मानसिक जगत में भी हो गया है। इस प्रकार विज्ञान स्वाभाविक रूप में विकासात्मक है। अन्य वस्तुओं की तरह विज्ञान का भी सपना एक आदर्श है और वह है 'मानव कल्याण'।

पंडित नेहरू के अनुसार विज्ञान का वास्तविक धर्म या बुद्धिपरक धर्म से कोई विरोध नहीं है, कोई संघर्ष नहीं है। यह संघर्ष वास्तव में धर्म और विज्ञान का नहीं बल्कि अवैज्ञानिक एवं वैज्ञानिक दृष्टिकोण का है। तथाकथित धर्म द्वारा प्रसूत सभी बुराइयों के मूल में यही अवैज्ञानिक दृष्टिकोण है। अगर धर्म के प्रसंग में इस अवैज्ञानिक दृष्टिकोण को छोड़ दिया जाए तो धर्म और विज्ञान में कोई संघर्ष नहीं रह जाता।

दर्शन विज्ञान का सहायक है। उसकी मदद से विज्ञान के विकास का मार्ग प्रशस्त हो सकता है। लेकिन परम्परागत शास्त्रीय दर्शन से यह कार्य संभव नहीं है। दर्शन अपने वास्तविक स्वरूप में ही विज्ञान का सहायक बन सकता है।

विज्ञान, सेवा और पवित्रता

विज्ञान, सेवा और पवित्रता-ये तीनों मानव के लिए अमूल्य निधि हैं। ये परस्पर पृथक आदर्श नहीं हैं बल्कि एक समन्वयपूर्ण जीवन के अंग हैं। सत्य का अनुसरण,

मनुष्य की सेवा और जीवन की पवित्रता सच्चे सभ्य पुरुषों में एक-साथ पाये जाते हैं। आज दुनिया में जो तकलीफें देखने को मिलती हैं उसके मूल कारण विज्ञान और पवित्रता का एक-दूसरे से अलग हो जाना है। हमारे शास्त्र कहते हैं वेद के रहस्य, वेद के मूल, शुद्ध और ज्ञानस्वरूप बुद्ध को नमस्कार है-

नमो देवरहस्याय, नमस्ते वेदयोनये।

नमो बुद्धाय शुद्धाय नमस्ते ज्ञानरूपिणे।।

सत्य की खोज करना, ज्ञान प्राप्त करना मनुष्य की विशेषता है।

सत्येन पन्था विततो देवयानः।

देवताओं को प्राप्त करने वाला मार्ग सत्य से बना हुआ है। महात्मा गाँधी कहते थे "सत्य ही ईश्वर है," "ईश्वर सत्य स्वरूप है।"

विज्ञान और धर्म परस्पर विरोधी नहीं हैं। दुनिया के बहुत महान् वैज्ञानिक विज्ञान से प्राप्त ज्ञान की कमियों को जानते हैं और एक नयी विद्या की आवश्यकता समझते हैं। प्रारम्भ और अन्तिम प्रयोजन के बारे में विचार करना विज्ञान की परिधि से बाहर है।

अव्यक्तादीनी भूतानि व्यक्तमध्यानि भारत।

अव्यक्तनिधनान्येव......।।

विज्ञान उसे जानने की कोशिश करता है जो मध्य में है, वह आदि और अन्त को नहीं जान सकता।

वैज्ञानिक निरीक्षण से ज्ञात होता है कि विश्व प्रक्रिया के अन्दर कई रहस्यमय तत्व हैं जो उसे प्रेरित कर रहा है। विश्व में एक उर्ध्वमुखी प्रवृत्ति दिखायी देती है। यह पृथ्वी एक पिघला हुआ पिण्ड था जो धीरे-धीरे ठण्डा हुआ, फिर इसमें समुद्रों की उत्पत्ति हुई और जीवन के रूपों का उदय हुआ। जीवन अमीबा से शुरू होकर अनन्त रूपों में से होते हुए मनुष्य तक पहुँचा। इन सब बातों से ज्ञात होता है कि दुनिया के अन्दर कोई आध्यात्मिक सत्ता काम कर रही है।

अगर मनुष्य से नीचे की सृष्टि तक ही ध्यान सीमित रखा जाए तो शायद प्रगति की अवश्यम्भाविता में विश्वास हो सकता है। लेकिन मानवीय सृष्टि तक जब ध्यान जाता है तो मानव की स्वतंत्रता की बात नहीं भूली जा सकती है। कुछ लोग ऐसे हैं जो यह विश्वास करते हैं कि इतिहास एक उच्चतर प्रयोजन की अभिव्यक्ति है। इसी विश्वास के कारण टेनीसन ने सोचा था कि दुनिया मनुष्य की संसद और विश्व के संघ की ओर जा रही है। वर्नार्ड शा के बैक टु मेयुसेलाह (1921) का आधार भी यही है। विकासवादी यह आशा करते हैं कि प्राकृतिक चुनाव के नियमों

के प्रभाव से वर्तमान अपूर्ण समाज के स्थान पर एक ऐसा पूर्ण समाज आ जायेगा जिसमें मानव का रूप उत्कृष्ट होगा और दुनिया अधिक पूर्ण होगी।

स्वतंत्रता प्राप्ति के बाद विज्ञान उद्योग, मोटरकार, वायुयान, आणविक शक्ति इत्यादि में उल्लेखनीय प्रगति हुई है। जीवन पर इसका बोझ काफी बढ़ गया है, लेकिन इनसे मनुष्य के सुख संतोष में वृद्धि नहीं हुई है और न सामाजिक व्यवहार ही अच्छा हुआ है। सभ्यताओं का निर्माण मशीनों से नहीं बल्कि आदर्शों से होता है। सभ्यता की चालक शक्तियाँ आन्तरिक होती हैं। विज्ञान का अनुसरण एक अच्छी बात है। इससे प्राकृतिक शक्तियों के ऊपर मानवीय बुद्धि और संकल्प का आधिपत्य प्रकट होता है। महान् वैज्ञानिक प्रगतियाँ मानवीय आत्मा के सृजनशील प्रयत्न की साक्षी हैं। सभ्यता की प्रगति केवल बौद्धिक सृजनशीलता पर ही नहीं बल्कि उदारता और सहानुभूति जैसे नैतिक गुणों पर भी निर्भर होती है। यदि इन गुणों का मानव के अन्दर विकास हो जाय तो सितारे भी उनकी प्रगति को नहीं रोक सकते। अगर मानव अपनी आत्मा का गला घोंट दे तो मानव समाज टूटकर छिन्न-भिन्न हो जायेगा।

इन स्वार्थपूर्ण प्रवृत्तियों को काबू करने के लिए मानव को प्रयत्न और संयम की आवश्यकता है। ये चीजें विज्ञान से नहीं बल्कि धर्म की साधना से प्राप्त हो सकती हैं। उस धर्म की जो आत्मज्ञान और आत्मसंयम के प्रति प्रेम पैदा होगा और गुटों के प्रति लोगों की श्रद्धा जाती रहेगी। प्रत्येक मानव को राष्ट्रीय जीवन के सामाजिक और आर्थिक विभाजनों को दूर कर देना चाहिए। मानव जाति अभी एक खतरनाक दुनिया में है और उन्हें सावधान रहने की आवश्यकता है। ऐसी स्थिति में मानव केवल अपनी आन्तरिक शक्ति से ही बच पायेगा। अतः उन्हें (मानव को) स्वार्थ को भूलकर राष्ट्र के हित के लिए काम करना चाहिए। घृणा और हिंसा से खण्डित इस दुनिया में, विज्ञान का उपयोग सामाजिक कल्याण के लिए होना चाहिए।

पंडित नेहरू की वैज्ञानिक मानवतावादी दृष्टि (का विकास)

पंडित नेहरू का यह प्रगाढ़ विश्वास था कि मानवजाति का विकास आरोही ढंग से होता है। वे उत्पादन क विकास, प्रकृति पर विजय और वैज्ञानिक उपलब्धियों को प्रगति के मुख्य कारक मानते थे। यद्यपि उन्होंने दुनिया के एक बड़े हिस्से में भौतिक, प्रौद्योगिक और वैज्ञानिक प्रगति को प्रतिकूल परिघटनाओं-समाज का विघटन, नैतिक पतन को आँखों से ओझल नहीं किया, फिर भी उन्हें इस बात में तनिक भी संदेह नहीं था कि "किसी भी हालत में हम विज्ञान तथा प्रौद्योगिकी द्वारा लायी गयी

परिवर्तनधारा को न तो रोक सकते हैं न ही उसे दिशा में मोड़ सकते हैं।"[3] इसी में पंडित नेहरू के विचारों एवं महात्मा गाँधी के दर्शन के बीच एक गहन भेद है। पंडित नेहरू ग्रामीण समुदायों के उस 'स्वर्ण-युग' की ओर वापसी को न केवल नितान्त अयथार्थ मानते थे, जब लकड़ी का हल और चरखा श्रम के मुख्य साधन थे, न केवल प्रौद्योगिक प्रगति अनिवार्यता और नियम संगति में आस्था रखते थे, बल्कि इस बात में भी विश्वास करते थे कि वैज्ञानिक और तकनीकी प्रगति के माध्यम से ही मानवजाति की तीव्र समस्याएँ सुलझायी जा सकती हैं। पंडित नेहरू ने कहा–

> "मैं स्वयं विज्ञान का एक भक्त हूँ और विश्वास करता हूँ कि संसार को अन्ततोगत्वा, बशर्ते कि उसे बचाया जाये, वैज्ञानिक विधियों और वैज्ञानिक दृष्टिकोण से बचा लिया जायेगा।"[4]

> "एतिहासिक दृष्टिकोण से मैं इन प्रौद्योगिक परिवर्तनों से मंत्रमुग्ध हूँ, क्योंकि वे मानव जीवन के पूरे के पूरे ताने-गाने को बदल दे रहे हैं और अगर मेरे जीवनकाल में नहीं, तो आज जीवित अधिकांश लोगों के जीवनकाल गें वे एक ऐसी दुनिया का शुभारम्भ करेंगे, जो उस दुनिया से आमूलतः भिन्न होगी जिसे हम जानते हैं। भारत में हम लोगों को, जो दरअसल औद्योगिक क्रान्ति के आरम्भ में ही है, विभिन्न अवधियों को छलांग लगाकर पार करना है। तात्पर्य यह है कि हमें एक ही समय में औद्योगिक क्रान्ति से भी और एक ऐसी क्रान्ति से भी गुजरना है, जिसे परमाणविक क्रान्ति कहा जा सकता है।"[5]

इसके साथ ही[6] 'पंडित नेहरू ने सामाजिक प्रगति का मूल्यांकन करने में सापेक्षवाद का पालन किया। सामाजिक प्रगति के एक बहुपक्षीय दृष्टिकोण रखते थे, मानव जीवन के विभिन्न पक्षों पर–केवल उत्पादक शक्तियों, विज्ञान पर ही नहीं, बल्कि व्यक्ति के सांस्कृतिक स्तर और सामंजस्यपूर्ण विकास, कला तथा नैतिक वातावरण पर भी गौर करते थे। पंडित नेहरू ने प्रगति के सैद्धान्तिक कसौटियों के प्रश्न का समाधान करने की कोशिश नहीं की, बल्कि विगत के उन कालों की ओर ध्यान आकृष्ट किया, जो उनकी राय में, संस्कृति और सभ्यता के उच्च स्तर के परिचायक थे और इसने उन्हें यह संदेह करने के लिए विवश कर दिया कि "हमारी सभ्यता आगे जा रही है या पीछे।"[7] वे इस बात से चिंतित थे कि भौतिक और सांस्कृतिक मूल्यों का संचयन बहुत असमान रहा है, कि बहुधा दोनों के बीच बड़ी खाई बन गयी कि वैज्ञानिक ज्ञान की वृद्धि के साथ-साथ बुद्धिमत्ता की वृद्धि नहीं हुई, जबकि "लोग इस चीज का कोई सुस्पष्ट विचार न रखते हुए ही प्राकृतिक शक्तियों पर नियंत्रण और उनका उपयोग करने लगे कि जीवन में उनका

उद्देश्य क्या है और क्या होना चाहिए।"[8] परन्तु पंडित नेहरू के वैचारिक विकास की दूसरी अवस्था में प्रगति के प्रश्न पर उनके ढुलमुलपन को उत्पीड़ित और शोषितजनों के संघर्ष के जरिये समाजवाद की ओर मानवजाति के आन्दोलन के प्रति उनके काफी स्पष्ट रुख ने संतुलित कर दिया। मानवजाति के आरोही विकास का पंडित नेहरू का विचार पूँजीवाद के अनिवार्य पतन और समाजवाद की विजय पर सकेन्द्रित था। एतिहासिक विगत के सभ्यता के, राजनीतिक संस्थाओं और संस्कृति के उनके अधिकांश मूल्यांकन ठोस सामाजिक तत्व से पूरित हैं। मेहनतकश जनसाधारण की हालत, सभ्यता और प्रगति के प्रति उनका रुख, सभ्यता और प्रगति के फलों का उपयोग करने के उनके सुअवसर–ये सभी उनके चिन्तन के महत्वपूर्ण पहलू थे।

अपने जीवन के अन्तिम काल में प्रगति के भौतिक एवं आत्मिक कारकों के बीच अन्तर्विरोधों ने उनके मन को तीव्रतः उद्विग्न किया और मानवजाति की प्रगति के संबंध में उन्हें संदेह तक में डाल दिया। इसका एक कारण था नाभिकीय युद्ध का खतरा।

बाह्य परिस्थितियों को वशीभूत करने के साथ ही साथ हम स्वयं मनुष्य में नैतिक गुणों और आत्मनियंत्रण के अभाव की एक विचित्र तस्वीर देखते हैं। भौतिक जगत पर विजय करके मनुष्य खुद अपने आपको जीतने में असमर्थ है। यही तो इस परमाणु और उपग्रह युग का दुःखद विरोधाभास है।

"विज्ञान मानवजाति के एक बड़े भाग की समझ में बहुत दूर हटता जा रहा है और ऐसी समस्याएँ प्रस्तुत कर रहा है, जिन्हें हममें से अधिकांश समझने में ही असमर्थ हैं, उनका समाधान करने की तो बात ही क्या। हमारे काल के आन्तरिक टकराव और हलचल का यही कारण है। एक ओर, विज्ञान तथा प्रौद्योगिकी में, उनके विविध परिणामों में यह विशाल और अभिभूतकारी प्रगति हो रही है और दूसरी ओर स्वयं सभ्यता की कुछ न कुछ बौद्धिक हानि हो रही है।"[9] पंडित नेहरू के विचार में नाभिकीय परीक्षण और जन-संहार के अस्त्रों का निर्माण और भंडारण इस विरोधाभास की स्पष्टतम अभिव्यक्ति है। "आधुनिक संसार का एक मुख्य तथ्य है परमाणु ऊर्जा तथा उसके भयानक प्रतीक-परमाणु बम और हाइड्रोजन बम।"[10]

पंडित नेहरू मानते थे कि इन परिघटनाओं के कारण विज्ञान और प्रौद्योगिकी के एकांगी विकास में, मनुष्य पर उनके नकारात्मक प्रभाव से वद्धमूल हैं जो जीवन की पूर्णता की अनुभूति खोता जा रहा है। उन्होंने बड़ी उदासी के साथ प्राचीन भारत तथा यूनान की याद की, जब लोग ससार का एक व्यापक दृष्टिकोण रखते थे, भले ही उनका ज्ञान सीमित था।

"व्यक्तिगत रूप से मैं सोचता हूँ कि संसार की अधिकांश बुराइयाँ, जो कि हमें एक भयानक युद्ध के कगार की ओर ले जा रही हैं, अन्ततोगत्वा प्रौद्योगिकी की अत्यन्त संकीर्ण ढंग से वृद्धि से पैदा होती है। पुराने जमाने में लोग आज के मुकाबले में अधिक पिछड़े हुए थे, लेकिन उन्हें जीवन की पूर्णता का बोध था, संतुलन का बोध था। आज व्यक्ति अपने में समूह और राष्ट्र में संतुलन का पूर्ण अभाव महसूस करता है... जबकि अत्यधिक विशेषीकरण और प्रौद्योगिक विकास से स्पष्टत: कई रूपों में मानवजाति का बड़ा कल्याण होता है, मेरे मन में संदेह पैदा होता है कि क्या वे साथ ही साथ मन और आत्म की श्रेष्टता को कम करके तथा आत्मविनाश की प्रवृत्तियों को जन्म देकर मानवजाति को क्षति नहीं पहुँचा रहे हैं।"[11] एक दूसरे स्थान पर उन्होंने व्यक्ति के पतन के कारणों को अधिक विस्तार से स्पष्ट किया "मशीन मनुष्य बनती जाती है और मनुष्य प्रतीत होता है, अधिकाधिक मशीन बनता जाता है, जोकि दु:खद है क्योंकि अन्ततोगत्वा मशीन मानव मस्तिष्क की उपज है। चाहे यह राजनीतिक, सत्तावादी या आर्थिक परिस्थितियों की वजह से हो या भुखमरी, पतन या प्रौद्योगिक उन्नति की वजह से--चाहे कोई भी वजह क्यों न हो--"यदि मानव मस्तिष्क अपनी रचनात्मक क्षमता खो दे और अधिकाधिक मशीन सदृश बन जाये, तो यह स्वभावत: मानवजाति के लिए त्रासदी है, भले ही अन्य क्षेत्रों में सभ्यता ने विशाल उपलब्धियाँ पायी हों, क्योंकि इस तरह तो संस्कृति का स्रोत ही धीरे-धीरे सूख जायेगा। संस्कृति पुन:जीवित हो सकती है, सभ्यता का पुनरुस्थान हो सकता है। ऐसी कोई भी चीज हो सकती है। परन्तु विशाल संक्रमण की वर्तमान अवस्था, जबकि रहन-सहन की हमारी गति तेज हो गयी है, जबकि हम जल्दबाजी में निर्णय ले रहे हैं, जबकि हमारे पास फुर्सत, सोचने-विचारने के लिए सुअवसर या समय नहीं है, अपने आप एक संतोषजनक अवस्था नहीं हो सकती।"[12]

इस प्रकार पंडित नेहरू ने आधुनिक सभ्यता के संबंध में महात्मा गाँधी की परम्परा को उचित श्रेय दिया। लेकिन यह प्रश्न के प्रति पंडित नेहरू के विधिक दृष्टिकोण द्वारा जनित एक भ्रामक छाप है। पंडित नेहरू ने इसका अपना जो समाधान दिया है, वह गाँधीवादी समाधान से मूलत: भिन्न है। यदि गाँधी के आधुनिक यांत्रिक सभ्यता से परहेज करने की अपील की, जिसे वह "यूरोपीय", भारत की आत्मा के लिए परायी और स्वभाव से शैतानी मानते थे, तो पंडित नेहरू ने यह प्रश्न उठाया--"क्या हम विज्ञान तथा प्रौद्योगिकी की प्रगति और मन तथा आत्मा की प्रगति के भी बीच सामंजस्य बना सकते हैं?"[13] मानवजाति के विकास की प्रत्येक अवस्था में इस उद्देश्य की प्राप्ति में उन्हें कुछ संदेह था, लेकिन कुल

मिलाकर आशावाद ने उन्हें नहीं छोड़ा। उन्होंने कहा "मैं इतिहास को एक ऐसी प्रक्रिया के रूप में सोचता हूँ, जो मानव के प्रगति की उच्चतर और बेहतर अवस्थाओं में ले जाती है। इसलिए मैं जानना चाहता हूँ कि हमारा वर्तमान इतिहास जहाँ तक विज्ञान और प्रौद्योगिकी का संबंध है, अपनी नियति पूरी करने के बाद मान अस्तित्व के उच्चतर स्तर की ओर प्रगति कर रहा है या नहीं।"[14]

यह आन्दोलन पंडित नेहरू के लिए कोई ऐसी चीज नहीं था, जो पूर्णत: सुनिश्चित और नियामक हो। उनके ख्याल में, वह सिर्फ सकारात्मक और नकारात्मक प्रवृत्तियों की अस्थायी प्रधानता और मानवजाति को बड़ा नुकसान पहुँचाने की उनकी क्षमता से उन्होंने इन्कार नहीं किया। परन्तु पंडित नेहरू को बुद्धि की अन्तिम विजय में पक्का यकीन था और उन्होंने उसे निकटतर लाने के लिए सचेत और अनभ्य ढंग से संघर्ष करने का आह्वान किया। उन्होंने घोषणा की, "कोई भी आदमी इतना बड़ा पैगम्बर नहीं हो सकता कि भविष्यवाणी कर सके कि क्या होने जा रहा है। तो भी आदमी अपने आप में इस विश्वास के साथ काम कर सकता है कि रचनात्मक और सृजनात्मक प्रयासों की शक्तियों की जीत होगी। मुझे इसमें संदेश नहीं कि वे जीतेंगी, लेकिन मैं जानता हूँ कि नियोजन तथा मानवजाति के मानक को ऊँचा उठाने की प्रक्रिया को विलम्बित करके अन्य शक्तियाँ कितनी क्षति पहुँचा सकती हैं।"[15] पंडित नेहरू ने प्रगति के मानवतावादी आदर्शों की संभाव्यता में यकीन को, जिसे वह विश्वास से संबंधित करते थे, ऐसे उद्देश्यपूर्ण कार्यकलाप को पूर्वाधार माना। उन्होंने स्पष्ट लिखा, "अंतिम विश्लेषण में मानव भविष्य में किसी प्रकार के मूल विश्वास पर भरोसा करना पड़ता है.... मनुष्य में किसी चीज में इस मूल विश्वास के बिना इस संसार को देखना या बचाना बड़ा ही कठिन होगा, जो कि प्रकटत: एक लाभ आयुधार्य महाविपदा की ओर हटता जा रहा है।"[16]

पंडित नेहरू ने प्रगति के भौतिक और आत्मिक तत्वों को आपस में समन्वित करने की आवश्यकता पर भी जोर दिया। अपने लेख मूल दृष्टिकोण में उन्होंने पिछड़ेपन को मिटा डालने और ऊर्जा के नये स्रोतों एवं आधुनिक प्रौद्योगिकी के इस्तेमाल से उत्पादक कार्यों में आगे छलांग भरने का आह्वान किया। उन्होंने जीवन के नैतिक और आत्मिक पक्षों के महत्त्व का स्मरण कराया, जिन्हें वह संस्कृति एवं सभ्यता के आधार के तौर पर लेते थे, जो कि जीवन को सारगर्वित बनाते हैं। यह एक उत्तम और निर्विवाद विचार था। लेकिन भौतिक और आत्मिक का संश्लेषण कैसे पाया जाये? यह एक ऐसा प्रश्न है, जिसे पंडित नेहरू ने अनुत्तरित ही छोड़ दिया।

इतिहास और दर्शन पर[17] उनके विचारों में कुछ ऐसे तत्व पूर्ववत् मौजूद रहे, जैसे कि अविराम परिवर्तन के रूप में इतिहास की समझ, प्रगति में उनका विश्वास, उसमें उतार-चढ़ाव और अन्तर्विरोधी स्वरूप की तथा भौतिक एवं आत्मिक मूल्यों के बीच टकराव की स्वीकृति। लेकिन पंडित नेहरू की धारणा में कुछ ऐसे नये तत्व भी उत्पन्न हुए, जिन्होंने चौथे और पाँचवें दशकों में उनके विचारों के लिए लाक्षणिक प्रगतिशील तत्वों को दुर्बल कर दिया।

पंडित नेहरू ने प्रगति की भौतिक और आत्मिक कसौटियों की चर्चा की। वे वर्गीय कसौटियाँ कहाँ चली गयी जो उनकी ऐतिहासिक कृतियों का एक मजबूत पक्ष थीं। वे गायब हो गयी थीं और इसने पंडित नेहरू की धारणा को मार्गदर्शन से वंचित कर दिया तथा भौतिक और नैतिक मूल्यों के समन्वय की समस्या का समाधान करने में उन्हें बाधा पहुँचायी। इतिहास के प्रति वर्ग दृष्टिकोण का, जो तब पंडित नेहरू ने विचारों की एक विशिष्टता था, जब वह वैज्ञानिक समाजवाद में एक खास दिलचस्पी ले रहे थे, स्थान प्रत्यायवादी स्वरूप के अमूर्त मानवतावादी दृष्टिकोण ने ले लिया।

पंडित नेहरू के वैज्ञानिक मानवतावाद की पृष्ठभूमि

पंडित नेहरू की विचारधारा पूर्णतः मानव-केन्द्रित है। समाज के बीच रहते हुए भी वह मानव की व्यक्तिगत स्वतंत्रता, मानव की प्रतिष्ठा का ध्यान रखते हैं। वे मानव के हित की सुरक्षा को सर्वोपरि मानते हैं, इसलिए वे किसी भी ऐसी विचारधारा की कटु आलोचना करते हैं जो मानवहित की अवहेलना कर समाज में अधिनायकवाद को प्रश्रय देती हैं। उनके अनुसार मानव समाज का रचयिता है। सहकारी सामाजिक संबंध मानब के गुणों के विकास में सहायक होते हैं किन्तु समाज की प्रगति व्यक्ति के विकास से ही होती है। समुदाय के लिए व्यक्ति का होना अनिवार्य है। उसका विकास ही वास्तविक है, जिसका अनुभव व्यक्ति को होता है।

मानवतावाद, जैसाकि शब्द से ही स्पष्ट होता है, मानवता को ही अपने अध्ययन का विषय बनाता है। मानवता से तात्पर्य उस लक्षण से है जो मानव को मानव बनाता है। मानवतावाद का अंग्रेजी पर्याय ह्यूमेनिजम है। ह्यूमेनिजम यूनानी शब्द ह्यूमेनस से निकला है, जिसका तात्पर्य मानव या मानव कल्याण से संबंधित विचार से है। मानवतावादी विचारधारा का प्रारम्भ यूनानी दार्शनिक प्रोटेगोरस से मिलता है जिसके अनुसार मनुष्य ही सभी वस्तुओं का मानदण्ड है। यही मानवतावाद की मूलभूत भावना है। मार्क्स का भी यही विचार था कि मनुष्य मानवता की जड़ है।

पंडित नेहरू अपने मानवतावाद में लोगों को सावधान होने की बात पर जोर देते हैं। उनका कहना है कि अब वह समय आ गया है कि सभी चिन्तनशील

व्यक्तियों को चुप रहना छोड़कर मानवता के भविष्य के बारे में सोचना चाहिए कि इस विकसित विश्व को कैसे बचाया जाये? परम्परागत विश्वासों और अन्धी मनोवृत्तियों को छोड़कर हमें नये कदम उठाने चाहिए। मानव सभ्यता की रक्षा के लिए वर्तमान व्यवस्था में परिवर्तन लाना होगा। इस संदर्भ में पंडित नेहरू प्रचलित साम्यवाद और अधिनायकवाद विचारधाराओं का उल्लेख भी करते हैं, जो मानव सभ्यता को विनाशकारी परिस्थितियों से बचाने में सक्षम नहीं रही, फिर भी लोग अंधी मनोवृत्ति से इन्हें अपनाते चले आ रहे हैं। पंडित नेहरू मानव को पुनः सचेत करते हुए, उसकी मानवता को जाग्रत करते हैं। वे मानते हैं कि चारों तरफ उपस्थित विपत्ति और अस्थिरता ऐसे ही साम्यवाद और अधिनायकवाद का परिणाम हैं। आज के प्रगतिशील, सभ्य विश्व को जरूरत है एक नयी आशा, नये विश्वास, नये विचार की, एक क्रान्तिकारी दार्शनिक विचारधारा की, जो सिद्धान्त और व्यवहार में समय के अनुकूल हो।

पंडित नेहरू के वैज्ञानिक मानवतावाद का सार

पंडित नेहरू एक महान चिन्तक थे। उनके चिन्तन का केन्द्र बिन्दु मानव था। मानव के विभिन्न पक्षों में उसका हित उनके चिन्तन का सार था। उनके अधिकांश विचार 'मानव हित', 'मानव विकास', तथा 'मानव सुरक्षा' आदि से ओत-प्रोत है। मानव का एहिक सुख, परमार्थ, मानव दुःख निवारण तथा मानव हितों का संवर्द्धन ही उनके जीवन का परम अभीष्ट था। उन्होंने एक स्वतंत्र विश्व समाज के निर्माण की कल्पना की जिसमें सभी लोग स्वतंत्र रहकर बौद्धिक रूप से सामाजिक कल्याण, विकास एवं सुरक्षा के लिए योगदान करें। मानवता उनका सर्वोच्च आदर्श और मानव-सेवा उनका यथार्थ साधन था। उनके इन्हीं विचारों को मानवतावाद कहा जाता है।

पंडित नेहरू का मानवतावाद धर्माश्रित नहीं है, क्योंकि यह किसी अतिप्राकृतिक सत्ता की कल्पना पर आधारित नहीं है। उनके मानवतावादी दृष्टिकोण को आध्यात्मिक भी नहीं कहा जा सकता, क्योंकि उसमें आत्मा जैसी किसी सत्ता की भी कल्पना नहीं है। पारलौकिकता से उनका मानवतावाद पूर्णतः अछूता है। वे रूढ़िवादी परम्परागत धार्मिक अन्धविश्वासों से अलग एक सर्वथा नवीन नींव अपने मानवतावाद को प्रदान करते हैं। यह नींव है विज्ञान की।

विज्ञान शब्द का प्रयोग पंडित नेहरू बहुत ही व्यापक अर्थ में करते हैं। उनके विचार में विज्ञान एक स्वतंत्र और सम्पूर्ण दृष्टिकोण है जिसको वे वैज्ञानिक दृष्टिकोण कहते हैं। वैज्ञानिक दृष्टिकोण वह बौद्धिक, स्वतंत्र एवं सम्पूर्ण दृष्टिकोण है जिसके

अन्तर्गत किसी तथ्य को तर्क-वितर्क के प्रयोग और परिणाम की परीक्षा, नयापन, निष्पक्ष आलोचना, दोषपूर्ण बातों का निराकरण, असंगत बातों का बहिष्कार स्वयं जीवन तथा जीवन के सभी पहलुओं से है। यह दृष्टिकोंण समष्टिगत है। उनके अनुसार ऐसे ही वैज्ञानिक दृष्टिकोण से मानव मात्र का हित विकास एवं संरक्षण संभव है। हमारे जीवन में जो द्वन्द्व, संघर्ष, संग्राम, अशान्ति, हिंसा और दुःख की घटनाएँ देखी जाती हैं उनका मूल कारण वैज्ञानिक और अवैज्ञानिक दृष्टिकोण का अन्तर ही है। वैज्ञानिक दृष्टिकोण का क्षेत्र सम्पूर्ण विश्व एवं मानव मात्र है, सम्पूर्ण मानसिक तथा शारीरिक जीवन है। यद्यपि विज्ञान में परिवर्तन संभव है, तथापि, पंडित नेहरू के अनुसार वैज्ञानिक दृष्टिकोण में कोई परिवर्तन नहीं होता। इसलिए हमको अपने विचारों और कार्यों में सामाजिक, राजनीतिक, आर्थिक, दार्शनिक, धार्मिक आदि में- वैज्ञानिक दृष्टिकोण ही अपनाना चाहिए।

पंडित नेहरू का मानवतावाद वैज्ञानिक दृष्टिकोण पर आधारित है। इसलिए उनके मानवतावाद को वैज्ञानिक मानवतावाद कहा जाता है। यह वैज्ञानिक मानवतावाद, वैज्ञानिक दृष्टिकोण और मानवतावाद का समन्वय है। वैज्ञानिक- दृष्टिकोण ही इसकी नींव है।

पंडित नेहरू के (वैज्ञानिक) मानवतावाद पर प्रभाव

पंडित नेहरू के वैज्ञानिक मानवतावाद पर विभिन्न विचारों की छाप स्पष्टतः परिलक्षित होती है। अपने राजनीतिक जीवन में वे महात्मा गाँधी के अत्यन्त नजदीक रहे। अतः वे महात्मा गाँधी के सुदृढ़ नैतिक विचारों से प्रभावित हुए। इसीलिए उनके वैज्ञानिक मानवतावाद के सबल स्तम्भ नैतिक विचार हैं। वॉन-ड्यूवी के प्रकृतिवादी विचारों ने भी पंडित नेहरू को आकृष्ट किया, इसलिए उनके मत में प्रकृतिवादी विचार की प्रधानता है। इसी तरह लामोण्ट ने अपने मानवतावाद में विज्ञान का समावेश किया तथा इसको सर्वाधिक गौरव प्रदान किया। लामोण्ट के इस विज्ञान संबंधी विचार का प्रभाव पंडित नेहरू के वैज्ञानिक मानवतावाद पर स्पष्टतः अंकित है।

1. इतना ही नहीं, पंडित नेहरू का मानवतावाद मार्क्सवादी मानवतावाद से कुछ बिन्दुओं पर प्रभावित कहा जा सकता है। प्रत्यक्षवादी कोंत से प्रभावित पंडित नेहरू मानव सेवा को ही तथाकथित धर्मानुष्ठान कहते हैं। महात्मा बुद्ध के व्यावहारिक या लौकिक दर्शन की भी पंडित नेहरू पर अधिक छाप है।

2. तत्कालीन भारत में धर्मप्रसूत भाग्यवाद, नियतिवाद, पुनर्जन्म तथा समाजप्रसूत, अशिक्षा, अज्ञान, बेरोजगारी, गरीबी और भुखमरी ने पंडित नेहरू को निषेधात्मक रूप से प्रभावित किया है।

उनके वैज्ञानिक मानवतावाद के प्रतिपादन के संदर्भ में उनके व्यक्तिगत दृष्टिकोण, पारिवारिक वातावरण और विदेश प्रवास के क्रम में वैज्ञानिक अध्ययन के महत्वपूर्ण योगदान को भी अस्वीकार नहीं किया जा सकता।

इस प्रकार पंडित नेहरू का वैज्ञानिक मानवतावाद केवल विज्ञान और मानव कल्याण का ही समन्वय नहीं है, बल्कि इसमें प्रगतिवादी, बुद्धिवादी, प्रत्यक्षवादी, प्रजातन्त्रवादी, उदारवादी, मूल्यवादी, यथार्थवादी जैसे अनेक मतों का समन्वय है।

पंडित नेहरू के वैज्ञानिक मानवतावाद की विशेषताएँ

1. पंडित नेहरू का वैज्ञानिक मानवतावाद नैतिकवादी है। क्योंकि यह मानव के एहिक आचरण पर बल देता है। यह विश्वास करता है कि बिना किसी आध्यात्मिक या धार्मिक मान्यता के मानव अपने आर्थिक, सांस्कृतिक, सांसारिक, सुख सम्पन्नता, स्वतंत्रता एवं विकास के एहिक उद्देश्य को प्राप्त कर सकता है।
2. यह प्रत्यक्षवादी है, क्योंकि एक ओर जहाँ यह अतिप्राकृतिक, आध्यात्मिक एवं धार्मिक शक्तियों एवं विचारों का निषेध करता है, वहीं दूसरी ओर इन्द्रिय अनुभूति एहिक संबंध एवं आचरण, मानवीय असीम शक्ति अपनी प्रत्यक्ष तथ्यों में दृढ़ विश्वास रखता है।
3. यह किसी अतिप्राकृतिक, आध्यात्मिक धार्मिक अमूर्त सत्ता में विश्वास नहीं करता। यह प्रकृति तथा इसके नियमों को ही सर्वोच्च मानता है। प्रकृति के नियमों के अनुकूल ही सम्पूर्ण विश्व की क्रिया-प्रतिप्रक्रियाओं का नियंत्रण एवं संचालन होता है, ऐसा यह मत मानता है। इसलिए इसे प्रकृतिवादी कहा जा सकता है।
4. प्रत्यक्षवादी और प्रकृतिवादी होने के कारण यह स्वाभाविक रूप से विकासवादी है, क्योंकि इसके अनुसार सम्पूर्ण विश्व विकास का परिणाम है, किसी सत्ता के सृजन का नहीं ।
5. यह मानव जैसे चेतनशील प्राणी का विकास भौतिक पदार्थ का विकासात्मक प्रक्रियाओं का परिणाम मानता है। इसलिए यह तत्वमीमांसीय रूप में भौतिकवाद का प्रतिपादक है। दूसरी ओर, चूँकि इसके अनुसार मानव

जीवन का उद्देश्य भौतिकता को प्राप्त करता है, इसलिए नीतीशास्त्रीय रूप में भी इसे भौतिकवादी कहा जा सकता है।

6. यह प्रजातन्त्र, स्वतंत्रता, समानता, सर्व सुखाय एवं सर्व हिताय, पर बल देता है। इसलिए यह उदारवादी एवं परोपकारवादी है। इसी कारण यह राजनीतिक, आर्थिक, सामाजिक एवं सांस्कृतिक विकास की संभावनाओं से परिपूर्ण है।

7. यह मानवीय बुद्धि को सर्वाधिक गौरव एवं महत्त्व प्रदान करता है। यह आस्था, परम्परा, मान्यता आदि की बौद्धिक परीक्षा करता है और ग्राह्य सिद्ध होने पर उन्हें स्वाकार करता है अन्यथा अस्वीकार। इस परिवेश में यह बुद्धिवादी प्रकट होता है। चूँकि यह तर्क-वितर्क, समीक्षा प्रयोग एवं परिणाम के आधार पर अपना दृष्टिकोण स्थापित करता है। इसलिए इसको विज्ञानवादी कहा जाता है।

8. यह मानवीय जीवन को समष्टिगत मानता है। इसलिए मानवीय जीवन के सर्वांगीण विकास के लिए कला, साहित्य, मनोरंजन तथा सांस्कृतिक विकास का पक्षधर है। यह भौतिक विकास का पोषक अवश्य है, परन्तु साथ-साथ मानसिक विकास को भी आवश्यक मानता है। वस्तुतः मानवीय जीवन के सर्वांगीण विकास के लिए उसका भौतिक एवं मानसिक दोनों विकास नितान्त ही अपेक्षित हैं।

9. यह मानव को विवेकशील प्राणी मानता है जिसका आदर्श मूल्यों के प्रति प्रतिबद्धता है। मूल्यों से प्रतिबद्ध होने के कारण यह मूल्याश्रित धर्म है। अतः इसका आदर्श मूल्याश्रित धर्म में अन्तर्निहित है।

10. पंडित नेहरू का वैज्ञानिक मानवतावाद विज्ञान, धर्म और दर्शन का सामंजस्य है। यह तर्क-वितर्क, समीक्षा, प्रयोग और परिणाम पर आधारित है, इसलिए यह वैज्ञानिक है। फिर यह मूल्याश्रित है, इसलिए यह धर्म है। इसी प्रकार सम्पूर्णतः वैद्धिक दृष्टिकोण पर आधारित है। इसलिए यह एक दर्शन है।

11. यह किसी अतिप्राकृतिक सत्ता, आध्यात्मिक सत्ता में विश्वास नहीं करता, इसलिए तदनुकूल यह भाग्यवाद, नियतिवाद, परलोक, पुनर्जन्म आदि में विश्वास नहीं करता। इसके विपरीत यह प्रकृतिवादी एवं प्रत्यक्षवादी है, इसलिए यह कर्म में विश्वास करता है। इहलौकिकता इसका क्षेत्र और सीमा है।

12. यह अन्तर्राष्ट्रीयता का पोषक है। पंडित नेहरू अन्तर्राष्ट्रीय सहयोग, सह-अस्तित्व, सह-विकास के पक्षधर थे। इसी प्रसंग में उन्होंने पंचशील का प्रतिपादन किया था। गुट-निरपेक्षता इस दिशा में उनकी एक महत्वपूर्ण पहल थी। वे सभी राष्ट्रों, धर्मों, सम्प्रदायों एवं जातियों को एक ही 'मानव-समाज' मानते थे। इसलिए उनके विचार में एकीकरण या अन्तर्राष्ट्रीयता का भाव है।

पंडित नेहरू के वैज्ञानिक मानवतावाद की अभिव्यक्ति उनकी राजनीतिक धार्मिक, सामाजिक, आर्थिक, सांस्कृतिक एवं वैज्ञानिक नीतियों में स्पष्ट देखी जा सकती है। उनकी राजनीतिक पंचशील-नीति और गुट-निरपेक्षता, उनकी धार्मिक नीति में धर्म-निरपेक्षता, सामाजिक एवं आर्थिक नीतियों में उपनिवेशवाद, सामन्तवाद, पूँजीवाद का कड़ा विरोध देखने को मिलता है। उन्होंने अनेक उद्योगों की स्थापना, सांस्कृतिक नीतियों में हिन्दी को राष्ट्रभाषा का गौरव प्रदान करना, कला के विकास के लिए अनेक सुविधाओं को प्रदान करना तथा अनेक प्रोत्साहन, उनकी वैज्ञानिक नीति में अनेक वैज्ञानिक आयोगों की स्थापना, वैज्ञानिकों को प्रोत्साहन, वैज्ञानिक तकनीक के विकास के लिए सक्रिय पहल आदि उनके वैज्ञानिक मानवतावाद के पक्ष में साक्ष्य हैं।

गुट-निरपेक्षता की अवधारणा : पृष्ठभूमि

द्वितीय विश्वयुद्ध के बाद शक्तिशाली राष्ट्रों का पतन हुआ और कुछ नई महाशक्तियाँ उभरीं। ब्रिटेन, फ्रान्स युद्ध के पूर्व की अपेक्षा कमजोर हो गए और जर्मनी, इटली तथा जापान का तो पतन ही हो गया। महाशक्तियों के रूप में सोवियत संघ तथा संयुक्त राज्य अमेरिका उभरे। ये दोनों देश दो प्रकार की शासन पद्धतियों का प्रतिनिधित्व करते थे। सोवियत संघ साम्यवादी गुट का नेतृत्त्व करता था और अमेरिका पूँजीवादी गुट का। अन्य छोटी-छोटी शक्तियाँ इन्हीं दो खेमों में बँटी हुई थीं। ये दोनों महाशक्तियाँ प्रतिद्वन्द्वी थीं और अपने-अपने प्रभाव-विस्तार का प्रयत्न कर रही थीं। दोनों ने खुलकर एक-दूसरे के विरुद्ध युद्ध की घोषणा तो नहीं की परन्तु नीतियाँ दोनों की परस्पर विरोधी थीं। अतः जिन देशों ने एक खेमे का समर्थन किया, उनका दूसरे खेमे वाले ने विरोध किया। यह स्थिति थी शीतयुद्ध की- युद्ध की घोषणा नहीं, पर युद्ध की-सी स्थिति, आक्रमण नहीं पर आक्रामक व्यवहार। ऐसी स्थिति में 1947 में स्वतंत्र हुए भारत को अपनी विदेशी नीति का निश्चय करने में किसी भी गुट का आँख मूँद कर समर्थन करना कठिन था। कठिनाई थी अपने देश के विकास में। कठिनाई थी अपने उद्देश्य की पूर्ति में। महात्मा गाँधी ने

ही विश्व शांति, समानता तथा स्वतंत्रता को भारत की सर्वोपरि विदेश नीति माना था। किसी भी गुट से आबद्ध हो जाने पर उस गुट का पक्षधर बन जाना आवश्यक हो जाता है। फलतः उस गुट की गलत नीतियों का समर्थन भी आवश्यक होता, ऐसी स्थिति में विश्वशांति की ओर अग्रसर होना संभव नहीं था। अतः भारत ने दोनों गुटों से पृथक रहकर दोनों से मैत्री तथा सहयोग की नीति को अपनाया। इसी नीति को गुट-निरपेक्षता की नीति कहा जाता है।

एतिहासिक दृष्टि से भारत बुद्धकालीन युग से अहिंसक दर्शन का अगुआ रहा है। मध्यकालीन युग में युद्ध हुए परन्तु उस काल में भक्त कविओं ने भी अहिंसा तथा अभेद के पाठ का प्रचार किया। समकालीन युग में महात्मा गाँधी ने नेतृत्व में अहिंसा के द्वारा ही ब्रिटिश साम्राज्य के विरुद्ध स्वतंत्रता का संग्राम हुआ।

गुट-निरपेक्षता

गुट-निरपेक्षता, इसलिए एक आदर्शवादी नीति है। क्योंकि, विश्वशांति ही इसका आदर्श है। दो विश्वयुद्धों का परिणाम मानवजाति के लिए विनाशकारी रहा था। मानवजाति का विकास युद्ध के वातावरण में नहीं, शांति के वातावरण में ही संभव है। किसी शक्तिशाली गुट का पक्ष लेना उस आदर्श का हनन है। अतः गुट-निरपेक्षता एक आदर्शवादी नीति है। किन्तु यह एक खोखली नीति नहीं है। अपने देश का हित भी इसी में समाहित है। अतः इसमें आदर्शवाद तथा राष्ट्रीय हित का समन्वय है।

गुट-निरपेक्षता की नीति का सूत्रपात 7 सितम्बर 1946 में पंडित नेहरू ने अपने रेडियो भाषण में किया था। यह एक मानववादी नीति है। मानव विकास युद्धों के वातावरण में पल्लवित तथा विकसित नहीं होता। अतः विश्वशांति की ओर अग्रसर होना मानव हित में है, क्योंकि इसी में उसका विकास संभव है। पंडित नेहरू की राजनीति का आदर्श समग्र मानवजाति का विकास है। इस आदर्श की पूर्ति के हित में गुट-निरपेक्षता एक आवश्यक कदम है।

माइकेल वेशर का मत है कि युद्ध चाहे कहीं भी हो वह सभी देशों के लिए खतरनाक होता है। इससे दोनों खेमों के बीच तनाव का स्तर बढ़ जाता है। इससे आर्थिक विकास अवरुद्ध हो जाता है। इसी कारण से गुट-निरपेक्षता की नीति भारतीय मानस को व्यक्त करता है। यह उसकी दार्शनिक परम्परा के अनुरूप है।

भारत की भौगोलिक स्थिति भी गुट-निरपेक्षता की ओर प्रेरित करती है। इसकी सीमाएँ साम्यवादी देशों के निकट हैं। अतः पश्चिमी देशों से गठबन्धन करना विवेक सम्मत नहीं है। इसलिए पंडित नेहरू गुटबद्धता को युद्धकालीन मनोवृत्ति मानते थे।

अतः गुट-निरपेक्षता एक भावात्मक, सक्रिय, रचनात्मक, सत्यनिष्ठ मानवतावादी तथा आदर्शवादी नीति है।

गुट-निरपेक्षता की विवेचना

पंडित नेहरू ने गुट-निरपेक्षता को भारत और दूसरे विकासमान देशों के लिए राष्ट्रीय हितों और स्थायी विश्वशांति को सुनिश्चित करने की सर्वोत्तम नीति के रूप में स्वीकारा था। युद्धोत्तर दुनिया में, जो दो विरोधी शिविरों में बँट गयी थी, पंडित नेहरू ने सैनिक और राजनीतिक गुटों में भाग न लेने का सिद्धान्त पेश किया। किसी भी गुट से गठबंधन को पंडित नेहरू ने अन्तर्राष्ट्रीय प्रश्नों में स्वतंत्र स्थिति रखने की संभावना से इन्कार के रूप में देखा। स्वतंत्रता के पहले दिनों से ही पंडित नेहरू ने जोर दिया कि किसी ग्रुप या गुट में भारत के भाग न लेने का तटस्थता या निष्क्रियता या अन्य किसी चीज से कोई संबंध नहीं है। उनके विचार में, गुट-निरपेक्षता भारत को किसी देश या देशों के ग्रुप से स्वतंत्र चयन के अनुसार जुड़ने की संभावना देती है, बशर्ते कि प्रश्न विशेष पर उनके दृष्टिकोण मिलते हों।

पंडित नेहरू गुट-निरपेक्षता के पथ-प्रदर्शक थे। उनके विचार में, यह सिद्धान्त उन वस्तुगत परिस्थितियों का परिणाम था, जिसमें नव-स्वतंत्र देशों ने अपने को पाया था, कि गुट-निरपेक्षता मात्र एक नीति नहीं, वरन् इन वस्तुगत परिस्थितियों पर एक अनुक्रिया थी। उन्होंने गुट-निरपेक्षता के तीन कारण और तीन उद्देश्यों को स्पष्ट रूप से बताया।

1. भारत की आर्थिक कमजोरी और पिछड़ापन शीघ्रातिशीघ्र दूर करने की उसकी आकांक्षा ने उसे बड़ी मात्रा में विदेशी सहायता पर अवलम्बित होने के लिए विवश कर दिया था। एक गुट-निरपेक्ष देश उसे विभिन्न दाता देशों से प्राप्त कर सकता और प्राप्त करता था।
2. गुट-निरपेक्षता एशिया और अफ्रीका के देशों की साम्राज्यवादी राज्यों पर, जो उनके भाग्य के मालिक बन बैठे थे, निर्भरता समाप्त करने की आकांक्षा से प्रेरित थी। यह वस्तुतः आत्मनिर्भरता, यूरोपीय-अमेरिकी संरक्षण से मुक्ति, महाशक्तियों के टकरावों और विवादों में उलझने से इन्कार करने का आह्वान था।
3. गुट-निरपेक्षता शांति की चिन्ता से प्रेरित थी, जिसे पंडित नेहरू नव स्वतंत्र देशों की प्रगति और आर्थिक सहायता पाने की एक अनिवार्य शर्त मानते थे। पंडित नेहरू ने गुट-निरपेक्षता में विश्वशांति के सुदृढ़ीकरण की दो संभावनाएँ देखीं।

(क) दो विरोधी गुटों को मध्यस्थता के द्वारा एक-दूसरे के निकट लाना और,

(ख) अन्तर्राष्ट्रीय सम्बन्धों को स्थिर करने के उद्देश्य से गुट-निरपेक्ष राष्ट्रों से गठित शांति क्षेत्र की स्थापना करना और उसे व्यापक बनाना।

कुछ एशियाई देशों की सहभागिता से पश्चिमी राज्यों द्वारा बनाये गये सैनिक गुटों के प्रति पंडित नेहरू के नकारात्मक रुख और एशिया में साम्राज्यवादी घुसपैठ पर उनके विरोध में गुट-निरपेक्षता का साम्राज्यवाद विरोधी सारपूर्णत: देने से पंडित नेहरू के इन्कार का बहुत महत्त्व था, जिसे 1951 में संयुक्त राज्य अमेरिका ने जापान के साथ किया था। इस संधि से इस एशियाई देश में संयुक्त राज्य अमेरिका को केवल सैनिक अड्डे ही नहीं, अपितु जापानी भूक्षेत्र के एक भाग पर प्रशासनिक नियंत्रण भी दिये। संयुक्त राज्य अमेरिका ने आस्ट्रेलिया, न्यूजीलैण्ड और फिलीपीन्र के साथ जो सुरक्षा संधियाँ कीं, उन पर भी पंडित नेहरू ने नकारात्मक रुख लिया। उनका ख्याल था कि भारत द्वारा इन संधियों की मान्यता गुट-निरपेक्षता की उसकी नीति को समाप्त कर देगी।

पंडित नेहरू छठे दशक के मध्य में एशिया में स्थापित दो साम्राज्यवादी सैनिक गुटों सीएटो और बगदाद संधि के प्रति भी उतने ही असहनशील थे। वह उसे भारत के लिए प्रत्यक्ष खतरा मानते थे। वह विश्वासित थे कि इन सैनिक गुटों ने, जो कम्युनिस्ट खतरे के विरुद्ध संघर्ष की आड़ में काम करते हैं, भूतपूर्व औपनिवेशक देशों के शोषण को संभव बनाने वाली साम्राज्यवादी राज्यों की स्थिति का अक्षुण्ण रखने की कोशिश की। उनके विचार में, ये सैनिक संधियाँ अन्तर्राष्ट्रीय परिस्थिति के उन नये कारकों को स्वीकार नहीं करतीं, जो शांति, निरस्त्रीकरण और तनाव-शैथिल्य को बढ़ावा देते हैं। वे इन कारकों का जानबूझकर प्रतिरोध करती हैं और द्वेष, भय और अविश्वास को बढ़ाने वाली निरस्त्रीकरण में बाधा डालने वाली प्रवृत्तियों को प्रोत्साहित करती हैं।

इस प्रकार पंडित नेहरू ने गुट-निरपेक्षता को शांति के लिए और उपनिवेशवाद के विरुद्ध संघर्ष में एक सक्रिय स्थिति के रूप में समझा, जिसने उन्हें अन्तर्राष्ट्रीय कम्युनिस्ट तथा मजदूर आन्दोलन में शांति, प्रगति एवं स्वतंत्रता के सभी समर्थकों के बीच ख्याति दिलायी। परन्तु पंडित नेहरू की स्वतंत्र विदेश नीतिक लाइन से असंतुष्ट कई अध्येताओं और राजनीतिज्ञों ने उनकी इस बात के लिए आलोचना की कि उनकी गुट-निरपेक्षता सुसंगत नहीं थी, कि वह एकांगी स्वरूप की थी, कि पंडित नेहरू ने दो विश्व-प्रणालियों के बीच संतुलन का पालन नहीं किया तथा उनका अधिक झुकाव समाजवादी दुनिया और सोवियत संघ की ओर था। ऐसी

आलोचना स्वभावत: जॉन एफ० डलसे ने की, जिन्होंने घोषणा की कि तटस्थता की धारणा मूलत: 'पुरानी, अनैतिक और अदूरदर्शी' है। उनका मानना था कि "पंडित नेहरू की तटस्थता पूर्व और पश्चिम के बीच की कड़ी तटस्थता नहीं थी।" एक कट्टर उपनिवेशवादी अंग्रेज डब्ल्यू० क्रोकर ने निंदात्मक ढंग से कहा कि "पंडित नेहरू के लिए गुट-निरपेक्षता का अर्थ संयुक्त राज्य अमेरिका से गठबन्धन करने या उसे भारतीय भूमि पर अड्डे रखने देने की अनिच्छा था।" 1961 में वाशिंगटन में अमेरिकी राजदूत ए० स्टीवेन्स ने इस आशय की टिप्पणी की कि जब गुट-निरपेक्षता एक ओर दूसरी ओर से ज्यादा झुक जाती है, तो वह सोवियत संघ को अधिक अतिवादी दुस्साहस करने के लिए प्रेरित करती है।"[18]

स्वतंत्र भारत की विदेश नीति लाईन की दक्षिणपक्ष की ओर से यह आलोचना तटस्थता से गुट-निरपेक्षता को तद्रूपित करने पर आधारित है, जिसका पंडित नेहरू ने बारम्बार विरोध किया। उन्होंने गुट-निरपेक्षता की कल्पना समाजवादी दुनिया और पूँजीवादी दुनिया के बीच संतुलन के रूप में नहीं की। वास्तव में, उन्होंने दोनों के बीच स्वतंत्र चयन के अधिकार को अपने पास बनाये रखा। फिर भी, स्वतंत्रता, शांति और प्रगति के लिए संघर्ष के हितों ने पंडित नेहरू की स्थिति को अक्सर साम्राज्यवादी देशों के मुकाबले में समाजवादी राष्ट्रमण्डल से निकटतर ला दिया।

पंचशील : पृष्ठभूमि

द्वितीय विश्वयुद्ध की विभीषिकाओं से पूर्णत: यह झलक रहा था कि अन्तर्राष्ट्रीय संबंधों का यदि नियंत्रण नहीं हो तो मानव अस्तित्व ही खतरे में पड़ जायेगा। नागासाकी तथा हिरोशिमा पर परमाणु बम का प्रयोग इसका साक्षी है। अत: अन्तर्राष्ट्रीय संबंधों को नियंत्रित करने के लिए पंडित नेहरू ने न केवल एक अन्तर्राष्ट्रीय व्यवस्था या कानून की आवश्यकता महसूस की अपितु राष्ट्रों के परस्पर व्यवहार के लिए सभी के हित के लिए कुछ सामान्य व्यवहार के नियमों को आवश्यक बताया। यदि इन नियमों का पालन अनिवार्य न माना जाये तो परस्पर युद्ध की स्थिति बनी रहेगी तथा बड़े राज्य अन्य राज्यों के लिए खतरनाक हो जायेंगे। इसी दृष्टि से पंडित नेहरू ने अन्तर्राष्ट्रीय व्यवहार के लिए पाँच तथ्यों को आवश्यक माना जिसे 'पंचशील' कहते हैं।

पंचशील

29 अप्रैल 1954 को भारत और चीन के बीच तिब्बत को लेकर यह समझौता हुआ था। पंडित नेहरू तथा चाऊ-एन-लाई ने अपने एक संयुक्त वक्तव्य में पाँच सिद्धान्तों का प्रतिपादन किया था। ये पाँच सिद्धान्त थे–

1. क्षेत्रीय अखण्डता तथा सर्वसत्ता का परस्पर आदर।
2. अनाक्रमण।
3. एक-दूसरे से आन्तरिक मामलों में अहस्तक्षेप।
4. समानता तथा परस्पर लाभ।
5. शांतिपूर्ण सह-अस्तित्व।

पंचशील के निम्नलिखित आदर्श हैं।

1. क्षेत्रीय अखण्डता तथा सर्वसत्ता का परस्पर आदर

सभी राज्य एक-दूसरे की प्रभुता और भौगोलिक सीमाओं का आदर करें। जिस प्रकार प्रत्येक व्यक्ति को जीने का अधिकार है, राष्ट्रों को भी अपने अस्तित्व को कायम रखने का अधिकार बनता है। राष्ट्रों का अस्तित्व दो प्रकार से खतरे में पड़ सकता है–

1. यदि उसकी प्रभुता को न माना जाये, और
2. यदि उसकी भौगोलिक सीमाओं का अनादर हो अर्थात् उसकी सीमाओं के अन्तर्गत जो नियम हों उनका उल्लंघन हो।

2. अनाक्रमण

कोई राज्य दूसरे राज्य पर आक्रमण करके उसकी राष्ट्रीय सीमाओं का उल्लंघन न करे। यदि कोई राज्य दूसरे राज्य की सीमाओं का उल्लंघन करे तो युद्ध होने का भय रहता है और उनमें से कमजोर राष्ट्र के अस्तित्व पर भी खतरा बन जाता है।

3. एक-दूसरे से आन्तरिक मामलों में अहस्तक्षेप

कोई राज्य दूसरे राज्य के मामने में हस्तक्षेप न करे। सभी राष्ट्र प्रभुत्व सम्पन्न हैं। अतः सभी राष्ट्रों को स्वतंत्रता का अधिकार है। सभी राष्ट्रों को इस अधिकार का आदर करना चाहिए। अतः किसी राष्ट्र के आन्तरिक मामलों में हस्तक्षेप करने का अधिकार अन्य राष्ट्रों को नहीं है।

4. समानता तथा परस्पर लाभ

सभी राज्यों में समानता का भाव हो और वे पारस्परिक सहयोग से काम लें। सभी राष्ट्र एक समान शक्तिशाली नहीं होते। परन्तु यदि शक्तिशाली राज्य कमजोर राष्ट्रों को समान भाव से न देखें तो उनमें आपसी सौहार्द्र तथा मैत्रीभाव नहीं रहेगा। इससे

आपसी कलह और युद्ध की संभावनाएँ बढ़ जाती है। अतः पारस्परिक सहयोग के लिए समानता का भाव आवश्यक हो जाता है। नैतिक दृष्टिकोण से सभी राष्ट्र बराबर हैं। उनके अधिकार और उनके नैतिक दायित्व बराबर हैं। इसलिए सभी राष्ट्रों को समानता का आदर करना चाहिए।

5. शांतिपूर्ण सह-अस्तित्व

सभी राज्य शांतिपूर्वक एक-दूसरे के साथ रहें। परमाणु बम के आविष्कार के बाद युद्ध का परिणाम इतना विनाशकारी हो जाने की संभावना है जिसकी कल्पना भी नहीं की जा सकती और सम्पूर्ण मानव जाति का अस्तित्व खतरे में पड़ जा सकता है। अतः मानव जाति के अस्तित्व के लिए ही सभी राज्यों को शांति का मार्ग अपनाना आवश्यक है।

यह केवल अन्तर्राष्ट्रीय संबंधों पर ही असर नहीं डालता बल्कि घरेलू संबंधों पर भी। राष्ट्रीय समस्याओं पर भी इसका असर पड़ता है और अगर उन देशों में जिनके सामने अपनी ही समस्याएँ हैं शांतिपूर्ण और सक्रिय सह-अस्तित्व की नीति का अनुसरण किया जाये तो इसमें कोई सन्देह नहीं है कि हम अपने लक्ष्य पर पहुँच सकेंगे। किन्तु इस शांतिपूर्ण, सक्रिय सह-अस्तित्व के लिए अधिक समझदारी और कल्पना की आवश्यकता है। जब तक हमारे अन्दर एक बिल्कुल भिन्न दृष्टिकोण का विकास नहीं होता, तब तक यह शांतिपूर्ण सह-अस्तित्व राष्ट्रीय या अन्तर्राष्ट्रीय क्षेत्रों में काम नहीं कर सकता।

महात्मा बुद्ध और पंडित नेहरू के पंचशील का तुलनात्मक अध्ययन

पंचशील का यही सिद्धान्त 2500 वर्ष पूर्व महात्मा बुद्ध ने एक भिन्न रूप में सामने रखा था। उन्होंने कहा था कि यदि मनुष्य को मनुष्य बनना है तो उसे अधिक सहानुभूतिशील और सभ्य बनना होगा। महात्मा बुद्ध सबसे पहले हमें यह वसूल दिया–'हिंसा मत करो'। अहिंसा का व्रत धारण करो सभी समस्याओं को सुलझाने में अपने तरीके को लोकतंत्रीय, शांतिपूर्ण, अहिंसक बनाओ। यह पहला वसूल है जिसके बारे में उन्होंने (महात्मा बुद्ध ने) कहा था।

दूसरा वसूल है, जो उन्होंने बताया था, 'लोभ मत करो'। लोभ व्यक्ति के अन्दर भी हो सकता है और समूह के अन्दर भी। स्वार्थपरता व्यक्तिगत और समूहगत दोनों हो सकती है। जहाँ तक हो सके दूसरों की चीजों को मत हथियाओ।

तीसरा वसूल है, 'आत्मसंयम करो'। पहले हमें अपने ऊपर शासन करने का अभ्यास करना चाहिए, तभी तो हम दूसरों के ऊपर शासन करने की योग्यता पा

सकते हैं। हरेक व्यक्ति के लिए आत्मसंयम आवश्यक है, उसी प्रकार हरेक राष्ट्र के लिए भी आत्मसंयम महत्त्व रखता है। अगर हम डरते हैं तो क्रोध भी करते हैं। क्रोध से व्यक्ति पागल हो जाता है। पागलपन में तरह-तरह के काम होते हैं। अत: अगर हम इन बातों से बचना चाहते हैं, तो हमें अवश्य ही आत्मसंयम का अभ्यास करना होगा। हमें अपने संवेगों को वश में करने का सामर्थ्य होना चाहिए। वासनाओं का त्याग करना चाहिए। यह मुश्किल है। हम समझदार बनना चाहते हैं, लेकिन जैसा कि इरेज्मस ने कहा था, "ईश्वर का देखो, उसने विवेक को मस्तिष्क की कोशाओं में सीमित रखा, लेकिन वासनाओं का सारे शरीर में विस्तार कर दिया।" इस प्रकार मस्तिष्क की कोशिकाओं में सीमित विवेक के द्वारा वासनाओं पर नियंत्रण करना आसान बात नहीं है। इसलिए आत्मसंयम का अभ्यास करने के लिए कहा गया है।

चौथा वसूल है-'असत्य का आश्रय मत लो। ऊँची शक्तियों के रोष के भय से सत्य को मत छोड़ो। अपने अन्तःकरण के अनुसार चलो। असत्य का व्यवहार मत करो।

पंचम वसूल है-'मादक द्रव्यों का सेवन मत करो'। भावोत्तेजक कार्य या बातें बड़ी मादक चीज होती है। जब किसी श्रद्धास्पद चीज के नाम पर उनसे कोई माँग की जाती है तो लोगों के सिर फिर जाते हैं।

इस प्रकार स्पष्ट है कि 2500 वर्ष पहले, जिन पाँच वसूलों का महात्मा बुद्ध ने उपदेश दिया था वे पंडित नेहरू के पंचशील के ही सारतत्व थे। महात्मा बुद्ध ने जो बातें (उपदेश) मानव को इंगित करते हुए कहा था, पंडित नेहरू ने उन्हीं बातों को दूसरे शब्दों में राष्ट्र की ओर इशारा करते हुए कहा।

महात्मा बुद्ध ने अपने पहले उपदेश में कहा 'हिंसा से बचो'-यह तभी संभव है, जब सभी राष्ट्र क्षेत्रीय अखण्डता तथा सर्वसत्ता का परस्पर आदर करें।

महात्मा बुद्ध ने अपने दूसरे उपदेश में कहा 'लोभ से बचो'-तात्पर्य दूसरे राष्ट्र पर लोभ की दृष्टि मत डालो। जब लोभ की दृष्टि नहीं रहेगी तो 'अनाक्रमण' का पालन होगा ही।

महात्मा बुद्ध ने अपने तीसरे उपदेश में, 'आत्मसंयम' की बात कही थी। तात्पर्य 'एक-दूसरे से आंतरिक मामलों में अहस्तक्षेप'।

महात्मा बुद्ध ने अपने चौथे उपदेश में, कहा-'असत्य का आश्रय मत लो' तात्पर्य सबको 'समानता और परस्पर लाभ' का मौका मिलना चाहिए।

महात्मा बुद्ध ने अपने पाँचवें उपदेश में 'मादक चीजों के सेवन पर निषेध' लगाया है। मादक वस्तुओं से दूर रहने से मानसिक और व्यावहारिक स्तर पर संयम रहेगा। अतः 'शांतिपूर्ण सह-अस्तित्व' के भावों को प्रश्रय मिलेगा।

महात्मा बुद्ध ने जोर देकर कहा था कि मानव के पुनर्निर्माण के लिए ये जो पंचशील हैं इनका पालन करने से मानव सच्चे अर्थ में मानव बन जाता है। उसके संवेगों का परिष्कार हो जाता है और वह सभ्य बन जाता है। जब तक मानव का पुनर्निर्माण नहीं होता तब तक समाज का पुनर्निर्माण भी नहीं हो सकता।

मानव को अपनी कल्पना को विस्तृत करना होगा, अपनी सहानुभूति को फैलाना होगा, अन्य मानवों को, चाहे वे भाग्यहीन, गरीब, बीमार और अशिक्षित हों, अपना भाई समझना होगा, उन्हें गौरव देना होगा, उनकी स्थिति में सुधार करना होगा।

मानव जिन्दा है, इसलिए नहीं कि वह पार्थिव वस्तुओं का स्वामी है, बल्कि इसलिए कि उसके कुछ प्रिय आदर्श हैं और जब मानव अपने को मानव समुदाय का सदस्य मानता है तो उसके लिए यह जरूरी हो जाता है कि वह कुछ आधारभूत मूल्यों का स्वीकार करे।

पंडित नेहरू के पंचशील के सिद्धान्तों का उद्देश्य पारस्परिक विश्वास तथा सुरक्षा की भावना विकसित करना है। हालांकि पंचशील के सिद्धान्तों पर अनेक आलोचनाएँ हुई हैं, उसे 'ऊँचे आदर्शों का घोषणा पत्र' कहकर उसकी व्यावहारिकता पर संदेह व्यक्त किया गया।

पंडित नेहरू का अन्तर्राष्ट्रीय संबंधों का सिद्धान्त मैकियवेलीवाद तथा शक्ति-राजनीति का अस्वीकृति पर आधारित है। इसका उद्देश्य था कि यदि अन्तर्राष्ट्रीय क्षेत्र में बल प्रयोग को खत्म नहीं किया जा सकता तो, उसे न्यूनतम अवश्य किया जाये। उसके मूल में यह तथ्य निहित था कि राष्ट्र एक-दूसरे की भावनाओं को समझे तथा एक-दूसरे के अधिकारों तथा दावों का शांतिपूर्वक तथा सच्चाई से मूल्यांकन करे। इतना तो अवश्य था कि पंडित नेहरू किसी भी ताकत के सम्मुख समर्पण करना नहीं चाहते थे।

शान्तिदूत

उन्होंने जीवनभर शोषण एवं उत्पीड़न के विरुद्ध संघर्ष किया। उप-निवेशवाद के शोषण से त्रस्त एशिया एवं अफ्रीका के करोड़ों निवासियों का यदि उन्हें मुक्तिदाता कहा जाये तो कोई अत्युक्ति नहीं होगी। वह स्वतन्त्रता और जनतंत्र के पुजारी थे

और उन्होंने न केवल हमारे देश को ही स्वतत्रंता दिलाई, अपितु दुनिया के हर कोने में हो रहे उत्पीड़न, शोषण एवं दमन के विरुद्ध अपनी आवाज बुलन्द की।

पंडित नेहरू विश्व में 'शांतिदूत' के नाम से प्रसिद्ध थे। संसार के झगड़ों और मुसीबतों को हल करने के लिए अपने सुलझे हुए विचार प्रस्तुत कर उसे कार्यान्वित करने का प्रयास किया करते थे। विश्वशांति समानता और समझौतों के लिए विश्व प्रेमी, समदर्शी और चिन्तक जवाहरलाल के सर्वाधिक प्रभावशाली स्वर को यदि विश्व के दो महान् गुटों में से कोई अनसुना करना भी चाहे, तो भी उस महापुरुष की वाणी पर संसार को विचार करना ही पड़ता है।

यही कारण था कि तृतीय विश्व-युद्ध के काले बादल संसार पर मँडरा रहे थे, किन्तु वर्षा का रूप नहीं ले पाये। हिन्द चीन, कोरिया और कांगों मे अपने सैनिक भेजकर शांति-स्थापना का प्रयास किया था, तो मिश्र पर अंग्रेजी और फ्रांस के आक्रमण से विचलित पंडित नेहरू ने जो शंकर का तृतीय नेत्र खोला, तो उससे ब्रिटिश प्रधानमंत्री ईडन तक को त्याग पत्र देना पड़ा था। संसार के प्रायः सभी देश पंडित नेहरू को आमंत्रित कर अपनी जनता को उनके साक्षात दर्शन करा, उनका शांति का संदेश सुनवा अपने को धन्य समझते थे।

पंडित नेहरू एशिया के नेता थे। एशियाई देशों को स्वतंत्र कराने में उनका बड़ा हाथ था। पंचशील पर विश्वास रखने वाले एशिया के 29 राष्ट्रों का संगठन वांडुंग-सम्मेलन के रूप में जो प्रकट हुआ, उसका समस्त श्रेय पंडित नेहरू को ही दिया गया था।

वे शांति के अग्रदूत थे। वे सहयोग एवं सद्भावना के आधार पर अन्तर्राष्ट्रीय जगत में शांतिपूर्ण सह-अस्तित्व चाहते थे। अणुबमों के विनाशकारी विस्फोटों एवं शस्त्रात्रों के भार से त्रस्त मानवता की सुरक्षा के लिए उन्होंने सदैव विश्व के राजनीतिज्ञों को सलाह दी कि, केवल शांति के मार्ग से ही मानवता का कल्याण हो सकता है। इतिहास इस बात का साक्षी है कि (उनके प्रधानमंत्रीत्व के कार्यकाल) 18 वर्षों में कितने ऐसे अवसर आये, जबकि विश्वयुद्ध का सूत्रपात होने को ही था, किन्तु ऐसे अवसर पर पंडित नेहरू ने लड़ने के लिए तत्पर गुटों को समझौते का मार्ग सुलझाकर शांति भंग नहीं होने दी।

मानवतावाद की व्यावहारिकता

पंडित नेहरू हमेशा महसूस किया करते थे कि वे विश्व के नागरिक हैं। उन्होंने गुटों से अलग रहने का सिद्धान्त अपनाया। गुटों से अलग रहने की नीति निश्चयसूचक थी, सकारात्मक थी, और वह नीति राग-द्वेष जनित पूर्वाग्रहों के छिन्न-भिन्न करने

वाली थी। वह विश्व के मानवो को आज भी निकट ला रही है और एक-दूसरे को समझने में सहायक हो रही है। गुटों से अलग रहने की नीति का यह सच्चा अर्थ है। पंडित नेहरू ने पंचशील सिद्धान्त पेश किया। पंचशील से उनका अर्थ था सार्वजनिक कार्यो में आत्मसंयम की आवश्यकता। वह वांडुंग सम्मेलन और बेलग्रेड सम्मेलन में उपस्थित हुए। जहाँ तक भारत-चीन समझौतों का प्रश्न है उसमें उन्होंने प्रमुख भाग लिया। सब मामलों में उन्होंने महसूस किया कि मानवता सब राष्ट्रों से ऊपर है। हमारी पीढ़ी के सुपुर्द जो काम था वह केवल अपने राष्ट्र निर्माणं का काम नहीं था। प्रश्न तो सम्पूर्ण विश्व के निर्माण का था। यह निर्माण किसी एक खास ढाँचे पर संभव नहीं था। कोई भी राष्ट्र ऐसा कैसे सोच सकता था। कि उसे अपने ही ढाँचे पर विश्व का निर्माण करने का अधिकार है। प्रत्येक राष्ट्र की अपनी-अपनी निजी प्रतिभा और परम्परा होती है जो मिटाई नहीं जाती। उनको सुरक्षित रखना, जीवित रखना, ताकि दुनिया की विविधता और समृद्धि बनी रहे। प्रत्येक मानव को उसी खोज का सहयोग और सहयात्री समझना चाहिए। परमात्मा तक पहुँचने के लिए मानव को सभी व्यक्तियों की सहायता करने का प्रयत्न करना चाहिए। पंडित नेहरू ने नई विश्वव्यवस्था सिद्धान्त बताते हुए अपनी भारत की कहानी पुस्तक में संस्कृत श्लोकों के दो उद्धरण दिये हैं, एक श्लोक का अर्थ है ''समुदाय के हित के लिए कुटुम्ब को छोड़ दो, राष्ट्र की खातिर समुदाय को त्याग दो, विश्व की खातिर राष्ट्र का परित्याग कर दो और फिर अपनी पवित्र आत्मा के लिए विश्व भी छोड़ना पड़े तो छोड़ दो। वैयक्तिक स्वतंत्रता, वैयक्तिक आत्मा की शुचिता आवश्यक है। यदि मानव इन्हें खो बैठता है और सारी दुनिया को प्राप्त कर ही लेता है तो उससे क्या लाभ?

''आत्मार्थे पृथिवीं त्यजेत्,
आत्मायाभान्न परं विद्यते।''

अपनी आत्मा के स्वाधिकार से ऊँची और कोई वस्तु नहीं है और उसके लिए मानव को सब कुछ त्याग देना चाहिए।

दूसरा संस्कृत श्लोक, जिसका उन्होंने अनुवाद किया और जिस पर महात्मा गाँधी प्राय: जोर दिया करते थे।

''न त्वहं कामये राज्यं, न स्वर्ग न पुनर्भवम्
कामये दु:खतप्तानां, प्रापिनामार्त्तिनाशनम्।''

मुझे राज्य की कामना नहीं है, न मैं स्वर्ग या मोक्ष की प्राप्ति की इच्छा रखता हूँ। न मुझे फिर संसार के भोगों की लालसा है। मैं तो दु:ख पीड़ित प्राणियों की पीड़ा

दूर करने की कामना करता हूँ। मेरे लिए इतना ही यथेष्ट है कि किसी भी पवित्र विश्वव्यवस्था के लिए सामाजिक समता और वैयक्तिक स्वतंत्रता दो बुनियादी सिद्धान्त हैं। सत्य और प्रेम ये दो सिद्धान्त हैं–अभय और अहिंसा। पंडित नेहरू मुक्त मानव थे। अपने जीवन में उन्होंने इन पर आचरण किया और बड़े सौभाग्य की बात थी कि अनेक आने वाली पीढ़ियों के लिए प्रेरणा देने को पंडित नेहरू जैसी आत्मा मानव के बीच में थी।

संदर्भ–संकेत

1. टामसन, आर्थर, *एन इन्ट्रोडक्शन ऑफ साइन्स*।
2. सन् 1930 ई० के दशक में अखिल भारतीय कांग्रेस के अन्तर्गत क्रियाशील राष्ट्रीय योजना कमेटी के अध्यक्ष की हैसियत से उन्होंने अनुभव किया था।
3. *जवाहरलाल नेहरू के भाषण*, भाग–4, पृ० 169।
4. *वही*, भाग–1, पृ० 329।
5. *वही*, भाग–3, पृ० 84–85।
6. 1930 तथा 1940 के दशक में।
7. नेहरू, जवाहरलाल, *विश्व इतिहास की झलक*, पृ० 6।
8. *वही*, पृ० 886।
9. *जवाहरलाल नेहरू के भाषण*, भाग–4, पृ० 114–115।
10. *वही*, भाग–3, पृ० 184।
11. *वही*, भाग–2, पृ० 564।
12. *वही*, भाग–2, पृ० 470।
13. *वही*, भाग–4, पृ० 7।
14. *जवाहरलाल नेहरू के भाषण*, भाग–4 पृ० 179।
15. *वही*, भाग–1, पृ० 84।
16. *वही*, पृ० 436।
17. छठे और सातवें दशक में।
18. *जवाहरलाल नेहरू के भाषण*, भाग–4, पृ० 383।

6

निष्कर्ष

अपनी दार्शनिक आँखों से भारत के भविष्य को देखकर वर्तमान भारत की नूतन रूपरेखा तैयार करने तथा सम्पूर्ण विश्व में भारत की गौरव-गरिमा को प्रतिष्ठित करने का श्रेय प्राप्त करने वाले प्रथम महापुरुष पंडित जवाहरलाल नेहरू इतिहास के पन्नों में समाये एक ऐसी अमर विभूति हैं जिनके व्यक्तित्व में दार्शनिक, राजनेता, इतिहासविद् साहित्यकार तथा कलाकार सभी एक साथ थे।

पंडित जवाहरलाल नेहरू राजनीति के गुरूतर भार का वहन करते हुए आजीवन मानवता के कल्याण की असंख्य योजनाएँ बनाते रहे। वे लड़ते रहे अंधेरे से और तलाश करते रहे रोशनी की। भारत का सौभाग्य रहा है कि इसे प्रथम प्रधानमंत्री के रूप में पंडित नेहरू जैसा महान सपूत मिला।

साक्ष्यों से पता चलता है कि पंडित नेहरू के आरम्भिक दौर में उन्हें विभाजन के पश्चात् अव्यवस्थित देश तथा दर्द से कराहते लोग मिले थे। लेकिन अपने कुशल नेतृत्व एवं योजनाओं के बदौलत महानायक नेहरू ने देश को प्रगति पथ पर पर गतिशील कर दिया। इस महानायक के 'आराम हराम है' के उद्घोष ने जन-जन में एक जाग्रति की लहर फूँकी और प्रगति का कारवां आगे बढ़ चला।

पंडित नेहरू ने कहा था–''भविष्य के निर्माण की प्रक्रिया आरम्भ हो चुकी है और हमारा प्राचीन और प्रिय देश भारत अथक प्रयत्नों तथा पीड़ा के दौर से गुजर कर पुनः अपने आपको प्राप्त करने लगा है। उसकी चमकीली आँखों से उसका जीवन, अपने और अपने लक्ष्यों के प्रति विश्वास झलकता है, उसमें पुनः एक बार

जवानी आ गई है। साहसिकता की चमक उसकी आँखों में दिखाई देने लगी है। एक लम्बी अवधि तक यह संकीर्णताओं में आबद्ध रहा विचार-मग्न रहा और अपने को भूला रहा। लेकिन अब यह इस विशाल विश्व की ओर देख रहा है और यद्यपि दुनिया में आज भी युद्धों और युद्ध के विचारों का जोर है यह दूसरे देशों की ओर दोस्ती का हाथ बढ़ा रहा है।''[1]

निःसंदेह पंडित नेहरू को अपनी मिट्टी से असीम प्यार था, पर वे अपने देश की प्रगति और उत्थान में दुनिया को कभी नहीं भूले। दुनिया के तमाम राष्ट्रों को लक्ष्य कर पंडित नेहरू ने एक संदेश दिया-''हमारा आपसे किसी प्रकार का झगड़ा नहीं है, हम विश्वभर के लोगों की स्वतंत्रता की कामना करते हैं। हम न किसी पर अपना प्रभुत्व लादना चाहते हैं, न कोई अनुचित लाभ उठाना चाहते हैं।''[2]

पंडित नेहरू एक प्रगतिवादी नेता के रूप में भारतीय राजनीतिक पटल पर उभरे तथा ताउम्र इस कोशिश में लगे रहे कि भारत की आजादी हमेशा-हमेशा कायम रहे तथा विश्व की महान् शक्तियों में इसकी गणना हो। पंडित नेहरू भारतीय राष्ट्र की अस्मिता, अंतर्धारा और व्यक्तित्व को मानवीय मूल्यों और उसकी विभिन्न प्रवृत्तियों की अपरिहार्यता से जोड़ कर देखते थे। वे यह मानते थे कि जब लोग भूखे मर रहे हों, तब संस्कृति की और ईश्वर की बात करना उचित नहीं है।

पंडित नेहरू ने भारत को एक मौलिक अर्थनीति दी। मिश्रित अर्थव्यवस्था के घेरे में सार्वजनिक क्षेत्र और समाज के समाजवादी ढांचे पर बल देकर तथा अधिकाधिक औद्योगीकरण को अपना लक्ष्य बनाकर वे भारत के विकास के लिए एक विशिष्ट एवं विशुद्ध भारतीय उपागम की खोज करने वाले एकमात्र राजनेता थे। आन्द्रेय मालरो से बातचीत करते हुए पंडित नेहरू ने कहा था-''मैं ऐसा समाज चाहता हूँ जो न्याय पर आधारित हो, जिसके विकास की धुरी न्याय से जुड़ी हो ।''

पंडित नेहरू आदर्शवादी, स्वप्नद्रष्टा तथा तटस्थवादी नहीं थे बल्कि वे एक महान कर्मयोगी थे।

लोकतांत्रिक मूल्यों के प्रति प्रतिबद्ध पंडित नेहरू के लिए लोकतंत्र सामाजिक परिवर्तन और विकास का साधन मात्र नहीं बल्कि एक लक्ष्य था। वे इस सच्चाई में अटूट विश्वास रखते थे कि विभिन्नतावादी राष्ट्र को समाज एवं राज्य के लोकतांत्रिक संरचना के माध्यम से ही एक सूत्र में आबद्ध रखा जा सकता है।

धर्म-निरपेक्षता की पाश्चात्य अवधारणा को नकारते हुए पंडित नेहरू ने इसे विशिष्ट भारतीय कलेवर प्रदान किया। तत्संबंध में सुप्रसिद्ध इतिहासकार विपिन चन्द्र

ने स्पष्ट कहा है कि "जवाहरलाल नेहरू पहले भारतीय थे जिन्होंने साम्प्रदायिकता के वृहत्तर सामाजिक, आर्थिक व राजनीतिक आयामों, चरित्र एवं कारणों को समझने की कोशिश की। धर्म-निरपेक्षता के प्रति उनकी प्रतिबद्धता और साम्प्रदायिकता का उनका विरोध सम्पूर्ण था।"[3]

अन्तर्राष्ट्रीय क्षेत्र में पंडित नेहरू ने एक मिशाल कायम की। वे शांतिपूर्ण सह-अस्तित्व तथा भविष्य के एक सूत्रबद्ध संसार की भूमिका पर अत्यधिक बल देते थे।

आज पंडित नेहरू की गुट-निरपेक्षता की नीति अनदेखी कौन कर सकता है? गुट-निरपेक्षता की भाँति उनके विश्व बन्धुत्व के सपने परमाणु-युग वाले विश्व में कहीं अधिक प्रासंगिक और प्रयोजनीय है।

इसमें कोई संदेह नहीं कि पंडित नेहरू एक धीरोदत्त मानव थे। उनमें अनेक गुण थे। गीता की भाषा में उन्हें "विभूति" की संज्ञा दी जा सकती है। उनके अनेक सद्‌गुणों में उनकी निर्भीकता ही सबसे अधिक प्रभावित करने वाली है। संकटों से खेलने में उन्हें मजा आता था। देश-सेवा के निमित्त कोई भी उत्सर्ग उनके लिए मामूली बात थी। खतरा मोल लेने से वे कतराते नहीं थे। विशाल सम्पत्ति वाले माता-पिता का इकलौता पुत्र भोगेश्वर्यप्रसक्ति को छोड़कर साइमन कमीशन के बहिष्कार के समय लाठी की मार से प्रायः बेहोश कर दिया जाये और बेंत की मार से प्रायः अपनी कमर तुड़वा डाले, इससे बढ़कर निर्भीकता का क्या उदाहरण हो सकता है। चीनी आक्रमण के सिलसिले में पंडित नेहरू का कहा हुआ एक वाक्य "I easily lose my temper but not my nerves."[4] भारत के युवकों को उनकी सलाह थी कि वे जोखिम उठाना सीखें। सदियों की गुलामी के कारण हमारे जीवन में साहसिकता का अभाव हो गया है। कुछ द्रव्यों के अर्जन को ही आधुनिक युवक जीवन का परमोद्देश्य मान बैठता है। पंडित नेहरू युवकों को रार्जनाताक परमोद्देश्य के संसाधन के लिए सर्वदा आह्वान करते थे। ऊँचे उद्देश्य को भूल जाने से जीवन में शिथिलता और सडांध का प्रादुर्भाव हो जाता है, अतः सतत् गतिशीलता आवश्यक है।

पंडित नेहरू लोकतंत्र के प्रबल समर्थक थे। वैयक्तिक जीवन में स्वाभिमानी और यदा-कदा उग्र होते हुए भी लोकतंत्र के वे प्रचण्ड हिमायती थे। देश की गरीबी, अशिक्षा और सामाजिक दुरावस्था का मोचन समाजवाद के मोहन मंत्र में वे देखते थे। परमात्परवाद के वागाडम्बर से भागते हुए भी वे सर्वदा मानव को एक साध्य, साधन कदापि नहीं मानते थे। साधारण पीड़ित कृषकों और मजदूरों की

इच्छाओं का वे आदर करते थे और उनके जीवन स्तर को सुधार कर एक उद्धबुद्ध सुखी जीवन का सपना उनके लिए साकार करना चाहते थे। संगठित धर्मों के राजनीतिक कुप्रभावों से वे जनता को त्राण देना चाहते थे। विभिन्न धर्मावलम्बियों के बीच किसी प्रकार का भेदभाव उन्हें सर्वदा अप्रिय था। सरदार बल्लभभाई पटेल की यह उक्ति कि "भारत में एक ही राष्ट्रीय मुसलमान है और वह है जवाहरलाल नेहरू" यद्यपि व्यंग्य में कही गयी है तथापि यह पंडित नेहरू की धर्म-निरपेक्षता और अल्पसंख्यकों के प्रति उनकी विशेष हमदर्दी को प्रकट करती है।

पंडित नेहरू राष्ट्रवाद के हिमायती थे। देश के स्वतंत्रता संग्राम में उन्होंने जबर्दस्त हिस्सा लिया था। राष्ट्र के एतिहासिक अवशेषों और सांस्कृतिक प्रदेयों से उनका गहरा रागात्मक प्रेम था। भगवान बुद्ध की प्रतिमा उनके लिए आदर का पात्र थी। विभिन्न क्षेत्रों में भारतीयों का कर्त्तव्य उनकी दृष्टि में उनके भावी उत्कर्ष का सूचक था। 'भारत माता' की दिव्य ध्वनि उन्हें भावविभोर कर देती थी। बिना राष्ट्रवाद के विशुद्ध प्रचार के भारत की संकीर्णता और साम्प्रदायिकता दूर नहीं होगी, ऐसा वे मानते थे। किन्तु कोई राष्ट्र शक्ति के मद में चूर होकर विस्मार्क वाली 'खून और लोहा' की नीति का अवलम्बन करे, यह उन्हें सर्वदा अनभीष्ट था। अत: भारत की स्वतंत्रता प्राप्ति के बाद विश्व के अन्य स्थानों से उपनिवेशवाद के बहिष्कार के लिए उन्होंने संगठित उद्यम किया।

पंडित नेहरू अपने विद्यार्थी जीवनकाल में विज्ञान के शिक्षार्थी थे। रसायनशास्त्र, भूगर्भशास्त्र और प्राणि-विज्ञान का उन्होंने अध्ययन किया था। उनका दृष्टिकोण वैज्ञानिक था। यद्यपि उनका हृदय काफी अंश तक कवित्वपूर्ण था। तथापि व्यावहारिक समस्याओं का समाधान खोजने में उनका वैज्ञानिक दृष्टिकोण ही काम करता था। विज्ञान तथ्यों को प्रश्रय देता है और इस प्रकार यथार्थवाद का पोषण करता है। भारतीय इतिहास को पाश्चात्य विज्ञान की जागरुक अभ्युदयकारी धारा से मिलाकर वे एक तेजस्वी भविष्य का निर्माण करना चाहते थे।

प्राच्य और पाश्चात्य का समन्वय उपस्थित करने में पंडित नेहरू यत्नवान् थे। पश्चिम का क्रियायोग 'वैज्ञानिक मानववाद' यांत्रिक अभ्युदय, गतिशीलता आदि उन्हें बड़ी प्रिय थी। किन्तु साथ ही पूर्व के वृठयोग (शीर्षासन) और त्याग के आदर्श भी उन्हें अतीव रुचिकर थे। घोर कष्टों और विपदाओं के समय व्यवस्थित चित्त रहने की उनकी वृत्ति, उनकी व्यवसायात्मिक बुद्धिसम्पन्नता को सूचित करती है। रवीन्द्रनाथ और महात्मा गाँधी ने भी पूर्व और पश्चिम के समन्वय का प्रयास किया। किन्तु शनैः शनैः जीवनक्रम में उनके समन्वय पर पूर्व का ही प्रभाव अधिक हो गया।

टैगोर को भी पूर्व के ऋषियों की वाणी में ही जगत को शांति प्रदान करने वाला मंत्र सुनाई पड़ा। महात्मा गाँधी भी शनैः शनैः गीता और रामचरित मानस में ही आश्वासन पाने लगे। किन्तु पंडित नेहरू के ऊपर पश्चिमी विज्ञान और राजनीतिक दर्शन का बड़ा गहरा रंग था। गीता और उपनिषद् उन्होंने पढ़ा था किन्तु मार्क्स और लेनिन उन्हें अधिक भाते थे। 'भारत की खोज' ग्रन्थ में अन्तिम अनुच्छेद में अपने जीवन-दर्शन का उपसंहार व्यक्त करते हुए उन्होंने लिखा है कि जीवन का महत्त्व वही समझ सकता है और जीवन-रस को वही ग्रहण कर सकता है जो अपने आदर्शों को क्रियान्वित करने के लिए मृत्यु का आलिंगन कर सकता है। विलासपूर्ण और विघ्न-बाधाओं से कतराकर निकलने वाली नीति उन्हें कदापि पसन्द नहीं थी। आज देश और समाज पर चारों ओर खतरे के बादल मंडरा रहे हैं। पंडित नेहरू के वीर जीवन में हमें कर्मयोग और निर्भीकता का सन्देश मिलता है। उनके जीवन-काल में जब शत्रु युद्ध का आह्वान करता था तब उनके तुमुल हुँकार से वह आतंकित हो उठता था। आज हमें नेहरू-साहित्य का अनुशीलन करना चाहिए और उनके उपदेशों को क्रियान्वित करने का सतत यत्न करना चाहिए।

पंडित नेहरू का इतना बड़ा व्यक्तित्व कैसे बना? संघर्षों की अग्नि में तप कर ही वे इतने विशाल बन सके। महात्मा गाँधी, लेनिन, चर्चिल और अलर्टश्वायत्जर को छोड़ शायद ही कोई अन्य विश्व नेता पंडित नेहरू के समान परिश्रम करने की शक्ति रखता हो। पन्द्रह-सोलह घंटों तक कार्य करने पर भी अपने स्वास्थ्य को ठीक रखना एक अनहोनी बात थी। देश को उन्नति-पथ पर आगे बढ़ाने की जो ज्वाला उनके हृदय में थी वही उन्हें इस अटूट घोर परिश्रम के लिए उत्तेजना देती थी। बिजली की तरह पंडित नेहरू देश के एक कोने से दूसरे कोने तक पच्चीस वर्षों से दौड़ रहे थे। इस अखण्ड कर्मयोग को अनुप्रमाणित करने वाला उनका आदर्शवाद कितना मजबूत और प्रचण्ड रहा होगा, इसकी कल्पना कर ही उनके प्रति हमारी निष्ठा दृढ़ हो जाती है।

नैतिक विचार

महात्मा गाँधी को कई आध्यात्मिक अवधारणाओं से असहमत होते हुए भी पंडित नेहरू नैतिकता के प्रबल पक्षधर थे। वे किसी भी अवस्था में नैतिक मूल्यों की अवहेलना करने के पक्ष में नहीं थे। किन्तु वे राजनैतिक सिद्धान्तों में पूर्णतया दक्ष थे, वे अन्याय और शोषण की प्रवृत्तियों से समझौता नहीं कर सकते थे। वे सिद्धान्तवादी राजनीतिज्ञ थे।

उनकी नैतिकता का स्रोत क्या था? धार्मिक तथा आध्यात्मिक धरातल पर महात्मा गाँधी और पंडित नेहरू में चाहे जितना अन्तर हो, पंडित नेहरू पर महात्मा गाँधी के नैतिक विचारों के प्रभाव को नकारा नहीं जा सकता। वे महात्मा गाँधी की ईश्वर संबंधी धारणाओं से सहमत नहीं हो सके, किन्तु एक परम सत्ता की अनुभूति को वे नकार न सके। उन्होंने इस अनुभूति को एक रहस्य के रूप में स्वीकार किया और इसके उद्घाटन का प्रयत्न नहीं किया और न ही इसकी आवश्यकता महसूस की। अपनी पुस्तक 'डिस्कवरी ऑफ इण्डिया' में उन्होंने लिखा है जब भी मैं इस विश्व की ओर देखता हूँ मुझे अज्ञात गहराइयों और रहस्यों का आभास होता है। यह चीज वास्तव में क्या है, मैं नहीं जानता। मैं उसे ईश्वर नहीं कहता क्योंकि ईश्वर का बहुत कुछ अर्थ ऐसा है जिसमें मेरा विश्वास नहीं है। मैं किसी देवता या किसी अज्ञात, सर्वोच्च सत्ता जिसका स्वरूप मानव जैसा हो, की कल्पना की क्षमता अपने में नहीं पाता। एक व्यक्तिगत और सगुण ईश्वर का विचार मुझे अजीब लगता है। बौद्धिक दृष्टि से मैं कुछ सीमा तक अद्वैतवादी विचारधारा का समर्थन करता हूँ और वेदान्त के अद्वैतवाद की ओर भी मेरा आकर्षण है, किन्तु वेदान्त तथा इस प्रकार के अदृश्य जगत के विषय में विचार मेरे मानस में भय उत्पन्न करते हैं।''

पंडित नेहरू ने दबी जवान में अद्वैतवादी होने का संकेत दिया और साथ ही इसे यह कहकर नकार भी दिया कि अदृश्य जगत की भावना उनको संदेह में डाल देती है। पंडित नेहरू विद्वान थे और विश्व में प्रचलित ''वादों'' और सिद्धान्तों से परिचित थे, किन्तु जहाँ तक वेदान्त-दर्शन का प्रश्न है वे संभवत: इसको समझने के अधिकारी नहीं थे। जो व्यक्ति अदृश्य जगत की अवधारणा से कतराता हो, वह वेदान्त-दर्शन को समझने में सक्षम नहीं हो सकता। पंडित नेहरू के संदर्भ में वेदान्त के दार्शनिक धरातल की बात करना कदाचित युक्ति-संगत नहीं है। जिस हद तक वे नैतिक मूल्यों के कायल थे, उन पर महात्मा गाँधी के नैतिक विचारों का गहरा प्रभाव अवश्य था, किन्तु महात्मा गाँधी ने जिन मूलभूत आध्यात्मिक मूल्यों की बात कही है उनका कोई सीधा संबंध पंडित नेहरू से नहीं है। इसकी चर्चा करना न तो आवश्यक है न ही उसकी कोई उपयोगिता है। पंडित नेहरू ने महात्मा गाँधी से क्या ग्रहण किया इस प्रश्न पर विचार करें तो पंडित नेहरू के नैतिक विचारों का लगभग पूरा परिचय हमें मिल जाता है।

पंडित नेहरू राजनीति में सत्य का समावेश चाहते थे। किन्तु सत्य की उनकी अवधारणा महात्मा गाँधी की आध्यात्मिकता लिए हुए नहीं थी। वे परलौकिक सत्य की अपेक्षा यर्थाथ के सत्य को मानते थे। भारत की गरीबी सत्य है, अंग्रेजों का

शोषण सत्य है, सारे भारतीय समाज में व्याप्त असमानता सत्य है, हमारे जीवन की समस्त विकृतियाँ सत्य हैं, और इस सत्य की पकड़ से ही हम उन्नति के मार्ग पर अग्रसर हो सकते हैं। उन्होंने महात्मा गाँधी के साथ सत्याग्रह में भी भाग लिया किन्तु वे महात्मा गाँधी के हृदय परिवर्तन की अवधारणा से सहमत नहीं थे। वे विशुद्ध समाजिक सुधारवादी थे और लक्ष्य था मानवतावाद। मानव की गरिमा को स्वीकार कारना उनकी क्षमताओं का आदर करना और उनकी प्रगतिशीलता पर विश्वास करना सही सत्य का सच्चा अनुसरण है। सत्य को अदृश्य ईश्वर से जोड़ कर देखने की प्रवृत्ति पंडित नेहरू में नहीं थी। मानव के कल्याण के लिए सतत् प्रयत्नशील रहना–यही उनके सत्य की परकाष्ठा थी। एक ओर उनकी दृष्टि भारत को उन्नतिशील देशों की बराबरी पर लाने की थी। वे इस आदर्शों के बाहर जाकर अपना समय नष्ट नहीं करना चाहते थे। उनको नास्तिक या अनीश्वरवादी के बजाय निरीश्वरवादी कहना चाहिए जो ईश्वर को नकारने की अपेक्षा उसको एक रहस्यानुभूति मानते थे।

अहिंसा के संबंध में भी पंडित नेहरू ने महात्मा गाँधी के अहिंसा के सिद्धान्त को पूर्णतया नहीं माना। वे मानते थे कि अहिंसा एक बहुत उच्च आदर्श है, किन्तु इसका अनुसरण एक सीमा तक ही किया जा सकता है, यह कहना गलत होगा कि महात्मा गाँधी अहिंसा के सिद्धान्त को अक्षरशः पालन करने की बात करते थे। वे भी अहिंसा का अनुसरण मात्र करने की ही बात करते थे। महात्मा गाँधी और पंडित नेहरू में अंश-निर्धारण के विषय में मतभेद था। जिन संदर्भों में महात्मा गाँधी हिंसा की बिल्कुल भी आज्ञा नहीं देते थे और पंडित नेहरू यह मानकर चलते थे कि इन संदर्भों में शायद हिंसा का सहारा लेना पड़े। पंडित नेहरू अपराधी को क्षमा करने के पक्ष में नहीं थे, महात्मा गाँधी अपराधी को क्षमादान के द्वारा सही रास्ते पर लाने के समर्थक थे। पंडित नेहरू अहिंसा को व्यक्तिगत अधिक मानते थे। उनका कहना था कि कोई सरकार महज अहिंसा के आधार पर नहीं चलाई जा सकती। पंडित नेहरू के विचार से अहिंसा एक उच्च आदर्श है, परन्तु राजनीति के क्षेत्र में एक लचीला सिद्धान्त।

पंडित नेहरू चाहे जिस हद तक भी महात्मा गाँधी से असहमत हों, उन्होंने जीवनपर्यन्त नैतिकता का साथ नहीं छोड़ा। उनके राजनैतिक या सामाजिक जीवन से एक भी ऐसा उदाहरण नहीं दिया जा सकता जिससे यह साबित हो कि उन्होंने अनैतिकता का सहारा लिया या अपने व्यक्तिगत स्वार्थ के लिए अपने नैतिक सिद्धान्तों की बलि दी। हम उनके कतिपय सामाजिक और राजनैतिक कार्य-कलापों से असहमति जाहिर कर सकते हैं। यहाँ तक भी कह सकते हैं कि कुछ कार्य

उन्होंने ऐसे किये जिनका दुष्परिणाम आज तक भी मौजूद है, किन्तु महत्वपूर्ण प्रश्न यह नहीं है कि उन्होंने क्या सही और क्या गलत कार्य किए यह प्रश्न तो प्रत्येक व्यक्ति के अपने दृष्टिकोण और विश्लेषण शक्ति पर निर्भर है। महत्वपूर्ण प्रश्न तो यह है कि क्या उन्होंने कोई ऐसा कार्य किया, जिसके माध्यम से उनके एक ईमानदार राजनीतिज्ञ हाने में संदेह उत्पन्न होता है? अगर हम उनके कार्य-कलापों को उस वक्त के राजनैतिक तथा सामाजिक संदर्भों में देखें तो इस प्रश्न का उत्तर हमें 'नहीं' में देना होगा। कई लोगों का मत है कि भारत के विभाजन में पंडित नेहरू की भूमिका अवश्य ही थी, और इस कृत्रिम विभाजन के दुष्परिणाम भारत और पाकिस्तान दोनों ही देश आज तक भुगत रहे हैं। भारत का विभाजन महात्मा गाँधी की इच्छा के विरुद्ध किया गया यह भी सच है। इस राजनैतिक कदम को सही ठहराना एक बौद्धिक बेईमानी होगी। कदाचित पंडित नेहरू को इस संदर्भ में पूर्णतया अलग रखना भी संभव न हो। किन्तु एक बात याद रखनी चाहिए, कालान्तर में पंडित नेहरू ने ईमानदारी से इस राजनैतिक विघटन का अहसास किया। स्वतंत्रता प्राप्ति के बाद उन्होंने कहा था कि सन् 1947 ई० में हमने विभाजन की बात इसलिए मान ली थी क्योंकि मुस्लिम लीग की जिद की वजह से विभाजन स्वीकार न करने से स्वतंत्रता प्राप्ति में विलम्ब हो सकता था। किन्तु आज हम यह महसूस करते हैं कि शायद हमने एक गलत कदम उठाया, विभाजन से लाभ नहीं हानि ही हुई है। इस स्वीकृति में पंडित नेहरू की पीड़ा का अहसास होता है। उन्होंने कुछ समय के लिए महात्मा गाँधी के मत से विचलित होकर जिस कार्य की अनुमति दी वह विनाशकारी सिद्ध हुआ और पता नहीं कब तक इसके बुरे परिणाम भुगतने पड़ेंगे।

स्पष्ट है कि पंडित नेहरू ने नैतिक मूल्यों का सदा आदर किया किन्तु वे धर्मान्धता के कट्टर विरोधी थे। वे धर्म या सम्प्रदाय के आधार पर किसी प्रकार का समझौता नहीं कर सकते थे, वे धर्म-निरपेक्षता के कट्टर पक्षपाती थे। देश के विभाजन के लिए उनको बाध्य होना पड़ा था, किन्तु वे हिन्दू-मुस्लिम एकता के प्रबल समर्थक हमेशा बने रहे। उनका विचार था कि राष्ट्रवाद की स्थापना धर्म पर आधारित नहीं की जा सकती। वे भारत को हिन्दू राष्ट्र नहीं बनाना चाहते थे। उन्होंने कहा–'यदि राष्ट्रीयता का आधार धर्म है तो भारत में न केवल दो वरन् तमाम राष्ट्र मौजूद हैं। भारत की राष्ट्रीयता न हिन्दू है न मुस्लिम, यह विशुद्ध भारतीय है।'' उन्होंने भारतीय संविधान के ही अनुरूप धर्म-निरपेक्षता की व्याख्या की, उन्होने कहा कि धर्म-निरपेक्षता अधर्म की स्थापना नहीं है। इसका अर्थ है सभी धर्मों का समान आदर। देश या सरकार का कोई धर्म नहीं होना चाहिए,

क्योंकि वह एक राजनैतिक यथार्थ की अवधारणा है। किसी धर्म विशेष की बपौती नहीं। आज धर्म-निरपेक्षता के सिद्धांत पर एक प्रश्न चिन्ह लगा दिखाई पड़ता है। इसके विषय में चर्चायें होती हैं, इनकी विभिन्न परिभाषायें दी जाती हैं। यहाँ तक कहा जाता है कि क्या किसी व्यक्ति की राजनैतिक चेतना पूर्णतया धर्म-निरपेक्षता हो सकती है? इसमें संदेह नहीं कि पंडित नेहरू की मृत्यु के उपरान्त धर्म-निरपेक्षता का दुरुपयोग किया गया। इसको तुष्टीकरण की नीति से जोड़कर साम्प्रदायिक राजनीति का रंग दे दिया गया। देश के जिस क्षेत्र में जिस धर्म या सम्प्रदाय के लोग अधिक थे उनको संकीर्ण दायरों में बन्द कर दिया गया। 'वोट की राजनीति' करने वाले लोग अपने-अपने क्षेत्र में हिन्दू या मुसलमानों की संख्या ऊँगलियों में गिनने लगे। कुछ ऐसी नीतियाँ भी बनाई गईं जिसके पीछे तुष्टीकरण के द्वारा वोट लेने की भावना थी। आज लोग धर्म-निरपेक्षता को तो स्वीकार करते हैं किन्तु साथ ही यह भी पूछते हैं कि सही अर्थों में धर्म-निरपेक्षता है क्या? जहाँ तक पंडित नेहरू के विचारों का प्रश्न है वे स्पष्ट हैं। वे धर्म को राष्ट्रवाद का आधार नहीं बनाना चाहते थे, क्योंकि राष्ट्रवाद का अगला कदम अन्तर्राष्ट्रीयवाद है। सारा विश्व एकीकरण की ओर अग्रसर है, विज्ञान के इस युग में कोई भी राष्ट्र अपने आप में अकेला नहीं रह सकता, फिर किसी धर्म विशेष के आधार पर राष्ट्रवाद की कल्पना कैसे की जा सकती है? पंडित नेहरू ने धर्मनिरपेक्षता के सिद्धान्त को 'वोट की राजनीति' से कभी नहीं मिलाया। इस तरह की संकीर्ण प्रवृत्तियों का प्रारम्भ उनके जीवनकाल में हो अवश्य गया था, किन्तु शायद उन्होंने कभी कल्पना भी नहीं की थी कि कुछ वर्षों के बाद भारत संकीर्ण धर्मावलम्बियों के माध्यम से सम्प्रदायिकता के गर्त में फँस जायेगा।

नेहरू की देन तथा प्रासंगिकता

वर्तमान जब अतीत की ओर मुड़कर देखता है तो प्रायः दो प्रकार के विचार सामने आते हैं। कुछ लोग जिनकी मानसिकता पूर्णरूपेण वर्तमान पर ही आधारित रहती है और जो अतीत के बीत गये यथार्थ की समुचित अनुभूति नहीं कर सकते, उनके सम्मुख अतीत में की गई गलतियों का एक अम्बार खड़ा हो जाता है और वे अतीत की उपलब्धियों को नजरअन्दाज कर दिया करते हैं। वे यह भूल जाते हैं कि तब जो कुछ भी किया गया था या नहीं किया जा सका, उसके पीछे कई कारण थे। इसी प्रकार एक दूसरा विचार भी सामने आता है जो पहले विचार का विरोधाभास है। कुछ लोग जो वर्तमान के यथार्थ से पूर्णरूपेण असन्तुष्ट रहते हैं वे अतीत को एक भावनात्मक सम्मान की दृष्टि से देखते हैं और अतीत की

उपलब्धियों की बढ़ा-चढ़ाकर चर्चा करते हैं। कदाचित ये दोनों ही दृष्टिकोण दोषपूर्ण हैं। अतीत या अतीत के लोगों का सही और न्यायपूर्ण मूल्यांकन तभी हो सकता है जब उस समय की परिस्थितियों का सही आंकलन किया जाये और उनमें से उन तत्वों को खोज निकाला जाये जिनकी उपयोगिता अगर सार्वभौमिक न भी हो तो उस समय के वर्तमान के लिए उपयोगी तो अवश्य हो। महात्मा गाँधी और पंडित जवाहरलाल नेहरू भारतीय इतिहास के ऐसे महापुरुष हैं जिनकी उपलब्धियों का मूल्यांकन कदाचित् ही सही संदर्भ में किया गया हो। यह प्रायः सुनने में आता है कि महात्मा गाँधी तो महज एक संत थे जिनका सारा जीवन अव्यावहारिक बातें प्रचारित करने में व्यय हो गया। पंडित नेहरू के विषय में कहा जाता है कि उन्होंने लोकतंत्र की आड़ में अधिनायकवादी भूमिका निभाकर कुछ ऐसी समस्याओं के बीज वो दिये जिनका फल आज तक हमको भोगना पड़ रहा है। ये दोनों ही पुरुष आदर्शवादी थे किन्तु वे मनुष्य भी थे वे संसार से अलग, एकान्त में बैठकर मनन-चिन्तन करने वाले संत नहीं थे बल्कि जीवन के यथार्थ को स्वीकार कर सामाजिक और आर्थिक क्षेत्रों में सक्रिय होकर कार्य करने वाले व्यक्ति थे। इसलिए महत्वपूर्ण प्रश्न यह नहीं है कि उन्होंने क्या गलतियाँ कीं या उनकी कार्य-प्रणाली से किस क्षेत्र में अहित हुआ। महत्वपूर्ण प्रश्न तो यह है कि उन्होंने मानवता को क्या दिया और आज के संदर्भ में उसकी क्या प्रासंगिकता है।

महात्मा गाँधी ने जिस आदर्शवाद की नींव भारत में डाली उसका मुख्य सिद्धान्त था-अहिंसा। अगर हम महात्मा गाँधी के इस सिद्धान्त को मौलिक न भी माने तो एक बात तो अवश्य ही स्वीकार करनी पड़ेगी कि एक पुराने सिद्धान्त को नये संदर्भ में पुनः स्थापित करके महात्मा गाँधी ने एक अत्यन्त महत्वपूर्ण कार्य किया। इस सिद्धान्त की नींव भले ही महात्मा गाँधी या उनके पूर्ववर्ती बुद्ध और महावीर ने डाली हो, इस सिद्धान्त का व्यवहार के क्षेत्र में प्रस्थापित करने का पूरा श्रेय पंडित नेहरू को जाता है। उनको राजनीति के क्षेत्र में शांति-दूत कहा जाता है। अगर पंडित नेहरू के रूप में महात्मा गाँधी को एक सुयोग्य शिष्य या उत्तराधिकारी न मिलता, तो भारत की दिशा आज कुछ और ही होती। पंडित नेहरू ने महात्मा गाँधी के विचारों पर आधारित विश्व-शांति की एक योजना को जन्म दिया। इसी योजना के आधार पर स्वतंत्रता के कुछ ही अर्से के बाद भारत को दुनिया के देशों के बीच एक ऐसा स्थान मिला जिसकी उम्मीद सन् 1947 ई० में की नहीं जा सकती थी। एक भाषण में पंडित नेहरू ने निर्भय होकर कहा था, "मेरे मन में कोई संदेह नहीं है कि असेम्बली हमारी समस्याओं का निदान करेगी, मैं भविष्य के विषय में चिन्तित नहीं हूँ, मेरे मस्तिष्क में कोई भय नहीं है, इस बात का कोई भी

भय नहीं है कि सैन्य शक्ति की दृष्टि से भारत का कोई महत्व नहीं है। मैं महान् बड़ी शक्तियों की महानता से भयभीत नहीं हूँ। उनकी सेनाओं, उनके जहाजी बेड़े, उनके एटम बम से मुझे जरा भी डर नहीं लगता।'' पंडित नेहरू के पास यह निर्भयता कहाँ से आयी? क्या यह केवल शौर्य प्रदर्शन मात्र था? यदि इन वाक्यों का उस समय के संदर्भ में महत्व पर विचार किया जाये तथा उस समय के बड़े राजनीतिज्ञों ने किस प्रकार इस वक्तव्य को ग्रहण किया, तो स्पष्ट होगा कि पंडित नेहरू की यह घोषणा कितनी प्रभावशाली थी। वह हमें याद दिलाती है स्वामी विवेकानन्द की, जिन्होंने बड़े-बड़े क्रिश्चियन महात्माओं के सामने निडर होकर कहा था कि भारत के पास बहुत कुछ है जो वह पश्चिम को दे सकता है। पंडित नेहरू ने राजनैतिक निर्भयता का जो उदाहरण प्रस्तुत किया उसके पीछे उनकी नैतिकता का वह बल था जो उन्हें महात्मा गाँधी से विरासत में मिला था। उनके प्रधानमंत्रित्व काल के प्रारम्भ में ही संसार को पता लग गया था कि पंडित नेहरू की आवाज एक ऐसी शक्ति है जो सिर्फ भारत को ही नहीं बल्कि सारे विश्व को जगाने की क्षमता रखती है। अपने नैतिक बल से विश्व राजनीति के क्षेत्र में भारत को एक प्रतिष्ठित स्थान दिलाना इससे बड़ी उपलब्धि और क्या हो सकती थी। क्या आज के लोग इस देन की अनदेखी कर सकते हैं?

इस नैतिक बल के दो अन्य पहलू भी देखे जा सकते हैं। उनका गुट-निरपेक्षता का सिद्धान्त और उनका पंचशील का सिद्धान्त। इन दोनों पक्षों की व्याख्या पहले हो चुकी है। इतना ही कहना पर्याप्त होगा कि बीसवीं शताब्दी के मध्य में जब कि सारे विश्व के देश अवसरवादी गुटबंदियों के चक्कर में फँसे थे और शीतयुद्ध का वातावरण सर्वत्र व्याप्त था, पंडित नेहरू के ये सिद्धान्त कितने महत्वपूर्ण साबित हुए, इतिहास इसका प्रत्यक्ष गवाह है। आज भी विश्व गुटबंदी के जाल से मुक्त नहीं हुआ है। खाड़ी युद्ध की विभीषिका हम देख चुके हैं, किन्तु यह भी स्वीकार करना पड़ेगा कि अगर पंडित नेहरू द्वारा प्रतिपादित सिद्धान्तों का अनुसरण किया जाता तो शायद युद्ध रोका जा सकता था। पंडित नेहरू के अपने देश में इस संदर्भ में जिस गैर-जिम्मेदारी का परिचय दिया गया, वह अवश्य ही क्षम्य नहीं है। अगर गुट-निरपेक्ष देशों की भूमिका कुछ अधिक गतिमान रहती और भारत ने हाल के वर्षों में अपनी प्रतिष्ठा न खो दी होती तो अवश्य ही घटनाचक्र कुछ भिन्न होता। इस संदर्भ में पूछा जा सकता है कि क्या पंडित नेहरू के पंचशील और गुट-निरपेक्षता की कोई प्रासंगिकता नहीं है? उत्तर स्पष्ट है।

पंडित नेहरू की सबसे बड़ी देन है उनका लोकतांत्रिक समाजवाद। इस सिद्धान्त को भारत के ही नहीं, सारे विश्व के संदर्भ में देखना होगा। पंडित नेहरू के पहले

यह समझा जाता था कि लोकतंत्र में समाजवाद विशेषत: साम्यवादी धारा का समाजवाद संभव नहीं है। समाजवाद में व्यक्ति की अपेक्षा राज्य को अधिक महत्व दिया जाता है। किन्तु पंडित नेहरू को व्यक्ति की गरिमा पर बहुत विश्वास था और वे समानता के कायल थे। वे न तो व्यक्तिवादी दृष्टिकोण त्यागना चाहते थे और न साम्यवादी समाजवाद। उन्होंने दोनों के मिश्रण से एक नवीन राजनैतिक व्यवस्था की परिकल्पना की। वे महात्मा गाँधी और मार्क्स के बीच एक एसी कड़ी है, जिसकी तुलना संभवत: किसी अन्य विचारक से नहीं की जा सकती, किन्तु उनकी वास्तविक मौलिकता इन दो सिद्धान्तों में समन्वय स्थापित करने मात्र पर निर्भर नहीं है। उनकी मौलिकता तो यह है कि उन्होंने इस नवीन पद्धति को एक जीवन पद्धति के रूप में स्वीकार किया और उसको व्यावहारिकता का स्वरूप प्रदान किया। प्राय: यह देखा जाता है कि सिद्धान्त और उसके व्यावहारिक पक्ष में काफी अन्तर होता है। पंडित नेहरू ने जिस समाजवादी सिद्धान्त का प्रतिपादन किया, उसको अपनी आर्थिक नीतियों में शामिल भी किया और उसी के अनुरूप अपनी राजनैतिक व्यवस्था को ढाला, यह उनकी एक महान् देन है।

पंडित नेहरू महात्मा गाँधी की ही भाँति स्वप्न द्रष्टा थे। दोनों में अन्तर यह था कि महात्मा गाँधी का चिन्तन अध्यात्मवादी था, जबकि पंडित नेहरू का चिन्तन व्यावहारिक। पंडित नेहरू महान जीवन मूल्यों अथवा आदर्शों से अपरिचित नहीं थे। किन्तु आध्यात्मिकता की गूढ़ समस्यायें उनको आकर्षित नहीं करती थीं। प्राय: उनको ऐसा महसूस होता था कि कदाचित अति आध्यात्मिकता मनुष्य के यथार्थबोध को कम कर देती है। कभी-कभी धार्मिक वृत्ति के लोगों को यह महसूस होने लगा था कि कहीं पंडित नेहरू अनीश्वरवाद या भौतिकवाद के पक्षधर तो नहीं हैं। वे अत्यन्त ईमानदार और स्पष्टवादी होने के नाते अपनी इस विचारधारा को स्पष्ट रूप से जोर देकर कह भी देते थे। वे जब भारत की परम्परागत संस्कृति की चर्चा करते थे तो वर्षो से चले आये अंधविश्वासों पर सीधी चोट करने लगते थे। कर्मकाण्ड आदि के वे कट्टर विरोधी थे। धर्म या सम्प्रादयों से जुड़ी मान्यताओं के खण्डन में वे जुट जाया करते थे। एक प्रकार के लोगों का यह प्रवृत्ति ठीक नहीं प्रतीत होती थी और वे पंडित नेहरू को अभारतीय मान लेते थे। किन्तु यह धारणा सत्य से बहुत दूर है, पंडित नेहरू रूढ़िवादिता के प्रबल शत्रु थे, किन्तु ऐसा इसलिए था कि वे रूढ़िवादिता और दकियानूसीपन को भारत की प्रगति में सबसे बड़ी बाधा मानते थे। अगर हम अपना इहलोक नहीं संभाल सके तो परलोक क्या सम्भालेंगे। इसलिए वे बार-बार कहते थे कि हमारी परम्परा में जो भी बातें समयानुकूल न हों उनको हमें बेदर्दी से उखाड़ फेंकना चाहिए। जिन चीजों अथवा विचारों की हमें

आवश्यकता हो उनकी हमें रक्षा करनी होगी किन्तु वे विचार जिनका कोई तार्किक आधार नहीं है उनको हमें छोड़ देना चाहिए। यह दृष्टिकोण ऐसे व्यक्ति का दृष्टिकोण था जो प्राचीन भारत को आधुनिकता की तरफ ले जाना चाहता था। पंडित नेहरू की दृष्टि में एक वैज्ञानिक की दृष्टि थी। वे सम्वेदनशील भी कम नहीं थे। प्रकृति के वे अनन्य पुजारी थे, किन्तु व्यावहारिक जीवन में वे भावात्मक रहस्यवादिता को उपयोगी नहीं मानते थे। इस प्रकार भारत को पंडित नेहरू ने एक समृद्ध एतिहासिक और वैज्ञानिक दृष्टि दी। उन्होंने बार-बार कहा कि बिना तर्क और तकनीक के हम न तो सामाजिक क्षेत्र में सफलता पा सकते हैं और न आर्थिक क्षेत्र में। यह नवीन विचार-शैली पंडित नेहरू की एक महान् देन है और आधुनिक भारत में इसकी प्रासंगिकता से इन्कार नहीं किया जा सकता है। इसलिए डॉ० सर्वपल्ली राधाकृष्णन ने कहा था-"नेहरू की तरह के बहुआयामी चरित्र के बारे में कुछ कह सकना बड़ा कठिन है। उनके पास महान बौद्धिकता और सामाजिक चेतना थी। वे हमारे युग के महानतम् व्यक्तियों में से थे, एक ऐसे महान् राजनीतिज्ञ जिसने मनुष्य की स्वतंत्रता के लिए जो कार्य किया उसका दूसरा दृष्टान्त मिलना असंभव है।"

पंडित नेहरू का महात्मा गाँधी के समीप आने तथा विवेकानन्द का परमहंस रामकृष्ण की शरण में जाने की घटनाओं का सूक्ष्म अध्ययन करने से स्पष्ट होता है कि-

1. दोनों ही मामलों में गुरू सत्य द्रष्टा,
   और शिष्य अन्वेषी थे।
2. दोनों ही मामलों में गुरूओं के चरण अडिग,
   और शिष्य की गति चंचल तथा उत्तेजनापूर्ण थी।
3. दोनों ही मामलों में गुरू श्रद्धा और विश्वास की प्रतिमा,
   और शिष्य शंकालु थे।

सर्वप्रथम सन् 1946 ई० (लखनऊ कांग्रेस) में पंडित नेहरू ने महात्मा गाँधी को देखा था। उस समय पंडित नेहरू मात्र 27 साल के थे और महात्मा गाँधी 49 साल के। महात्मा गाँधी सत्य, अहिंसा और ब्रह्मचर्य का व्रत ले चुके थे और सत्यग्राही नेता के रूप में (सन् 1913 ई० से ही) उनकी कीर्ति का आरम्भ हो चुका था। शक्ति, साधना और संकल्प से भरापुरा यह कर्मठ व्यक्ति देश का भ्रमण कर रहा था। आत्मविश्वासी, सर्वत्यागी, एक लक्ष्य का व्रती, संयमी, सदाचारी और विराट! जो अपनी विराटता को छिपाये हुए था।

पंडित नेहरू तैयारी के क्रम में थे। पुस्तकों से जो कुछ सीखे थे, उससे प्रेरित होकर किसी बड़े काम में अपनी जिन्दगी को लगाना चाहते थे। आरम्भ से ही इनकी (पंडित नेहरू की) दृष्टि जमीन पर कम, क्षितिज पर अधिक रहती थी। पुस्तक का अध्ययन करके वे पहले-पुस्तक बनने की चाह रखते थे तथा इतिहास को मोड़कर वे इतिहास के पात्र बनना चाहते थे।

सन् 1917 ई० के आसपास देश में दो दलों (नरम और गरम) की राजनीति चलती थी। पंडित नेहरू गरम दलीय थे, और अपना नेता लोकमान्य तिलक को मानते थे। नरम दल के नेता गोखले थे, महात्मा गाँधी अपना गुरू इन्हें (गोखले) मानते थे। अतः स्पष्ट होता है कि पंडित नेहरू और महात्मा गाँधी के बीच आरम्भ में दृष्टिकोण का भेद था।

पंडित नेहरू शिक्षा, संस्कार और देशभक्ति से भरे एक भावुक युवक थे। वे कुछ कर गुजारने को बेचैन थे, किन्तु क्या करें, इसक निर्णय खुद नहीं कर सकते थे। उनमें एक विशेषता यह भी झलकती है कि दूसरों की बातें अगर उन्हें पसंद आ जायें तो, उन्हीं बातों को वे अपनी बात बनाकर बोल सकते थे। वे भावनाओं के आगार थे, कल्पना और शुद्ध देशभक्ति के मतवाले थे। नरमदलीय लोगों में केवल ज्ञान था, पंडित नेहरू कर्म का भी नक्शा चाहते थे। इसलिए, नरमदलीय राजनीति की प्रमुखता के समय वे तिलक जी को अपना नेता मानते थे। जब महात्मा गाँधी सन् 1919 ई० में विद्रोह की गगनभेदी ध्वनि ध्वनित की, तो पंडित नेहरू को लगा, यही व्यक्ति मेरा मार्गदर्शक (गुरू) हो सकता है। महात्मा गाँधी का एलान था, "यह सरकार शैतानियत से भरी है। मैं या तो इसे सुधार दूँगा अथवा इसका संहार कर दूँगा।"

महात्मा गाँधी की शीतल शान्ति के नीचे जो ज्वालामुखी धुँधुआ रही थी, उसे सारे देश के साथ पंडित नेहरू ने भी पहचाना और वे महात्मा गाँधी में जो दृढ़ता थी, अडिग रहने और नहीं झुकने का जो भाव था, उसने मोतीलाल नेहरू को आकृष्ट किया क्योंकि ये गुण उनके अपने स्वभाव में भी था।

महात्मा गाँधी के भीतर अहिंसा की एक शक्ति थी जो कि विरले मनुष्य में अब तक पायी गयी है। पंडित नेहरू पर अहिंसा की इसी शक्ति का प्रभाव पड़ा। महात्मा गाँधी को उन्होंने अनुद्विग्न भाव से, संग्राम का संचालन करते देखा था। सारी निराशा, सारे क्षोभ और सारी हलचल के बीच उन्हें अनासक्त भाव से जीते देखा था। वे महात्मा गाँधी की शक्ति प्राप्त करने को महात्मा गाँधी का अनुकरण करने लगे।

संभव है, शायद गीता का पाठ पंडित नेहरू ने धर्म के भाव से आरम्भ नहीं किया था, बल्कि स्थित प्रज्ञता के गुण सीखने को, जो अन्ततोगत्वा धर्म की ही बात है। गुरू की स्थितिप्रज्ञता शिष्य में भी आये, यही वह प्रेरणा रही होगी, जिसने पंडित नेहरू को गीता की ओर अग्रसर किया होगा। महात्मा गाँधी में संकल्प भी था, अनाशक्ति भी थी, कर्म भी था, वैराग्य भी था। महात्मा गाँधी की प्रज्ञा संतुलित थी। इस संतुलित प्रज्ञा का अपने भीतर विकास करने को पंडित नेहरू गीता की ओर गये होंगे।

महात्मा गाँधी में जो यतीवृत्ति थी, पंडित नेहरू उस वृत्ति को भी अपने भीतर लाना चाहते थे। तभी तो ट्रेन में थर्ड क्लास में सफर करने लगे थे। अपने कपड़े स्वयं धोते थे। उन्होंने महात्मा गाँधी के प्रभाव में ही आकर आमिष-भोजन का त्याग, तथा सिगरेट पीना छोड़ दिया था।

किन्तु इतनी भक्ति के बाद भी पंडित नेहरू का व्यक्तित्व और विचार अलग था, और महात्मा गाँधी का व्यक्तित्व और विचार अलग था। पंडित नेहरू का मानना था कि केवल राजनीति से बड़ी चीजें हासिल नहीं की जा सकतीं। बड़े उद्देश्य सिद्ध करने के लिए राजनीति को सामाजिक परिवर्तनों से एकाकार होना चाहिए।

महात्मा गाँधी की सारी शक्ति एक देश की स्वाधीनता के प्रश्न पर केन्द्रित थी। वे उसे विश्व में चलने वाले नाना आन्दोलनों के साथ बाँधना नहीं चाहते थे। किन्तु पंडित नेहरू का मानना था कि भारत का मुक्ति संग्राम समस्त विश्व के मुक्ति संग्राम का एक हिस्सा है और भारत को सारी दुनिया के साथ कदम से कदम मिलाकर चलना चाहिए।

इस प्रकार महात्मा गाँधी का ध्येय राजनीतिक स्वतंत्रता थी और वे वर्ग-संघर्ष की बात चलाये बिना, सभी वर्गों के हिन्दुस्तानियों को एक मोर्चे पर जमा करने में लगे हुए थे। किन्तु पंडित नेहरू का मानना था कि अमीरों की किस्मत अलग और गरीबों की किस्मत अलग है और जब हम स्वतंत्रता की लड़ाई लड़ रहे हैं, उस समय भी हमें इस विलगाव का पूरा-पूरा ध्यान रखना चाहिए।

पंडित नेहरू किसी भी तरह सामन्तशाही से समझौता करने के पक्ष में नहीं थे। किन्तु महात्मा गाँधी समाजवाद का समर्थन करने को तैयार नहीं थे। समाज में गरीबी और शोषण को दूर करने के प्रश्न पर महात्मा गाँधी जिस व्याकुलता से सोचते थे, उस व्याकुलता से सोचने वाला और कोई नेता शायद नहीं रहा होगा। गरीबों के प्रति जो ममता और सहानुभूति महात्मा गाँधी में थी, वह ममता और

सहानुभूति और किसी में नहीं थी। और लोग गरीबों के पक्ष में बोलने के अभ्यासी थे, किन्तु महात्मा गाँधी खुद गरीब बन गये थे। अतएव, उनके भीतर जो नैतिक बल था, उसके समक्ष किताबी दलीलें टिक नहीं सकती थीं। महात्मा गाँधी को भारी उद्योग से वितृष्णा थी। उनका मानना था कि अर्थव्यवस्था पर अगर समूह का यांत्रिक अधिकार हो गया तो आदमी का वैयक्तिक रूप ठिठुर कर रह जायेगा। अतएव अपने जीवन दर्शन को वे समाजवाद में एकाकार करना नहीं चाहते थे। किन्तु पंडित नेहरू उन्हें समझाना चाहते थे कि ऐसा भी उपाय किया जा सकता है कि नियोजित अर्थव्यवस्था के साथ व्यक्ति की स्वतंत्रता की टक्कर नहीं हो। लेकिन व्यक्ति महात्मा गाँधी की दृष्टि में सबसे ऊपर था।

सभ्यता के सामने सनातन द्वन्द्व रहा है कि सारी धरती को चमड़े से मढ़ देना ठीक है या सही काम यह है कि हर व्यक्ति के पाँव में जूते पहना दिये जायें। पंडित नेहरू सारी पृथ्वी को चमड़े से मढ़ने का स्वप्न देखते थे। महात्मा गाँधी हर व्यक्ति को जूते पहनाने के पक्ष में थे। यह मतभेद गुरू और शिष्य के बीच अन्त तक बना रहा।

अहम् प्रश्न है कि यह दोनों (पंडित नेहरू और महात्मा गाँधी) एक-दूसरे से वैचारिक भिन्नताएँ रखकर भी टूटते क्यों नहीं थे? स्पष्ट है इन दोनों में से कोई भी विच्छेद तक जाने को तैयार नहीं थे अतएव समझौता दोनों को कबूल हो जाता था।

पंडित नेहरू विचारों में कट्टर होते हुए भी व्यवहार में काफी लचीले थे, इसीलिए जब उनके अन्य समानधर्मा कांग्रेस छोड़कर चले गये, पंडित नेहरू कांग्रेस में बने रहे और सत्रह साल तक उन्होंने स्वतंत्र भारत का प्रधानमंत्रित्व भी किया। महात्मा गाँधी की अथाह गहराई के सामने पंडित नेहरू मूक हो जाते थे। महात्मा गाँधी रह-रहकर उन्हें विस्मित कर दिया करते थे।

पंडित नेहरू पूर्व स्वाधीनता के जोरदार समर्थक थे, किन्तु महात्मा गाँधी स्वराज्य या सेल गवर्नमेंट शब्द से कांग्रेस को बाँधे रखना (तत्काल) चाहते थे। (महात्मा गाँधी के स्वराज का अर्थ औपनिवेशिक स्वराज्य और पूर्ण स्वाधीनता, दोनों हो सकते थे।) वे (महात्मा गाँधी) नहीं चाहते थे कि पूर्ण स्वाधीनता को ध्येय घोषित करके कांग्रेस एक ऐसी जगह बँध जाए, जहाँ औपनिवेशिक स्वराज्य के आधार पर समझौता करना उसके लिए दुष्कर हो जाए। अत: पंडित नेहरू का पूर्ण स्वाधीनता की गगनभेदी आवाज (प्रस्ताव) महात्मा गाँधी को बिल्कुल पसन्द नहीं थी।

पंडित नेहरू पूर्ण स्वाधीनता के साथ-साथ समाजवाद को भी जोर से उछालना चाहते थे, जिससे जनता अपने ध्येय को पहचान सके और उसके लिए संघर्ष कर

सके। किन्तु महात्मा गाँधी दोनों ही (पूर्ण स्वाधीनता और समाजवाद) ध्येयों को गोल-मटोल रखना चाहते थे। महात्मा गाँधी का मानना था कि जब तक भारत को स्वराज्य के अधिकार प्राप्त नहीं हो जाते, वह समाजवादी आदर्श की ओर तेजी से नहीं बढ़ सकता है।

आगे चलकर समाजवादी होने का दावा महात्मा गाँधी ने भी किया था। किन्तु कांग्रेस में बराबर समाजवादियों ओर गाँधीवादियों के बीच संतुलन ठीक रखने को चिन्तित रहते थे। महात्मा गाँधी समाजवादी टालस्टाय के अर्थ में थे, किन्तु पंडित नेहरू और उनके समाजवादी मित्र मशीनों के भक्त थे। मगर महात्मा गाँधी एक छटांक कर्म को एक टन कल्पना या ज्ञान से अधिक मानते थे। इसलिए ज्यों-ज्यों समय बीतता गया, नवयुवक भी यह मानते गये कि समाजवादी दृष्टिकोण से भी महात्मा गाँधी ही सबसे बड़े क्रान्तिकारी हैं।

किन्तु पंडित नेहरू के दिलो-दिमाग पर समाजवाद छाया हुआ था। एक विशेष समयान्तराल में वे (पंडित नेहरू) साम्प्रदायिक एकता से अधिक जोर समाजवाद पर दिया करते थे। उनका मानना था कि साम्प्रदायिकता का गठबन्धन निहित स्वार्थों के साथ है। अतएव दोनों प्रतिक्रियागामी हैं। पंडित नेहरू को समाजवाद के पक्ष में जोर से बोलने के कारण बहुत बार विशेष कठिनाइयों का भी सामना करना पड़ा था।

बिहार के भूकम्प (15 जनवरी सन् 1934 ई०) पर महात्मा गाँधी ने कहा था कि यह भूकम्प इसलिए आया है कि भगवान हमें हरिजनों के प्रति हमारे दुर्व्यवहार के लिए दण्ड देना चाहते हैं। श्री रवीन्द्रनाथ बोले, ऐसी बातें बोलकर महात्मा गाँधी सभ्य संसार की दृष्टि में हमें हास्यास्पद बना रहे हैं। पंडित नेहरू ने इस विवाद में श्री रवीन्द्रनाथ का साथ दिया था। किन्तु, परिणाम पर विचार करने से लगता है कि भूकम्प इसलिए आया था कि भगवान कांग्रेस को निष्क्रियता और जिच से निकालना चाहते थे।

एक विशेष मुद्दे पर (जब महात्मा गाँधी ने सत्याग्रह आन्दोलन वापस लिया था तब) पंडित नेहरू को महात्मा गाँधी से भारी कष्ट हुआ था, महात्मा गाँधी पर उन्हें काफी खीझ भी हुई थी। सारी चीजें उन्हें इतनी उलझी हुई दीखीं कि महात्मा गाँधी के साथ अपने आपको बाँध देने पर उन्हें पश्चात्ताप होने लगा। पंडित नेहरू ने स्वयं कहा है ''मैंने जिन्दगी में जो कठोर शिक्षाएँ प्राप्त की थीं, उनमें से कठोरतम शिक्षा आज मेरे समक्ष थी। वह शिक्षा यह थी कि मौलिक मामलों में किसी भी व्यक्ति पर अवलम्बिल होना ठीक नहीं है। जिन्दगी के मैदान में अकेले चलना ठीक है। दूसरों पर निर्भर होने से निराशा होती है।''

सन् 1936-37 तक पंडित नेहरू और महात्मा गाँधी के बीच मतभेद आर्थिक कार्यक्रम को लेकर चलता था। किन्तु सन् 1939 ई० में महायुद्ध के आरम्भ होने से मतभेद का धरातल बदल गया। युद्ध में भारत का रुख क्या हो, इस पर जब विचार किया जाने लगा तो पंडित नेहरू के सामने निखिल मानवता का सवाल आ गया था। उनका मत था कि युद्धोद्योग में बाधा देना ठीक नहीं है। उससे मित्रराष्ट्रों की कमजोरी और हिटलर की शक्ति बढ़ेगी। फासिस्ट-विरोधी विचार पंडित नेहरू के पहले से ही रहे थे।

पंडित नेहरू का विचार था कि स्वराज्य हमें दे दिया जायेगा तभी हम मित्र राष्ट्रों की मदद करेंगे, स्वराज्य नहीं मिलने से हम कुछ भी करने की स्थिति में नहीं हैं। कांग्रेस ने युद्ध के बारे में ऐसा ही प्रस्ताव भी पारित किया था।

इस विचार को लेकर महात्मा गाँधी और पंडित नेहरू में मतभेद उत्पन्न हुआ था। महात्मा गाँधी का विचार था कि भारत को अगर मित्रराष्ट्रों की मदद करनी है, तो वह मदद बिना किसी शर्त के की जानी चाहिए और वह सहायता हर हालत में अहिंसक ही हो सकती है।

पंडित नेहरू महात्मा गाँधी के इस विचार से सहमत थे कि मित्रराष्ट्रों के युद्धोद्योगों में, किसी भी बड़े पैमाने पर बाधा डालना अनुचित होगा। किन्तु महात्मा गाँधी की यह बात उन्हें पसन्द नहीं थी कि हम मित्र राष्ट्रों की सहायता के बिना किसी शर्त के करें अथवा हम जो सहायता दें, वह अहिंसक हो। और संयोगवश, कार्य-समिति के अधिकांश सदस्य इस मामले में महात्मा गाँधी नहीं पंडित नेहरू के साथ थे।

अब तक आर्थिक प्रश्नों पर कार्य-समिति में पंडित नेहरू ही अकेले रहते आये थे। लेकिन, जब हिंसा-अहिंसा का प्रश्न उठा, कार्य-समिति में अकेले महात्मा गाँधी रह गये थे।

हिंसा-अहिंसा के द्वन्द्व पर महात्मा गाँधी और कांग्रेस नेता (पंडित नेहरू समेत) में मतभेद गहराता गया। कांग्रेस नेता बम्बई प्रस्ताव का अर्थ यह लगाते थे कि अहिंसा का प्रयोग हम देश की भीतरी समस्या के लिए कर सकते हैं। अगर आक्रमण बाहर से हो तो वैसी हालत में हम हिंसा का भी सहारा ले सकते हैं। किन्तु महात्मा गाँधी हर हालत में हिंसा को त्याज्य समझते थे। उनका (महात्मा गाँधी) का मानना था कि भारत और सम्पूर्ण विश्व में ध्वंस से रक्षा सिर्फ अहिंसा ही कर सकती है और इस घोषणा के साथ वे पंडित नेहरू से पुनः अलग हो गये।

पंडित नेहरू मित्रराष्ट्रों को कमजोर बनाने के पक्ष में कभी नहीं आये थे। उनका मानना था कि अगर कोई हमलावार भारत पर हमला करेगा तो हम उसके सामने घुटने नहीं टेकेंगे, बल्कि गुरिल्ला पद्धति से उसके खिलाफ युद्ध करेंगे। पंडित नेहरू यह भी चाहते थे कि भारत में अंग्रेजों के युद्धोद्योग में कहीं कोई बाधा नहीं दी जानी चाहिए।

महात्मा गाँधी का अहिंसा पर जो इसलिए था कि वे अंग्रेजों को चैन से छोड़ना नहीं चाहते थे। वे मन-ही-मन अपने जीवन के आखिरी संग्राम के लिए सन्नद्ध हो रहे थे और वे कहीं भी ऐसी भूमिका नहीं छोड़ना चाहते थे, जिससे आगे चलकर हिंसा को कोई सैद्धांतिक प्रश्रय मिल सके। सन् 1942 के महात्मा गाँधी द्वारा लिखित (कुछ) लेखों में स्पष्ट चिंगारी की झलक मिलती है। उन्होंने अंग्रेजों को समझाना शुरू कर दिया था कि "खुदा के वास्ते तुम हिन्दुस्तान छोड़कर चले जाओ और हमें अराजकता में या हमारी किस्मत पर छोड़ दो।"

महात्मा गाँधी भीतर ही भीतर उबलते रहते थे और पंडित नेहरू की परेशानी भीतर-भीतर तेजी से बढ़ती जा रही थी। महात्मा गाँधी पर राष्ट्रीयता का जो जोश छा रहा था, उससे पंडित नेहरू को काफी घबराहट थी, क्योंकि उन्हें (पंडित नेहरू को) लगता था, मानो महात्मा गाँधी भारत की हित साधना के प्रयत्न में विशाल मानवता के हितों की उपेक्षा कर रहे हैं।

पंडित नेहरू ने कई बार महात्मा गाँधी के साथ विचार-विमर्श किया किन्तु महात्मा गाँधी कुछ करने को बेचैन थे। अंग्रेजों की तानाशाही के आगे घुटने टेक कर बैठ जाना आज भयानक बात होगी। इससे देश के नैतिक बल की रीढ़ टूट जायेगी। यदि देश ने अंग्रेजों के आगे घुटने टेक दिये, तो वह अन्य हमलावर के आगे भी घुटने ही टेकेगा। अकर्मण्यता हमें लकवे का शिकार बना देगी। कर्मठता हमारी शिराओं में शक्ति का संचार करेगी।"

संयमी और विनयी व्यक्ति जब क्रोध की वाणी बोलता है, तो वह ज्यादातर सच समझी जाती है। महात्मा गाँधी के आक्रोश को भी भारतवासियों ने सत्य माना और सबने भीतर-ही-भीतर समझ लिया कि बहसों का जमाना लदा, अब यह कर्म की घड़ी आयी हुई है।

सन् 1920 ई० (16 जून) की यंग इंडिया में महात्मा गाँधी ने लिखा-

"कष्टों की ज्वाला में पड़कर पवित्र हुए बिना अब तक किसी देश ने उन्नति नहीं की है।" उसी वर्ष सितम्बर में उन्होंने लिखा- "हिन्दुस्तान अपनी बेइज्जती को असहाय होकर देखता रहे या कायर बनकर सहता रहे, इससे अच्छा यह

है कि अपने गौरव की रक्षा के लिए वह तलवार उठाये, शस्त्र बल का प्रयोग करे।''

महात्मा गाँधी के भीतर के तीव्र उफान ने जवान जवाहरलाल को क्या अडिग रहने वाले, नहीं झुकने वाले परिपक्व विख्यात बैरिस्टर पंडित मोतीलाल नेहरू को भी आकृष्ट कर लिया। पांडत मोतीलाल की प्रक्रिया थोड़ी लम्बी तथा तकलीफदेह भी थी। क्योंकि वे ऐसे व्यक्ति थे जो दूसरों के आगे झुकना नहीं जानते थे। मगर वे जब सोच-समझकर कोई निर्णय कर लेते थे, तब उस निर्णय से नहीं हिलते थे।

पंडित मोतीलाल नेहरू की प्रक्रिया (स्वतंत्रता संग्राम में शामिल होने वाली) थोड़ी लम्बी पड़ गयी क्योंकि उनके भीतर एक अक्कड़पन थी, उनकी गति धीमी थी (भले ही ठोस थी) लेकिन पंडित जवाहरलाल नेहरू ने छलाँग मारकर, तेज रफ्तार से चलकर शीघ्र ही भारतीय स्वतंत्रता संग्राम के क्षितिज पर चमकने लगे थे।

अत: उन दिनों एक कहावत मशहूर हो गयी थी कि जवाहरलाल के अधि-भौतिक पिता पंडित मोतीलाल नेहरू थे, किन्तु मोतीलाल नेहरू का राजनैतिक पिता पंडित जवाहरलाल नेहरू (उनके पुत्र) थे।

पंडित मोतीलाल नेहरू के समान पिता और महात्मा गाँधी के समान गुरू को पाकर पंडित नेहरू निहाल हो गये थे। उनकी बहुत-सी मुश्किलें इन्हीं दो बुर्जुगों ने आसान कर दीं। सरदार पटेल और सुभाष चन्द्र बोस से आगे निकलने में जितनी सहायता उन्हें अपनी योग्यता अपने चरित्र और सौभाग्य से मिली, उतनी ही सहायता इन दो बुजुर्गों के आशीर्वाद से प्राप्त हुई थी।

पंडित मोतीलाल नेहरू कहा करते थे कि मुझे केवल इस बात का गर्व है कि मैं जवाहरलाल का पिता हूँ।

पंडित मोतीलाल नेहरू के मरनोपरान्त डॉ० विधान चन्द्र राय के एक प्रश्न (पंडित मोतीलाल में अलौकिक गुण क्यों थे) के उत्तर में महात्मा गाँधी ने कहा था कि जवाहरलाल के लिए असीम प्यार। पंडित मोतीलाल नेहरू का देश-प्रेम उनके पुत्र-प्रेम से उत्पन्न हुआ था। भारत के लिए अभिमान उनमें इस कारण था कि भारत ने जवाहरलाल को जन्म दिया है। एक पत्र में पंडित मोतीलाल नेहरू, महात्मा गाँधी को लिखे थे कि, ''आप महान हैं, भारत के हक में आपकी उपलब्धियाँ भी बहुत बड़ी हैं। किन्तु मेरा ख्याल है, आगे चलकर जबाहरलाल आपसे भी बड़ी उपलब्धियाँ प्राप्त करेगा।''

जवाहरलाल के पिता 'जवाहरलाल' को एक ऐसा व्यक्ति मानते थे जिसकी देश-भक्ति अदमनीय थी और जो प्रचण्ड रूप से निर्भीक था। उन्हें बराबर यह आशंका लगी रहती कि जवाहर कभी भी गिरफतार हो सकता है।

महात्मा गाँधी और पंडित नेहरू के बीच मतभेद था, स्पर्धा नहीं थी। महात्मा गाँधी, आखिर पंडित नेहरू से किस बात के लिए स्पर्धा करते और पंडित नेहरू इतने नासमझ नहीं थे कि, मतभेदों से ऊबकर वे दूसरी पार्टी बनायें और महात्मा गाँधी को खुली चुनौती दें। पंडित नेहरू अपना और महात्मा गाँधी की तुलनात्मक महत्व जानते थे। उनके भीतर एक श्रद्धा जम गयी थी कि देश में उस समय जो कुछ हो सकता था महात्मा गाँधी के इशारों से ही हो सकता था। भारतवर्ष के लाखों-करोड़ों लोग उन्हें प्रकाण्ड देशभक्त और महान नेता समझते थे। जिन लोगों का उनसे मतभेद था, आदर्श उज्जवल और चरित्र संत का है। महात्मा गाँधी की अहिंसा वाणी के शब्द भी इस्पात की तरह होते थे। जिस अप्राकृतिक अवस्था में उस वक्त इंग्लैंड और भारत खड़ा था, असहयोग के द्वारा उस अवस्था से निकलने का मार्ग बताकर महात्मा गाँधी ने बहुत बड़ा उपकार किया था। पूण्य से सहयोग जितना बड़ा काम है, पाप से असहयोग भी वैसा ही महान कर्त्तव्य है।

असहयोग आन्दोलन को रोकने के महात्मा गाँधी पर पिता-पुत्र (पंडित मोतीलाल नेहरू और पंडित जवाहरलाल नेहरू) को जो रोष हुआ था, वह रोष टिका नहीं। क्योंकि ऐसा आन्दोलन जिसके चलाये चल सकता था उसे आन्दोलन रोकने का भी अधिकार था और लोग न तो ऐसा आन्दोलन छेड़ सकते थे, न उसे रोकने की बात कर सकते थे। महात्मा गाँधी की महिमा असीम थी। सच्चे अर्थों में वे नेता थे और सारा देश उनका अनुयायी मात्र था। पंडित मोतीलाल नेहरू ने एक बार महात्मा गाँधी के संबंध में कहा था कि "प्यारे भाई, भगवान को धन्यवाद दो कि उसने एक ऐसा आदमी भेज दिया है, जिसके पीछे-पीछे चलने में हमें फखर होना चाहिए।"

इसी प्रकार महात्मा गाँधी भी पंडित नेहरू को अपने लिए आगरिहार्ग समझते थे। वे अच्छी तरह जानते थे कि देश के नौजवानों में जवाहरलाल के प्रति एक विशेष आकर्षण है। सन् 1928 ई० में श्री सुभाष चन्द्र बोस के आह्वान पर भारत के युवक महात्मा गाँधी के दल को छोड़कर जाने के लिए तैयार हो गये थे और दूसरे-दूसरे कारणों को लेकर (1929 ई०) लाहौर कांग्रेस की अहमियत बहुत अधिक हो गयी थी। प्रत्येक कांग्रेसी चाहता था कि लाहौर कांग्रेस का सभापतित्व स्वयं महात्मा गाँधी करे, लेकिन पंडित मोतीलाल नेहरू का मानना था कि कांग्रेस

की असली ताकत तो महात्मा गाँधी है हीं, चाहे वो पर्दे के भीतर हों या बाहर। उनका (पंडित मोतीलाल नेहरू) विचार था कि महात्मा गाँधी का दिमाग और जवाहरलाल की भाषा, के एक होने से परिस्थिति का सामना मजे से किया जा सकेगा।

इससे पूर्व भी पंडित मोतीलाल नेहरू ने जवहार लाल नेहरू की (कलकत्ता कांग्रेस का) सभापति बनाकर कांग्रेस को दुरावस्था के दलदल से निकालने की सलाह महात्मा गाँधी को दिया था। किन्तु महात्मा गाँधी का मानना था कि उस वक्त जवाहरलाल का सारा समय कांग्रेस के महल के शुद्ध रखने में नष्ट हो जायेगा। उनका (महात्मा गाँधी का) मानना यह भी था कि जवाहरलाल की आत्मा इतनी ऊँची है कि वह कांग्रेस के भीतर बढ़ती हुई अराजकता और शोरगुल को बर्दास्त नहीं कर पायेगी। लेकिन उनका (महात्मा गाँधी का) मानना था कि कांग्रेस की भीतरी अराजकता, शीघ्र ही अपने आप खत्म हो जायेगी और जो लोग आज शोर मचा रहे हैं, उन्हें खुद एक अनुशासक की आवश्यकता महसूस होगी। वही मौका जवाहरलाल के आने का होगा और वह मौका आया लाहौर कांग्रेस के समय।

महात्मा गाँधी यह भी जानते थे कि जवाहरलाल के पास ही वह भाषा है जिसे बाहरी विश्व समझता है और जवाहरलाल के पास जो सार्वभौम दृष्टि है, वह और किसी के पास नहीं है। इसलिए वह पंडित नेहरू को अपने से दूर जाने देना नहीं चाहते थे। बहुत-से समाजवादी तथा साम्यवादी कांग्रेस से हट जायें तो भी एक जवाहरलाल को लेकर कांग्रेस मजे में उनका मुकाबला कर सकती है, यह विश्वास भी महात्मा गाँधी को था और काल ने, महात्मा गाँधी के मरने के बाद भी, उसे गलत साबित नहीं होने दिया।

महात्मा गाँधी को सबसे बड़ा विश्वास इस बात का था कि जवाहरलाल कभी भी मुझे धोखा नहीं देगा, कभी भी मेरे खिलाफ बगावत नहीं करेगा और रोना-धोना वह चाहे जितना करें, किन्तु उसके भीतर यह कठोरता नहीं है कि मुझे छोड़कर वह अलग हो जाये।

पंडित नेहरू बड़े ही स्वाभिमानी पुरुष थे। वे अपने दैन्य या विपन्नता की बात किसी से भी नहीं करते थे, यहाँ तक की अपने पिताजी से भी नहीं, किन्तु ऐसी बातें भी वे महात्मा गाँधी को निश्छल होकर बता देते थे।

सामान्यत: नेहरू परिवार की समृद्धि का उल्लेख लोग आँख मूँद कर करते हैं। किन्तु सच्ची बात यह है कि पंडित मोतीलाल नेहरू की कमाई के कम होते

ही यह समृद्धि घटने लगी थी। सन् 1924 ई० के आस-पास पंडित नेहरू पर यह शर्म गुजरने की बात भी मिलती है (महात्मा गाँधी के नाम पंडित नेहरू के पत्र में) कि पूरा मर्द होकर भी मैं बाप की कमाई पर जी रहा हूँ क्यों नहीं अपने पाँव पर आप खड़ा होकर पिताजी के बोझ को थोड़ा हलका कर दूँ? यह भावनात्मक बात उन्होंने चुपके से महात्मा गाँधी को लिख भेजी, किन्तु, इनकी भनक किसी तरह पंडित मोतीलाल के कान में पड़ गयी। स्वभावतः ही, वे बेटे पर झल्ला उठे। किन्तु परिस्थिति संभालने में गाँधी माहिर थे। उन्होंने भी पंडित नेहरू को चुपके से जबाव भेजा था।

संभवतः, सन् 1925 ई० आते-आते पंडित नेहरू को धनाभाव का अनुभव और भी तीव्रता से होने लगा था क्योंकि 30 सितम्बर, 1925 ई० में पंडित नहेरू के नाम महात्मा गाँधी के एक पत्र में इसी तरह की बातें मिलती हैं।

पंडित नेहरू के नाम महात्मा गाँधी के जितने खत मिलते हैं, अक्सर वे मुहब्बत से लबरेज होते थे और उससे यह स्पष्ट विदित होता था कि अपने इस अद्वितीय शिष्य के लिए उन्हें कितना गौरव और अभिमान था।

पंडित नेहरू दो अभिभावकों के अधीन निश्चित रहते थे। पिताजी की मृत्यु के बाद उनके एक ही अभिभावक महात्मा गाँधी बच गये थे। तब से पिता वाली श्रद्धा भी पंडित नेहरू ने महात्मा गाँधी को ही अर्पित कर दी।

महात्मा गाँधी, पंडित नेहरू को संकटों से घिरा देखकर रोते थे, विलाप करते थे। मगर, देश हिंसा के जिस वात्याचक्र में फँसकर चक्कर खा रहा था, उससे उसे निकालने वाला महात्मा गाँधी और पंडित नेहरू को छोड़कर तीसरा कौन था?

जीवनी लेखकों ने महात्मा गाँधी और पंडित नेहरू के बीच इस तथा कथित अन्तर पर बहुत जोर दिया है कि महात्मा गाँधी मे नारी प्रवृत्तियों का प्रधान्य है और पंडित नेहरू में पुरुष प्रवृत्तियों का। महात्मा गाँधी तत्वदर्शी, सनातनी, रहस्यवादी, अहिंसक, धार्मिक और संतजनोचित करुणा से ओतप्रोत हैं। पंडित नेहरू कर्मयोगी, रूढियों के विरोधी संशयवादी तथा कला सौन्दर्य के प्रेमी हैं। किन्तु यह विरोध केवल सतह पर है तथा इसमें कोई सार नहीं झलकता है।

"द लास्ट डेज ऑफ ब्रिटिश राज" के लेखक लियोनार्ड भोसले ने पंडित नेहरू के बारे में लिखा है कि "सर्वोच्च सत्ता की चोटी तथा भारतीय जनता के हृदय पर प्रेमपूर्ण एकाधिपत्य पर नेहरू के पहुँचने का मार्ग तीर्थयात्री का मार्ग अवश्य था, किन्तु उस रास्ते में इतने खन्दक थे, इतनी खाइयाँ थीं कि अगर भाग्य

और संयोग ने नेहरू का साथ नहीं दिया होता तो रास्ते से वे विचलित भी हो सकते थे।''

श्री सुभाषचन्द्र बोस को कांग्रेस ने बर्दास्त नहीं किया–यह पहला संयोग था।

सरदार पटेल ने नम्बर एक बनने की जिद नहीं कि– यह दूसरा संयोग था। और,

जब समाजवादी लोग कांग्रेस छोड़ रहे थे, तब पंडित नेहरू ने कांग्रेस नहीं छोड़ी–यह तीसरा संयोग था।

लेकिन संयोग भी अकारण उत्पन्न नहीं होता। उसके भी कारण होते हैं। वह कारण पंडित नेहरू की विद्वता में था, चरित्र में था, निश्छल देशभक्ति में था और एक अत्यन्त सजीव व्यक्तित्व में था। उनके भीतर कोई बात थी, जो और किसी नेता में नहीं थी। संविधान-सभा की कल्पना उन्होंने निकाली थी। योजनाबद्ध विकास का स्वप्न सबसे पहले उन्होंने ही देखा था और समस्त संसार में भारत की भूमिका क्या होनी चाहिए, इसकी झाँकी भी देश के सामने उन्होंने ही प्रस्तुत की थी। हल्के ढंग से यह कहकर छुट्टी पा लेना हल्का काम है कि पंडित नेहरू इसलिए बढ़े कि व अमीर खानदान में पैदा हुए थे। जो नेता गरीब खानदान में जन्मे थे, उनमें से कौन था जो पंडित नेहरू की–सी भाषा लिखता था, उनके समान हर विषय पर ऊँचाई से बोल सकता था अथवा जिसकी कल्पना सार्वभौम थी। कांग्रेस ने पंडित नेहरू को बर्दास्त करके अपनी आयु बढ़ा ली, अपना बल बढ़ा लिया, अपनी शोहरत और प्रतिष्ठा में वृद्धि की और अपने को इस योग्य बना लिया कि वह समाजवाद और वैज्ञानिक मानवतावाद का भी प्रचार कर सके। और पंडित नेहरू ने चुभन और काँटे बर्दास्त करके कांग्रेस में रहकर उस सीढ़ी पर अख्तियार कर लिया, जो उन्हें सर्वोच्च शिखर पर ले जाने वाली थी।

पंडित नेहरू वह क्रान्तिकारी थे, जिसका विश्वास सुधार और विकास में रहता था। वे शान्तिप्रिय आदमी थे और उनमें वैराग्य की भी छौंक थी, किन्तु सत्ता पर आरूढ़ होने के प्रति उनमें वैराग्य नहीं था। वे ऐसे राष्ट्रवादी थे, जिसके भाव-तन्तु अन्तर्राष्ट्रीयता से बँधे हुए थे। वे एकाकी थे, निःसंग थे, अगाध शांति की खोज में थे, किन्तु जिन्दगी की हलचलों से खेलने में उन्हें आनन्द आता था। उनमें दृढ़ता भी थी और लचीलापन भी था, इसलिए कोई भी झकोरा अपने स्थान से हिला नहीं सका।

अपने-आपके प्रति उनमें अदम्य विश्वास था। वे मानते थे कि मैं किसी भी विषय पर बोल सकता हूँ, कितन भी कठिन काम हो, कर सकता हूँ। सन् 1937 ई० के चुनाव में करिश्मा दिखाने को उन्होंने कांग्रेस के सभापतित्व की दुबारा

कामना की और इस विषय का सुझाव महात्मा गाँधी को खुद ही दिया और जब वे चुनावों के दौरे पर निकले, तब लगा, मानो कोई तूफान स्वतंत्रता का संदेश लेकर सारे देश में दौड़ रहा हो।

पराधीनता के समय पंडित नेहरू भारत के भावी निर्माण की बातें बहुत बड़े पैमाने पर सोचा करते थे। लेकिन, उनकी बातें उनके वरिष्ठ साथियों को पसन्द नहीं आती थीं। वे उन बातों को हवाई समझते थे और महात्मा गाँधी की कठिनाई यह थी कि उन्हें गाँधीवादियों के साथ पंडित नेहरू को भी लेकर चलना पड़ता था। उस समय अपने किसी अनुयायी को पत्र लिखते हुए महात्मा गाँधी ने लिखा था, "योजना के बारे में जवाहरलाल की सारी कोशिशें बेकार हैं, मगर वह ऐसी किसी चीज से खुश नहीं होता, जो बड़ी नहीं हो।"

भारत के आर्थिक विकास के मामले में पंडित नेहरू के बहुत-से विचारों को पिछड़ा समझते थे और महात्मा गाँधी भी जवाहरलाल की बहुत सी बातों का फालतू और भारत के लिए अनुपयुक्त मानते थे। महात्मा गाँधी का विचार था कि आदमी की आवश्यकताएँ जितनी कम हों, उतना ही अच्छा है। पंडित नेहरू मानते थे कि आदमी की जरूरतें उतनी कम नहीं हैं, जितनी महात्मा गाँधी समझते हैं।

जब तक स्वराज्य नहीं हुआ था, बातें सैद्धान्तिक धरातल पर रहीं। किन्तु जब प्रधानमंत्री हो गये, उन पर यह बोझ आ पड़ा कि वे जो कुछ बोलते थे, उसे कार्य रूप देकर दिखायें।

मन से समाजवादी और हृदय से गाँधीवादी होने का परिणाम यह हुआ कि पंडित नेहरू ने प्रजातंत्र के मार्ग से समाजवाद लाने का संकल्प किया। यह संकल्प अभी तक चरितार्थ नहीं हुआ है। आगे चलकर भी वह चरितार्थ होगा या नहीं, इसे काल बतायेगा।

पंडित नेहरू और स्टालिन के व्यक्तित्व एवं विचारों को तुलनात्मक अध्ययन

1

अहिंसा से घृणा का भाव रखने वाली, जर्मन वंश की एक महिला जिसका नाम रोजा लक्जमवर्ग था। हिटलर पर उनकी प्रगाढ़ भक्ति थी। एक प्रश्न के उत्तर में उसने कहा था कि–

"जवाहरलाल तो हिटलर, गाँधी और स्तालिन का समन्वित रूप है।" "ही (जवाहरलाल) इज हिटलर, गाँधी एण्ड स्टालिन कम्बाइंड"

किन्तु पंडित जवाहरलाल नेहरू तो हिटलर और मुसोलिनी से घृणा करते थे और इतनी घृणा करते थे कि उन दोनों के साथ मिलने से उन्होंने एक ऐसे समय इन्कार कर दिया था, जब पंडित नेहरू गुलाम देश के नेता थे हिटलर और मुसोलिनी अपने प्रताप से दुनिया को दहला रहे थे। स्पेन में जो गृहयुद्ध मचा, उसमें भी पंडित नेहरू की सारी सहानुभूति फासिस्टों के खिलाफ थी और वे हृदय से फासिस्टों की पराजय चाहते थे। उससे भी बड़ी बात यह थी कि सन् 1942 में जब महात्मा गाँधी स्वतंत्रता का संग्राम छेड़ने को तैयार होने लगे, तब पंडित नेहरू इस दुविधा में पड़ गये थे कि युद्धोद्योग में किसी प्रकार की बाधा डालना उचित होगा या नहीं। कहीं ऐसा तो नहीं होगा कि भारत में विद्रोह मचने से मित्र-राष्ट्रों की ताकत को धक्का लगे और फासिस्ट शक्तियों की विजय हो जाये।

उस वक्त भी, पंडित नेहरू के दिल-दिमाग पर तानाशाही की छैंक काफी थी। वे अपनी तानाशाही प्रवृत्ति का विरोध करने वालों को बर्दास्त नहीं करते थे, मगर उनकी चाह रहती थी कि दूसरे लोग उनकी ऐसी प्रवृत्ति को भी दुहरायें और उनका साथ दें।

2

पंडित नेहरू का विरोध करना कोई आसान बात नहीं थी, जो भी कांग्रेसी उनकी आलोचना करने की हिम्मत करता, वह अपनी पीठ आप ठोंकता था। हाँ, और लोग यदि उसकी पीठ ठोंकने को जाते भी तो, छिपकर जाते थे। पंडित महावीर त्यागी की सारी कीर्ति इस बात पर टिकी थी कि वे पंडित नेहरू को खरी-खोटी सुना सकते थे। कभी-कभी (नेफा युद्ध के समय इसकी झलक सफ स्पष्ट हो गई थी) तो पंडित नेहरू ऐसे जिद्दी हो जाते थे कि सारी पार्टी (कांग्रेस पार्टी) को अस्त-व्यस्त कर डालते थे।

पंडित नेहरू में अधिरता की झलक मिलती है, अपनी बात को आगे बढ़ाने की भारी जिद्द रहती थी। उनके कार्य-कलाप का सूक्ष्मता से अध्ययन करने पर उसमें अहंकार की परछाई भी मिलती है, और जनता बीच गरचे वे बहुत जाते थे, मगर अपने जन-समूह का सदस्य वे नहीं समझते थे। खैरियत की बात यह थी कि वे आदमी ईमानदार थे और बराबर अपना मनोविश्लेषण आप ही करते रहते थे। 'सत्ता पाकर में कहीं तानाशाह न हो उठूँ', ऐसे सवाल भी उनके भीतर बराबर उठते रहते थे और सच्चाई की इस प्रवृत्ति ने उन्हें तानाशाह बनने से बचा लिया।

सन् 1937 ई० के आस-पास 'मॉडर्न रिव्यू' में उन्होंने अपनी आलोचना, चाणक्य के छद्म नाम से आप लिखा थी। उस लेख में उन्होंने जनता को जवाहरलाल

से सावधान रहने की चेतावनी दी थी क्योंकि "जवाहरलाल के सारे ढब-ढाँचे तानाशाह के हैं। वह भयानक रूप से लोकप्रिय हैं, उसका संकल्प कठोर है, उसमें ताकत और गुरूर है, भीड़ का वह प्रेमी और साथियों के प्रति असहनशील है तथा ऐसे आदमियों से वह घृणा करता है, जिनमें किसी भी तरह की कमजोरी हो या जो अपनी जबावदेही को मुस्तैदी से अंजाम नहीं दे सकें। सारी दुनिया जानती है कि वह क्रोधी स्वभाव का है। काम करवाने की उसकी आतुरता इतनी प्रखर है कि थोड़ी-सी भी देर उसे गवारा नहीं होती। नये अभियानों के लिए उसके भीतर बेचैनी है कि जो भी चीज उसे पसन्द नहीं है, उसे वह तोड़-मरोड़ कर फेंक देगा। जवाहरलाल ऐसा आदमी है, जो प्रजातंत्र की प्रक्रिया को ज्यादा दिनों तक बर्दास्त नहीं कर सकता।"

इस आत्म-विश्लेषण से साफ स्पष्ट होता है कि वह व्यक्ति तानाशाह नहीं हो सकता। जिन्हें तानाशाह बनना होता है, वे ऐसी निश्छलता से नहीं बोलते। प्रधानमंत्री होने पर भी पंडित नेहरू अपने स्वभाव पर, अपने भीतर के छिपे चोर पर बराबर पहरा देते रहते थे। खासकर, संसद में वे अत्यन्त सावधान रहते थे और जो बहुमत का मत होता था, उसे देर-सबेर अवश्य मान लेते थे।

3

तानाशाह की प्रवृत्ति पंडित नेहरू के दिल-दिमाग पर थी, किन्तु इस प्रवृत्ति की व्यंजना वे अहिंसक ढंग से करते थे। नापसन्द लोगों को मंत्रिमंडल से निकाल देना या उन्हें चुनाव का टिकट नहीं देना, ऐसी बातों में आलोचकों ने 'प्रतिशोध' का आरोप लगाया है। किन्तु तरीकों का विश्लेषणात्मक अध्ययन से स्पष्ट होता है कि तरीके ये भी अहिंसा के ही थे। कठिनाई यह है कि राजनीति का नेता ऐसे लांछनों से कदापि नहीं बच सकता। पंडित नेहरू इन लांछनों से बहुत ही बचकर निकलना चाहते थे। किन्तु काजल की कोठरी में रहने वाला आदमी, कहीं-न-कहीं दाग लगा ही लेता है।

राजनीति की परिभाषा आसान नहीं है। राजनीति युद्ध भी है और शांति भी, हिंसा भी है और अहिंसा भी, सिधाई भी है और छल-प्रपंच भी। युद्ध राजनीति की उस अवस्था को कहा जाता है, जब वह लहू से लाल हो उठती है और शांति राजनीति का वह रूप है, जब कंठ-माला और चन्दन से विभूषित रहती है।

इसी प्रकार तानाशाही और प्रजातंत्र भी राजनीति के ही रूप हैं। राजनीति जहाँ कोमल होती है, वहाँ उसे प्रजातन्त्र कहते हैं। जहाँ कठोर होती है, वहाँ तानाशाही

समझी जाती है। मगर ऐसा नहीं है कि जहाँ प्रजातन्त्र है, वहाँ तानाशाही की कोई भी प्रवृत्ति नहीं चलती हो। इंग्लैंड और अमेरिका की राजनीति भी वोट तो सबसे ले लेती है, मगर अपने असली रहस्य का सूत्र कुछ चुने हुए लोगों के हाथों में रखती है रूस तथा चीन की निन्दा हम चाहे जितना भी कर लें, मगर वहाँ की राजनीति भी जनता का मुँह जोहे बिना नहीं चल सकती।

प्रजातन्त्र और तानाशाही के बीच एक विभाजन रेखा जरूर है। मगर, उस रेखा पर पाँव रखने की विवशता या लोभ सभी राजनीतिज्ञों को होता है। तानाशाह इस रेखा को इसलिए लाँघता है कि जिस आदमी की वह गर्दन पकड़े हुए है, उसके हृदय को भी जरा गुदगुदाना चाहता है और प्रजातन्त्री नेता इस रेखा पर इसलिए पाँव धरता है कि जिनके वोटों के बल पर वह राजा बना है, उन्हें अपनी इच्छित दिशा की ओर थोड़ा मोड़ सके।

राजनैतिक नेताओं की यह आदत होती है कि सभा के मंचों से वे चाणक्य और मैकियावेली की निन्दा करते हैं। मगर जब वे दफ्तर की कुर्सी पर होते हैं, चाणक्य और मैकियावेली का अभ्यास किये बिना उनका काम नहीं चलता। पंडित नेहरू इस नियम के पूर्णतः अपवाद थे।

4

यों तो, एक बार पंडित नेहरू ने हिटलर और मुसोलिनी से मिलना अस्वीकार कर दिया था, किन्तु जब स्टालिन मरे थे तो संसद में उसकी बड़ाई करते हुए पंडित नेहरू ने उसे शांति-कामी मानव कहा था। निश्चित रूप से, स्टालिन के लिए उनके दिल-दिमाग के भीतर कहीं न कहीं कोई भक्ति-भाव या प्रेम-भाव रहा ही होगा। किन्तु पंडित नेहरू और स्टालिन की अगर परस्पर तुलना की जाये तो हमारे सामने स्पष्ट झलकता है कि-

स्टालिन हिंसा में विश्वास करता था। (सभी साम्यवादी हिंसा में ही विश्वास करते हैं।) शायद पंडित नेहरू अगर महात्मा गाँधी के प्रभाव में नहीं आये होते तो हिंसक समर्थन वे निःसंकोच होकर करते।

स्वतंत्रता संग्राम के सेनापति तो महात्मा गाँधी थे, किन्तु कठोर से कठोर बातें भी उनके मुख से कोमल होकर निकलती थीं। ''भारत छोड़ो'', इस नारे के भीतर अर्थ चाहे जितना भी अलग रहा हो, मगर भाषा एक अहिंसा की है।

किन्तु युद्धारूढ़ जाति की जो कटुता, अधीरता, अविनय या अहंकार महात्मा गाँधी अथवा अन्य किसी नेता के मुख से उद्‌गीर्ण नहीं होता था, उसे पंडित नेहरू गगनभेदी आवाज में अभिव्यक्त किया करते थे।

सन् 1945 ई० में जब नेतागण जेल से बाहर आये, तब उन्होंने सन् 1942 की क्रान्ति का खुलकर समर्थन करने में संकोच होने लगा, क्योंकि उस क्रान्ति में हिंसा भी हुई थी। मगर पंडित नेहरू में दुविधा और संकोच लेश मात्र भी नहीं था। उन्होंने तो कई भाषणों में स्पष्ट शब्दों में कहा था कि "अगर यह क्रान्ति हिंसक थी, तो उसकी सारी जिम्मेदारी मैं ओढ़ने को तैयार हूँ।"

5

कुछ लोगों का मानना है कि पंडित नेहरू के दिलो-दिमाग पर एक तीव्रता थी, जिसको प्रकृति ने कम नहीं किया, बल्कि उसमें जो कमी आयी थी, हो तो महात्मा गाँधी के सान्निध्य और सम्पर्क से (कमी) आयी थी। मगर महात्मा गाँधी के सम्पर्क में नहीं आने पर वे हिटलर और मुसोलिनी नहीं बन सकते थे।

उन्नीसवीं सदी के उदारवादी विचार उनके भीतर कूट-कूट कर भरे थे। साथ ही राष्ट्रीय भावों का उनके भीतर प्राबल्य था। इंग्लैंड में अध्ययन करते समय उन्होंने इटली के प्रतापी वीर गोरीवाल्डी की जीवनी बड़े ही उत्साह से पढ़ी थी और गोरीवाल्डी के जीवन का उनके दिलो-दिमाग पर बहुत अच्छा प्रभाव पड़ा था। इसी प्रकार भक्ति उनकी आयरलैण्ड के वीर नेता मैक्स्विनी पर भी थी, उन्होंने अंग्रेजों की जेल में 73 दिनों तक अनशन करके शहादत पायी थी।

पंडित नेहरू (स्वयं) तीन महापुरुषों का प्रभाव अपने ऊपर स्वीकार करते थे। अपने पिता से उन्होंने शान और डाट ग्रहण किया, महात्मा गाँधी से यथासंभव अहिंसक बनने की शिक्षा स्वीकार की थी और अन्तर्राष्ट्रीय दृष्टि उन्हें रवीन्द्रनाथ टैगोर से प्राप्त हुई थी।

मानव, जो बनना चाहते है, वही बन ही जाये यह आवश्यक नहीं है। अक्सर वह वैसा बनता है, जैसा परिस्थितियाँ उसे बनाना चाहती हैं। पंडित नेहरू जो कुछ थे, उन परिस्थितियों के द्वारा बनाये गये थे, जिसमें रहकर वे महात्मा गाँधी के साथ काम किये थे। परिस्थितियाँ अगर भिन्न भी होतीं और महात्मा गाँधी के सम्पर्क में वे न भी आये होते, तो भी हिटलर और मुसोलिनी की तरह वे नहीं हो सकते थे। साम्यवादी शायद, वे हो जाते, किन्तु तब भी वे स्टालिन की तरह हुए होते या नहीं इसमें पूर्ण सन्देह है और तानाशाह होने पर भी तानाशाही का वही नमूना वे पेश नहीं करते जिसे स्टालिन और माऊ ने पेश किया था।

6

स्तालिन केवल जिन्दादिल ही नहीं, बेचैन मिजाज के इन्सान थे। वे हमेशा सवाल और जवाब तथा बहसें कराया करते थे। और बहसें वे हमेशा दूसरों के साथ

नहीं, बल्कि अपने-आप के साथ ही किया करते थे। बातें करते-करते उनकी आँखों से आँसू छलक पड़ते थे और वे रोने लगते थे।

पंडित नेहरू दूसरों के सवाल बहुत कम करते (पूछते) थे, गरचे, अपने आप के खिलाफ बहस करना उनका स्वभाव था और ऐसी बहस वे सभाओं में बोलते समय, कुछ ज्यादा ही करते थे (पंडित नेहरू के भाषण में इस तथ्य की बहुत झलकें मिलती हैं।) बातें करते-करते वे (पंडित नेहरू) उबल पड़ते थे, किन्तु उनके रोने की चर्चा बहुत कम मिलती है। यहाँ तक की श्री फिरोज गाँधी (उनकी इकलौती लाडली पुत्री के पति) के देहान्त के समय भी उन्हें किसी ने रोते नहीं पाया। हाँ, भले ही महात्मा गाँधी की हत्या के समय उन्हें फूट-फूटकर रोते पाया गया था।

मिलोवन जिलास ने लिखा है कि गोर्की की मृत्यु के पीछे स्तालिन का हाथ था। इतिहास में यह भी शंका उत्पन्न हुई कि लेनिन की मृत्यु के पीछे भी कहीं दूर पर स्तालिन खड़ा था। लेकिन, ऐसी निष्ठुरता पंडित नेहरू स्वप्न में भी नहीं कर सकते थे। जिलास का मत है कि ऐसा कोई भी जुर्म नहीं है जिसे स्तालिन नहीं कर सकता था। मानवता के सम्पूर्ण इतिहास में जिलास स्तालिन को सबसे बड़ा अपराधी मानता था।

राजमद में स्तालिन इतना मतवाला हो गया था कि वह उन लोगों की भी बात नहीं सुनता था जिन्होंने उनकी तरक्की में सीढ़ियों की भूमिका अदा की थी। धीरे-धीरे वे इतने अभिमानी हो गये थे कि बदलती हुई हालातों को वे कोई भी अहमियत नहीं देते थे, न जनमत उनके सामने कोई चीज थी और न ही तत्कालीन राष्ट्रपति कालीनिन। कालीनिन तो स्तालिन के प्रताप के मारे दुबके रहते थे। फिर भी स्तालिन उनके सम्मान के विरुद्ध नंगा नृत्य हमेशा (भरी महफिल में भी) किया करते थे।

ऐसा शान (जैसा कि स्तालिन किया करते थे।) कोई तानाशाह ही कर सकता है। किन्तु पंडित नेहरू तानाशाह नहीं, पंचायती राज्य के प्रधान थे। न तो स्तालिन की तरह वे अभिमानी थे न ही बदलती हालातों के अहमियत को अस्वीकारते थे, और नहीं बहुमत को कुचलने की हिम्मत वे (पंडित नेहरू) करते थे। राष्ट्रपति ही नहीं, राष्ट्रपतियों के प्रति पंडित नेहरू की शालीनता विश्व में उदाहरणीय थी। राष्ट्रपति को जो वे (पंडित नेहरू) व्यावहारिक सम्मान देते थे, उस पर ध्यान देने से लगता है कि यह व्यक्ति (पंडित नेहरू) प्रजातंत्र का सच्चा अलमबरदार है।

7

पंडित नेहरू के बारे में यह भी आलोचना पढ़ने को मिली कि पंडित नेहरू अपने मित्रों का उपयोग छुरी और काँटों के रूप में किया करते थे। किन्तु मित्रों के साथ जितना निर्वाह पंडित नेहरू करते थे उतना निर्वाह और कोई प्रभुता-सम्पन्न व्यक्ति नहीं कर सकता। वे हैमलेट कम, अनेकान्तवादी अधिक थे। वे बहुत से ऐसे लोगों से भी काम लेते थे जिनके विचारों के साथ उनके अपने विचारों का पूरा साम्य नहीं था। यह स्तालिन ही थे जिसने अपने पोलित-व्यूरों में अपने से अधिक लम्बाई वाले किसी भी आदमी को नहीं रखा था। पंडित नेहरू के मंत्रिमंडल में श्री लालबहादुर शास्त्री भी थे और श्री मोरारजी देसाई भी।

साहित्य और समाचार-पत्रों ने अभिव्यक्ति की जिस स्वाधीनता का उपभोग पंडित नेहरू के राज्य में किया, उससे अधिक स्वाधीनता की कल्पना नहीं की जा सकती। इस मामले में वे स्तालिन से बिल्कुल विपरीत थे। स्तालिन न तो साहित्यकारों के अधिकार को पूर्णतः समाप्त कर दिये थे। स्तालिन के शान के विरुद्ध लिखने वाले साहित्यकारों को कठोर दण्ड दिया जाता था।

पंडित नेहरू के राज्य में अभिव्यक्ति की स्वाधीनता पर आघात के एक-दो उदाहरण की झलक उस वक्त मिलती है, जब चीनी आक्रमण के कारण सरकार ने आपद्धर्म की घोषणा की थी। अन्यथा पंडित नेहरू ने आलोचकों अथवा टीका-टिप्पणी लिखने वालों का कभी कोई अहित नहीं किया था। पंडित नेहरू को तो किसी कवि साहित्यकार और लेखक के संबंध में अपमानजनक मजाक भी पसन्द नहीं था।

8

स्तालिन के साथ पंडित नेहरू की तुलना के कोई औचित्य नहीं या तुक नहीं बैठता है। पंडित नेहरू व्यवहार में चाहे, कभी-कभार फिसल भी गये हों, किन्तु महात्मा गाँधी की यह शिक्षा उनके चरित्र में जमी हुई थी कि अपवित्र साधनों से पवित्र साध्य का संधान नहीं किया जा सकता। वैसे, राजनीति पर, नैतिकता की दृष्टि से विचार किया जा सकता है या नहीं। यह बिन्दु ही संदिग्ध माना जाना चाहिए। राजनीति का ध्येय खास देश या जनसमूह की रक्षा और विकास है। इस कार्य में शुद्ध नैतिकता पर सदैव और सर्वत्र, अविचल रहना कठिन पाया गया है। फिर भी राजनीतिज्ञों और राज पुरुषों में महिमा उन्हीं की मानी जानी चाहिए जिनमें नैतिकता को व्यवहार से और आदर्श को सत्य से जोड़ने की शक्ति हो तथा जो

अपने लक्ष्य की ओर दृढ़ता और तेजी से चलते हुए भी अपने नैतिक विश्वासों से विचलित नहीं होते हों।

इस दृष्टि से देखने पर स्तालिन और पंडित नेहरू एक-दूसरे से भिन्न ही नहीं, परस्पर विरोधी दिखायी देते हैं। स्तालिन की महिमा यह थी कि वह साध्य का स्वामी था। पंडित नेहरू की विशेषता यह थी कि वे साधन के अराधक थे। स्तालिन की विहार-स्थली भूगोल थी, जबकि पंडित नेहरू इतिहास में बसते थे। पंडित नेहरू कल्पक अधिक, व्यावहारिक कम थे। स्तालिन का कल्पना और वास्तविकता दोनों पर समान अधिकार था। गरीबों के नेतृत्व में सारे संसार के मनुष्यों को विश्वबंधुत्व के धागे में बाँधने की कल्पना उनके (पंडित नेहरू के) सामने बराबर साकार रही। स्तालिन जानते थे कि वे क्रूरकर्मा हैं, हजारों लोगों का वे विनाश कर रहे हैं और एक बड़ी मानवता उनकी बूटों के नीचे, अशब्द रहकर भी चीत्कार कर रही है। किन्तु वे समझते थे कि यही मार्ग है जिस पर चलकर वे अपने मिशन को पूरा कर सकते हैं। निर्दयता की उनके मन पर जो भी प्रतिक्रिया होती थी, उसे वे इस विश्वास के कारण भूल जाते थे कि अपने कर्मों में वे स्वाधीन नहीं है। इहिास ने उन्हें एक खास मिशन पर नियुक्त किया है और वे इतिहास के आदेश का पालन कर रहे हैं।

पंडित नेहरू में यह शक्ति नहीं थी कि डंडे हाथों वे अपनी कल्पना को साकारता का जामा पहना सकें।

9

भारत से बाहर जहाँ-तहाँ यह शिकायत खुले शब्दों में चलती थी कि भारत के लोगों में अपने अतीत के लिए बड़ा अहंकार है। पंडित नेहरू विदेश वालों से बराबर कहा करते थे कि हम किसी मिशन को लेकर नहीं चल रहे हैं। किन्तु मिशन उनके सामने था। देश के भीतर वे प्रजातंत्रीय मार्ग से समाजवाद लाला चाहते थे और देश के बाहर वे शान्ति की स्थापना के लिए बेचैन थे। लेकिन दोनों ध्ययों में से एक भी ध्येय पूर्ण सफल नहीं दिखाई पड़ता है। समाजवाद की दिशा में उन्होंने दो सुस्पष्ट कदम उठाये थे। एक तो कृषि-सहयोग का आन्दोलन और दूसरा कर-नीति का विस्तार। किन्तु दोनों में से एक भी इच्छित परिणाम नहीं दिया। कर-नीति के विस्तार से समाजवाद जितना समीप आया है, उससे अधिक भ्रष्टाचार उमड़ फैल गया है। जहाँ तक विश्व-शांति का प्रश्न है, चीन ने भारत को पराजित करके उसकी आवाज का वह रोब छीन लिया, जिसके कारण संसार उसकी ओर सम्मान से देखने लगा था।

इंग्लैंड की लेबर पार्टी की वैदेशिक नीति रूस की वैदेशिक नीति से भिन्न थी। अत: स्तालिन लेबर पार्टी को समाजवादी नहीं समझता था। लेकिन इस संभावना में कि समाजवाद प्रजातंत्रीय पद्धति से भी लाया जा सकता है, उसका (स्तालिन का) विश्वास था। समाजवाद की स्थापना के प्रसंग में पंडित नेहरू और मार्शल टीटो का विचार मिलता-जुलता था। किन्तु पंडित नेहरू की सफलता मार्शल टीटो और प्रेसिडेण्ड नसर, दोनों की सफलताओं से न्यून रही। पता नहीं, इसके कारण की खोज हमें पंडित नेहरू की नीति और कार्यक्षमता से करनी चाहिए अथवा जनसंख्या की विपुलता, आलस्य, आकर्मण्यता, पवित्रता और लद्धढ़पन से पीड़ित इस देश में, जो अचेत हाथी के समान अब भी लेटा हुआ है।

10

तमाम निर्दयता के वावजूद स्तालिन ने एक पिछड़े हुए देश को शक्तिशाली और औद्योगिक राष्ट्र, बल्कि एक साम्राज्य बना दिया, जो सम्पूर्ण विश्व का नेतृत्व करने की अवस्था में आ गया है।

किन्तु, सच्चाई, उदारता, कल्पनाशीलता और अध्यवसाय, इन सारे सद्गुणों के होते हुए भी पंडित नेहरू की ठोस उपलब्धियाँ केवल चार ही रहीं।

पहली उपलब्धि यह रही कि जब यह देश आजाद हुआ, उस समय साम्प्रदायिक कलह और गृहयुद्ध के कारण ऐसा भासित होने लगा था कि मानो स्वतंत्रता और कुछ नहीं, इस देश को जड़-मूल से समाप्त कर देने का बहाना मात्र है। किन्तु पंडित नेहरू ने हिंसा के उस आवर्त से इस देश को बचा लिया था।

दूसरी उपलब्धि यह है कि अपने जीवनकाल में तीन महाचुनाव करवाकर पंडित नेहरू ने प्रजातंत्र की जड़ को इस देश की धरती पर मजबूत कर दिया।

तीसरी उपलब्धि योजना-आयोग की स्थापना और उसके विकास में है।

चौथी उपलब्धि यह है कि देश के मन पर वे इस भाव का सिक्का बिठाकर गये हैं कि एकता और स्वाधीनता, ये दोनों एक ही सिक्के के दो पहलू हैं। अगर एकता को हमने खिड़की की राह से जाने दिया, तो हमारी स्वाधीनता सदर दरवाजा खोलकर स्वयं चली जायेगी।

स्तालिन के मरने के बाद यह प्रयास किया गया कि रूस स्तालिन के प्रभाव से मुक्त हो जाए। किन्तु स्तालिन को गालियाँ देकर भी रूस उन प्रभावों से मुक्त नहीं हो पाया। इस प्रभावों से शायद कभी मुक्त भी नहीं होगा, क्योंकि वर्तमान रूस स्तालिन की लौह-कल्पना के साँचे में ढलकर तैयार हुआ है। चाहे जितने भी सुधार किये जायें, किन्तु गर्भ के संस्कार उसके बने ही रहेंगे।

लगातार सत्रह वर्षों तक शासन करके पंडित नेहरू भी भारत के ढाँचे (बाहरी और भीतरी दोनों) पर कुछ ऐसी निशानियाँ छोड़ गये हैं, जो मिटाये नहीं मिट सकतीं। अत: यह किसी भी शासक के लिए आसान नहीं होगा कि वह भारतवासियों से चिन्तन और अभिव्यक्ति की स्वाधीनता का अपहरण करे। इसी प्रकार, इस देश का अवचेतन कुछ-कुछ अन्तर्राष्ट्रीय हो गया है। शुद्ध राष्ट्रीयता का महत्त्व यहाँ कभी भी नहीं दिया जायेगा। बली और शक्तिशाली होना जैसे अन्य देशों के लिए संभव है, वैसे ही यह भारतवर्ष के लिए भी संभाव्य है। परन्तु उस ओर इस देश की प्रवृत्ति नहीं है। यह देश नैतिक गुणों का विकास करके मानवता का पैरोहित्य करने वाला देश बन चुका है और पंडित नेहरू भी भारतवर्ष के इसी भाव को उत्तेजित करके गये हैं।

संदर्भ-संकेत

1. एक प्रसारण, 6 सितम्बर 1946 ई० को।
2. आकाशवाणी, 30 जनवरी 1949 ई० को।
3. विपिन चन्द्र द्वारा कही गई पंक्तियाँ, *राष्ट्रीय नेता और साम्प्रदायिक समस्या*, पृ० 20।
4. जब चव्हाण प्रतिरक्षा मंत्री बनाये गये और प्रधानमंत्री से मिलने गये तब पंडित जवाहरलाल नेहरू ने कहा था।

परिशिष्ट–1

पंडित नेहरू के भ्रमण के संबंध में श्री एस० मोहम्मद जफर खाँ ने लिखा है–

"किसी सम्राट, वाइसराय या गवर्नर ने देश का इतना भ्रमण नहीं किया जितना जवाहरलाल नेहरू ने। इस बात में कोई संदेह की गुंजाइस नहीं है। उन्होंने 25 हजार मील रेल से, 22 हजार मील सड़क से तथा 16 हजार मील वायुयान से यात्रा की है। कभी–कभी उन्होंने सेकेन्ड क्लास में यात्रा की है। किन्तु अधिकांशतः थर्ड क्लास से। उन्होंने मोटर, लारी, हाथी, ऊँट, घोड़ा, साइकिल स्टीमर तथा पैदल सभी प्रकार से यात्रायें की हैं।"।

परिशिष्ट-2

भस्म-विसर्जन[2]

क्र०सं०	राज्य	क्षेत्र	विसर्जन स्थान	समय	जहाज	प्रवाहक
1	2	3	4	5	6	7
1. (क)	जम्मू-कश्मीर	लेह	नया फार्म	8.00 प्रात:	एलोओर	
(ख)	–	पहलगाँव	लिदरसंगम	10.00 "	वी०आई०पी० डकोटा	श्रीमती इन्दिरा गाँधी
(ग)	–	जम्मू	समीपवर्ती खेत	8.00 "	डकोटा	
2.	पंजाब	मनाली	–	10.30 "	इल्यूशियन	
3.	हिमाचल	चिन्नी	समीपवर्ती क्षेत्र	8.00 "	–	
4.	दिल्ली	नजफगढ़	–	8.00 "	हेलीकाप्टर	श्रीमती हथी सिंह, श्री राजीव, तथा श्री संजय
5.	राजस्थान	सूरतगढ़	फार्म	8.00 "	डकोटा	
6.	उत्तर प्रदेश	इलाहाबाद	फूलपुर खेत	8.00 "	वेल-हेलीकाप्टर	
7.	गुजरात	राजकोट	समीपवर्ती खेत	8.00 "	डकोटा	–
8.	मध्यप्रदेश	भोपाल	–	8.00 "	डकोटा	–
9.	महाराष्ट्र	अहमदनगर (जेल के)	–	10.30 "	वी०आई०पी० डकोटा	श्रीमती विजय लक्ष्मी पंडित

1	2	3	4	5	6	7
10.	बिहार	मोतीहारी	समीपवर्ती खेत	9.00 "	डकोटा	
11.	उड़ीसा	भुवनेश्वर	–	9.00 "	–	–
12.	पश्चिम बंगाल	वर्चहिल	वोटानिकल उद्यान	9.00 "	एलोएट	–
13.	आसाम	तेजपुर	समीपवर्ती खेत	8.00 "	हेलीकाप्टर	–
14.	मणीपुर	इम्फाल	–	8.00 "	डकोटा	–
15.	नागालैण्ड	कोहिमा	–	8.00 "	–	–
16.	त्रिपुरा	अगरतला	–	9.00 "	–	–
17.	एन०एफ०ई०ए०	वामडीला	–	9.00 "	हेलीकाप्टर	
18.	अण्डमान	पोर्ट ब्लेयर	–	11.00 "	डकोटा	
19.	आन्ध्रप्रदेश	नागार्जुन सागर	समीपवर्ती क्षेत्र	9.00 "	–	–
20.	गोआ	पंजिम	–	9.00 "	–	–
21.	मैसूर	बंगलोर	–	8.30 "	–	–
22.	मद्रास	कन्याकुमारी	–	10.30 "	–	–
23.	केरल	त्रिवेन्द्रम	–	10.30 "	–	–
24.	लक्षद्वीप	मिनको और कलपेनी कलपेनी	–	10.30 "	–	–

परिशिष्ट–3

1. **देश के लिए नेहरू जी का अंतिम सन्देश :** भारत कठिन समस्याओं का सामना कर रहा है, यह बहुत ही जरूरी है कि संगठित श्रम आन्दोलन उनके प्रति उचित ढंग से अपनी प्रतिक्रिया व्यक्त करे। आज की परिस्थितियों में केवल आन्दोलनात्मक उपाय से काम नहीं चलेगा। हमें हर समस्या को उसके व्यापक संदर्भ में सोचना होगा।

24 मई 1964 को देहरादून से इण्डियन
नेशनल ट्रेड यूनियन कांग्रेस, हैदराबाद में
31 मई से 1 जून तक आयोजित 15वें
वार्षिक अधिवेशन के निमित्त प्रेषित।

2. **विदेश के लिए नेहरू का अंतिम संदेश :** मैं राष्ट्रमण्डल प्रधानमंत्री सम्मेलन में भाग लेने के बाद स्वदेश आते समय संयुक्त अरब गणराज्य में रुकूँगा।
काहिर साप्ताहिक 'रोज आलन मौसिफ'

में प्रकाशित।

3. **नेहरू का अंतिम पत्र :** प्रिय श्री हिरोस, रेवरेंडटिरी नकायामा के हाथ आपने तथा अपनी पत्नी श्रीमति हिरोस ने भगवान बुद्ध की जो सुन्दर मूर्तियाँ भेजी हैं, उनके लिए मैं आपका बहुत कृतज्ञ हूँ। यह बात ही बहुमूल्य उपहार है। इसे हम अपने दोनों देशों के बीच सौहार्द्र और मैत्री का प्रतीक स्वरूप मानते हैं। मैं आशा करता हूँ कि ये मैत्री–संबंध भविष्य में और सुदृढ़ होंगे।

आपका,

हस्ताक्षर जवाहरलाल नेहरू

मुखर कृतघ्नता

विश्व के समाचार पत्रों के इतिहास में आजतक इतनी बड़ी श्रद्धांजलि किसी को नहीं दी गयी जितनी पंडित नेहरू को। विश्व के समाचार पत्र तेरह दिनों तक लगातार पत्रकारिता के इतिहास में नया मीलस्तम्भ स्थापित करने का प्रयास करके थक गये, समस्त वातावरण नेहरूमय हो उठा। पत्रकारिता में नये युग का प्रारम्भिक अध्याय इन तेरह दिनों के बीच जुड़ा है।

पंडित नेहरू की लोकप्रियता के संबंध में

पंडित नेहरू इस युग के सर्वाधिक लोकप्रिय महामानव थे। भाग्य देवी ने अपना अशेष वैभव उन पर न्यौछावर कर दिया था। इस धरती की समस्त मानवता ने जितना लाड प्यार और सम्मान उन्हें दिया वह दुनिया के इतिहास में वे मिसाल हैं। व्यक्तिपूजक राष्ट्र भारत में उन जैसा क्या उनसे भी बढ़कर जननेता और राजनेता भविष्य में पैदा हो सकते हैं, परन्तु वैसा सर्वसमन्वित वैशिष्ट्य अतीत और अनागत दोनों में भी दुर्लभ है।

नेहरू के निधन पर दुख का निष्कर्ष भारत की जनता

पंडित नेहरू ने भारत का जो नया नक्शा बनाया था उसमें रंग और रेखाओं का अंकन करते-करते ही वे स्वर्गवासी हो गये। उनके निधन का समाचार कितनों के लिए प्राणघातक सिद्ध हुआ। विश्वभर के लोग सचमुच आज विलख रहे हैं। लगता है मानवता के उस अजर प्रहरी के चले जाने पर प्राणी-प्राणी ने अपने सबसे मूल्यवान निधि खो दी है।

विश्व के प्रबुद्ध चेतना अपने आँसुओं की गंगा यमुना और अन्तःकरण की सरस्वती का अर्घ्य उस तीर्थ पुरुष पर अब तक चढ़ती चल रही है। कोटि-कोटि जनमानस को जैसा उद्वेलित और विक्षुब्ध होते हमने इस समय देखा है, वैसा उद्वेलन और विक्षोभ इतिहास में शायद ही कभी देखा हो। उस महामानव का व्यक्तित्व भारत के जन-जन में इस प्रकार घुल गिलकर एकाकार हो गया था कि जीवनकाल में उसकी सत्त के पृथक करके देखना हमारे लिए साध्य ही नहीं रहा। अत्यधिक सान्निध्य का यह स्वाभाविक परिणाम होता है, वैसे ही जैसे वायु का अत्यधिक सान्निध्य उसकी दबाव और भाव का हमें अनुभव नहीं करने देता। उस महामना की विशालता के आयाम का आभास हमें आज उसे खो देने पर ही हो सका है।

इस दुर्भाग्य पर जो शोकाद्गार व्यक्त किये गये हैं उनका यह संग्रह श्रद्धांजलि के रूप में संकलित है। इस महापुरुष का जो दाय हमें मिला है, उसकी उपलब्धियों का अध्ययन, मनन और गवेषण तो हमारे भविष्य के चिन्तन और अध्याय का व्यापक विषय होगा। श्रद्धा के ये सुमन उनका मंगलाचरण करें, इस समय हमारा एकमात्र काम्य यही है।

नेहरू के संबंध में

1. जयति जवाहर लालः
जयति जवाहर लालः
यस्मिन् महाप्रयाणे कुर्बति रोदिति वृद्धो रोदिती बालः।
रोदिति धरती कम्पं-कम्पं लोका रुदन्ति पीडाभारैः
गिरयो रुदन्ति सरिता मेधैः सिन्धू रोदिति हाहाकारैः
रुदन्ति वृक्षाः शाखाकम्पैः गगनं रोदिति बर्ष वर्षन्
पुनरपि दर्शनकामी लोको रोदिति भूयस्तर्ष तर्षम्।
मृत्युजिष्णुना यशया जीवति कबलितवान्यं कालः भारतभू-जननीबालः।

—करुपापति त्रिपाठी

साहित्य मंत्री, काशी नागरी प्रचारिणी सभा, भारत

2. भारत बसुन्धरा निहाल हुई पाके उसे,
विश्व विजयी था, जनमानस विजेता था।
नेहरू हमारा वह नेता ही नहीं था नेक,
विमल-विवेक, एक युग का प्रणेता था।

—कान्तानाथ पाण्डेय 'राजहंस', भारत

3. कीर्ति तुम्हारी छाया भर थी, काल तुम्हारा था चारण,
आस्थासुत! पगचिन्ह तुम्हारा प्रज्ञा का आलोक चरण!
कब दर्शन दोगे संघर्षों के अधिनायक! ओ सरताज!
ओ प्रणवीरू प्रवर्तक! तुमको लुटे राष्ट्र मन्दिर की लाज!

—अंचल, मध्यप्रदेश, भारत

4. तू आ गयी है मौत तो यह एक काम कर,
इस जिन्दगी की शान को झुक-झुक सलाम कर।

—अज्ञात कवि, भारत

5. सरनगूं है जहान का वरचम, केश बिखरे हैं देश माता के,
है समाधि पे युग का निर्माता, चढ़ते जाते हैं फूल श्रद्धा के।
अश्क आँखों में भरके लाया हूँ, मैं भी श्रद्धा के फूल लाया हूँ।

–नजीर बनारसी, भारत

विश्व संसद श्रद्धांजलि (सोवियत जन-प्रतिनिधि सभा, मास्को)

सोवियत जनता की प्रतिनिधि सभा भारतीय जनता की इस भयंकर क्षति पर आपके लिए, भारत सरकार के लिए तथा आपके जरिये करोड़ों भारतीय जनों के लिए गहन एवं हार्दिक सम्वेदना प्रकट करती है। भारत के महान् सपूत जवाहरलाल नेहरू ने राष्ट्रों के मध्य मैत्री तथा सहयोग के ध्येय में अमूल्य योगदान किया है। साम्राज्यवाद तथा उपनिवेशवाद के खिलाफ भारतीय स्वतंत्रता, मानव जाति की प्रगति तथा शांति के लिए संघर्ष में जबर्दस्त भूमिका अदा कर उन्होंने हमारे युग के एक असाधारण राजनेता तथा सार्वजनिक नेता के रूप में ख्याति प्राप्त की। सोवियत जनता अपने देश के महान् जवाहरलाल नेहरू तथा उनकी जनता का आदर करती थी। वह उस अनुपम मानव की जिसने हमारी जनता के मध्य मैत्रीपूर्ण संबंधों के दृष्टिकोण तथा चौमुखी विकास के ध्येय की सिद्धि में अमूल्य योगदान दिया, भव्य समृद्धि का सदैव सम्मान करेगी।

अपनी संवेदनाएँ व्यक्त करने के साथ हम राष्ट्रपति महोदय, प्रधानमंत्री महोदय आपके लिए, भारत की सरकार के लिए तथा जनता के लिए कामना करते हैं कि आपको अपने देश के चौमुखी विकास में गुटों से बाहर रहने की तथा शांतिपूर्ण सह-जीवन की नीति में जिसके प्रेरक जवाहरलाल नेहरू थे, सफलताएँ मिलें।

हर सोवियत जन यह विश्वास व्यक्त करता है कि सोवियत संघ तथा भारत के मध्य दृढ़ मैत्री तथा विस्तृत सहयोग हमारे देशों के जनगण के कल्याणार्थ, विश्व शांति के नाम पर विकसित होंगे तथा मजबूत होंगे।

–सोवियतजन-प्रतिनिधिसभा,मास्को

1. नेहरू ने अपना शरीर छोड़ दिया है, लेकिन उनकी आत्मा भारत की आत्मा के साथ एक है, जो शाश्वत है। *–श्री मां*
2. नेहरू जी मेरी प्रेरणा के स्रोत थे। विश्व ने अपने युग के सबसे महान् नेताओं में से एक को खो दिया। *–टुंकु अब्दुल रहमान*
3. नेहरू के दिवंगत होने का समाचार सुनकर मुझे अत्यन्त दुःख हुआ। समस्त राष्ट्र-मंडल ही नहीं, बल्कि विश्व की शांति प्रेमी जनता उनका शोक मनायेगी। *–महारानी एलिजाबेथ*

4. (i) विश्व नेहरू को सदा मानवीय इतिहास की प्रवृत्तियों के क्रांतिदर्शी विश्लेषक के रूप में याद करेगा।

(ii) इस युग के बहुत कम लोगों ने इतिहास पर जवाहरलाल नेहरू के जैसी जबर्दस्त निशानी छोड़ी है। उन्होंने विश्व की घटनाओं को भी प्रभावित किया। वह न केवल एक महान् व्यक्ति थे अपितु इतने अच्छे थे कि सभी देशों के लोग उन्हें प्यार करते थे। हिन्दुस्तान के इस शोक में संयुक्त राष्ट्र के हम सब लोग शरीक हैं। *–थांट*

5. (i) नेहरू का इससे बढ़कर कोई उपयुक्त स्मारक और श्रदांजलि नहीं हो सकती कि दुनिया में कोई युद्ध न हो।

(ii) दुनिया के सब नेताओं में सबसे अधिक उन्होंने मानव की शांति की इच्छा व खोज को बल दिया। आज हमारी दुनिया के सामने यही समस्या है। युद्धरहित दुनिया की खोज में उन्होंने सारी मानवता की सेवा की है। गाँधी का भी यही आदर्श था और नेहरू जी का भी।

(iii) यह मेरा विश्वास है कि दुनिया के राजनीतिज्ञ उनकी स्मृति में उनके आदर्श को वास्तविक बनाने के लिए सचेष्ट होंगे। हमारा देश इस चेष्टा से प्रतिबद्ध है और इस महान् नेता की स्मृति में श्रद्धांजलि के रूप में आज हम अपनी इस प्रतिज्ञा को फिर दुहराहते हैं। *– जानसन*

6. जवाहरलाल नेहरू एक महान् राजनीतिज्ञ थे, जिन्होंने अपने सारे सद्गुणों को जनतांत्रिक सामाजिक प्रगति और शांति की दिशा में लगा दिया था। इसका जबर्दस्त हिन्दुस्तान के भाग्य पर और परिणामस्वरूप सारी दुनिया के भाग्य पर पड़ा। मैं फ्रांस की जनता और अपनी ओर से संवेदना प्रकट करता हूँ। मुझे उस महान राजनेता की सदा याद रहेगी, जिसने अपने मुल्क और शांति के लिए अपना जीवन अर्पित कर रखा था।

–द गाल

7. (i) श्री नेहरू केवल भारत के प्रधानमंत्री ही नहीं थे, बल्कि वह जनता के पिता भी थे। उन्होंने स्वतंत्रता संग्राम में जनता का नेतृत्व कर विजय प्राप्त की थी। उन्होंने यहाँ की जनता को स्वतंत्रता का सही अर्थ बतलाया तथा लोगों को उनके स्वत्व से परिचित कराया। श्री नेहरू ने भारतीय जनता के सम्मुख नये मूल्यों को रखा था। वह ऊँचे नैतिक आदर्शों के प्रतीक थे। दृढ़ चरित्र थे तथा निःस्वार्थ और विशाल हृदय रखते थे। इस सब बातों के लिए हम उनका सम्मान करते थे, मगर यह सब उनके व्यक्तित्व का आकर्षण भी था।

(ii) मुझे भारतीय इतिहास में कोई व्यक्ति ऐसा नहीं दिखाई देता है, जिसके प्रति इतना आदर और प्यार प्रकट किया गया हो जितना कि पंडित जी के प्रति था।

(iii) उनकी याद हमें सदा शक्ति तथा प्रेरणा देती रहेगी। वह हमारे दिलों में हमेशा रहेंगे। *—डॉ० जाकिर हुसैन*

8. (i) दुनिया के जो तटस्थ देश हैं, जो देश विकास के रास्ते पर चल रहे हैं, उन सबने और एक व्यापक अर्थ में सारी दुनिया ने शांति का एक महान् योद्धा खो दिया।

(ii) उनका विछोह सारे प्रगतिशील जगत के लिए एक बड़ा धक्का है।

—टीटो

9. मुझसे बारह वर्ष छोटे, परन्तु राष्ट्र के लिए बारह गुना अधिक महत्त्वपूर्ण, बारह सौ गुना देश के अधिक लाडले श्री नेहरू अचानक हमारे बीच से उठ गये और यह विषादपूर्ण समाचार सुनने और उससे आहत होने के लिए मैं जीवित हूँ। मेरी तो विचार शक्ति ही लुप्त हो गई है। पिछले दस वर्षों से सार्वजनिक नीति में जो दोष मुझे दिखाई पड़ते थे, उनके लिए मैं उनसे लड़ता रहा हूँ। परन्तु यह भी मैं कभी नहीं भूला कि केवल वही उन दोषों को ठीक कर सकते थे, और कोई इस कार्य को पूरा नहीं कर सकता और अब वह मुझे अपने संघर्षों में इतना कमजोर बनाकर चले गये, जितना कमजोर मैं कभी नहीं था। सारे मतामत से परे, मेरा एक अत्यन्त प्रिय मित्र मुझसे विछुड़ गया। वह जो हम सबसे अधिक सभ्य था। हममें से बहुत-से लोग अभी सभ्य नहीं हैं। वह भारत के प्रतीक और भारत की सच्ची आवाज थे। भगवान हमारे लोगों की रक्षा करे।

—चक्रवर्ती राजगोपालाचार्य

10. हमारे प्रधानमंत्री निःसंदेह संसार के राजनीतिज्ञों में प्रमुख स्थान के अधिकारी हैं, क्योंकि वह अटलान्तक और प्रशान्त महासागरों को मिलाने वाले की आधारशिला, भारतवर्ष को संभाले हुए हैं और वहाँ से विश्व शांति की रक्षा का महान् और गौरवपूर्ण दायित्व भार अपने समर्थ कन्धों पर वहन कर रहे हैं। *—पट्टाभि सीतारामैय्या*

11. जवाहरलाल नेहरू के एक अंग्रेज मित्र के नाते उन्हें श्रद्धांजलि देना मेरे लिए बहुत आनन्द का विषय है। जेल के भीतर-बाहर होते रहने वाले एक राजनीतिक बंदी से भारत के प्रधानमंत्री के पद तक उनके उत्कर्ष से अधिक प्रभावशाली घटनाएँ मेरे जीवनकाल में कम ही घटी होंगी

—हेरल्ड लास्की

12. जबसे मुझे पंडितजी को अपने मित्रों में गिनने का गौरव प्राप्त हुआ है, उनके गुणों में मेरी श्रद्धा निरन्तर बढ़ती गई। किन्तु जवाहरलाल जी इस बात को नापसन्द करते हैं कि जब देश की सेवा में इतने लोगों ने अपना जीवन अर्पित किया तब अकेले उन्हीं को प्रशंसा के लिए चुना जाय। इसलिए व्यक्तिगत रूप से उनके प्रति मैं केवल इतना ही कहूँगा और बात निर्विवाद है कि उनके जैसे चरित्रवान, अनुभवी और उदारचेता व्यक्ति को पहले प्रधानमंत्री के रूप में पाना भारत का सौभाग्य है।

–(लार्ड) पैथिक लारेंस

13. मेरा यह सौभाग्य रहा कि जवाहरलाल जी से मेरा घनिष्ट संबंध रहा है। कई बार हमें एक-साथ जेल जीवन बिताना पड़ा। जितना अधिक मैंने उन्हें देखा, उनके प्रति स्नेह और आदर बढ़ता गया। जितना ही अधिक इस महापुरुष के निकट हम पहुँचते हैं, उतना ही अधिक उनकी महत्ता हमें प्रज्वलित प्रतीत होती है। उनकी प्रगाढ़ विद्वता, अदभ्य साहस, उत्तम कर्त्तव्यनिष्ठा, अद्वितीय और अद्‌भुत त्याग, निस्सीम कर्मठता, ठोस राजनीतिज्ञता आदि गुण सर्वविदित और सर्वत्र सम्मानित है। मेरी दृष्टि में उनकी विद्वता और पांडित्य की अपेक्षा उनके हृदय की विशालता अधिक मोहक है। उनकी जैसी कोमल मानसिक भावना कम लोगों में देखी जाती है और इस कोमल भावना में उदारता और दया समाविष्ट है।

–गोविन्द बल्लभ पन्त

14. पंडित नेहरू की गिनती इस तूफानी युग के एतिहासिक महापुरुषों में होगी। मेरे परम श्रद्धेय बंधु महात्मा गाँधी उत्तराधिकारी के रूप में पंडित नेहरू ने अदम्य साहस, ऊँची नैतिकता और बौद्धिक ईमानदारी तथा पूर्व और पश्चिम दोनों ही संस्कृतियों पर आश्चर्यजनक समान अधिकार के साथ अपने जीवन के महान् लक्ष्य और अपने देश के आदर्श के लिए सतत प्रयास किया है। *–गिल्बर्ट मरे*

15. जवाहरलाल जी को कोई कोरा आदर्शवादी, कल्पना लोकवासी या रहस्यवादी नहीं कह सकता। वह हमारे आधुनिक युवा समाज के साथ एक प्राण हैं। वह यथार्थता का सामना करते हैं और अपने निरपेक्ष दृष्टिकोण को बनाये रखते हैं। अपनी विशेष विवेकशीलता के सहारे ही पश्चिम को ठीक-ठीक समझा सकते हैं कि गाँधी का मार्ग कितना सही था।

–एडमंड प्रीवा

16. यहाँ आयरलैण्ड में, हम लोगों के लिए गाँधी के बाद के नेहरू का नाम ही हिन्दुस्तान की आजादी का पर्याय रहा है, स्वयं उस आदर्श का और उसकी प्राप्ति के आन्दोलन का भी। *—डिवेलेरा*

17. पंडित नेहरू महात्मा गाँधी के बाद कदाचित संसार में सबसे अधिक प्रसिद्ध व्यक्ति या कम-से-कम भारतीय है। लेकिन ऐसा नहीं भी होता, तो भी वह उन व्यक्तियों में से है जिनके किसी समाज या समुदाय में प्रवेश करते ही लोग वाध्य होकर मुड़-मुड़कर देखते हैं और पड़ोसी से पूछते हैं, "यह व्यक्ति कौन है?" उनका व्यक्तित्व लोगों का ध्यान बरवस अपनी ओर खींचता था और उनकी बुद्धि और सौम्य व्यवहार उसे बाँधे रखता है। *—बाल गंगाधर खरे*

18. आज जब राजनैतिक और आर्थिक क्रान्तियों का संक्रमण पूरा हो चुका है और मानसिक क्रान्ति करवटें ले रही है, तब क्रन्ति के तीसरे चरण में, मानव-जाति का नेतृत्व करने के लिए जवाहरलाल नेहरू सा योग्य व्यक्ति दूसरा कौन? यह तो हो सकता है कि इस क्रान्ति की अवधि हमारी कल्पना से अधिक लम्बी हो, लेकिन इसमें संदेह की गुंजाइश नहीं है कि अगली पीढ़ियाँ जब प्रोत्साहन के लिए अतीत के महापुरुषों की ओर देखेंगी तब महात्मा गाँधी के पार्श्व में वीर नेहरू को खड़ा पायेंगी। *—जेरल्ड हर्ड*

19. नेहरू ने किसी नई एतिहासिक गवेषण का दावा नहीं किया है। उन्होंने इस सत्य को एक बार पुनः सिद्ध किया है कि गवेषणा द्वारा इतिहासकार केवल तथ्यों को प्राप्त कर सकता है, किन्तु इतिहास को प्रेरणा-स्रोत बनाने के लिए तथा दूसरों तक जाति की प्रगति का मूल संदेश पहुँचाने के लिए जो गुण आवश्यक हैं, वे उनमें प्रायः नहीं होते, जो किसी विशेष घटना या काल की ही सूक्ष्म छानबीन करते रहते हैं। केवल गवेषण करने वालों ने कभी भी बहुमूल्य एतिहासिक साहित्य की रचना नहीं की। यह काम सदैव ऐसे कर्मठ व्यक्तियों द्वारा हुआ है, जिन्होंने अगने देश के जीवन में कुछ सक्रिय भाग लिया है।

—के०एम० पाणिवकर

20. पंडित जवाहरलाल नेहरू हमारे देश के उज्ज्वल रत्न हैं। उनके त्याग, शौर्य, देशप्रेम और सहृदयता ने उन्हें करोडों भारतीयों के गले का हार बना दिया है। उनकी राजनीतिज्ञता और आदर्शवादिता ने संसार के महान् व्यक्तियों की श्रेणी में उनका एक अपूर्व स्थान बना दिया है। उनके नेतृत्व में भारत का मस्तक ऊँचा हुआ। *—रविशंकर शुक्ल*

21. यह एक अनोखी बात है कि नये भारत के दोनों महान् नेताओं गाँधी और पंडित जी ने महान् स्वप्न देखे, विराट भविष्य की कल्पना की और उसके साथ ही अपनी जनता के लिए दिन-रात बिना किसी विराम-विश्राम के, अथक परिश्रम किया। आज के यूरोपीय, अमेरिकी या एशियाई, राजनीतिज्ञों में कोई भी दो परिश्रम की दृष्टि से–इन दोनों के मुकाबले में नहीं ठहर सकते। गाँधी जी की ही तरह नेहरू जी भी बिना थके हुए मशीन की तरह काम करते हैं। अगर गाँधी जी अपने इस परिश्रम के वावजूद इतने दीर्घजीवि रहे, या पंडित नेहरू यदि आज भी इतने स्वस्थ हैं, तो इसका मुख्य कारण दोनों का आदर्श रहन-सहन है। दोनों की जीवन परिपाटी इतनी सरल और पवित्र रही है कि उसे तपस्या कहा जा सकता है। *–सार्दूल सिंह कवीश्वर*

22. राष्ट्र निर्माता नेहरू को खोकर हमने क्या नहीं खोया? हमने सर्वस्व खो दिया है। हमने अपना ही नहीं, अपितु विश्व ने भी अपना बहुत बड़ा नेता खो दिया है। जिस व्यक्ति की सांस-सांस में विश्वशांति की धुन गूँजती रहती थी, जो व्यक्ति भारतवर्ष को ऊँचे से ऊँचा उठाने के लिए प्रतिक्षण जूझता रहता था, वह हमसे विदा हो गया है। देश को एकता प्रदान करना स्व० नेहरू का ही काम था। वह उच्च देशभक्त होने के साथ-साथ महानतम मानवतावादी थे। गाँधी जी को छोड़कर उनकी जोड़ का व्यक्ति कोई अन्य नहीं है। तन से जिन्दगीभर संघर्ष करने वाला, अपने परिवारभर को बाजी पर लगा देने वाला, धन को सदा तुच्छ समझने वाला किन्तु मन में सदा स्वस्थ, शालीन और निर्मल रहने वाला इतना प्रभावशाली नेता मैंने नहीं देखा। *–माखनलाल चतुर्वेदी*

23. भारतीय जनता का नेता होने के साथ-साथ जवाहरलाल नेहरू ने इण्डोनेशिया की आजादी के लिए जो योगदान दिया, उसके लिए इण्डोनेशिया के लोग उन्हें कभी नहीं भूल सकते। उनके जाने से सारी दुनिया शोक मनायेगी, क्योंकि एक ज्यादा सुन्दर जगत की स्थापना के संघर्ष में उनका योगदान पाने से वह वंचित रहेगी। हमें पूरा विश्वास है कि भारत के लोग उनके नेतृत्व को विकसित करते रहेंगे। *–सुकर्ण*

24. जवाहरलाल नेहरू केवल एक महान् देशभक्त नहीं थे, जो कि जनता के प्यारे थे, बल्कि वह विश्व के एक राजनीतिज्ञ भी थे, जिनमें दूरदर्शिता थी और जिन्होंने शांति और अन्तर्राष्ट्रीय सद्भावना के लिए बड़ी सेवा

की है। बर्मा में हम उनके निधन से बहुत दुखी हैं। खासकर मुझ जैसे लोग जो उनको व्यक्तिगत रूप से जानते थे। *–नेविन*

25. सत्रह वर्ष का देश का इतिहास 'नेहरू युग' था जो नेहरू की निधन के साथ समाप्त हो गया। उनकी आत्मा हमारा सदा मार्गदर्शन करती रहेगी। नेहरू जी के बिना भारत की कोई कल्पना नहीं कर सकता। उनके रिक्त स्थान की पूर्ति संभव नहीं। गाँधी जी राष्ट्रपिता थे, लेकिन नेहरू जी ने औद्योगिक भारत की आधारशिला रखी।

    नेहरू जी महान् देशभक्त ही नहीं, महान् लेखक, महान समाज-सुधारक, महान् लोकतंत्री और अन्य अनेक गुणों के स्वामी थे। वह देश-सेवा और मानवता के प्रतीक थे। उनके समान नेता अब दुनियाभर में कोई मिल नहीं सकता। उन्होंने ही राष्ट्रीय एकता पैदा की तथा इस देश की विविधता में एकता के दर्शन कराये। उनकी आत्मकथा ही देश की कथा है। *–कृष्ण मेनन*

26. नेहरू जी इतिहास के महान् पुरुष थे। उनके निधन से सारे संसार ने अपना एक सुविज्ञ नेता खो दिया।

    वह मेरे सबसे बड़े और महान् अच्छे दोस्तों में एक और विश्व के महान् सपूत थे। मुझे यह विश्वास नहीं होता कि वह अब हमारे बीच नहीं हैं। *–माउण्टबेटन*

27. मैंने नेहरू जी की आत्मकथा पढ़ी है और उनकी जीवन प्रगति को सहानुभूति और प्रशंसा की निगाह से देखा है। चिन्तकों में बिरले ही अपने आदर्शों को अपने जीवन-काल में क्रियात्मक देने का अवसर पाते हैं। *–अपटन सिंक्लेयर*

28. जवाहरलाल जी का व्यक्तित्व अद्‌भुत था। पूर्व और पश्चिम की मानवीय उत्कृष्टताओं का अपूर्व संगम उनकी विभूति में हुआ था। गाँधी जी के रूप में विश्वात्मा अवतीर्ण हुई थीं, जिसके उत्तराधिकारी जवाहरलाल थे। आज के इस अन्तर्राष्ट्रीयता के युग में जवाहरलाल जाग्रतिक राजनेता और लोकनेता थे। संसार भर के सामान्य नागरिकों की आशाएँ उनके उद्‌गारों में व्यक्त होती थीं। भारतीय राष्ट्रीयता के क्षेत्र में वह अखिल भारतीय जनता के नेतृत्व और प्रतिनिधित्व के अपूर्व तीर्थराज थे। उनके निधन से समस्त मानवता को अपरिमित हानि हुई है। उनके वियोग की वेदना से विषाद नहीं, प्रेरणा मिलनी चाहिए, उनकी विभूति की विशेषताओं में ही उनका संदेश है। *–दादा धर्माधिकारी*

29. हमारे इस जमाने के अंधेरे को जिस दीपक ने एक अर्से तक रोशन कर रखा था, वह बुझ गया। श्री नेहरू की जुदाई सारी दुनिया के लिए एक बहुत बड़ा धक्का है और सीलोन के लिए तो एक जबरदस्त आघात है।

–श्रीमती भण्डारनायक

30. प्रधानमंत्री नेहरू की जिन्दगी एक मशाल की तरह थी, जिससे हिन्दुस्तान, एशिया और सारी दुनिया को रोशनी मिलती थी। *–नासर*

31. जवाहरलाल का असामयिक मृत्यु से हिन्दुस्तान ने अपना एक ऐसा महान् नेता खो दिया है, जिन्हें लोगों का आदर ही नहीं, श्रद्धा भी प्राप्त थी। भारत के लिए यह एक ऐसी क्षति है, जिसकी पूर्ति नहीं हो सकती। भारत सरकार और जनता के साथ हम अपनी पूरी संवेदना प्रकट करते हैं। *–अयूब खाँ*

32. हममें से जिन्हें जवाहरलाल नेहरू को व्यक्तिगत रूप से जानने का सौभाग्य मिला था, उनके मन में हमेशा ही यह अमिट याद बनी रहेगी कि वह एक महान राजनीतिज्ञ थे और बहुत दिलदार इन्सान थे जिनको उनकी जरूरत रहती उनके वह दोस्त थे और अमर विभूति गाँधी के सच्चे अनुयायी थे। *–जोमो केन्याटा*

33. किसी के लिए जवाहरलाल की व्याख्या करना धृष्टता का काम होगा–विशेषकर एक विदेशी के लिए क्योंकि नेहरू के बारे में स्वयं नेहरू ने जितना स्पष्ट लिखा है, उतना और कोई नहीं लिख सकता।

–एडगर स्नो

34. पंडित जवाहरलाल नेहरू की स्तुति में क्या मैं कुछ शब्द कह सकता हूँ? हम उनकी विद्वता उनकी उच्च नीतिमत्ता और एक महान् उद्देश्य की आजीवन सेवा उनकी संतों की सी अचल निष्ठा के आगे हम नतशीश हैं। *–विलड्यूरंट*

संदर्भ-संकेत

1. जाफर खां, एस० मोहम्मद, *पंडित नेहरू*, पृ० 53।
2. सिंह, रघुनाथ, *नेहरूजी का महाप्रस्थान*, नेशनल पब्लिशिंग हाउस, दिल्ली, पृ० 235-236।

संदर्भ ग्रन्थ-सूची

कृष्ण मूर्ति, बाई० जी०, (अनु०) जगदीश ना० सिन्हा — *श्री जवाहरलाल नेहरू*, हिन्दुस्तान पब्लिशिंग हाउस, लहेरियासराय (बिहार), 1950

दिनकर, रामधारी सिंह — *लोकदेव नेहरू*, उदयाचल राजेन्द्र नगर, पटना, 1965

दुर्गादास, (अनु० विष्णु शर्मा) — *भारत कर्जन से नेहरू और उनके पश्चात्*, विल्को पब्लिशिंग हाउस, बम्बई, 1971

नन्द, बी०आर० — *जवाहरलाल नेहरू सचित्र जीवनी*, प्रकाशन विभाग सूचना और प्रसारण मंत्रालय, भारत सरकार, 1990

फ्रैंक मोरेस, (अनु० शङ्खंधर जगत) — *जवाहरलाल नेहरू जीवनी*, सरस्वती प्रेस, इलाहाबाद 1959

मर्तीशिन, ओ०व०, (अनु० उपाध्याय ददन) — *जवाहरलाल नेहरू और उनके राजनीतिक विचार*, प्रगति प्रकाशन, 1990

मथाई, एम०ओ० (अनु०, केशवानन्द) — नेहरू के साथ तेरह वर्ष, राधाकृष्ण प्रकाशन, नई दिल्ली, 1979

मुखर्जी, रवीन्द्रनाथ — *उच्चतर समाजशास्त्रीय सिद्धान्त*, सरस्वती सदन, दिल्ली-7, 1974

राधाकृष्णन्, सर्वपल्ली	*भारत और विश्व*, अशोक प्रकाशन, दिल्ली, 1958
विकल, श्रीदेवी प्रसाद धवन	*पंडित नेहरू*, विनोद पुस्तक मंदिर, आगरा, 1948
'सुमन', श्री रामनाथ	*गाँधीवाद की रूपरेखा*, साधना सदन, इलाहाबाद, 1946
सहगल, अशोक कुमार	*पूज्य चाचा नेहरू*, नवयुग पब्लिकेशन्स, नई दिल्ली-15
सिंह, रघुनाथ	*नेहरू जी का महाप्रस्थान*, नेशलन पब्लिशिंग हाउस, दिल्ली-7, 1965

Ahluwalia, B.K. (ed.) : Facets of Nehru, S.E.S. & Company, Delhi, 1967.

Ahuja, R.L. : *Nehru His Philosophy of Life and Education*, Vishva Vidyalaya Prakashan, Delhi, 1965.

Apsler, Alfred : *Fighter for Independence: Jawaharlal Nehru*, Jullian Messner, Inc., New York, 1963.

Azad, Maulana Abul Kalam : *India Wins Freedom*, An Autobiographical Narrative, Orient Longman's Private Ltd., Calcutta, February, 1959.

Bali, A.N. : Nehru Unlimited, S.S. Brothers, New Delhi.

Bhargava, G.S. : *After Nehru : India's New Image*, Allied Publishers Private Ltd., New Delhi, 1966.

Bowles, Chester : Ambassador's Report, Harper & Brothers, New York, 1954.

Brecher, Michael : *Nehru : A Political Biography*, Oxford University Press, London, 1959.

Brecher, Michael : *Succession in India, A Study in Decision-Making*, Oxford Press, London, 1966.

Bright, J.S. (ed.) : *Before and After Independence* 1922-50, A Collection of Jawaharlal Nehru's Speeches, The Indian Printing Works, New Delhi.

Bright J.S. : *Jawaharlal Nehru*, A Biographical Study, Indian Printing Works, Lahore, 1945.

Bright, J.S. (ed.) : *Selected Writings of Jawaharlal Nehru, 1916-1950*, The Indian Printing Works, New Delhi.

Chakrabarti, Atulanand : Nehru : His Democaracy and India, Thacker's Press and Directories Ltd., Culcutta, 1961.

Char, K.T.N. : *Profile of Jawaharlal Nehru*, The Book Centre Private Ltd., Bombay.

Quintessence of Nehru, George Allen & Unwin Ltd., London, 1961.

Chaudhary, R.N. : *Nehru in His Own Words*, His Replies to Various Questions, Navjivan Publishing House, Ahmedabad, 1964.

Chirol, Valentine : *Indian Unrest*, Macmillan and Company, London, 1910.

Cousins, Norman (ed.) : *Profiles of Nehru*, America Remembers a World Leader, India Book Company, Delhi, 1966.

Cousins, Norman : *Talks with Nehru*, India's Prime Minister Speaks out on the Crisis of Our Time, Victor Gollancz Ltd., London, 1951.

Crocker, Walter : *Nehru : A Contemporary's Estimate*, George Allen and Unwin Ltd., London, 1966.

Das, M.N. : *The Political Philosophy of Jawaharlal Nehru*, George Allen and Unwin Ltd., London, 1961.

Democratic Research Service : *Co-operative Farming*, The Great Debate, Bombay, 1959.

Devas, S. : *Nehru : Chamilon of Peace*, Coimbatore Co-operative Printing Works Ltd., Coimbatore, 1960.

Dutt, B.N. and Beotra, B.R. : Commentaries on the Defence of India Act, 1962, With Rules and Other Allied Legislation, Law Book Co., Allahabad, 1963.

Gajendragadkar, P.B. : Jawaharlal Nehru, A Glimpses of the Man and His Teachings, Nagpur University, Nagpur, 1967.

Gopal Ram : *The Trials of Jawaharlal Nehru*, The Book Centre Private Ltd., Bombay, 1962.

Gujrati, B.S. : *The Prime Minister of India*, Metropolitan Book Company (P) Ltd. Delhi, 1967.

Gunther, John : *Inside India*, Harper & Brothers, New York and London, (Third Edition), 1942.

Gupta, N.L. : *Nehru on Communalism*, Sampradayikta Virodhi Committee, 1965.

Hangen, Welles : *After Nehru*, Who? Rupert Hard Davis, London, 1963.

Husain, Abid : *The Way of Gandhi and Nehru*, Asia Publishing House, Bombay, 1961.

Hutheesingh Krishna Nehru (ed.) : *Nehru's Letters To His Sister*, Faber & Faber Ltd., London 1963.

We Nehrus, Pearl Publications Private Ltd., Bombay, 1967.

Indian Bureau of : *Future of Asian Democracy*,

Parliamentary Studies Report of a Symposium on "Problems and Prospects of Democracy in Asian Countries", New Delhi, 1959.

Jayaswal, Sitaram : *Nehru on Society, Education and Culture*, Vinod Pustak Mandir, Agra, 1965.

Jolly, G.S. : *The Image of Nehru*, Prabha Book Service, Gurgaon, Delhi, June, 1968.

Kamaraj & Others (ed.) : *The Nehru Legacy : A Symposium*, National Book Club, New Delhi, 1966.

Karaka, D.F. : *Nehru : The Lotus Eater from Kashmir*, Derek Verschoyle, London, (Second Impression, May, (1953).

Karanjia, R.K. : *The Mind of Mr. Nehru*, An Interview, George Allen & Unwin Ltd., London, 1961.

Karanjia, R.K. : *The Philosophy of Mr. Nehru*, As Revealed in a Series of Intimate Talks with R.K. Karanjia, George Allen & Unwin Ltd., London, 1966.

Kripalani, R.K. : *Gandhi, Tagore and Nehru*, Hind Kitabs Ltd., Bombay, (Second Edition), 1949.

Lamb, Beatrice Pitney : *The Nehrus of India*, The Macmillan Company, New York, 1967.

Laski, H.J. : *Reflections on the Revolution of Our Time*, Central Book Depot, Allahabad, 1946.

Luthera, V.P. : *The Concept of Secular State and India*, Oxford University Press, London, 1964.

Malaviya, H.D. : *Nehru's Teachings : Background of Socialist Ideology*, Northern India Congress Workers Convention, New Delhi, 1964.

Martin Gavin C. : *India's First Prime Minister*, Blakie and Son (India Ltd.), Bombay.

Mende, Tibor : *Conversations with Nehru*, Wilco Publishing House, Bombay, 1958.

Mitra, N.N. (ed.) : *Indian Annual Register*, Vol. I, 1942, Calcutta.

Moraes, Frank : *India Today*, The Macmillan Company, New York, 1960.

Moraes, Frank : *Jawaharlal Nehru : A Biography*, Jaico Publishing House, (Book Edition), August, 1959.

Nehru : Sunlight and Shadow, Jaico Publishing House, Bombay, 1964.

Witness to An Era, Vikas Publishing House Private Ltd., 5, Daryaganj, Ansari Road, Delhi, 1976.

Morris-Jones, W.H. : *Parliament in India*, A Survey from Inside, Longmans Green and Co., London, (Second Impression), 1957.

Mukherjee, Hiren : *The Gentle Colossus*, A Study of Jawaharlal Nehru, Manisha Granthalaya Private Ltd., Calcutta, 1964.

Mukherjee, B. : Community Development in India, Orient Longmans Private Ltd., Calcutta, 1961.

Nanda, B.R. : *The Nehrus : Motilal and Jawaharlal*, George Allen and Unwin Ltd., London, 1965.

Narasimhaiah, C.D. : *Jawaharlal Nehru, A Study of His Writings and Speeches*, Rao and Raghvan, Mysore, 1960.

Nayar, B.R. : *Minority Politics in the Punjab*, Princeton Uneversity Press, Princeton, 1966.

Neeraj, Dr. (Miss) : *Nehru and Democracy in India*, Metropolitan Book Co. (Pvt.) Ltd., Delhi, 1972.

Nehru, Jawaharlal : *An Autobiography*, With Musings on Recent Events in India, Allied Publishers Private Ltd., New Delhi, 1962.

A Bunch of Old Letters, Asia Publishing House, Bombay, 1958.

Nehru, Jawaharlal : *China, Spain and the War*, Essays and Writings, Kitabistan, Allahabad, 1940.

Eighteen Months in India, Being Further Essays and Writings, 1936, Kitabistan, Allahabad, June 1938.

: *Glimpses of World History*, Lindsay Drummond Ltd., Buckingham Street, London, Kitabistan, Allahabad (Revised and uptodate Edition in one volume 1939 and also Asia Publishing House, Bombay (Second edition in one volume), 1962.

: *Independence and After*, A Collection of Speeches, 1946-1949. The Publications Division, Government of India, 1949.

: *India and the World*, Essays, George Allen and Unwin Ltd., London, 1936.

: *India Today and Tomorrow*, Azad Memorial Lectures, 1959, Indian Council of Cultural Relations, New Delhi.

: Letters from a Father to His Daughter, Oxford University Press, London, 1964.

: Mahatma Gandhi, Signet Press, Calcutta, 1949.

Nehru Jawaharlal : *Recent Essays and Writings*, on the Future of India, Communalism and other subjects, Kitabistan, Allahabad, May 1934.

: *Socialism by Consent*, Publicity Department, West Bengal Government Press, Alipore, 1957.

: *Some Random Sketches and Impressions*, Chetna, Bombay, Reprinted, 1949.

: *The Discovery of India*, Meridian Books Ltd., 8, Garrick Street, London, 1956 and also Asia Publishing House, Bombay, 1964.

: *The Unity of India*, Collected Writings, 1937-1940, Lindsay Drummond, London, 1948.

: *Visit to America*, John Dey Co., New York, 1950.

Norman, Dorothy (ed.) : *Nehru : The First Sixty Years*, Presenting in His Own Words the development of the Political Thought of Jawaharlal Nehru and the background against which it evolved, Vols. I & II, Asia Publishing House, Bombay, 1965.

Palmer, Norman D. : *The Indian Political System*, George Allen & Unwin Ltd., London, 1961.

Patwardhan, P.H. : *Pandit Jawaharlal Nehru : The Ecstasy and the Agony* (Jawaharlal Nehru Lectures Series) University of Poona, 1966.

Perreira, Arthur : *None Like Nehru*, Macmillan and Company Ltd., London, 1965.

Planning Commission : *The First Five Year Plan : A Draft Outline*, Government of India, July 1951.

: *The New India : Progress Through Democracy*, Government of India, The Macmillan Company, London, 1958.

: *Second Five Year Plan : A Draft Outline*, Government of India, February 1956.

: *Third Five Year Plan: A Draft Outline,* Government of India, June 1960.

Publications Division : *Jawaharlal Nehru on Cooperation*, Ministry of

Information and Broadcasting, Government of India, New Delhi, 1959.

: *The Adivasis*, Ministry of Information and Broadcasting, Government of India, 1955.

Radhakrishnan, S. : *Religion and Society*, George Allen Unwin Ltd., London, 1948.

Rajkumar N.V. (ed.) : *The Pilgrimage and After*, All India Congress Committee, New Delhi, 1952.

Rao, K.V. : *Parliamentry Democracy in India*, A Critical Commentary, The World Press Private Ltd., Calcutta, 1965.

Rau, M. Chalapathi : *Gandhi and Nehru*, Allied Publishers Private Ltd., New Delhi, 1967.

: *Jawaharlal Nehru : Life and Work*, National Book Club, New Delhi.

Ravoof, A.A. : *Nehru : The Man*, Pearl Publications Private Ltd., Bombay, 1967.

Roy, M.N. : *Jawaharlal Nehru,* Radical Democratic Party, Delhi, 1945.

Sami, L.W. : *Jawaharlal Nehru*, S. Chand & Co., New Delhi, 1968.

'Satyameva Jayate' : *Nehru Discovered*, Aiyar & Co., Madras, 1961.

Sen, N.B. (Ed.) : *Glorious Thoughts of Nehru*, New Book Society of India, New Delhi, 1964.

Seton, Maris : *Panditji : A Portrait of Jawaharlal Nehru*, Rupa & Co., Calcutta, 1967.

Shah, A.B. : *Jawaharlal Nehru : A Critical Tribute*,

Sharma, J.S. : *Jawaharlal Nehru : A Disciptive Bibliography*, S. Chand & Co., Delhi, 1955.

Sheean Vincent : *Nehru : The Years of Power*, Victor Gollancz Ltd., London, 1960.

Smith, Donald E. : *Nehru and Democracy, The Political Thought of an Asian Diploma*, Orient Longmans Private Ltd.,Calcutta, 1958.

Singh, Anup : *Nehru : The Rising Star of India*, George Allen and Unwin Ltd., London, 1940.

Singh & Rao (ed.) : *Indian Politics After Nehru*, The Christian Institute for the Study of Religion and Society, Banglore, 1967.

Tandon, P.D. (ed.) : *Nehru Your Neighbour*, The Signet Press, Calcutta, 1946.

Tandon, P.D. : *The Human Nehru*, Allahabad Law Journal Company Ltd., Allahabad, 1957.

Tendulkar, D.G. : *Mahatma : Life of Mohandas Karamchand Gandhi* (Eight Volumes) Vithalbhai K. Jhaneri and D.G. Tendulkar, Bombay 1951-54.

Thoms, P. : *The March of Free India*, Joseph Thomsons & Co., Ernakulam, 1968.

Tyson, Geoffrey : *Nehru : The Years of Power*, Pall Mall Press Ltd., London, 1966.

Venkateshwaran, R.J. : *The Impact of Jawaharlal Nehru on Indian Economy*, Oxford Book Company, 1962.

Verma, Dr. V.P. : *Modern Indian Political Thought*, Published by L.N. Agarwal, Hospital Road, Agra 3, Fifth Revised and Enlarged Edition, 1974.

Verma Dr. V.P. : *Political Philosophy*, Published by L.N. Agarwal, Agra, 1970.

Vidyarthi, L.P. (ed.) : *Leadership in India*, Asia Publshing House, Bombay, 1967.

Zakaria, Rafiq (ed.) : *A Study of Nehru*, A Times of India Publication (Second Revised Edition, January, 1960).

Articles

Anonymous, Crucial Factors in Community Development, *The Radical Humanist*, XXIV, July 24, 1960.

Anonymous, The Ballot Box : A Pointer, *The Radical Humanist*, XXI, May 19, 1957.

Bailley, G. : "Pandit Nehru's One Party Democracy," *The Reporter*, November 13, 1958.

Balakrishnan, V.V. : "Nehru's Religious Philosophy," *The Sunday Standard*, Magazine Section, May 25, 1969.

Honson, A.H. : "The Crisis of Indian Planning", *The Political Quarterly*, Vol. 34, No. 4, October-December 1963.

Kumari, Ashwini : "Indian Statesmen, Friend of Gandhi, Forms Party to Challenge Congress," *The Washington Post*, August 29, 1960.

Lewis, John P. : "Quiet Crisis in India", *The American Review*, October, 1964.

L.N.M., "The Greatest Adventure", *The National Herald* (Lucknow), January 20, 1952.

Martin, Kingsley : "Nehru : An Assessment", *The Illustrated Weekly of India*, Nov. 22, 1966.

Nehru, J.L. : Foreword to *Mahatma : Life of Mohandas Karamchand Gandhi*, by Tendulkar, D.O., Vol. I, Vithalbhai K. Jhaners and D.G. Tendulkar, Bombay, 1951.

Rama Rao, D.V. : "Land Reform or New Untouchability", *Swatantra*, Vol. IX, No. 31, Sept. 4, 1954.

Russell, B. : "With Bitterness towards None", *The Illustrated Weekly of India*, Nov. 22, 1964.

Toynbee, A. : "Nehru : Some Memories", *The Illustrated Weekly of India*, Nov. 22, 1964.

Tyabji, B, : "Chaff and Grain", *Indian and Foreign Review*, New Delhi, June 15, 1964.

Periodicals

Congress Bulletin, *All India Congress Committee*, New Delhi, 1936-1964.

Harijan, April 27, 1940.

Harijan, February 1, 1948.

Swarajya, August 19, 1961.

The Radical Humanist, November 27, 1966.

Pamphlets

Butler, C.M., *Nehru : The Struggle for Independence*, Cambridge University Press, 1966.

Indian National Congress, *Election Manifesto*, 1962.

Nehru, Jawaharlal, *Letters to the P.C.C. Presidents*, Indian National Congress, New Delhi, 1954.

Nehru, Jawaharlal, *India on the March*, All India Congress Committee, New Delhi, October, 1957.

Nehru, Jawaharlal, *On Community Development*, Indian National Congress, New Delhi, October, 1957.

Nehru, Jawaharlal, *Presidential Address*, Indian National Congress, All India Congress Committee, New Delhi, 1953.

Nehru, Jawaharlal, *Presidential Address*, Indian National Congress, All India Congress Conmmittee, New Delhi, 1954.

Nehru, Jawaharlal, *Report to the All India Congress Committee*, All India Congress Committee, New Delhi, 1955.

Nehru, J.L. and Yudin, *On the Basic Approach*, Communist Party Publication, 1958.

Publications Division, *Builders of Tomorrow*, Talks by Jawaharlal Nehru and Others Broadcast by All India Radio in Jan.-Feb., 1958, Ministry of Information and Broadcasting, January, 1959.

Reports

Report of the Backward Classes Commission, 1955, Vol. I, Government of India, 1955.

Report of the Press Commission, Part I, Government of India Press, New Delhi, 1954.

Debates

India, *Constituent Assembly Debates*, 1946-1949.

India, *Constituent Assembly (Legislative) Debates*, 1947-1949.

India, *Lok Sabha Debates*, 1955-1964.

India, *Parliamentary Debates*, 1950-51.

India, *Rajya Sabha Debates*, 1955.

Miscellaneous

All India Seminar on Nehru Memorial Lectures, Nov.-Dec., 1964. Bhartiya Sanskriti Bhawan, Calcutta.

Jawaharlal's Discovery of America, East and West Publishers, Delhi, 1950.

Jawaharlal Nehru, A Document Prepared for the International Round Table, Indian National Commission for UNESCO, Ministry of Education, Government of India, New Delhi, 1959.

Nehru on Socialism, Selected Speeches and Writings, Perspective Publications (Pvt.) Ltd., New Delhi, 1964.

Jawaharlal Nehru Press Conferences, 1950, India Information Services, Manager of Publications, New Delhi, 1952.

Jawaharlal Nehru Press Conferences, 1951, India Information Services, Manager of Publications, New Delhi, 1952.

Jawaharlal Nehru Press Conferences, 1952, Information Service of India, Manager of Publications, New Delhi, 1954.

Jawaharlal Nehru Press Conferences, 1953, Information Service of India, Manager of Publications, New Delhi 1954.

Jawaharlal Nehru's Speeches, 1949-1953, Vol. II, Publications Divison, Ministry of Information and Broadcasting, Government of India, Third Impression, October, 1963.

Jawaharlal Nehru's Speeches, 1953-1957, Vol. III, Publications Division, Ministry of Information and Broadcasting, Government of India, 1958.

Jawaharlal Nehru's Speeches, 1957-1963, Vol. IV, Publications Divison, Ministry of Information and Broadcasting, Government of India, 1964.

Prime Minister Nehru's Visit to U.S.A., November 1961, (Collection of Statements), External Publicity Division, Ministry of External Affairs, Government of India, New Delhi (No Date given).

The Constitution of India, Ministry of Law, Government of India, Government of India Press, Delhi, 1966.